商贸法律实务

（第5版）

王志伟　魏金华◎主编

中国纺织出版社有限公司

内 容 提 要

本书是为高职院校商贸、财经类专业学生编写的创新型教材。全书以案例为驱动，采用“项目—任务”教学，涵盖法律基础知识、市场行为法、市场主体法、公平竞争法、工业产权法、劳动与社会保障法、商贸争议解决法七大模块。内容紧扣前沿法规与实践，强调学以致用，配套丰富的数字资源，助力学生掌握法律思维与实务技能，胜任未来岗位需求。

图书在版编目（CIP）数据

商贸法律实务 / 王志伟，魏金华主编. -- 5版. 北京：中国纺织出版社有限公司，2025. 8. --（“十四五”职业教育国家规划教材）. -- ISBN 978-7-5229-2864-7

Ⅰ. D996.1

中国国家版本馆 CIP 数据核字第 2025Y60X56 号

责任编辑：顾文卓　　责任校对：王花妮　　责任印制：储志伟

中国纺织出版社有限公司出版发行

地址：北京市朝阳区百子湾东里A407号楼　邮政编码：100124

销售电话：010—67004422　传真：010—87155801

http://www.c-textilep.com

中国纺织出版社天猫旗舰店

官方微博 http://weibo.com/2119887771

三河市宏盛印务有限公司印刷　各地新华书店经销

2010 年 4 月第 1 版

2025 年 8 月第 5 版　2025 年 8 月第 1 次印刷

开本：787×1092　1/16　印张：21.5

字数：529千字　定价：69.80元

凡购本书，如有缺页、倒页、脱页，由本社图书营销中心调换

前言

（第5版）

近年来，人工智能技术飞速发展，各类通用AI大模型纷纷开源，促使我们对未来职业教育的发展有了全新的思考，甚至有海外学者早有预测，人工智能将引发“第四次教育革命”，网络上更有人将2025年称为“AI智能体元年”。在人工智能技术日益渗透进我们日常生活和工作的各个领域的同时，我国的职业教育领域内部也正经历深刻变革，越来越多职业教育工作者意识到：在教学中传授的知识很快会陈旧、在实践中让学生掌握的技能很快会落后，因此在人工智能加速取代操作性工作的当下，职业教育该培养学生哪些核心能力，才能让他们在未来社会找到立身之本、幸福之源？这是每个职业教育工作者必须思考的问题。本教材旨在培养学生的分析判断、逻辑推理、自我学习、质疑创新等基础能力，回应人工智能时代给职业教育带来的挑战。

本教材主要有以下特点：

第一，着重培养学生的职业素养、实践能力和岗位基础能力。教材以党的二十大报告中“坚持走中国特色社会主义法治道路，建设中国特色社会主义法治体系、建设社会主义法治国家”为指导思想，以项目驱动、任务案例引导的案例教学法为主线，着重阐述在商贸活动中经济主体可能会接触到的各种法律问题和实际解决这些问题的法律知识、思路、方法和流程。通过学习，学生不仅能运用所学理论知识分析、解决经济生活中的实际法律问题，更能全面提升分析判断、逻辑推理、质疑创新、自我学习等基础能力。

第二，面向未来市场发展，突出实用性和新颖性。教材内容主要介绍目前商贸活动中经济主体所能接触到的最新法律规定，以及合同、公司登记等主要法律文书的操作技能，着重加强学生对日后实际工作生活中可能遇到的法律问题的分析判断、逻辑推理与问题解决能力的训练。在教材编写过程中，我们秉持“对学生将来专业工作与生活有用的就编入教材、无用的就不编、作用不大的则作简单介绍”的观点，力求形式与内容的创新，以适应我国社会经济发展变化的趋势，缩短教学与实践的距离，助力学生快速适应岗位需求。随着我国第五次重新修订的《公司法》于2024年7月1日起正式施行，公司相关法律制度发生了较大变化，教材中原有的内容急需更新；另外，社会经济发展日新月异，新的民商事案例不断涌现，教材中的一些案例已显得过时，因此，此次再版，我们根据最新出台和修订的法律，对教学内容进行了修改，并更新、完善和补充了相应的教学案例。

第三，增加案例比例，注重实践教学。区别于传统的法律教材，本书以案例引领法律知识点的讲授，以分析判断与逻辑推理导出法律知识点的运用，全书完全以案例为先导，实现了真正意义上的案例教学。同时，与本教材配套的网络教学资源包括《商贸法律实务法规汇编》《商贸法律实务案例分析题库与实务操作手册》以及线上微课，构建“学—练—用”一体化实践体系。

第四，创新模块化教学体系，以学生为主体。教材打破传统的学科化体系，以商贸活动所应涉及的各项法律为起点、市场经济活动中所应涉及的各项业务为项目、解决业务活动中的法律问题为根本来形成编写体例。按市场运营规律将教材内容划分为“法律基础知识、市场行为法、市场主体法、公平竞争法、工业产权法、劳动与社会保障法、商贸争议解决法”七大模块，有利于职业院校展开模块化、项目化教学。同时，在教学中全程以学生对案例问题的分析和解决来展开知识点的剖析，真正实现了教学过程以学生为主体。

本教材除作为高等职业院校与技师学院财经商贸类专业的专业课教材外，也可作为商贸从业者的自学用书及各类商贸培训教材。

全书共七个模块，由无锡商业职业技术学院的王志伟教授、魏金华老师担任主编并统稿。全书模块与章节的编写情况具体如下：王志伟编写第一模块法律基础知识、第二模块市场行为法（《代理法》《票据法》《合同法》《国际货物买卖法》）、第六模块劳动与社会保障法（《劳动法》《劳动合同法》《劳动争议法》）、第七模块商贸争议解决法（《仲裁法》《民事诉讼法》）；张完连（无锡商业职业技术学院）编写第四模块公平竞争法（《反不正当竞争法》《产品质量法》《消费者权益保护法》）；魏金华（无锡商业职业技术学院）编写第三模块市场主体法（《公司法》）；沙良永（江苏泽执律师事务所）编写第五模块工业产权法（《商标法》《专利法》）。

本书在编写过程中，参考了大量的报刊书籍资料，谨向原著作者深表谢意！

因编者水平有限，书中难免存在不足，敬请同行及读者不吝赐教。

编者

2025 年 4 月

商贸法律实务
（案例分析题库）

商贸法律实务
（教材精讲案例）

商贸法律实务
（实务操作资料）

目录

第一模块 法律基础知识

学习目标 >>

成熟的市场经济就是法治经济。在这种法治化经济条件下，无论是国家管理经济活动，还是主体之间的经济交往，或是商事主体的设立、变更和终止，市场准入和交易规则的制订或实施，市场交易的维护与监管等，都必须有法可依，依法操作。

【知识目标】

了解法的分类、法律责任；掌握法的概念和特征；理解并掌握法律规范、法律关系，为具体学习经济及商事法律制度奠定基础。

【能力目标】

能运用所学法律基础知识分析法律规范的构成、法律关系的构成，能运用其分析判断不同类别的法律以及相关的法律责任。

【思政要求】

养成基本的社会主义法治意识和法律思维方式。

引 例 >>

张某和李某是大学同学，国庆长假期间，张某回家探亲，而李某留校打工。张某便把笔记本电脑交李某保管，李某同意替张某保管电脑，但提出在这保管的七天中，他可以无偿使用电脑，张某爽快答应。后因李某有一天早上外出忘记锁宿舍门，晚上回来后发现电脑被偷。后虽报案却一直未果。张某提出让李某赔偿，李某称：我们之间无任何法律关系，只因是同学，我才给你保管电脑的，况且电脑是在学校丢失的，你应该找学校赔偿。

那么，张、李之间是否存在经济法律关系？假如有，其主体、客体和内容是什么？电脑丢失的责任应由谁承担？

通过对模块的学习，你将找到这些问题的答案。

项目 法律关系分析训练

任务1 法律关系的形成分析

任务案例一：

小张（男）与小李（女）约定于今年5月1日订婚。订婚那天小张请了自己的不少亲戚，但那天小李爽约而未出现，事后其告知小张自己还没有想好，因此未能出现在订婚现场。小张很生气，认为小李违约，要求其承担违约责任。

请问：小李是否应承担违约责任？为什么？

任务案例二：

杨某是一名退役的革命军人，曾参加过抗日战争，其家人是被日本侵略者在其眼皮底下杀害的。杨某由于当时任务在身，无法出去营救，因此一直非常愧疚。1987年的某一天，杨某在其所在城市发现了当年杀害其全家、现到中国来投资的原日本军官山本冢，于是杨某想办法杀死了他。后来杨某被法院判处死刑。

请问：为什么能判处杨某死刑？请说明理由。如果是战争年代，杨某会被判刑吗？

知识链接（一）

一、法律规范

（一）法律规范的概念和特征

法律规范是社会规范的一种，它是指由国家制定或认可，体现统治阶级意志，由国家强制力保证实施的行为规则。

作为社会规范的一种，法律规范具有以下三个特点。第一，规范性。法律规范具有指引人们行为的作用，即规定人们在一定情况下可以做什么，应当做什么或不应当做什么；同时又将这种指引，作为评价人们行为的标准。第二，概括性。法律规范为一般人的行为提供一个模式、标准或方向，它的对象是抽象的、一般的人，而不是具体的、特定的人；它在同样情况下可以反复适用，而不是只适用一次。第三，可预测性。由于法律规范的存在，人们可事前估计自己或他人的行为是合法的还是非法的，在法律上是有效的还是无效的，会有什么样的法律后果。

任务案例三：

用二要素和三要素法分析下列法律规范的结构：

（1）银行或其他金融机构的工作人员在票据业务中，对违反票据法规定的票据予以承兑、付款或保证，造成重大损失的，处五年以下有期徒刑或拘役。

（2）故意伤害他人身体的，处三年以下有期徒刑、拘役或者管制。

（3）对外贸易经营者可以接受他人的委托，在经营范围内代为办理对外贸易业务。

（4）进出口属于自由进出口的技术，应当向国务院对外贸易主管部门或者其委托的机构办理合同备案登记。

知识链接（二）

（二）法律规范的构成

法律规范通常有严密的逻辑结构。对其构成的解读主要有两种学说：

1. 二要素说

其将法律规范的结构分为行为模式、法律后果两部分。行为模式是指法律规范为人们的行为提供了一个标准的样式。一般有三种类型：可这样行为的模式；应该这样行为的模式；不应该这样行为的模式。

法律规范的后果是指规范所指示的可能的法律结果或法律反应的部分。一般有两类：一类是肯定式的法律后果，即国家根据法律对人们行为的有效性加以肯定，对人们的合法行为加以保护赞许或奖励；另一类是否定式的法律后果，即国家根据法律对人们行为的有效性加以否定，对人们的违法行为进行制裁。

2. 三要素说

其将法律规范分为假定、处理、制裁三部分：假定是法律规范中指出适用这一规范的前提、条件或情况的部分；处理是法律规范中具体要求人们做什么或禁止做什么的那一部分；制裁是法律规范中指出行为要承担的法律后果的部分。

任务案例四：

试分析下列法律规范分别属于授权性、义务性还是权义复合性规范？

（1）中华人民共和国公民对于任何国家机关和国家工作人员，有提出批评和建议的权利。

（2）任何人不得利用宗教进行破坏社会秩序、损害公民身体健康、妨碍国家教育制度的活动。

（3）中华人民共和国公民有劳动权利和义务。

（4）当事人依法可以委托代理人订立合同。

任务案例五：

试分析下列法律规范分别属于标准性规范，还是规范性规范？

（1）民事活动应当尊重社会公德，不得损害社会公共利益。

（2）每一选民在一次选举中只有一个投票权。

（3）未成年人的父母是未成年人的监护人。

（4）当事人订立合同、履行义务应当遵循诚实信用原则。

任务案例六：

试分析下列法律规范分别属于调整性规范，还是构成性规范？

（1）国家对进出口货物进行原产地管理。具体办法由国务院规定。

（2）在对外贸易经营活动中，不得违反有关反垄断的法律、行政法规的规定实施垄断行为。

任务案例七：

试分析下列法律规范分别属于强行性规范，还是指导性规范？

（1）经营者不得采用财物或者其他手段进行贿赂以销售或购买商品。

（2）经营者销售或购买商品可以以明示方式给对方折扣，可以给中间人佣金。

（3）生产者应当对其生产的产品质量负责。

知识链接（三）

（三）法律规范的种类

1. 从法律规范内容上看可以将其分为授权性规范、义务性规范和权义复合性规范

授权性规范是指示人们可以作为、不作为或可以要求别人作为、不作为的规则。其特点是为权利主体提供一定的选择自由，为行为人的作为、不作为提供一个自由的空间。

【资料卡】

规定作为义务的义务性规范常采用“应当”“必须”等术语；规定不作为义务的义务性规范常使用“不得”“禁止”“严禁”等术语，或在描述行为模式后加上不利的法律后果。

义务性规范是直接要求人们作为或不作为的规则。义务性规范有三大特征：强制性，必要性，不利性（即其虽然对他人和社会有利，但对义务人却是不利的）。

权义复合规范是兼具授予权利、设定义务两种性质的法律规范。其特点是：一方面被提示的对象有权按照法律规则的规定做出一定行为；另一方面做出这些行为又是他们不可推卸的义务。

2. 从法律规范形式特征上看，可将其分为规范性规范和标准性规范

规范性规范是指规范的内容明确、肯定和具体，且可直接适用的规范。

标准性规范是指法律规范的部分内容或全部内容（事实状态、权利、义务、后果等）具有一定伸缩性，须经解释方可适用且可适当裁量的法律规范。

3. 从法律规范的功能上看，可将法律规范分为调整性规范和构成性规范

调整性规范是指对已有行为方式进行调整的规则，该规范所调整的行为先于规则本身，规范的功能在于对行为模式予以控制或改变或统一。

构成性规范是指组织人们按规范规定的行为去活动的规则（如设定某一机构的规则），规范所指定的行为在逻辑上依赖规范本身。

4. 从法律规范的强制性程度上来看，可将其分为强行性规范和指导性规范

强行性规范是指行为主体必须作为或不作为的规则。绝大多数义务性规范属于强行性规范。

指导性规范是指行为主体可自己决定是否按规范指定的行为行事，规范只具有指导意义而不具有强行性的规则。

二、法的概念和特征

【资料卡】

汉字中“法”的古体为“灋”，《说文解字》解释：“灋，刑也。平之如水，从水；廌，所以触不直者去之，从去。”廌是一种神兽，它“性知有罪，有罪触，无罪则不触”。

（一）法的概念

法是由国家制定、认可并依靠国家强制力保证实施的，以权利和义务为调整机制，以人的行为及行为关系为调整对象，反映由特定物质生活条件所决定的统治阶级（在阶级对立社会）或人民（在社会主义社会）意志，以确认、保护和发展统治阶级（或人民）所期望的社会关系和价值目标为目的的行为规范体系。

（二）法的特征

1. 法具有规范性，是调整行为关系的规范

（1）行为关系是法律的调整对象。行为关系是社会关系中的一种，是一种表现于外部的通过人们的行为而发生的社会关系。达成社会控制的有效途径是通过对人们行为的调整进而对社会关系进行调整。法律正是通过对人们行为的作用来调整社会关系的。另外，法律是针对行为而设立的，不通过行为控制就无法调整和控制社会关系。这是法律区别于其他社会规范的重要特征之一。

（2）法律的规范性。法律是一种行为规范，之所以具有规范性，是因为：第一，法律具有概括性，它是一般、概括的规范，不针对具体的人和事，可以反复适用；第二，法律的构成要素中以法律规范为主，这不仅表现在法律规范在量方面占主导地位，而且法律的其他要素或者是为法律规范服务、或者需要转化为规范而发挥作用；第三，法律规范的逻辑结构中包括行为模式、法律后果，这是法律的规范性最明显的标志。

2. 由国家专门机关制定、认可和解释

（1）制定、认可、解释是法律创制的三种主要方式。制定是指由国家机关通过立法活动产生新的规范。认可是国家对既存的行为规范予以承认，赋予法律效力。解释是法律被认可或被制定出来之后，在某些情况下由国家有关机关对其进行的一种再度创制的过程。

（2）法律的国家性。这主要体现在：第一，它是以国家的名义创制的；第二，法律的适用范围是以国家主权为界域的；第三，法律的实施是以国家强制力为保证的。

（3）法律的普遍性。一般来说，法律在一国全部地域范围内对一切人和组织发生效力。但也应看到法律“普遍性”的程度是不一样的，因为不同的法律在空间、时间和对人的效力上是不同的。

【资料卡】

通过认可产生法律通常有三种情况：

（1）赋予社会上已存在的某些一般社会规范（如习惯、经验、道德、宗教、习俗、礼仪）以法律效力。

（2）通过加入国际组织，承认或签订国际条约等方式，认可国际法规范。

（3）特定国家机关对具体案件的裁决作出概括，产生规则或原则，并赋予这种规则或原则以法律效力。

3. 以权利义务双向规定为调整机制

（1）法律以权利和义务为内容。法律上的权利和义务规定具有确定性和可预测性的特点：首先，其明确地告诉人们可以、该怎样行为，不可以、不该怎样行为以及必须怎样行为；其次，人们根据法律来预先估计自己与他们之间该怎样行为，并预见到行为的后果以及法律的态度。

（2）法律的利导性。法律的利导性是以法律上权利和义务的双向规定为前提的。权利以其特有的利益导向和激励机制作用于人的行为，并且权利可以诱使利己动机转化为合法行为并产生有利于社会的后果；义务也具有利导性，其以特有的约束机制和强制机制作用于人的行为，使人们从有利于自身利益出发来选择行为。

4. 依靠国家强制力，通过一定的程序予以实施

（1）法律以国家强制力保证实施。国家强制力是指国家的军队、警察、法庭、监狱等有组织的国家暴力。其具有以下特点：第一，法律的强制力不等于纯粹的暴力，它是以法定的强制措施和制裁措施为依据的；第二，法律的强制力具有潜在性和间接性，即其只在人们违反法律时才会降临在行为人身上；第三，国家强制力不是法律实施的唯一保证力量，其实施还依靠诸如道德、纪律、经济、文化、舆论等方面的因素。国家强制力是法律与其他社会规范的重要区别，但在现代社会法律还出现了强制力日益弱化的趋势。

（2）法的程序性，即法律的强制实施是通过法定时间与法定空间上的步骤和方式而得以进行的。

任务案例八：

社会上涌现出了一批专业打假人士，这些人员通过打击假冒伪劣商品，一方面以获取三倍赔偿的方式使自己获得了不菲的收益；另一方面这些行为也在一定程度上防止了假冒伪劣商品的泛滥，使得商家不得不注意商品质量，从而促进社会整体商品质量的提高。

请用法律的利导性来分析这一问题。

任务案例九：

试分析下列法律的类别：

（1）《中华人民共和国宪法》与《中华人民共和国民法典》中哪一部法律是一般法，哪一部法律是特别法？如果是《民法典》与《票据法》，则哪一部法律是一般法，哪一部法律是特别法？

（2）《行政法》与《海商法》中哪一部法律是公法，哪一部法律是私法？

知识链接（四）

三、法的分类

（一）国内法与国际法

按照法的创制主体和适用范围的不同为标准，可以将法分为国内法和国际法。国内法是指在一主权国家内，由特定国家法律创制机关创制的并在本国主权所及范围内适用的法律。国际法则是由参与国际关系的国家通过协议制定或认可的，并适用于国家之间，规定国与国之间双边或多边关系的法律，其主要由国际条约和国际社会公认的惯例构成。

【想一想】

请列举你所知道的国内法、国际法。

（二）成文法与不成文法

按照法的创制方式和表达形式的不同为标准，可将法分为成文法和不成文法。成文法是指由国家特定机关制定和公布，并以成文形式出现的法律，因此又称制定法。不成文法是指由国家认可其法律效力，但又不具有成文形式的法，一般指习惯法和判例法（即由法院通过判决所确定的判例和先例，这些判例和先例对其后的同类案件具有约束力，但它又不是以条文（成文）形式出现的法）。

（三）根本法和普通法

按照法的内容、效力和制定程序的不同为标准，可将法分为根本法和普通法。在成文宪法制国家，根本法即宪法，是指由制宪会议或一般立法机关依照特定程序制定和颁布的、具有最高法律效力的法律文件，是普通法的立法基础。它的制定和修改有着特别的程序。普通法则是指具有立法权的国家机关依立法程序制定和颁布的规范性文件，它通常规定某一方面或某些方面的社会关系。其效力次于宪法，不得与之相抵触，其制定和修改程序也比宪法简单，如民法、刑法、诉讼法等。

（四）实体法和程序法

按照法所规定的内容的不同为标准，可将法分为实体法和程序法。实体法是指具体规定人们在政治、经济、文化和婚姻家庭等实际关系中的权利和义务的法律，如民法、刑法、行政法等。程序法是指以保证权利和义务得以实现或职权和职责得以履行的有关程序为主的法律，如民事诉讼法、刑事诉讼法、行政诉讼法等。

（五）一般法和特别法

按照法的效力范围的不同为标准，可以将法分为一般法和特别法。一般法是指针对一般人、一般事、一般时间、在全国普遍适用的法；特别法是指针对特定人、特定事或特定地区、特定时间内适用的法。应当注意的是，一般法与特别法的划分是相对的，有时一部法律相对某一部法而言是特别法，而相对于另一部法，它又成为一般法。

除以上五种基本分类外，还有一些法的分类仅用于某一类国家，有学者将其称为法的特殊分类。下面做一简要介绍。

（一）公法和私法

公法和私法的划分在古罗马时期就已存在。现代法学一般认为：凡涉及公共权力、公共关系、公共利益和上下服从关系、管理关系、强制关系的法，即为公法；凡属个人利益、个人权利、自由选择、平权关系的法即为私法。

> 【资料卡】
>
> 古罗马五大法学家之一的乌尔比安率先提出了公法和私法的划分。

（二）普通法和衡平法

这是普通法法系国家的一种法的分类方法。这里的普通法，不同于前面分类中的普通法概念，而是专指在 11 世纪诺曼底人入侵英国后，由英国王室法院和官员依据英王敕令、诺曼底人习惯并参照当地习惯进行判决而逐步形成的一套适用于全英国的法律。衡平法是指英国在 14 世纪后对普通法的修正和补充而出现的一种判例法。

（三）联邦法和联邦成员法

这种分类是联邦制国家所特有的，在单一制国家中并无这一分类。联邦法是指由联邦中央制定的法律，而联邦成员法是指由联邦成员制定的法律。由于各联邦制国家的内部结构、法律关系各不相同，因此，有关联邦法和联邦成员法的法律地位、适用范围、效力等均由各联邦制国家宪法和法律规定，没有一种划一的模式。

任务2 法律关系的构成分析

任务案例一：

甲、乙、丙三村分别按 20%、30%、50% 的比例共同投资兴建了一座水库，约定用水量按投资比例分配。某年夏天，丙村与丁村约定当年 7 月中旬丙村从自己的用水量中向丁村供应灌溉用水一万立方米，丁村支付价款一万元。

请问：本案涉及哪些民事法律关系？

任务案例二：

某君母亲病逝，准备在母亲的墓碑上安放遗像，以示纪念和哀思，遂至一照相馆将其母亲的照片进行扩印。由于老太太生前的这张照片慈眉善目、和蔼可亲，店主事后便将该相片用作店面招牌以招徕顾客。后有人转告某君此事，某君感到心里不好受，便以侵犯其母亲的肖像权为诉因将店主诉至法院。

请问：法院会支持其主张吗？为什么？

任务案例三：

张三将自己所有的一幢房子出租给李四，同时要求李四归还到期欠款三万元，李四不肯还钱，被张三告上法庭，法院判决责令李四还款并支付违约金三千元。

请分析法律关系中张三和李四具体的法律权利和法律义务。

任务案例四：

甲公司与乙公司订立了一个由乙公司为甲公司运输由甲公司生产的一万件“立人”牌服装到上海去的运输合同，丙公司与丁公司订立了由丁公司为丙公司建造办公楼的建筑工程承包合同，张三为将自己的发明专利权转让给甲公司而与甲公司订立了专利转让合同。

请问：以上三个合同法律关系中的客体是什么？

知识链接

法律关系

（一）法律关系的概念

法律关系是指法律规范在调整人们行为过程中，在人们之间所形成的一种法律上的权利和义务关系。可以从以下三个方面来理解这一概念：

【想一想】

请举例说明法律关系这种特殊的社会关系。

（1）法律关系是一种特殊的社会关系。其是依法产生，体现了国家意志，以权利、义务的形式出现的一种社会关系。

（2）法律关系是法律权利和义务关系。在这种关系中当事人享有的是法律上的权利，承担的是法律上的义务，法律关系将法律规范所规定的权利义务通过行为主体的行为与特定行为主体联系在了一起。

（3）法律关系是根据法律规范建立的一种社会关系，具有合法性。法律规范是法律关系产生的前提，法律关系是法律规范的实现形式。

（二）法律关系的构成要件

1. 法律关系的主体

法律关系的主体是指法律关系的参加者，即在法律关系中法律权利的享有者和法律义务的承担者。法律关系的主体主要有权利主体与义务主体两类，具体包括公民、法人和非法人组织以及特定情形下的国家（如以主权者身份成为国际法法律关系的主体、以自己的名义发行国债等）。

公民、法人要成为法律关系的主体，必须具有权利能力和行为能力。

（1）权利能力。权利能力是指法律关系主体能够参与一定的法律关系，依法享有一定权利和承担一定义务的法律资格。

【资料卡】

引起法律关系产生、变更、消灭的客观现象为法律事实。根据是否与当事人的意志有关可分为：

（1）事件。与当事人意志无关的，如被继承人死亡而引发继承法律关系得以产生的便是事件。

（2）行为。与当事人意志有关的，如某人通过签订合同而引起合同法律关系的便是行为。

公民的权利能力根据享有权利能力的主体范围的不同，可以分为：①一般权利能力，即一国所有公民均具有的权利能力，始于出生，终于死亡，不能被任意剥夺和解除，是取得公民法律资格的基本条件；②特殊权利能力，即公民在特定条件下具有的法律资格，只授予某些特定主体，如国家机关及其工作人员行使职权的资格。

公民的权利能力根据法律部门的不同，又可以分为民事权利能力、政治权利能力、行政权利能力、劳动权利能力、诉讼权利能力等。其中，既有一般权利能力

（如民事权利能力），又有特殊权利能力（如政治权利能力）。

法人的权利能力自法人成立时产生，至法人终止时消灭。其范围是由其成立的宗旨和业务范围决定的。

（2）行为能力。行为能力是指法律关系主体能够通过自己的行为实际取得权利和履行义务的能力。

公民的行为能力是公民意识、能力在法律上的反映。公民是否达到一定年龄、神智是否正常，是其享有行为能力的标志，因此具体可以分为以下三种情况：①完全行为能力人，如在刑法上，已满16周岁的公民为完全刑事责任能力人；②限制行为能力人，如在刑法上，已满14周岁不满16周岁的公民为不完全刑事责任能力人；③无行为能力人，如在刑法上，不满14周岁的未成年人和精神病人为无刑事责任能力人。

法人的行为能力与公民的行为能力不同。法人的行为能力与其权利能力同时产生，同时消亡；其权利能力与行为能力的具体范围也是一致的，没有完全与不完全之分。

2. 法律关系的内容

法律关系的内容是指法律关系的主体依法所享有的权利（法律权利）和承担的义务（法律义务）。

法律权利是指法律规定和保护的法律关系主体所享有的某种权能。其具体表现为：①权利主体能够依法实施某种行为以满足自己的利益要求；②权利主体可以依法要求他人做出一定行为或抑制一定行为来实现自己的权利；③当义务主体不履行其应尽的义务时，权利主体有权要求法律保护，以协助实现其权利。

> 【想一想】
> 有些地方搞村民选举，要求每个有权投票的村民必须投票，是否合法？

法律义务是指法律规定的法律关系主体必须承担和履行的某种责任。其具体有三种表现形式：①积极的义务形式，即义务主体应根据法律规定和权利人要求，实施某种行为；②消极的义务形式，即义务主体应根据法律规定和权利人要求，不实施某种行为；③接受法律制裁的义务形式，即义务主体违反法律规定和权利主体要求，造成对权利主体利益的损害时，应受到法律制裁。

3. 法律关系的客体

法律关系的客体是指法律关系主体的权利和义务所指向的对象。具体有：

（1）物。作为法律关系客体的物是指存在于人身以外，能够为人类所认识、控制和支配，并能满足人们的社会需要，由法律加以规定和保护的物品或物质财富。

根据不同标准可以将"物"分为很多种类，具体有：①生产资料和生活资料；②流通物和限制流通物；③动产（如家具、牲畜）和不动产（如土地、森林、建筑物）；④特定物（具有固有特性不能以其他物代替的物，如凡•高的名画《向日葵》）和种类物；⑤主物和从物（如锁与钥匙中，锁为主物，钥匙为从物）；⑥可分物（如一大桶油，可以分成若干小桶油）与不可分物（如一辆汽车，拆分后将会使其失去原有的用途，降低其价值）；⑦原物与孳息（如苹果树与苹果、出租屋与租金，前者为原物，后者为孳息）。

（2）行为。行为指法律关系中权利人行使权利的活动以及义务人履行义务的活动。

（3）精神财富。精神财富是指法律关系主体从事智力活动所取得的成果，包括各种科技发明、文艺创作、学术著作等。

任务3 法律关系的结果分析

任务案例一：

甲公司与乙公司订立了一个由甲公司向乙公司出售1000套“立人”牌女式套装的买卖合同，约定于2020年12月8日履行，但甲公司未能按合同约定履行该义务，导致乙公司因此遭受一万元的损失，故乙公司要求甲公司进行赔偿。

请问：该案中的第一性法律义务和第二性法律义务（法律责任）分别是什么？

任务案例二：

小李乘长途公共汽车回家，在车上待了两个小时后，其打开了一罐自己在车站买的“尖叫”饮料，一喝，发现是假冒的，味道很差，于是他想都没想就往车窗外一扔，结果把正在路边行走的小马给砸伤了。

请问：小李要不要承担法律责任？为什么？小李对这种结果的发生，主观上存在什么样的过错？为什么？

任务案例三：

N市市长下班回家，途中遇一儿童落水，司机询问是否停车救人，市长以家中事忙为由推托，遂扬长而去。儿童因不救而亡。溺水儿童的父亲与司机相熟，了解到上述相关情况，认为市长对他儿子的死负有不可推卸的责任，要求追究市长的法律责任，法院以“见死不救罪”判决该案。

请问：你认为该法院的判决是否正确？为什么？

知识链接

法律责任

（一）法律责任的概念与特征

法律责任是指由特定法律事实所引起的对损害予以赔偿、补偿或接受惩罚的特殊义务，亦即由于违反第一性义务而引起的第二性义务。“第一性义务”即人们通常所说的法律义务，包括法定的作为或不作为的义务以及合法约定的作为或不作为义务；“第二性义务”则通常是指由于违反了法定义务和约定义务而引起的新的特定义务。

法律责任的特点主要有：

（1）法律责任由国家司法机关或其他授权机关依法负责追究，其他任何社会组织和个人，都无权行使这一职权。

（2）法律责任必须事先在法律规范中有明确、具体的规定，必须体现“以事实为依据，以法律为准绳”原则。

（3）追究法律责任是以国家强制力作保证的，任何违法者都不得逃避或拒不承担。但在法律责任的履行上，国家强制力只是在责任人不能主动履行其法律责任时才会使用。

（二）法律责任的构成

【想一想】

国家能不能成为法律责任的责任主体？

（1）责任主体。即因违反法律、违约或法律规定的事由而承担法律责任的人，包括自然人、法人和非法人组织。责任主体对于法律责任的有无、种类、大小有着密切关系。

（2）违法或违约行为。其包括作为和不作为两类：作为是行为人直接做了法律所禁止或合同所不允许的事而导致法律责任；不作为是行为人在能够履行自己应尽义务的情况下不履行该义务，而导致的法律责任。区分作为与不作为，对于确定法律责任的范围、大小具有重要意义。

（3）损害结果。即违法或违约行为侵犯他人或社会的权利和利益所造成的损失和伤害，包括实际损害、丧失所得利益及预期可得利益。损害结果可以是对人身、财产、精神的损害，也可以是其他方面的损害。同时，损害结果须有确定性，是损害行为已经实际造成的侵害事实，而不是推测、臆想、虚构的。

（4）因果关系。即违法或违约行为与损害结果之间的必然联系。其是由法律规定的，具有法定性。其对于确定行为主体、认定责任主体、决定责任范围具有重要意义。

（5）主观过错。即行为人实施违法或违约行为时的主观心理状态，包括故意和过失两类。故意是指明知自己的行为会发生危害社会的结果，希望或者放任这种结果发生的心理状态。过失是指应当预见自己的行为可能发生损害他人、危害社会的结果，因为疏忽大意而没有预见，或者已经预见而轻信能够避免，以致发生这种结果的心理状态。不同的主观心理状态对认定某一行为是否有责及承担何种法律责任有着直接的联系。

（三）法律责任的分类与实现方式

1. 法律责任的分类

在法律实践中，最基本的分类方法是将法律责任分为：

（1）民事法律责任。一般由民事违法和违约行为引起，但也可由部分刑事违法行为和行政违法行为引起，主要为补偿性财产责任。

（2）行政法律责任。既包括行政机关及其工作人员、授权或委托的社会组织及其工作人员在行政管理中因违法失职、滥用职权或行政不当而产生的行政责任，也包括公民、社会组织等行政相对人违反行政法律而产生的行政责任。

（3）刑事法律责任。这是严格的行为人个人责任，主体包括公民、法人、非法人组织，责任方式为惩罚。

（4）违宪责任。这是由于有关国家机关制定的某种法律、法规和规章，以及国家机关、社会组织或公民的某种活动与宪法的规定相抵触而产生的一种法律责任。

【资料卡】

根据不同的标准可以对法律责任作不同的分类。如按责任承担的内容不同，法律责任可分为财产责任和非财产责任；按责任的承担程度，法律责任可分为有限责任和无限责任；按责任实现形式的不同，法律责任可分为惩罚性责任和补偿性责任；按引起责任的法律事实与责任人的关系不同，法律责任可分为直接责任、连带责任和替代责任等。

2. 法律责任的实现方式

法律责任的实现方式是承担和追究法律责任的具体形式，包括：

（1）惩罚。其主要针对人身进行，具体包括：①民事制裁，如在国家的强制下支付违约金或赔偿等。②行政制裁，包括行政处罚、行政处分。③刑事制裁，分为主刑和附加刑两类，包括自由刑、生命刑、资格刑和财产刑。④违宪制裁，主要有撤销同宪法相抵触的法律、行政法规、地方性法规、罢免国家机关的领导人员等。

（2）补偿。其是通过国家强制力或当事人要求责任主体以作为或不作为形式弥补或赔偿所造成损失的责任承担方式，主要包括：①民事补偿，具体有停止侵害、排除妨碍、消除危险、返回财产、恢复原状、修理、重作、更换、赔偿损失、消除影响、恢复名誉等方式。②国家赔偿，包括行政赔偿和司法赔偿。

（3）强制。其是国家通过强制力迫使不履行义务的责任主体履行义务，包括：①对人身的强制，主要有拘传、强制传唤、强制戒毒等。②对财产的强制，主要有强制划拨、强制扣缴、强制拆除等。

（四）法律责任的归责原则

法律责任的归责原则是确认和承担法律责任时必须依照的标准和准则，主要有：

（1）责任法定原则，即法律责任必须在法律上有明确具体的规定，任何人不得向他人实施和追究法律明文规定以外的责任。

（2）责任自负原则，即只有实施了违法行为的人，才独立承担相应的法律责任；在追究当事人法律责任时不许株连。

（3）责任相当原则，即法律责任的性质与违法或违约行为的性质相适应；法律责任的种类和轻重与违法或违约行为的具体情节、与行为人的主观恶性相适应。

（4）责任平等原则，即所有同类违法或违约行为的行为人一律平等地追究法律责任。

（5）惩罚与教育相结合的原则。

第二模块 市场行为法

学习目标 >>

【知识目标】

掌握合同的订立与履行、国际货物买卖合同的订立与履行；熟悉商业经济活动中代理和票据的运用；能按照合同、国际货物买卖、代理法律制度及合同的示范文本订立各类合同。

【能力目标】

能根据合同、国际货物买卖、代理、票据等方面的法律知识分析具体案例，能完成各类合同签订与履行工作，能解决代理权行使及票据流转过程中的各类问题。

【思政要求】

形成诚实信用、守法经营、文明经商、尊重社会公德的职业操守。

引例 >>

王某承租赵某私房两间。租期届满前，王某向赵某提出愿以50万元购买该房，赵某表示同意。王某当即交给赵40万元，讲好另外10万元于1个月内付清，双方约定3天后共同到房管部门办理房屋过户手续。第二天王某雇请个体户李某将事先托其制作的家具搬到家中，并答应两天后办理房屋过户手续时一并给付加工定作费和搬运费用。不料，当天夜里，该房因受雷电击而起火，房屋和家具均因此毁损。事故发生后，王某向赵某索还自己已交付的40万元房款；但赵某不仅不返还已收的40万元，而且要求王某给付所欠的另外10万元；李某闻讯也前来追索其加工费和搬运费用，遭到王某拒绝。三人争执不下，诉至法院。

那么，本案中房屋灭失的损失由谁承担？王赵两人的房款纠纷应如何解决？本案中所述的家具灭失的损失应由谁承担？为什么？

通过对本模块的学习你将找到这些问题的答案。

项目1 ➡ 合同订立分析训练

任务1 合同订立操作分析

任务案例一：

甲公司委托乙公司推销自己生产的一批机电产品，于是两公司之间订立了一份委托代理合同，后由于乙公司办事不力，甲公司按合同约定撤销乙公司的代理权。

请问：甲公司撤销代理权的行为是单方民事法律行为还是多方民事法律行为？为什么？

任务案例二：

四川省遂宁市大英县委为落实上级党委、政府要求，实现节能减排目标，出台中共大英县委第23期《关于研究永佳纸业处置方案会议纪要》（以下简称《会议纪要》），决定对大英县永佳纸业有限公司（以下简称永佳公司）进行关停征收。根据《会议纪要》，四川省大英县人民政府安排大英县回马镇政府与永佳公司签订了《大英县永佳纸业有限公司资产转让协议书》（以下简称《资产转让协议书》），永佳公司关停退出造纸行业，回马镇政府受让永佳公司资产并支付对价。

请问：此《资产转让协议书》是否受我国《民法典》“合同编”的调整？为什么？

任务案例三：

2008年汶川大地震，地震中小明的父母不幸遇难，地震后小明只剩下自己年迈的奶奶。由于奶奶年事已高，其决定将小明送给北京市的公务员老赵一家收养。双方在民政部门的主持下签订了收养协议，并办理了收养手续。

请问：该协议受不受我国《民法典》“合同编”的调整？为什么？

任务案例四：

某市市场监督管理局为丰富本局职工的业余生活，决定在职工俱乐部建一个卡拉OK厅，正好其管辖区内有一个生产这些设备的企业，于是该市场监督管理局与该企业订立了一个购买卡拉OK设备的合同。

请问：该合同受不受我国《民法典》“合同编”的调整？为什么？

任务案例五：

张明和小英是一对恋人。有一次，小英约张明于星期五晚上六点到某饭店吃饭，以庆祝小英24周岁生日，当时小英半开玩笑半当真地说，要是你不来的话，你要承担向我支付违约金1000元的责任，张明答应了。但到了星期五由于张明所在公司要求加班，因此张明无法如期赴约。

请问：根据两人的约定，小英能否请求法院判令张明支付1000元违约金？为什么？

任务案例六：

李小姐从某一房地产中介公司买了套二手房，双方订立了合同，李小姐也付了款，但此后办理房产证过户的过程中出现了中介公司老是拖着不办，暗中将这套房子又转手卖给了另一顾客的情况。

请问：房地产中介公司能不能这样做？为什么？李小姐该怎么办？

知识链接（一）

一、合同的概念、特征与分类

（一）合同的概念和特征

合同是指民事主体（即平等主体的自然人、法人或非法人组织）之间设立、变更、终止民事法律关系的协议。其特征主要有：

（1）合同是多方民事法律行为。民事法律行为是指民事主体通过意思表示设立、变更、终止民事法律关系的行为，其可分为单方民事法律行为和多方民事法律行为。单方民事法律行为是指仅需一方当事人的意思表示即能成立的民事法律行为，如订立遗嘱的行为、放弃债权的行为等；多方民事法律行为是指必须有两方或两方以上的当事人意思达成一致才能成立的民事法律行为，如双方当事人订立买卖合同的行为、五方当事人订立合伙协议的行为等。合同是多方民事法律行为，但现实经济生活中绝大多数合同是由双方当事人订立，因此合同最常见的是双方民事法律行为。

（2）合同当事人的法律地位平等。只有具有平等法律地位的当事人之间订立的合同，才属于民事合同的范畴。但并非所有平等法律地位的当事人之间订立的合同都是我国合同法所调整的合同，主要有：①婚姻、收养、监护等有关身份关系的协议；②劳动合同。前一种协议适用有关该身份关系的法律规定，没有规定的，可以根据其性质参考《民法典》内“第三编合同”的规定；后一种协议则由我国的《劳动合同法》来规范。另外，在我国还有法律地位不平等的当事人之间的订立的合同——行政合同，行政合同是指国家行政主体以实施行政管理为目的，与行政相对方就有关事项经协商一致而达成的协议。这种合同的一方当事人（国家行政机关）处于管理者的地位，另一方当事人（行政相对方）处于被管理者的地位，双方当事人的法律地位不平等，因此不是民事合同。

（3）合同能引起一定的法律后果。合同一经订立，不管其有效与否，都会引起一定的法律后果，而且一般都具有财产内容。如果合同是有效的，如某买卖合同有效，则要求当事人按约履行，其引发的法律后果是当事人所期望的；如果合同是无效的，则要求有过错的一方当事人必须赔偿另一方由此造成的损失，其所引发的法律后果是当事人所不期望的。

（4）合同一经依法成立，即具有法律约束力。这种法律约束力主要体现为：①当事人必须按合同约定全面正确地履行合同义务；②如果没有法定事由或与对方当事人协商一致，当事人不能随意地变更或解除合同；③当事人一方不履行合同义务的，另一方当事人可以寻求法律保护。

任务案例七：

甲公司（卖方）与乙公司（买方）订立了一份买卖一批“立人”牌时装的买卖合同。

请问：在这一合同中，买卖双方各自的权利义务是什么？

任务案例八：

小张与小李是一对好朋友，有一次，小李国外开企业的舅舅送给他两台摄像机，于是小李表示要送小张一台，小张听好朋友这么说，就半开玩笑半当真地表示，小李如果是当真的，就写一份赠与协议。小李真的就写了一份，双方签了字，并约定一星期后交付机器。但三天后，两人因某事闹起了矛盾，谁都不肯让步。到了要交付机器的那天，小李反悔了，表示不愿意送摄像机给小张了。

请问：小张能不能要求小李承担违约责任？为什么？

任务案例九：

小张出国前，将自己所有的一辆哈雷摩托车委托自己的好朋友小赵保管，小赵将其车放在自己家的别墅里保管。但有一天，小赵家被小偷破门而入，偷去了不少东西，其中包括小张的车子。

请问：小张回国后，能不能请求小赵赔偿其摩托车被盗的损失？为什么？如果小张当初是将车停放在收费的停车场内，发生了车辆被盗事件后，小张能不能要求赔偿？为什么？

任务案例十：

甲公司通过将自己的一条生产线抵押给某银行的方式，获得了100万元的流动资金贷款，在这笔交易中出现了两份合同，一份是甲公司与某银行的借款合同，另一份是甲公司将自己的一条生产线抵押给该银行的抵押合同。

请问：这两份合同中哪一份是主合同？哪一份是从合同？为什么？

知识链接（二）

（二）合同的分类

依据不同的标准，可以将合同分为不同的类别，下面叙述七种比较重要的分类方法：

（1）双务合同和单务合同。这是以当事人是否互负义务为标准而划分的。双务合同是指双方当事人互相享有权利并承担义务的合同，如买卖合同；单务合同则是指仅有一方当事人承担合同义务，另一方当事人只享有合同权利的合同，如一般意义上的赠与合同。

（2）诺成合同和实践合同。这是以合同的成立是否以交付标的物为标准而进行的分类。诺成合同是指双方当事人意思表达一致即可使协议得以成立的合同，如运输合同；实践合同是指除需有双方当事人意思表达一致以外，还需有标的物的交付，才能使协议得以成立的合同，如保管合同。

（3）有偿合同和无偿合同。这是以当事人取得权利是否需要支付代价为标准进行的分类。有偿合同是指当事人取得权利必须支付一定代价的合同；无偿合同则是指当事人取得合同权利无须支付一定代价的合同。

（4）要式合同和不要式合同。这是以合同成立是否需要采用特定的形式而作的分类。要式合同是指合同的成立必须采用法律规定的特定形式的合同，如中外合资经营企业合同必须经国家有关机关批准后才能成立；不要式合同是指不需要采用特定形式或经过特定手续就可以成立的合同，当事人可采用法律所认可的任何形式来成立合同，可以是书面形式，也可以是其他形式。

（5）主合同和从合同。这是以合同之间是否有主从关系而进行的分类。主合同是指不依赖其他合同而能独立存在的合同，从合同是指以其他合同的存在为其存在前提的合同。

（6）有名合同和无名合同。这是以法律是否为某种合同确定了一个特定的名称而进行的分类，也称为典型合同和非典型合同。有名合同是指法律上已经确定了特定名称的合同，如我国《民法典》“第三编合同”规定的买卖合同、赠与合同、租赁合同等19种有名合同；无名合同是指法律上尚未确定一定名称的合同。

（7）预约合同和本合同。预约合同是指当事人约定在将来订立某合同的合同。本合同是指当事人出于对预约合同的履行而订立的合同。根据我国《民法典》第四百九十五条的规定，当事人约定在将来一定期限内订立合同的认购书、订购书、预订书等，构成预约合同。当事人一方不履行预约合同约定的订立合同义务的，对方可以请求其承担预约合同的违约责任。

除了以上合同类别外，还有一些其他合同分类，如确定合同（法律效果已在订约时确定的合同）和射幸合同（法律效果在订约时不能确定的合同，如保险合同），束己合同（对当事人以外的第三人不具有效力的合同）和涉他合同（除当事人以外，合同还约定由第三人享有权利或承担义务的合同），一时性合同和持续性合同，单一合同和复合合同等。

任务案例十一：

某税务局局长去菜场买菜，老板要求其付钱，他掏出证件亮了一亮说："我是专门收你们税的，我买菜还要给钱？"

请问：税务局长买菜不需要付钱吗？为什么？

任务案例十二：

某地的电信分公司为李某安装电话时，要求李某与公司签订合同时在合同中同意购买该公司提供的电话机，但李某认为其提供的电话机质量太差，因此不愿意在合同中加这一条款。但该公司在计费时将电话机的费用也计了进去，李某反对，但该公司声称不管顾客要不要电话机，其费用都要由顾客承担，并说他们一直是这样操作的。

请问：该电信分公司的做法对吗？为什么？

任务案例十三：

建筑公司和 B 水泥厂订一合同，合同规定：A 公司向 B 厂购买水泥 900 吨，在一年内分三批交货。合同订立后，水泥厂发出第一批 300 吨水泥。这时，水泥市场价格大幅上扬，众多客户以高价向水泥厂订货。在利益驱动下，水泥厂连续 10 个月未向 A 公司发过一吨水泥，而将这些水泥供应给其他高价位的客户。期间 A 公司几次催促 B 厂发货未果。于是只能以高价向其他厂家订货。年底水泥价格回落，B 厂向 A 公司交付余下两批 600 吨水泥，两次交货时间相差不足 10 天。由于工程临近尾声，A 公司拒绝接收后两批水泥，并要求 B 厂赔偿其用高价向其他厂家购买水泥所造成的差价。

请问：B 厂要不要赔偿？为什么？

知识链接（三）

二、合同法的概念和原则

合同法是指调整在合同的订立、履行、担保、变更、解除、终止过程中所产生的民事权利义务关系的法律规范的总称。目前调整合同问题的法律法规主要有《中华人民共和国民法典》《最高人民法院关于审理买卖合同纠纷案件适用法律问题的解释》《最高人民法院关于适用〈中华人民共和国民法典〉有关担保制度的解释》等。

根据《民法典》的相关规定，我国合同法的基本原则有：

（1）平等原则。即合同当事人的法律地位平等，一方不得将自己的意志强加给另一方。

（2）自愿原则。即当事人依法享有自愿订立合同的权利，任何单位和个人不得非法干预。

（3）公平原则。公平原则是社会道德观念在法律上的体现，合同当事人应当遵循公平原则确定各方的权利和义务，使各方在合同活动中机会均等、权利和义务对等，保护当事人的合法权益。

（4）诚实信用原则。诚实信用是指恪守信用，诚实不欺，遵循诺言，不得弄虚作假、欺诈蒙骗。合同当事人行使权利、履行义务应当遵循诚实信用的原则。

（5）遵守法律，不得违背公序良俗原则。合同当事人订立、履行合同，应当遵循法律、行政法规，应当尊重社会公德，遵守公共秩序，符合善良风俗，不得违反国家的公共秩序和社会的一般道德。

（6）有利于节约资源，保护生态环境原则。合同签订与履行涉及资源利用时，当事人应力行节约，尽量避免浪费。

任务案例十四：

小明今年 15 周岁。他有一个远房表舅在美国，非常富有，但是没有子女。这个表舅自从见过小明后就非常喜欢他，于是表舅决定将自己的财产拿出 500 万美元赠送给小明，作为小明将来的就学费用和创业费用。表舅与小明就此签订了一份赠与合同。

请问：小明有没有资格亲自签订一份赠与合同？为什么？

任务案例十五：

小张是某公司的一名销售员。今年 5 月的一天，小张骑自行车上班途中被一辆卡车撞倒，送到医院抢救后，成了一名植物人。

请问：成了植物人之后的小张有没有民事权利能力和民事行为能力？为什么？

任务案例十六：

经营服装的甲合伙企业从另一家企业手中低价购得了一批黄金和一批办公设备，于是其出于营利目的，为将这批黄金卖给经营机电产品的乙公司、将这批办公设备卖给丙超市，就分别与乙公司和丙超市订立了买卖合同。

请问：甲企业与乙公司、丙超市订立的买卖合同是否有效？为什么？

知识链接（四）

三、当事人的缔约资格

合同的订立是当事人通过协商一致而于相互之间建立合同关系的行为。在合同的订立过程中首先涉及的就是当事人的缔约资格问题。

> 【想一想】
>
> 民事权利能力与民事行为能力的主要区别是什么？

参与合同签订的当事人主要可分为自然人、法人和非法人组织三大类，但无论是哪一类当事人，要想参与合同签订，都必须具有民事权利能力和民事行为能力。

民事权利能力是指自然人、法人或者非法人组织享有民事权利、承担民事义务的资格。民事行为能力则是指自然人、法人或者非法人组织通过自己的行为行使民事权利或履行民事义务的能力。

（一）自然人的民事权利能力和民事行为能力

自然人的民事权利能力始于出生，终于死亡。在我国，孕妇肚中的胎儿与出生时已死亡的婴儿不具有民事权利能力。

自然人的民事行为能力则不同于民事权利能力，其产生不仅与自然人的年龄，而且与其智力、精神状况有很大关系。我国《民法典》将自然人分为两类：一类是 18 周岁以上的自然人，为成年人；另一类是不满 18 周岁的自然人，为未成年人。对于成年人与未成年人的民事行为能力分为三种情况：

（1）完全民事行为能力人。主要包括：① 18 周岁以上智力、精神状况良好的成年人；② 16 周岁以上以自己的劳动收入为主要生活来源的未成年人，视为完全民事行为能力人。完全民事行为能力人可以订立任何合同。

（2）限制民事行为能力人。主要包括：① 8 周岁以上不满 18 周岁的未成年人；②不能完全辨认自己行为的成年人。这两类限制民事行为能力人可以订立使自己纯获得利益的合同，除此以外，第一类限制民事行为能力人可以订立与其年龄、智力相适应的合同；第二类限制民事行为能力可以订立与其智力、精神健康状况相适应的合同。其他合同的签订需由其法定代理人代理。

（3）无民事行为能力人。主要包括：①不满 8 周岁的未成年人；②不能辨认自己行为的成年人或未成年人（即 8 周岁以上的未成年人）。从理论上讲，无民事行为能力人签订任何合同都需由其法定代理人代理。

自然人民事行为能力取得后的消失也与民事权利能力不同，其不是以死亡为丧失条件，而是以自然人是否心智丧失、是否具备识别能力与判断能力为条件的。

（二）法人与非法人组织的民事权利能力与民事行为能力

法人与非法人组织的民事权利能力与民事行为能力都是于法人与非法人组织成立时产生，于法人与非法人组织注销时消灭。法人与非法人组织的民事权利能力与自然人的民事权利能力相同，具有广泛性和平等性，其享有民事权利、承担民事义务的资格是广泛而平等的；法人与非法人组织的民事行为能力与自然人的民事行为能力则不同，其没有完全、限制、无民事行为能力之分，但对于法人与非法人组织而言，其民事行为能力也是十分广泛的。

根据从事某项民事行为是否需要获得国家的特别许可或授权，可将法人与非法人组织的民事行为能力划分为一般民事行为能力和特殊民事行为能力。一般民事行为能力是指不受法人或非法人组织营业执照所登记的经营范围所限制，且国家对此项业务并未规定必须获得特别许可或授权，则该法人或非法人组织即能以自己的行为去实施该项业务，并享有其中的民事权利、承担其中的民事义务和责任的能力，如：从事服装销售的公司或个体户商店，可以与其他民事主体因买卖一批办公用品而达成交易。特殊民事行为能力则是指国家对从事某项业务的经营有特别许可或授权的规定，法人或非法人组织只有按相关法律规定获得许可或授权后才能以自己的行为去享有民事权利、承担民事义务和责任的能力，如：企业办员工食堂，必须按我国《食品经营许可和备案管理办法》第十条第三款“机关、事业单位、社会团体、民办非企业单位、企业等申办食堂，以机关或者事业单位法人登记证、社会团体登记证或者营业执照等载明的主体作为申请人”的规定，申请获得“食品经营许可证”之后才能向本企业员工提供餐食。

因此，法人与非法人组织签订合同时，根据我国《民法典》“第三编合同”中第五百零五条“当事人超越经营范围订立的合同的效力，应当依照本法第一编第六章第三节和本编的有关规定确定，不得仅以超越经营范围确认合同无效”的规定，当事人超越经营范围订立的合同，只要符合我国《民法典》第一百四十三条民事法律行为必须同时具备的“行为人具有相应的民事行为能力，意思表示真实，不违反法律、行政法规的强制性规定，不违背公序良俗”三项有效条件，当事人超越经营范围订立的合同即为有效合同。

任务案例十七：

甲在某条街上开了一家火锅店，生意很红火。丙很眼热，而此时正值拥有甲店旁边门面房的乙准备将该门面房出租，于是丙找到乙准备租赁这一店面，也开一家火锅店。甲听说此事后，为了不让丙开店成功，就找到乙，说自己愿出比丙出价更高的条件租乙的店面。于是乙便终止了与丙的谈判，专心与甲谈判租赁事宜。丙只能在其他地方找了店面，而甲一听说丙另找了店面，随即停止了与乙的谈判。乙无法，只得将店面以低于丙开价的价格租给了丁。

请问：甲要不要承担责任？承担什么责任？为什么？

任务案例十八：

甲有意给家乡小学捐一笔钱用于建新教学楼，并就此事与学校进行了多次商谈，达成了初步协议。甲要求学校做一些配套工作，于是学校又向银行贷了20万元，拆了部分旧校舍，但甲后来因与家乡领导不和，遂决定不再向学校捐款。

请问：甲要不要承担责任？承担什么责任？为什么？

任务案例十九：

哈尔滨甲足球俱乐部欲引进广州乙足球俱乐部的一名球员，在正式签订转会合同前，甲要求该球员来试训。当时哈尔滨来了寒流，气温直降至-15℃，但甲未通知该球员。该球员虽带了一些寒衣，但到当地后明显觉得不顶用，而甲俱乐部也没能提供御寒衣物。同时，甲为该球员安排的宾馆客房暖气又不足，以致该球员到达后第二天就感冒发烧住院治疗，从而其未能参加试训，也未能订立转会合同。

请问：甲要不要承担责任？承担什么责任？为什么？

知识链接（五）

四、先合同义务

（一）先合同义务的概念

先合同义务是指各方当事人在订立合同的过程中依法应承担的注意义务。这些义务贯穿于整个订约过程中，主要包括：以善意的态度与对方进行磋商、将与合同有关的重要情况如实地告知对方当事人、接受自己发出的要约的约束、在对方需要时协助其订立合同等。我国《民法典》虽未明文规定，但其通过规定违反先合同义务的行为须承担缔约过失责任的方式来对先合同义务加以规范的。

（二）缔约过失责任的概念、承担条件与须承担缔约过失责任的具体情形

缔约过失责任是指当事人因过错违反先合同义务或其他与订立合同有关的法定义务而依法应当承担的损害赔偿责任。

承担缔约过失责任的法定条件有四个（必须同时具备，才能要求责任人承担责任）：①当事人须在缔约过程中违反先合同义务或其他与订立合同有关的法定义务，违背了诚实信用原则；②该项法定责任是在缔约过程中发生的，而非合同成立后发生的；③当事人主观上有过

【资料卡】

缔约过失责任理论由德国学者耶林1861年创立，他认为当事人在缔约时已产生了一种类似于合同的信赖关系，并因此而应承担必要注意的义务。

错；④责任人的过失行为造成了他人信赖利益的损失，如为订立而支出的各种费用、相信合同有效而拒绝其他的订约机会等。

承担缔约过失责任的法定情形主要有：①假借订立合同，恶意进行磋商。②故意隐瞒与订立合同有关的重要事实或提供虚假情况。③有其他违背诚实信用原则的行为，如泄露或不正当使用在订立合同过程中所知悉的他人商业秘密的行为；缔约双方已达成初步协议，一方相信合同能成立但最终未成立而因此遭受损失；缔约之际一方当事人未尽附随义务而致相对人遭受损害等。

任务案例二十：

甲企业向乙企业购买产品，第一次接触时双方用传真明确买卖合同要以书面形式订立，但在以后的电话洽谈中双方对合同具体内容达成了一致意见，随后乙企业就将货物直接拉到甲企业，甲企业也收了货，付了30%的货款。但此后，由于甲企业经营出现了问题，而无法继续向乙企业付款。乙企业即向法院起诉要求甲企业付款，但甲企业认为合同未生效并要求双方各自返还从对方取得的财产。

请问：甲企业的主张能否得到法院的支持？为什么？

任务案例二十一：

张大爷家有一张老式的雕花木床，因年代久远，表面污垢较多，且有多处破损，因此在一次收旧家具的小李上门来收购时，张大爷就答应以2000元的价格卖给了小李，但由于小李没有带够钱，因此与张大爷约定，他先支付了200元定金，等明天带够钱，付完钱后找人来用车拉走，于是双方简单在一张纸上写了这么几行文字："今收购张××（张大爷的姓名）旧雕花大床一张，价格2000元，先付200元定金，明天付清后由收购人李××拉走。"下面是双方的签字，但由于张大爷不识字，只会歪歪扭扭画个姓，因此张大爷只写一个姓，但用大拇指按了指印。当天晚上，张大爷的儿子得知此事，不同意将雕花大床卖掉，且认为此买卖协议无效。

请问：张大爷与小李签订的买卖协议是否有效？为什么？

知识链接（六）

五、合同的形式

合同的形式是当事人合意的表现形式，是合同内容的外在表现，是合同内容的载体。在我国，合同形式主要有口头、书面和其他三种形式。

（一）口头形式

口头形式是指当事人用口头语言的方式订立合同。口头形式具有简便易行的优点，尤其是对即时清结的合同最为适合，其缺点是发生合同纠纷时难以举证，不易分清责任。因此对一些履行期较长、标的数额较大、对当事人利益影响重大的合同，如果要用这一形式，最好有两名以上能证明合同内容且与当事人没有利害关系的证人。

（二）书面形式

书面形式是以合同书、信件、数据电文等可以有形地表现所载内容的形式。具体有：

（1）合同书。主要有格式合同书和非格式合同书两类。格式合同书是指合同条款由当事人一方事先拟定，对方只能表示接受或不接受的合同书。非格式合同书是指合同条款完全由当事人各方协商一致而达成的合同文书。合同书形式通常以“××合同”或“××协议”为其名称并置于合同文书的上方。

（2）信件。即以信件记载合同内容的书面形式。

（3）数据电文。即电报、电传、传真、电子数据交换（EDI）与电子邮件（E-mail）形式。当事人之间通过上述方式中任何一种订立了合同，有关的电报、电传、传真及记载电子数据交换与电子邮件内容的文书本身就成为书面合同。

合同的书面形式可分为一般书面形式和特殊书面形式。

（1）一般书面形式，即指仅需两方以上当事人的签名、盖章或按指印便能成立生效的书面形式。

（2）特殊书面形式，即指不仅需两方以上当事人的签名、盖章或按指印，还需经国家有关机关认可才能生效的书面形式。具体有：

①公证形式，即由国家公证机关对合同的真实性和合法性进行审查，并以公证文书加以确认和证明的形式；

②批准形式，即法律规定某些类型的合同必须经过国家有关主管机关审核批准的合同形式，如注册商标所有人将自己商标转让给他人而签订的商标转让合同必须经过国家商标局的核准之后，商标转让合同才能生效；

③登记形式，即根据法律的规定，将合同提交国家登记主管机关登记的合同形式，经过登记的合同才能生效。如专利申请权或专利权转让合同，必须由当事人订立书面合同后向国务院专利行政部门登记，专利申请权或者专利权的转让自登记之日起生效。

【想一想】

公证形式与批准形式的区别？

根据我国《民法典》，法律、行政法规规定或当事人要求采用书面形式时，合同应当采用书面形式。如果这些合同未采用书面形式，合同一般无效，但如果一方当事人已经履行了主要义务，另一方接受的，该合同成立，即合同有效。《民法典》规定应采用书面形式的合同一般有：借款合同（但自然人之间借款另有约定的除外）、租期为六个月以上的租赁合同、融资租赁合同、保理合同、建设工程合同、技术开发合同、技术转让合同、技术许可合同、物业服务合同等。

（三）其他形式

其他形式主要有作为的默示形式和不作为的默示形式。

（1）作为的默示形式，是指当事人通过实施某种行为来进行意思表示的形式。如房屋租赁合同到期后，承租人继续向出租人交租金，出租人接受的行为就能推断出双方有延长租赁期限的意思。

（2）不作为的默示形式，是指当事人通过不作为的沉默进行意思表示的形式。如在试用买卖中，买受人在试用期限结束后对试用品未作任何表示，即表示沉默时，即可认定买受人愿意购买该试用物。但要注意，沉默只有在法律有规定、当事人约定或者符合当事人之间的交易习惯时，才可以视为意思表示。

任务案例二十二：

甲企业与乙企业订立了一份乙企业向甲企业购买2万件“Kappa”品牌运动服的合同，于是甲企业又与丙企业订立了一份要求丙企业将甲企业的2万件“Kappa”品牌运动服运到乙企业所在地（上海）的运输合同。

请问：在这两份合同中，合同的标的是什么？为什么？

任务案例二十三：

某建筑公司于某年3月与某建材企业订立了购买黄沙的合同，当时黄沙的市场价格为每吨150元，于是该公司与该建材企业签订了购买50车黄沙并于该年8月10日交货的合同。哪知合同签订后没多久，黄沙价格飞涨，到8月时已涨至300元/吨。该建材企业在这种情况下，已不想再履行合同，但不履行要承担违约责任，于是其想了个办法，用0.5吨的皮卡装了50车运给该建筑公司，建筑公司认为数量不对，他们要的50车是5吨卡车的50车，而不是0.5吨皮卡的50车，于是双方发生争执。

请问：双方是因什么问题发生争议？为什么会发生争议？

任务案例二十四：

某英语教学培训机构与沙先生签订的《英语课程注册合同》中规定，学员只有在以下两种情况下才能退学：第一，入门课后7天内，且在第一单元学习期间内退学，学费在扣除500元后退还；第二，入门课后30天内，且在第一单元学习期间内退学，学费在扣除4800元后退还。并约定，“一旦学员开始第二单元学习或时间超过入门课30天的，将被视为对学校满意，不予退学。”

请分析以上合同条款的效力。

知识链接（七）

六、合同的内容

（一）合同一般应具备的条款

合同的内容即合同的条款，是合同权利义务的具体规定。根据《民法典》的规定，一般应有：

（1）当事人的名称或者姓名和住所。这是确定合同当事人、合同债务履行地、法院对案件管辖等方面的重要标志。

（2）标的。标的是合同权利义务指向的对象，必须清楚地写明其名称，以使其特定化，能够界定权利和义务。

（3）数量。该条款一般用数字和计量单位来表示，其所表示的标的一定要确切，如在买卖合同中，首先应当选择国家标准或行业标准的计量单位或双方共同接受的计量单位；其次要确定双方认可的计量方法，如以单位个数或重量、体积、长度、容积等来计算；最后还应当允许约定合理的磅差或尾差。

> 【资料卡】
>
> “住所”按《民法典》第二十五条和第六十三条的规定，自然人以其户籍所在地或者其他有效身份登记记载的居所为住所，经常居所和住所不一致的，经常居所为住所；法人以其主要办事机构所在地为住所。

（4）质量。标的的质量需订得详细具体，一般应当包括标的的规格、性能、物理和化学成分、款式、质感等方面，具体内容应视合同标的的具体情况而定。在合同实务中，质量条款能够按国家质量标准或行业标准约定的，则按国家质量标准或行业标准约定，没有质量标准的，也可按双方的合理约定或“凭样品”来规定质量条款。

（5）价款或者报酬。价款是取得标的物所应支付的代价，报酬是获得服务所应支付的代价。合同中的价款或报酬都应当明确，既要有小写金额，还要有大写金额，且大小写要保持一致。如果是涉外合同，还需明确计价货币。

（6）履行的期限、地点和方式。履行期限是当事人履行合同和接受履行的时间，主要有期限和期间两种。期限是指履行时间不可分或视为不可分的特定时间，如某年某月某日履行；期间是指履行时间为一个时间区间，如某年某月某日至某年某月某日履行。履行地点是当事人履行合同与接受履行的地方。履行方式是当事人履行合同与接受履行的方式，包括交货方式、实施行为方式、验收方式、付款方式、结算方式、运输方式等。

（7）违约责任。由于违约责任属法定责任，因此其责任的大部分承担方式不需要当事人约定即可产生，但有些违约责任承担方式如违约金责任则应由当事人事先约定，否则即使出现违约行为，也不会产生这种责任承担方式。另外，法定违约责任承担方式之一的赔偿损失责任中损失大小的计算方法，也可由当事人在合同中事先约定。

【想一想】

为什么当事人要在合同中事先约定违约责任承担方式之一的赔偿损失责任中损失额的计算方法？

（8）解决争议的方法。合同中有关解决争议方法的条款的效力不因合同的不生效、无效、被撤销或者终止而失效。该条款主要是对合同发生争议后是通过诉讼来解决，还是通过仲裁来解决进行选择。如果选择前者，则无须在合同中约定，如需约定，则可约定选择合同争议的诉讼法院，一般可在合同履行地、合同订立地、合同标的物所在地、被告和原告住所地中选择；如果选择后者，则需在合同中明确约定具体的仲裁事项和仲裁机构。另外，在涉外合同中往往还涉及适用法律的选择（即合同适用哪一国法律的选择）和检验或鉴定机构的选择。

（二）格式条款

格式条款是指当事人因重复使用而预先拟订，并在订立合同时未与对方协商的条款。其主要应用于供水、供电、供热、供气、邮政、电信、交通、运输、保险等行业所制定的格式合同。

由于格式条款制定方具有绝对的经济优势，相对方只有选择接受或不接受的权利，因此我国《民法典》为调整这种不平等，保护相对方的权益，作了如下规定：

（1）提供格式合同的当事人应遵循公平原则确定当事人之间的权利义务。

（2）格式合同的使用者有提示或说明的义务。具体要求有：一是提供格式条款的一方应采取合理的方式提请对方注意免责条款或者减轻其责任等与对方有重大利害关系的条款，按照对方的要求对该条款予以说明。说明的内容应包括：该条款的基本含义、该条款的存在给对方带来风险和负担的大小及其可能性。二是提供格式条款的一方未履行提示或者说明义务，致使对方没有注意或者理解与其有重大利害关系的条款的，对方可以主张该条款不成为合同的内容。

（3）格式条款的无效。其具体规定是：①格式条款违反法律、行政法规的强制性规定（但该强制性规定不导致该格式条款无效的除外），或者违背公序良俗的，一律无效；②提供格式条款一方与第三方恶意串通，提供的格式条款损害格式条款接受方合法权益的，一律无效；③规定造成对方人身伤害而予以免责的，以及规定因故意或重大过失给对方造成财产损失而予以免责的条款的，一律无效；④提供格式条款一方不合理地免除或者减轻其责任、加重对方责任、限制对方主要权利的，一律无效；⑤提供格式条款一方排除对方主要权利的，

【想一想】

如果双方当事人签订的买卖合同中没有违约责任和合同履行地点的约定，请问这样的合同是否无效？

一律无效。

（4）歧义不利于表意者解释的原则。对格式条款的理解发生争议，应当按照通常的理解予以解释。对格式条款有两种以上的解释的，应当作出不利于提供格式条款一方的解释。

（5）非格式条款优先原则。格式条款与非格式条款不一致时，应当采用非格式条款。

任务案例二十五：

下列属于要约与要约邀请的行为分别是哪些？

（1）甲企业每隔一段时间都将自己生产的所有产品的型号、规格、价款、式样印制成一份表格邮给有可能买自己企业产品的公司，其中乙公司收到后表示愿意以表格所列价格每样产品购买100个。

（2）商店将柜台内的商品明码标价的行为。

（3）商家设置的自动售货机。

（4）张三在报纸上打广告："本人遗失一只波斯猫，其体貌特征如下：……如有捡到并归还的，本人愿付3000元酬金。"

（5）某商场在报纸上打广告："值此本商厦50周年庆之际，本商厦决定对部分商品进行五折酬宾。"

（6）某商厦在报纸上打广告："值此本商厦50周年庆之际，本商厦决定于本月15日至18日期间，每天进入商厦购买长虹彩电的前10位消费者给予五折酬宾。"

任务案例二十六：

2006年4月1日，被誉为"世界陶王"的被告邢良坤在中央电视台《乡约》节目中表示，如果有人能完成五层吊球陶器制作，即可获得邢良坤艺术中心三层房产及楼内所有财产。原告孙震决定破解这个"世界之谜"，经过一年的研究，完成了五层吊球陶器。被告以"内层吊球旋转不灵活""没见到作品"为理由，不予认可。之后，原告继续努力完成一件各方面均出色的作品，并且拍摄了作品照片和DV短片，于是向被告发出律师函，并寄去照片和光盘，但始终没有得到答复。原告于2007年6月8日向法院提交诉状，请求法院判决确认自己和被告悬赏广告成立并且生效。被告及律师称，该访谈节目不是广告活动，而且对原告的作品提出制作的结构和初衷不相符，外观虽然一致，但"两者不是一回事"。

请问：邢良坤在节目中的意思表示是否构成要约？为什么？

任务案例二十七：

2016年3月1日，某超市想要购进一批毛巾，于是向几家毛巾厂发出电报，称：本超市欲购进毛巾，如果有全棉新款，请附图样与说明，我商场将派人前往洽谈购买事宜。于是有几家毛巾厂都回了电。其中一家毛巾厂甲厂寄送了图样和说明后，又送了100条毛巾到该超市，超市看货后不满意，于是决定不购买甲厂的毛巾。甲厂认为超市发出的是要约，他们送毛巾的行为是承诺，合同已成立生效。超市拒绝购买是违约行为，应该承担违约责任。

请问：超市发出的电报到底是要约还是要约邀请呢？其要不要承担违约责任？

任务案例二十八：

甲公司于2月5日以普通信件向乙公司发出要约，要约中表示以2000元/吨的价格卖给乙某种型号钢材100吨，甲公司随即又发了一封快件给乙公司，表示原要约中的价格作废，现改为2100元/吨，其他条件不变。普通信件于2月8日到达，快信于2月7日到达，乙公司均已收到两封信，但秘书忘了把第二封信交给董事长，乙公司董事长回信对普通信件发出的要约予以承诺。

请问：甲、乙之间的合同是否成立？为什么？

任务案例二十九：

甲公司收到乙公司发来的购买甲公司A产品的要约，公司总裁仔细审读后认为条件可以接受，于是在要约规定的承诺期内回复乙公司接受要约，但提议将乙公司购买的1万件A产品按12个包装一盒改为按10个包装一盒，这样正好1000盒。乙公司收到回复后未置可否。过了一段时间，甲公司根据合同规定询问乙公司自己公司可否发货。但乙公司回复称“因你方对要约内容进行了实质性变更，因此我方拒绝了这笔交易，我司与你司之间的交易不存在，目前我方没有从你方购买该产品的计划”。

请问：甲、乙公司之间的协议能否成立？为什么？

知识链接（八）

七、订立合同的程序

当事人订立合同，可以采取要约、承诺方式或者其他方式。

（一）要约

1. 要约的概念和构成要件

要约，又称为发价、发盘、出盘、报价等，是指希望和他人订立合同的意思表示。其中，发出要约的人为要约人，接受要约的人为受要约人。

一个意思表示要成为要约，必须同时具备以下条件：

（1）内容具体明确。所谓具体明确，即要求要约人发出的要约一般应包括成立该合同所需要的全部主要条款。有时，最简明的要约可以只有标的、数量、价格即可，而且其中的价格与数量不论明示表示或默示表示都可以。

（2）表明经受要约人承诺，要约人即受该意思表示的约束。这一条件首先要求要约人要有明确的订约意图，这意味着要约人不是打算“准备”或“正在考虑”订约，而是已决定订约；其次要求要约人必须是特定的当事人，而且必须具备相应的缔约能力。

2. 要约邀请

要约邀请又称要约引诱，是希望他人向自己发出要约的意思表示。主要有：拍卖公告、招标公告、招股说明书、债券募集办法、基金招募说明书、商业广告和宣传（不具备要约条件的）、寄送的价目表等。

商业广告和宣传的内容符合要约条件的，构成要约。

3. 要约的效力

（1）要约的生效时间。根据《民法典》第一百三十七条的规定，具体如下：

一是要约是以对话方式作出的，受要约人知道其内容时生效。

二是要约以非对话方式作出的，则到达受要约人时生效。

三是以非对话方式作出的采用数据电文形式的要约，受要约人指定特定系统接收数据电文的，该数据电文进入该特定系统时生效；未指定特定系统的，受要约人知道或者应当知道该数据电文进入其系统时生效；当事人对采用数据电文形式的要约的生效时间另有约定的，按照其约定。

（2）要约对要约人的效力。一旦要约生效，要约人即须受自己发出要约的约束，不得撤回、不得随意撤销或随意对要约加以限制、变更或扩张。

（3）要约对受要约人的效力。受要约人在要约生效后，即取得承诺的权利，是否承诺由受要约人决定。

4. 要约的撤回和撤销

要约可以撤回，但撤回通知应当在要约到达受要约人之前或与要约同时到达受要约人。

要约也可以撤销，但撤销要约的意思表示以对话方式作出的，该意思表示的内容应当在受要约人作出承诺之前为受要约人所知道；撤销要约的意思表示以非对话方式作出的，应当在受要约人作出承诺之前到达受要约人。

如果有下列情形之一的，要约不得撤销：

（1）要约人以确定承诺期限或者其他形式明示要约不可撤销。

（2）受要约人有理由认为要约是不可撤销的，并已经为履行合同做了合理准备工作。

【想一想】

如果要约人撤销要约的行为造成了受要约人的损失，受要约人能要求要约人承担什么责任？

5. 要约的失效

要约在以下四种情况下失效：

（1）受要约人拒绝要约。受要约人拒绝要约是因为受要约人不接受要约所确立的条件，或者没有与要约人订立合同的意愿。

（2）要约人依法撤销要约。

（3）承诺期限届满，受要约人未作承诺。

（4）受要约人对要约的内容作出实质性变更。所谓对要约的“实质性变更”是指对要约的标的、数量、质量、价款或报酬、履行期限地点方式、违约责任、解决合同争议条款等内容的变更。

任务案例三十：

下列各项行为中属于承诺的有哪些？不属于承诺的有哪些？为什么？

（1）张三收到李四发给他的报价单后，找到李四的竞争对手赵六，要求赵六修改之前发给张三的报价的行为。

（2）甲企业收到乙企业的要约之后，甲企业总经理觉得产品与自己的需求不对路，就随手扔在了会议桌上。碰巧，他的朋友丙企业总经理来企业找他时看到了，于是丙企业总经理发了完全同意该要约的意思表示给乙企业。

（3）甲企业向乙企业发出了一份出售煤炭的要约，乙企业基本同意要约内容，但对煤炭由甲企业送到后分两堆堆放提出了不同意见，要求分五堆堆放。甲企业收到后即开始着手准备应交付的煤炭。

任务案例三十一：

甲在车站月台销售食品，乙坐在火车里，问甲愿不愿意以4元的价格出售啤酒，由于周围非常嘈杂，甲没有口头回答，而是点了点头。

请问：甲乙两人有没有成立合同？为什么？

任务案例三十二：

甲公司发了一份要约给乙企业，乙企业回复了一份承诺。由于该承诺是通过邮件寄送的，而甲公司所在地的邮局新进了一名邮递员，该邮递员递送时在甲公司的厂区围墙外将该信函往厂内一扔，并看着它掉进了围墙，就骑车走了。

请问：乙企业的承诺有没有到达要约人？为什么？

任务案例三十三：

《民法典》施行后的某年我国发生疫情，某市的 Y 人民医院根据该市防疫指挥部的要求向该市一家生产 N95 医用口罩的 X 公司发出了购买 1 万只 N95 医用口罩的要约，价格是 3.8 元 / 只，此价格比之前的市场价 1.8 元 / 只已经增加了 2 元钱，但 X 公司觉得与现在的市场价（5.8 元 / 只）还是有 2 元钱的差距，因此对此要约没有加以理会。一段时间后，Y 医院向 X 公司发出律师函要求其承担违约责任。

请问：X 公司要不要承担责任？为什么？如果要承担责任，其应承担什么责任？为什么？

知识链接（九）

（二）承诺

1. 承诺的概念和构成要件

承诺也称接受，是指受要约人同意要约的意思表示。一项有效的承诺须具备以下条件：

（1）承诺必须由受要约人作出。受要约人的承诺行为，既可以由其本人，也可以由其委托代理人作出。受要约人以外的任何第三人都不能作出承诺。

（2）承诺必须在规定的期限内到达要约人。如果要约确定了承诺期限，则承诺应当在要约确定的期限内到达要约人。如果要约没有确定承诺期限，以对话方式作出的，应当即时作出承诺；以非对话方式做出的，承诺应当在合理期限内到达。

（3）承诺必须向要约人作出。如果承诺没有直接向要约人作出，而是向要约人的代理人作出，则其法律效果与直接向要约人作出相同；否则该意思表示不构成承诺。

（4）承诺是对要约表示同意的意思表示。这种意思表示可以分为两种情况：①对要约的内容完全同意，这样的意思表示是最完善的承诺。②对要约的内容部分同意，部分不同意。这又可以分为两种情况：

一是对要约的实质性内容不同意，其他部分都同意，如对要约中的价格条款不同意，其他部分都同意。这样的意思表示已不是承诺，而是新要约。二是对要约的实质性内容都同意，但对其他部分不同意，如仅对要约中标的物包装上的印刷字体、颜色有不同意见，其他内容都同意。这样的意思表示还可以成为承诺，但必须同时具备以下两个条件：要约中不存在承诺不得对要约内容作出任何变更的规定；承诺到达后要约人没有及时向承诺人作出反对后者对要约有关条款进行变更的意思表示。满足这两个条件的承诺为有效的承诺，合同的内容以承诺的内容为准。

2. 承诺的方式

（1）通知。一般情况下，承诺应当以通知的方式作出，即以口头或书面的形式将承诺明确告知要约人。对于承诺的方式，如果要约有明确规定的，则应当按照要约的规定作出承诺；如果要约没有明确规定的，则通常应当采用与要约相同的方式作出承诺。

（2）行为。如果交易习惯或要约表明可以通过行为作出承诺的，则可以通过行为作出承诺，即以默示的方式作出承诺。这种方式主要包括：一是作为，即以积极的行为来作出意思表示；二是不作为，即以沉默作为意思表示的方式，但一般不作为不能成为承诺的表示形式。

悬赏广告的悬赏人以公开方式声明对完成特定行为的人作出支付报酬的要约的，当事人以完成该行为的方式作出承诺的，则该完成该行为的人可以请求悬赏人支付。

3. 承诺期限的起算时间

要约以信件或者电报作出的，承诺期限自信件载明的日期或者电报交发之日开始计算。信件未载明日期的，自投寄该信件的邮戳日期开始计算。要约以电话、传真、电子邮件等快速通讯方式作出的，承诺期限自要约到达受要约人时开始计算。

4. 承诺的生效

承诺的生效是指承诺于何时发生法律效力。根据我国《民法典》，承诺的生效主要有这些规定：

（1）承诺以对话方式作出的，要约人知道其内容时生效。

（2）承诺以非对话方式作出的，到达要约人时生效。这里的“到达”是指承诺通知到达要约人支配的范围内，如：其信箱、营业场所等，至于要约人是否实际阅读和了解承诺通知，则不影响承诺效力。

（3）承诺以非对话方式的采用数据电文形式作出的，要约人指定特定系统接收数据电文的，该数据电文进入该特定系统时生效；未指定特定系统的，要约人知道或者应当知道该数据电文进入其系统时生效；当事人对采用数据电文形式的意思表示的生效时间另有约定的，按照其约定。

（4）承诺不需要通知的，承诺人根据交易习惯或者要约要求作出承诺的行为时生效。

5. 承诺的撤回

承诺可以撤回，但撤回承诺的通知应当在承诺通知到达要约人之前或者与承诺通知同时到达要约人。承诺撤回，视为承诺未发出。

【想一想】

以行为方式作出承诺时，承诺可否撤回？为什么？

6. 承诺的迟到

承诺的迟到主要包括两种情形：

（1）因受要约人的原因导致承诺迟到的。即受要约人超过承诺期限发出承诺的，或者在承诺期限内发出承诺，按照通常情形不能及时到达要约人的，为新要约；但是，要约人及时通知受要约人该承诺有效的除外。

（2）因客观原因导致承诺迟到。即受要约人在承诺期限内发出承诺，按照通常情形能够及时到达要约人，但因其他原因承诺到达要约人时超过承诺期限的，除要约人及时通知受要约人因承诺超过期限不接受该承诺以外，该承诺有效。

【想一想】

卖方拟出售A某产品，于某年3月报价给A，并在报价单上写明了交货的时间和数量。A将该报价单转至印度尼西亚客户B，B确认接受，且在报价单上签字。B的确认能构成承诺吗？

（三）国家订货合同制度

国家根据抢险救灾、疫情防控或者其他需要下达国家订货任务、指令性任务的，有关民事主体之间应当依照有关法律、行政法规规定的权利和义务订立合同。

相关民事主体之间的义务主要有二项：

（1）及时发出合理要约的义务。依照法律、行政法规的规定负有发出要约义务的当事人，应当及时发出合理的要约。

（2）不得拒绝合理订约要求的义务。依照法律、行政法规的规定负有作出承诺义务的当事人，不得拒绝对方合理的订立合同要求。

实务操作训练：

买卖合同签订实务操作

要求：

1. 由各虚拟团队选择订约方，然后两个团队中的人员分别以两人为一组，一个为买方代表律师，另一个为卖方代表律师；

2. 教师提供合同订立操作资料，共两份（一份为买方资料，另一份为卖方资料）；

3. 学生在课余时间查找买卖合同的示范格式、合同签订注意事项等资料，做好合同签订准备；

4. 根据资料双方磋商订立一份买卖合同；

5. 每一组上交一份买卖合同。

任务2 合同订立效果分析

任务案例一：

上海徐汇区的小张于2020年5月4日收到南京栖霞区的小李的要约后，就立即按照他们以往交易的习惯做法，准备好小李所需的货物，等待三天后小李来自行提货。三天后，小李果然来取货付钱了。

请问：小张与小李所订买卖合同的成立时间和成立地点？

任务案例二：

住所地在A市X区的甲公司为了采购一批原材料，与住所地在B市Y区的乙公司签订了一份采购合同，甲公司带着协商好的合同到乙公司所在地进行签署，但由于甲公司公章被公司另一副总带到C市去签另一个合同了，因此甲乙公司的合同在乙公司盖好章后，甲公司又带回公司，在公司盖了公章后再寄给了乙公司。

请问：如果这个合同中没有明确公司的签约地，则公司的签约地应该是在哪儿？为什么？

知识链接（一）

一、合同的成立

（一）合同成立的时间

（1）承诺生效时合同成立。即在承诺通知到达要约人时，或者在承诺不需要通知，根据交易习惯或要约的要求作出承诺的行为时，合同成立。

（2）当事人采用合同书形式订立合同的，自当事人均签名、盖章或者按指印时合同成立。当事人签字、盖章或者按指印的时间不一致的，应当以最后一方签字、盖章或者按指印的时间作为合同成立的时间。在签名、盖章或者按指印之前，当事人一方已经履行主要义务，对方接受时，该合同成立。

（3）法律、行政法规规定或者当事人约定合同应当采用书面形式订立，当事人未采用书面形式但是一方已经履行主要义务，对方接受时，该合同成立。

（4）当事人采用信件、数据电文等形式订立合同要求签订确认书的，签订确认书时合同成立。

（5）当事人一方通过互联网等信息网络发布的商品或者服务信息符合要约条件的，对方选择该商品或者服务并提交订单成功时合同成立，但是当事人另有约定的除外。

（二）合同成立的地点

（1）承诺生效地点为合同成立地点。要约人为自然人时合同成立地为其住所地（或被视作住所的经常居所地）；要约人为法人或非法人组织时合同成立地为其主营业地；以行为承诺的，则承诺人的住所地（或被视为住所的经常居所地）或主营业地为合同成立地。

（2）采用数据电文形式成立合同的，收件人的主营业地为合同成立地，没有主营地的，其住所地为合同成立地，但当事人另有约定的，从其约定。

（3）采用合同书形式和确认书形式订立合同的，最后签名、盖章或按指印的地点为合同成立的地点，但当事人另有约定的除外。

【想一想】

为什么要明确合同成立的时间和地点？

任务案例三：

判断下列合同的效力，并说明理由：

（1）天一文化用品有限公司与传文广告公司买卖黄金的合同。

（2）小赵被迫与小红订立的房屋租赁协议。

（3）甲、乙、丙三方订立的产供销走私手表协议。

任务案例四：

甲与乙订立附条件合同时，能将下列哪些事实作为所附条件？

（1）当太阳从西边出来时合同生效；

（2）当下一次五一假期到来时合同生效；

（3）当乙企业的技术攻关成功时合同解除；

（4）当乙企业研制出新型海洛因时合同生效；

（5）当甲企业今年获得银行贷款时合同解除。

任务案例五：

甲乙两人于某年5月订立合同，合同中约定今年高考时合同生效。

请问：这是一个附条件的合同，还是附期限的合同？为什么？

知识链接（二）

二、合同的效力

（一）合同生效的要件

根据我国《民法典》第一百四十三条的规定，有效合同必须具备以下生效要件：

（1）行为人具有相应的民事行为能力。即行为人应具有相应的缔约资格。

（2）意思表示真实。其要求行为人的表示行为应当真实反映其内心的订约意图。

（3）不违反法律、行政法规的强制性规定，不违背公序良俗。不违反法律首先要求合同的目的不违法，即当事人订约的意图是法律所允许的；其次要求合同的内容不得违法。而规定合同不得违反公序良俗，目的是弥补法律的局限性，所谓公序良俗，是指民事主体的行为应当遵守公共秩序，符合善良风俗，不得违反国家的公共秩序和社会的一般道德。因为有些合同行为虽然不违反法律的强制性规定，但违反公序良俗，有了这条规定就可使其归于无效。

（二）合同的生效时间

依法成立的合同，自成立时生效，但是法律另有规定或者当事人另有约定的除外。

依照法律、行政法规的规定，合同应当办理批准等手续的，依照其规定。未办理批准等手续影响合同生效的，不影响合同中履行报批等义务条款以及相关条款的效力。应当办理申请批准等手续的当事人未履行义务的，对方可以请求其承担违反该义务的责任。

1. 附条件的合同

附条件的合同是指在合同中规定一定的条件，并将该条件的成就与否作为合同效力是否发生或消灭的依据的合同。合同可以附条件，但是根据其性质不得附条件的除外。在附条件的合同中，作为条件的事实必须具备以下要求：

（1）这种事实在合同成立时还没有发生，即须为将来的事实。

（2）这种事实必须是发生与否不确定的事实。

（3）这种事实应该是可能发生的。

（4）这种事实何时发生是无法预知的，即在当事人订立合同时无法确定其何时发生。

（5）这种事实必须是合法的，标的违法或者严重不当的事实不能设定为条件。

（6）这种事实是由当事人选定的，而不是法律直接规定的。

根据某一事实的发生对合同效力影响的不同，可以将附条件合同分为附生效条件的合同和附解除条件的合同。附生效条件的合同，即以某种事实的发生作为合同生效条件的合同；附解除条件的合同，即以某种事实的发生作为合同解除条件的合同。附条件的民事法律行为，当事人为自己的利益不正当地阻止条件成就的，视为条件已经成就；不正当地促成条件成就的，视为条件不成就。

2. 附期限的合同

附期限的合同是指合同当事人约定以一定的期限作为合同效力发生和终止的条件的合同。合同可以附期限，但是根据其性质不得附期限的除外。作为所附的期限必须具备以下这些条件：

（1）期限是当事人约定的而不是法定的。

（2）期限是将来确定要到来的事实，其到来是明确可知的。

（3）作为期限发生的事实必须是合法的。

期限的设定可以是某一特定的期日（如某年某月某日），也可以是某一肯定会到来的事实。

根据期限对合同效力所起作用的不同，可以将合同分为附生效期限的合同和附解除期限的合同。附生效期限的合同，即约定期限到来时生效的合同；附解除期限的合同，即约定期限到来时解除的合同。

任务案例六：

小明 16 周岁那年的 5 月 12 日，他擅自将自己家里的一台有些小毛病、原价 8000 多元的尼康单反相机以 4000 元左右的价格卖给了张亮。由于小明长得比较“老气”，因此张亮在购买这台相机时以为小明是成年人，小明也处处显示自己的老练和成熟。合同约定成交后第三天张亮付钱，小明交相机。但第二天，小明父母就知道了此事并联系了张亮，但没有明确表示是否要解除这合同。过了 15 天，张亮见小明还不肯交付相机，于是通知小明及其父母自己不要相机了。但到了 5 月 30 日，小明父母突然通知张亮要求其带钱取相机，张亮拒绝了。

请问：张亮的拒绝行为是否是违约行为？为什么？

任务案例七：

某公司在其内管制度中规定总经理对外并购过程中只能订立价额为500万元以下的资产转让合同，如果超过了这一数额，则需公司董事会批准，不过此事仅公司内部高层知晓。一次，该公司总经理在一并购项目的谈判中，一企业提出了非常有竞争力的合作条件，同时由于竞争激烈，时间紧迫，于是该公司总经理即与其签订了一份总额为800万元的资产转让合同。公司董事会得知后，以该合同未经董事会批准而不承认其效力。

请问：该合同是否有效？为什么？

知识链接（三）

（三）效力待定合同

效力待定合同是指合同虽然已成立，但其有效与否尚处于不确定状态，还须权利人通过意思表示加以确认的合同。我国《民法典》规定的效力待定的合同主要有：

1. 限制民事行为能力人订立的合同

这种合同经其法定代理人追认后，该合同有效。与限制民事行为能力人订立合同的相对人可以催告其法定代理人自收到通知之日起三十日内予以追认。该法定代理人未作表示的，视为拒绝追认。合同被追认之前，善意相对人有撤销的权利，但撤销应当以通知的方式作出。

2. 无权代理人订立的合同

即行为人没有代理权、超越代理权或者代理权终止后以被代理人名义订立的合同。这种合同未经被代理人追认，对被代理人不发生效力，由行为人承担责任。相对人可以催告被代理人在三十日内予以追认。被代理人未作表示的，视为拒绝追认。合同被追认前，善意相对人有撤销的权利。撤销应当以通知的方式作出。

无权代理人以被代理人的名义订立合同，被代理人已经开始履行合同义务或者接受相对人履行的，视为对合同的追认。

3. 法定代表人、负责人超越权限订立的合同

这是当某法人或非法人组织对其法定代表人或负责人有权限规定时，该法定代表人或负责人超越该权限所订立的合同，在合同相对人知道或应当知道其超越权限的情况下，合同为效力待定的合同，需该法人或非法人组织予以确认。但如果该法定代表人或负责人越权订立合同时，合同相对人不知道其是越权的情形的，则该合同为有效合同。

> **【资料卡】**
>
> 法定代表人是指依照法律或法人章程的规定，代表法人行使职权的负责人。其特点是：①其资格是法定的；②其是代表法人行使职权的负责人；③其是代表法人从事业务活动的自然人。

任务案例八：

丁小姐到商场购物，见一大筐中有许多衬衫，筐上标价每件50元，丁小姐见价格便宜，便从筐中挑了一件买回家。到家整理发票时发现那件衬衫的价格成了150元，丁小姐立即持发票及衬衫返回商场询问。工作人员调查后发现原来是其他顾客将价值150元的衬衫随手放到了大筐中，然后被丁小姐买走。

请问：本案如何处理？为什么？

任务案例九：

秦某和赵某是好朋友。有一次，秦某出国三个月后回来，刚下飞机，赵某就请秦某吃饭，为其接风。在饭桌上，秦某拿出来一台从国外带回来的最新款数码摄像机，赵某看了爱不释手。结束的时候，赵某对秦某说："这个给我玩吧！"秦某说："好，拿去。"过了几天，秦某找到赵某，问他机器玩得怎么样。赵某说机器非常好。秦某就问："你什么时候付我钱？"赵某说："你不是送给我了吗？"秦某说："这东西要1000美元，怎么可能送给你。"于是两人因此发生争执。

请问：两人是对什么发生了重大误解？

任务案例十：

老李与老王是好朋友，二人都非常喜欢音乐。老王会弹钢琴，而且弹得很不错，而老李则会拉二胡。老李有一台家传的三角钢琴，一直想送给老王。但他知道老王是不会接受的，因为这礼太贵重了。后来，老李生了重病，病愈后老李坚持要将钢琴以2000元的价格卖给老王，老王只得接受并付了钱，双方还立了字据，但双方约定在老李过世前钢琴一直放在老李家，如果老李去世了，则琴由老王拉走。几个月后，老李旧病复发去世了。老王依约去取琴，但老李的儿子认为这一钢琴现在的市场价格大约要在5万元以上，而合同价格仅为2000元，因此他认为这一合同是显失公平的合同，应予撤销。

请问：该合同能否撤销？为什么？

任务案例十一：

某天，甲18岁的女儿生了急病，医生说要在一两天内动手术，否则有生命危险，手术费用要25万元左右，而甲自己只有5万元储蓄，亲戚朋友那儿最多也只能借个5万元，这样还有15万元的缺口。正当他着急的时候，他碰到了朋友乙。乙得知了他的情况后，想了想就对他表示，愿意出15万元买他的一个祖传玉佩。甲很犹豫，因为该玉佩前几年请专家的估价为50万元左右，而现在卖15万元，甲有点不甘心。看到这种情况，乙就对甲说："是身外物重要，还是你女儿重要？"甲想想也对，就以这个价格将玉佩卖给了乙。

请问：如果甲反悔，甲要不要承担违约责任？为什么？

知识链接（四）

（四）可撤销合同

1. 可撤销合同的概念和特点

可撤销合同又称为相对无效合同，是指欠缺合同生效要件，存在法定撤销事由，合同一方当事人可请求人民法院或者仲裁机构撤销的合同。

可撤销合同具有以下特点：①可撤销合同是当事人意思表示不真实的合同；②可撤销合同在未被撤销前仍然是有效合同；③对可撤销合同的撤销，要由撤销权人请求人民法院或仲裁机构作出；④当事人既可以向人民法院或仲裁机构申请撤销合同，也可以私下协商变更合同的内容。

2. 可撤销合同的种类

我国《民法典》规定的可撤销合同主要有：

（1）当事人因重大误解而订立的合同。构成重大误解必须具备以下几个条件：①表意人因为误解作了意思表示；②表意人须对合同内容等事项发生了重大误解。误解的对象可以是当事人行为的行为性质，对方当事人，标的物的品种、质量、规格和数量等；误解的程度必须达到行为后果与表意人的意思相悖；误解的后果是造成了表意人的较大损失。③重大误解是由于表意人自己的过错造成的。这一点非常关键，如果误解是由对方故意造成的，则这种合同不是因重大误解而订立的合同了。

（2）因受欺诈而订立的合同。具体分为两种情况：①一方以欺诈手段，使对方在违背真实意思的情况下而订立的合同，受欺诈方有权请求人民法院或者仲裁机构予以撤销；②第三人实施欺诈行为，使一方在违背真实意思的情况下实施的民事法律行为，对方知道或者应当知道该欺诈行为的，受欺诈方有权请求人民法院或者仲裁机构予以撤销。欺诈可以表现为积极的行为（如：出卖人明知出卖的是假货，而说成是真货），也可以表现为消极的行为（如：出卖人对出售物的质量闭口不谈）。

（3）因受胁迫而订立的合同。一方或者第三人以胁迫手段，使对方在违背真实意思的情况下实施的民事法律行为，受胁迫方有权请求人民法院或者仲裁机构予以撤销。胁迫行为主要包括三种方式：①以将来实施加害行为进行要挟；②以即时实施加害行为进行强制；③利用职权搞强迫命令。胁迫行为的对象可以是当事人及其家人的生命健康、其及其家人的名誉荣誉及信用，还可以针对其及其家庭的财产。

（4）显失公平的合同。显失公平的合同是指一方利用对方处于危困状态、缺乏判断能力等情形，致使合同成立时明显违反公平、等价有偿原则的合同。因订立显失公平合同而遭受不公平对待的受损害方有权请求人民法院或者仲裁机构予以撤销此合同。

显失公平的合同有以下特点：①双方当事人之间的权利义务明显不公平，而且这种不公平已经超出了活动发生地社会所能认可的程度；②显失公平的原因是一方当事人利用了对方处于危困状态、缺乏判断能力等情形；③显失公平是在订立合同时产生的；④显失公平的合同是双方自愿订立的。

3. 撤销权的行使

对于上述可撤销合同的撤销，必须要有享有撤销权的当事人通过人民法院或仲裁机构才能行使。被撤销的合同自始没有法律约束力。

合同被撤销后，行为人因该行为取得的财产，应当予以返还；不能返还或者没有必要返还的，应当折价补偿。有过错的一方应当赔偿对方由此所受到的损失；各方都有过错的，应当各自承担相应的责任。法律另有规定的，依照其规定。

有下列情形之一的，撤销权消灭：

（1）当事人自知道或者应当知道撤销事由之日起一年内、重大误解的当事人自知道或者应当知道撤销事由之日起九十日内没有行使撤销权；

（2）当事人受胁迫，自胁迫行为终止之日起一年内没有行使撤销权；

（3）当事人知道撤销事由后明确表示或者以自己的行为表明放弃撤销权；

（4）当事人自上述四种合同行为发生之日起五年内没有行使撤销权的，撤销权消灭。

任务案例十二：

一已婚男甲与一未婚女乙订立一合同：只要乙愿意与甲婚外同居两年，甲即付给乙 20 万元。乙与甲同居两年后，甲不付钱给乙，乙起诉甲违约，甲以该合同属于无效合同来抗辩。

请问：该合同是无效合同吗？为什么？

任务案例十三：

甲公司对外负债累累，公司董事长为了保存实力，就在公司还能勉强维持日常经营时，将公司的一些重要资产低价转让给了由该公司董事会成员另外开的一个新公司——乙公司。七个月后，甲公司被债权人申请破产。债权人在确定公司财产时认为这些被低价转让出去的财产也应是公司财产。

请问：甲公司债权人的这种说法有没有道理？为什么？

知识链接（五）

（五）无效合同

1. 无效合同的概念和种类

无效合同是虽已成立，但因不具备合同的生效要件，没有法律约束力的合同。根据我国《民法典》的规定，有下列情形之一的合同是无效合同：

（1）无民事行为能力人订立的合同无效。

（2）行为人与相对人以虚假的意思表示订立的合同无效。以虚假的意思表示隐藏的民事法律行为的效力，依照有关法律规定处理。

（3）违反法律、行政法规的强制性规定的合同无效。但是，该强制性规定不导致该合同无效的除外。

（4）违背公序良俗的合同无效。

（5）行为人与相对人恶意串通，损害他人合法权益的合同无效。

我国《民法典》除了规定合同的无效情形以外，还在第五百零六条规定了合同中免责条款无效的情形：①造成对方人身伤害的免责条款无效；②因故意或重大过失造成对方财产损失的免责条款无效。

2. 无效合同的法律后果

无效合同的确认权归人民法院或仲裁机构。合同无效后的法律后果主要有：

（1）无效合同自始没有法律约束力。合同部分无效的，则其他部分仍然有效。

（2）合同无效的，不影响合同中独立存在的有关解决合同争议方法的条款的效力。

（3）因无效合同取得的财产应当予以返还，不能返还或者没有必要返还的，则应当折价补偿。

（4）对合同无效有过错的一方当事人应当赔偿另一方当事人因此受到的损失，双方都有过错的，应当各自承担责任。

项目2 ➡ 合同履行分析训练

任务1 合同履行分析

任务案例一：

甲公司向乙公司订购了10万件特殊零件准备装配在自己生产的机器上，在取得1万件零件后，甲公司的机器销售出现了困难，而乙公司还没有开始另外9万件零件的加工。于是甲公司在对乙公司给予一定赔偿的前提下解除了合同。

请问：甲公司的这一做法体现了合同履行的什么原则？为什么？

知识链接（一）

一、合同履行的原则

合同履行以合同有效为前提和依据。在这一过程中，如果义务人不履行义务，权利人可以请求法律保护；如果权利人不接受履行，当履行标的为行为时，则视作权利人放弃自己的权利，当履行标的为物时，义务人可以将标的向法定机构提存。

合同履行的原则主要有：

1. 全面履行原则

全面履行原则，又称适当履行或正确履行原则，其要求当事人对合同必须严格按照其中规定的时间、地点与方法，并以符合其中规定的质量与数量的标的、价款或酬金来履行。

2. 协作履行原则

协作履行原则要求当事人在合同履行过程中相互帮助，给对方提供便于履行的条件。

3. 诚实信用原则

诚实信用原则要求当事人履行合同应诚实守信、说到做到，应根据合同的性质、目的和交易习惯履行通知、协助、保密等义务。

4. 效益履行原则

效益履行原则要求当事人履行合同应讲求经济效益，争取以最小成本获取最大利益，同时还应讲求社会效益，当事人在履行合同过程中，应当避免浪费资源、污染环境和破坏生态。

任务案例二：

甲公司与乙公司订立了一份买卖合同，合同中没有规定卖方甲公司向买方乙公司交付货物的地点，不过约定交货方式为乙公司自行派车到甲公司仓库去提货。事后，双方对于交付地点又没有达成补充协议。

请问：这份合同中甲公司应在哪儿履行交货义务？为什么？

任务案例三：

刘先生从一花店买了一只花瓶，带回家后在花瓶中装上水插上鲜花置于桌上，下班后发现花瓶中的水全部漏出。刘先生找到花店老板要求赔偿自己的损失，花店老板则说，花瓶漏水是正常现象，拒绝赔偿。

请问：花店老板的说法对吗？为什么？

任务案例四：

甲乙两公司买卖的货物是由国家定价的，为 18 元 / 件，双方于 2 月 25 日订立买卖合同，约定于 5 月 17 日由卖方甲公司交货于买方乙公司。但到了合同履行期，甲公司由于备料问题无法按时交货，直到 5 月 30 日才交货于乙公司。但国家在 5 月 19 日将该货物价格调整为 20 元 / 件。

请问：乙公司付款时应按什么价格付款？为什么？

任务案例五：

W 市 A 区的甲企业将一批货物卖给 Y 市 B 区的乙企业，双方未在合同中约定乙企业向甲企业付款的地点，同时双方也没有达成补充协议，合同有关条款和交易习惯也无法明确付款地点。

请问：乙企业付款履行地应是哪儿？

任务案例六：

北京甲公司与昆明乙公司签订合同，从乙公司购进一批鲜花投放节日市场。

请问：如果双方对鲜花运输方式未作约定，则最好的方式是什么？

知识链接（二）

二、合同内容约定不明确时的履行规则

合同生效后，当事人就质量、价款或者报酬、履行地点等内容没有约定或者约定不明确时，合同的履行可有以下方法：

（1）由双方当事人对合同中不明确的内容进行协议补充。

（2）如果双方当事人对于合同中不明确的内容无法达成补充协议的，则可以按照合同有关条款或交易习惯确定。

（3）如果根据合同有关条款或交易习惯也无法确定时，则可适用《民法典》第五百一十一条对合同履行问题的补充规定。其具体规定如下：①质量要求不明确的，按照国家强制性标准履行；没有强制性国家标准的，按照推荐性国家标准履行；没有推荐性国家标准的，按照行业标准履行；没有国家标准、行业标准的，按照通常标准或者符合合同目的的特定标准履行。②价款或者报酬不明确的，按照订立合同时履行地的市场价格履行。依法执行政府定价或政府指导价的，在合同约定的交付期限内政府价格调整时，按照交付时的价格计价。逾期交付标的物的，遇价格上涨时，按照原价格执行；价格下降时，按照新价格执行。逾期提取标的物或者逾期付款的，遇价格上涨时，按照新价格执行；价格下降时，按照原价格执行。③履行地点不明确的，给付货币的，在接受货币一方所在地履行；交付不动产的，在不动产所在地履行；其他标的在履行义务一方所在地履行。④履行期限不明确的，债务人可以随时履行，债权人也可以随时要求履行，但应当给对方必要的准备时间。⑤履行方式不明确的，按照有利于实现合同目的的方式履行。⑥履行费用的负担不明确的，由履行义务一方负担；因债权人原因增加的履行费用，由债权人负担。

任务案例七：

小张与小李订了一份小张花 2000 元购买小李的一个佳能数码相机的合同。合同订立后，小李要求小张先付钱，两天后，小李再将相机交给小张。小张不同意，要求小李将相机交付后，其再付钱。经查，双方订立的合同未约定义务的履行顺序。

请问：小张拒绝付钱是否合法？为什么？

任务案例八：

一个空调经销商接受了一宾馆经理 60 台空调的订单。空调经销商同意先安装空调然后宾馆付 50% 的货款，一个月后再结清余款的要求，并且承诺在 20 天内将空调安装完毕。合同签订后第五天，空调经销商在报纸上看到法院强制执行通告，表明该宾馆拖欠外债 300 多万元。该经销商要求解除合同，遭到拒绝，而且宾馆经理还以追究违约责任相威胁。

请问：空调经销商可以行使合同履行中的不安抗辩权吗？为什么？

知识链接（三）

三、合同履行中的抗辩权

（一）同时履行抗辩权

同时履行抗辩权是指双务合同的当事人在无义务履行的先后顺序时，一方在对方未为对待给付以前，可拒绝履行自己的债务的权利。其适用于双务合同。

同时履行抗辩权的构成主要有以下条件：①双方须由于同一双务合同互负债务；②须双方互负的债务均已届清偿期；③须对方未履行债务或未提出履行自己的债务；④须对方的对待给付是可能履行的。

（二）先履行抗辩权

先履行抗辩权是指当事人互负债务，有先后履行顺序，先履行一方未履行或履行债务不符合约定的，后履行一方有权拒绝其履行要求或相应的履行要求。

（三）不安抗辩权

不安抗辩权是指合同中应当先履行义务的一方当事人享有的，在有证据证明对方当事人存在不能向其履行相应合同义务的危险时中止履行其合同义务，并以这种危险为理由来对对方当事人提出的先履行义务要求进行抗辩的权利。

1. 不安抗辩权的行使条件

（1）先履行义务方有确切证据证明对方有下列法定情形之一的：一是经营状况严重恶化；二是转移财产、抽逃资金，以逃避债务；三是丧失商业信誉；四是有丧失或者可能丧失履行债务能力的其他情形。

先履行义务方如果没有确切证据证明对方有法定情形之一的，要承担违约责任。

（2）先履行义务方行使这一权利时应及时通知对方当事人。

2. 行使不安抗辩权的法律后果

先履行义务方依法行使不安抗辩权，可以中止自己义务的履行。其后，根据不同情况可产生两种结果：

（1）先履行义务方恢复履行。对方当事人提供适当担保后，先履行义务方应当恢复履行自己的义务。

（2）先履行义务方解除合同。在对方当事人在合理期限内未恢复履行能力且未提供适当担保的，视为以自己的行为表明不履行主要债务，中止履行的一方可以解除合同并可以请求对方承担违约责任。

任务案例九：

赵大山最近从京东网上销售苹果手机的某网店购买了一部 iPhone 12 pro 手机，但收到包裹后打开发现，里面是一只被咬了一口有些干瘪的苹果，且快递包裹在自己启封前有明显被拆封的痕迹。因此赵大山与该网店联系要求解决此事，但店家客服称自己交付给快递公司时货物没有问题，是快递过程中出现了问题，要求赵大山找快递公司解决，同时声称店家将货物交付给快递公司了，货物出现的风险就由消费者来承担了。

请问：该网店的说法有没有道理？为什么？

任务案例十：

张三与在美国哈佛大学留学的李伟签订了一份买卖某大型游戏中游戏装备的协议，约定张三将自己在游戏中获得的8件顶级装备以5000元人民币的价格卖给李伟，合同于签订后一周内履行。双方签订协议后三天，比特币大涨，于是李伟将自己所有的资金都买了比特币，第五天张三将装备交付给李伟后要求李伟付款，但李伟拿不出钱来，只愿意拿出10个比特币来支付（此时比特币市价500元一枚），但张三不同意，要求李伟不能付人民币可以付美元，按当时美元与人民币的汇率付770美元。

请问：张三可否要求李伟付770美元？为什么？

任务案例十一：

伍某与一家网文公司签订一份网络小说出版合同，合同中确定伍某应在二年内在网文公司的网络平台上连载完成一部网络小说，网络小说的主题可以是玄幻类或都市言情类的，合同签订后三个月内由伍某确定写哪一类型，公司先预付30%预付款，小说须连载满二年。合同签订后第2个月伍某确定写一本玄幻类网络小说，但写作了8个月后发现小说的吸引力不行、读者量上不去，因此伍某又将其改成了从异时代穿越到现代的都市言情玄幻小说，但网文公司对此十分不满，认为伍某违反了合同，要求其再将情节串回原来的故事中，否则将追究其违约责任。

请问：网文公司的说法有无道理？为什么？

任务案例十二：

甲、乙、丙三家小型连锁零售商店为了能采购到进价优惠的品牌商品——A、B、C商品，三家抱团共同与此三种商品的供应商X公司签订了货物买卖合同，合同中的买方是甲、乙、丙三家公司，卖方是X公司，买卖的三种商品数量分别是A商品10万件、B商品5万件、C商品8万件，合同应X公司要求明确了三家买方公司对卖方承担连带责任。合同签订后，X公司按要求交付了全部货物，但甲、乙、丙三家公司只有甲付清了自己所买货物的所有款项，乙、丙都只付了一半。另，合同中未明确甲、乙、丙三家购买A、B、C三种商品的具体数量。

请问：如果X公司从乙、丙处不能获得货款，其能否要求甲来支付？为什么？如果合同中明确了甲、乙、丙三家分别购买A、B、C商品的数量，且甲已付清货款，则X公司在无法从乙、丙处获得货款的情形下，能否要求甲来支付？为什么？

任务案例十三：

甲公司与乙公司签订买卖合同，由乙公司向甲公司购买一批X产品，但由甲公司直接将该批产品交付给丙公司。合同签订后，甲公司按约将货物交付给了丙公司，但丙公司收货后发现货物与自己需要的产品型号不符，其需要的是XB-91（A）型产品，而此产品是XB-91（B）型，丙遂向甲退货，并要求其承担违约责任。

请问：丙公司的主张是否有法律依据？为什么？

任务案例十四：

甲公司与乙公司签订了一份货物买卖合同，甲公司向乙公司购买A产品共计1万件，总价150万元，合同约定到交货期时由甲公司负责从乙公司处提货运回，甲公司在提到货一周后没有发现质量问题，就应该向乙方付全款，但到了交货期乙公司因忙于与丙公司的合并事宜，仓库只备了5000件A产品，从而导致甲公司只提到5000件货物，于是甲公司检验产品质量没有问题后的一周之后，付了一半货款。另5000件在交货期终止前（即前一次提货后的第20天）甲公司才提到。过了一周，甲公司准备付款时，发现乙公司已经被丙公司并掉了，乙公司已经不存在了。于是，甲公司决定不付这笔款项了。

请问：甲公司的做法有没有问题？为什么？如果甲公司要支付该笔未付款项的话，应该如何支付？

知识链接（四）

四、合同履行的特殊规定

1. 电子合同履行时间与方式的确定

（1）通过互联网等信息网络订立的电子合同的标的为交付商品并采用快递物流方式交付的，收货人的签收时间为交付时间。

（2）电子合同的标的为提供服务的，生成的电子凭证或者实物凭证中载明的时间为提供服务时间；前述凭证没有载明时间或者载明时间与实际提供服务时间不一致的，以实际提供服务的时间为准。

（3）电子合同的标的物为采用在线传输方式交付的，合同标的物进入对方当事人指定的特定系统且能够检索识别的时间为交付时间。

（4）电子合同当事人对交付商品或者提供服务的方式、时间另有约定的，按照其约定。

2. 以支付金钱为内容的债的履行

以支付金钱为内容的债，除法律另有规定或者当事人另有约定外，债权人可以请求债务人以实际履行地的法定货币履行。

3. 存在标的选择权合同的履行

（1）标的有多项而债务人只需履行其中一项的，债务人享有选择权；但是，法律另有规定、当事人另有约定或者另有交易习惯的除外。

（2）享有选择权的当事人在约定期限内或者履行期限届满未作选择，经催告后在合理期限内仍未选择的，选择权转移至对方。

（3）当事人行使选择权应当及时通知对方，通知到达对方时，标的确定。标的确定后不得变更，但是经对方同意的除外。

（4）可选择的标的发生不能履行情形的，享有选择权的当事人不得选择不能履行的标的，但是该不能履行的情形是由对方造成的除外。

4. 债权人或债务人为二人以上的合同的履行

（1）按份债权或按份债务合同的履行。具体规定如下：一是债权人为二人以上，标的可分，按照份额各自享有债权的，为按份债权；债务人为二人以上，标的可分，按照份额各自负担债务的，为按份债务。二是按份债权人或者按份债务人的份额难以确定的，视为份额相同。三是按份债权的债权人仅能在自己的债权份额内要求债务人履行合同债务，按份债务的债务人仅在自己的债务份额范围内向债权人履行合同债务。

（2）连带债权或连带债务合同的履行。具体规定如下：一是债权人为二人以上，部分或者全部债权人均可以请求债务人履行债务的，为连带债权；债务人为二人以上，债权人可以请求部分或者全部债务人履行全部债务的，为连带债务。二是连带债权或者连带债务，由法律规定或者当事人约定。

连带债务合同的履行：

一是连带债务人之间的份额难以确定的，视为份额相同。

二是实际承担债务超过自己份额的连带债务人，有权就超出部分在其他连带债务人未履行的份额范围内向其追偿，并相应地享有债权人的权利，但是不得损害债权人的利益。其他连带债务人对债权人的抗辩，可以向该债务人主张。

三是被追偿的连带债务人不能履行其应分担份额的，其他连带债务人应当在相应范围内按比例分担。

四是部分连带债务人履行、抵销债务或者提存标的物的，其他债务人对债权人的债务在相应范围内消灭；该债务人可以依据《民法典》第五百一十九条第二款的规定向其他债务人追偿。

五是部分连带债务人的债务被债权人免除的，在该连带债务人应当承担的份额范围内，其他债务人对债权人的债务消灭。

六是部分连带债务人的债务与债权人的债权同归于一人的，在扣除该债务人应当承担的份额后，债权人对其他债务人的债权继续存在。

七是债权人对部分连带债务人的给付受领迟延的，对其他连带债务人发生效力。

连带债权合同的履行：

一是连带债权人之间的份额难以确定的，视为份额相同。

二是实际受领债权的连带债权人，应当按比例向其他连带债权人返还。

三是连带债权的履行参照适用《民法典》关于连带债务的有关规定。

5. 涉及第三人合同的履行

（1）向第三人履行的合同。其履行具体规定如下：一是当事人约定由债务人向第三人履行债务，债务人未向第三人履行债务或者履行债务不符合约定的，应当向债权人承担违约责任。二是法律规定或者当事人约定第三人可以直接请求债务人向其履行债务，第三人未在合理期限内明确拒绝，债务人未向第三人履行债务或者履行债务不符合约定的，第三人可以请求债务人承担违约责任；债务人对债权人的抗辩，可以向第三人主张。

（2）由第三人履行的合同。其履行具体规定如下：一是当事人约定由第三人向债权人履行债务，第三人不履行债务或者履行债务不符合约定的，债务人应当向债权人承担违约责任。二是债务人不履行债务，第三人对履行该债务具有合法利益的，第三人有权向债权人代为履行；但是，根据债务性质、按照当事人约定或者依照法律规定只能由债务人履行的除外。三是债权人接受第三人履行后，其对债务人的债权转让给第三人，但是债务人和第三人另有约定的除外。

6. 合同债权人不明或其住所不明的合同履行

债权人分立、合并或者变更住所没有通知债务人，致使履行债务发生困难的，债务人可以中止履行或者将标的物提存。

7. 合同义务的提前履行

债权人可以拒绝债务人提前履行债务，但是提前履行不损害债权人利益的除外。

债务人提前履行债务给债权人增加的费用，由债务人负担。

8. 合同义务的部分履行

债权人可以拒绝债务人部分履行债务，但是部分履行不损害债权人利益的除外。

债务人部分履行债务给债权人增加的费用，由债务人负担。

9. 当事人发生变化的合同履行

合同生效后，当事人不得因姓名、名称的变更或者法定代表人、负责人、承办人的变动而不履行合同义务。

10. 合同履行中情势变更原则的运用

合同成立后，合同的基础条件发生了当事人在订立合同时无法预见的、不属于商业风险的重大变化，继续履行合同对于当事人一方明显不公平的，受不利影响的当事人可以与对方重新协商；在合理期限内协商不成的，当事人可以请求人民法院或者仲裁机构变更或者解除合同。

人民法院或者仲裁机构应当结合案件的实际情况，根据公平原则变更或者解除合同。

> 【资料卡】
>
> 情势变更原则是指合同有效成立后，因不可归责于双方当事人的原因发生情势变更，致合同之基础动摇或丧失，若继续维持合同原有效力显失公平，允许变更合同内容或者解除合同。

11. 合同履行的监督管理

对当事人利用合同实施危害国家利益、社会公共利益行为的，市场监督管理和其他有关行政主管部门依照法律、行政法规的规定负责监督处理。

任务案例十五：

甲非常富有，个人资产大约有2000万元，手头的流动资金大约有500万元。甲有一次向乙借了100万元，这时丙还欠着甲150万元。丙对甲的债务先到期，随后甲对乙的债务也到期了，由于甲对丙很有好感，因此债务到期后也不急着去问他要，而甲对乙却心生厌恶，因此债务到期了以后还不想还。

请问：此时乙是否可向法院申请行使代位权？为什么？

任务案例十六：

乙欠甲100万元货款，丙欠乙一台价值200万元的仪器。乙对甲的债务及丙对乙的债务都已到期，而且乙也只有取得这台仪器并出售之后才能偿还甲的欠款，但乙就是迟迟不对丙行使债权。于是甲通过法院行使代位权。

请问：甲能否对整台仪器行使代位权？为什么？如果甲可以对整台仪器行使代位权，则取得的仪器应该归属于甲所有还是乙所有？为什么？

任务案例十七：

甲向某大学捐助了一笔青年教师激励基金之后不久金融风暴发生，甲所持有的股票市值一落千丈，从而无法偿付其欠乙的到期货款。

请问：乙能否行使撤销权撤销甲的赠与行为？为什么？

任务案例十八：

甲许诺卖出自己珍藏的一个清朝花瓶给乙，但在向乙交付前将花瓶赠送给了丙并已交付。

请问：乙能否以甲不能清偿自己的债权为由行使撤销权？为什么？

知识链接（五）

五、合同的保全

合同保全制度的目的主要在于保证债权人债权的顺利实现，主要有：

（一）代位权

代位权是指当合同债务人怠于行使其到期债权或者与该债权有关的从权利，影响债权人的到期债权实现的，债权人为保全自己的债权，可以向人民法院请求以自己的名义代位行使债务人对相对人之债权的权利。

1. 代位权的成立要件

（1）债务人需对第三人享有债权，但必须是非专属于债务人本身的权利。专属于债务人本身的权利是指基于抚养关系、扶养关系、赡养关系、继承关系产生的给付请求权和劳动报酬、退休金、养老金、抚恤金、人寿保险、人身伤害赔偿请求权等请求权利，这些权利不得由他人代位行使。

（2）债务人怠于行使其到期债权。这主要包括两个方面：一是债务人应行使且能行使其债权而不行使其债权，二是债务人对第三人的债权已到期。

（3）债务人的债务也已陷于迟延。如果债务人的债务没到期，债权人的债权是否能实现难以预料，因此不能因此而产生代位权。

（4）债权人有保全债权的必要，即如果债权人不行使代位权，则其债权将无法实现。

2. 代位权的行使要求

（1）债权人必须通过人民法院以自己的名义而不是以债务人的名义，以向债务人的债务人提起诉讼方式行使代位权。

（2）债权人行使代位权的范围以债权人的到期债权为限。

（3）债权人行使代位权的必要费用由债务人承担。

（4）代位权行使过程中，相对人对债务人的抗辩，可以向债权人主张。

3. 代位权行使的特殊规定

（1）代位权的提前行使。债权人的债权到期前，债务人的债权或者与该债权有关的从权利存在诉讼时效期间即将届满或者未及时申报破产债权等情形，影响债权人的债权实现的，债权人可以代位向债务人的相对人请求其向债务人履行、向破产管理人申报或者作出其他必要的行为。

（2）代位权行使的效果。人民法院认定代位权成立的，由债务人的相对人向债权人履行义务，债权人接受履行后，债权人与债务人、债务人与相对人之间相应的权利义务终止。当然，如果债权人行使代位权取得的财产不足以抵偿债务人的债务的，债权人可以继续要求债务人偿还。

（3）代位权行使障碍的处理。债务人对相对人的债权或者与该债权有关的从权利被采取保全、执行措施，或者债务人破产的，依照相关法律的规定处理。

（二）撤销权

撤销权是指合同债权人对于债务人所为的危害债权的行为，可请求法院予以撤销的权利。

> 【资料卡】
>
> 债权人的撤销权起源于罗马法，名为废罢诉权，因它是保列斯所创的概念，故又称为保列斯诉权。

1. 撤销权的成立条件

（1）须有债务人实施影响合同债权人债权实现的行为。这些行为具体如下：一是债务人以放弃债权、放弃债权担保、无偿转让财产等方式无偿处分财产权益，或者债务人恶意延长其到期债权的履行期限，影响债权人的债权实现的；二是债务人以明显不合理的低价转让财产、以明显不合理的高价受让他人财产或者为他人的债务提供担保，影响债权人的债权实现，债务人的相对人知道或者应当知道该情形的。

（2）债务人实施的上述行为会损害合同债权人的债权，行为与损害之间存在因果关系。

（3）债务人的行为必须以财产为标的。非以财产为标的的债务人的行为（如结婚、收养、继承的抛弃等）不能撤销。

（4）债务人以明显不合理的低价转让财产、以明显不合理的高价购买他人财产或为他人的债务提供担保时，该财产的受让人、出让人或获担保的相对人必须存在主观恶意。

2. 撤销权的行使要求

（1）债权人必须通过人民法院以诉讼方式行使这一权利。

（2）撤销权的行使范围以债权人的债权为限。

（3）债权人行使撤销权的必要费用由债务人负担。

（4）债权人应自知道或应当知道撤销事由之日起一年内行使这一权利。自债务人行为发生之日起五年内债权人未行使这一权利的，该权利消灭。

3. 撤销权行使的法律效力

债务人影响债权人的债权实现的行为被撤销的，自始没有法律约束力。

任务2 合同的担保分析

任务案例一：

小明今年13周岁，去年他从他海外的大舅那儿继承了2000万美元的遗产。今年6月，小明的叔叔向他人借钱，想请小明作保证人。

请问：小明有没有担任保证人的资格？他能不能与债权人订立担保合同？为什么？

任务案例二：

甲向乙借钱，并找了丙作为自己的保证人，丙与乙订立的保证合同约定了一般保证方式。合同到期后，甲不能向乙付钱，于是乙将甲告上法庭，经审理法院作出判决要求甲还钱，但判决生效后，甲还是不还钱。

请问：此时乙能否要求丙承担保证责任？为什么？

任务案例三：

甲向乙借钱并约定由丙提供连带责任保证，借款合同于2016年4月5日签订，还款期为2017年4月5日，合同约定的保证期间为2016年4月5日到2017年4月5日。还款期到期后，甲未向乙还钱，后乙于2017年8月5日要求丙承担保证责任。丙表示不承担保证责任，因为保证期限已过。

请问：丙要不要承担保证责任？为什么？

任务案例四：

甲向乙借款30万元，以其价值20万元的房屋、6万元的汽车作为抵押担保，以2万元的家电作为质押担保，同时还有丙提供保证担保。其间汽车遇车祸毁坏，获保险赔偿4万元。经查明，以上担保均合法有效。

请问：丙对借款本金承担多大数额的保证责任？为什么？

任务案例五：

甲向乙借钱100万元并以自己价值20万元的房屋和保证人丙作为自己债务的担保，后乙觉得甲的房屋位置太偏太旧而放弃了，但同时要求甲扩大保证人丙的保证责任，甲同意。合同到期后，甲未履行债务。

请问：丙应承担的保证责任是多少？为什么？

任务案例六：

A公司将自己的一项注册商标以500万元的价格转让给B公司，约定商标转让费分二年付清，第一年合同签订后一周内付60%，合同签订满一年后的一周内付40%，B公司为了担保自己能如约支付转让款，请了C公司担任保证人，并签订了连带责任保证合同。但在合同签订10个月后，A公司转让的这项商标因违反商标法的相关规定，被国家商标局宣告无效，A公司也未提出复审。后B公司不仅不愿意再付40%的款项，还要求A公司返还原来支付的60%款项。但A公司认为合同已经履行,B公司不付款，它就找保证人C公司来承担保证责任。

请问：在此情况下，C公司要不要承担保证责任？为什么？

知识链接（一）

担保合同是主合同的从合同。第三人为债务人向债权人提供担保时，可以要求债务人提供反担保。我国《民法典》规定的担任方式主要有五种：保证、抵押、质押、留置和定金。

> 【资料卡】
>
> 担保可分为法定担保方式（留置）和约定担保方式（保证、抵押、质押、定金）。
>
> 担保也可分为人的担保（保证）、物的担保（抵押、质押、留置）、金钱担保（定金）、所有权保留。
>
> 担保还可以分为典型担保方式，如：保证、抵押、质押、定金、留置，和非典型担保方式，如：所有权保留、融资租赁、保理、让与担保（包括股权让与担保）、金钱质押。

一、保证

保证是指保证人和债权人约定，当债务人不履行债务时，保证人按照约定履行债务或承担责任的行为。保证一旦成立，就会形成三方主体：债权人、债务人和保证人。保证人可以要求债务人提供反担保。

（一）保证人

1. 不得担任保证人的主体

下列这些主体在保证活动中的主体资格受到限制或禁止：

（1）机关法人不得为保证人，但是经国务院批准为使用外国政府或者国际经济组织贷款进行转贷的除外。

（2）以公益为目的的非营利法人、非法人组织不得为保证人。

（3）企业法人的分支机构、职能部门不得为保证人。但其中企业法人的分支机构有法人书面授权的，可以在授权范围内提供保证。

2. 按份保证责任与连带保证责任

同一债务有两个以上保证人的，为共同保证。保证人对保证责任的承担，也可采取按份或连带方式。

按份保证责任是指两个以上的保证人在保证合同中明确约定了自己所应承担的保证份额，因而债权人要求其承担保证责任时，其只在自己的份额内承担责任的一种保证责任承担方式。

连带责任保证则是指两个以上的保证人未在保证合同中明确约定份额，因而债权人向其中的任何一人提出承担保证责任的要求时，该人必须承担全部保证责任，然后再由承担了保证责任的人要求其他保证人承担他们各自所应承担的份额的一种保证责任承担方式。

（二）保证的方式

保证的方式包括一般保证和连带责任保证。

（1）一般保证。一般保证是指当事人在保证合同中约定，债务人不能履行债务时，由保证人承担保证责任的担保方式。一般保证的最大特点是保证人享有一项重要权利——先诉抗辩权。先诉抗辩权是指一般保证的保证人所享有的在主合同纠纷未经审判或仲裁，并就债务人的财产依法强制执行仍不能履行债务前，有权拒绝向债权人承担保证责任。

一般保证的保证人在有下列情形时，不得行使先诉抗辩权：①债务人下落不明，且无财产可供执行；②人民法院已经受理债务人破产案件；③债权人有证据证明债务人的财产不足以履行全部债务或者丧失履行债务能力；④保证人书面表示放弃先诉抗辩权。

一般保证的债权人在保证期间届满前对债务人提起诉讼或者申请仲裁的，从保证人拒绝承担保证责任的权利消灭之日起，开始计算保证债务的诉讼时效。

（2）连带责任保证。连带责任保证是指当事人在保证合同中约定保证人和债务人对债务承担连带责任的担保方式。连带责任保证的保证人不享有先诉抗辩权，当债务人不履行到期债务或者发生当事人约定的情形时，债权人可以请求债务人履行债务，也可以请求保证人在其保证范围内承担保证责任。

连带责任保证的债权人在保证期间届满前请求保证人承担保证责任的，从债权人请求保证人承担保证责任之日起，开始计算保证债务的诉讼时效。

（3）保证方式的确定。当事人可以在保证合同中明确约定保证方式，如果没有约定或约定不明确的，按照一般保证承担保证责任。

（三）保证合同

1. 保证合同的概念、形式及内容

保证合同是为保障债权的实现，保证人和债权人约定，当债务人不履行到期债务或者发生当事人约定的情形时，保证人履行债务或者承担责任的合同。

保证合同可以是单独订立的书面合同，也可以是主债权债务合同中的保证条款。第三人单方以书面形式向债权人作出保证，债权人接收且未提出异议的，保证合同成立。

保证合同应当具备下列内容：①被保证的主债权种类、数额；②债务人履行债务的期限；③保证的方式；④保证担保的范围；⑤保证的期间；⑥双方认为需要约定的其他事项。

债权人和债务人未经保证人书面同意，协商变更主债权债务合同内容，减轻债务的，保证人仍对变更后的债务承担保证责任；加重债务的，保证人对加重的部分不承担保证责任。

保证合同是主债权债务合同的从合同。主债权债务合同无效的，保证合同无效，但是法律另有规定的除外。保证合同被确认无效后，债务人、保证人、债权人有过错的，应当根据其过错各自承担相应的民事责任。

2. 最高限额保证合同

保证人与债权人可以协商订立最高额保证的合同，约定在最高债权额限度内就一定期间连续发生的债权提供保证。

（四）保证责任

1. 保证担保的范围

> 【资料卡】
>
> 诉讼时效中断是指诉讼时效因法定事由（如提起诉讼、当事人一方提出要求或同意履行义务）而导致中断，待导致中断的法定事由结束后，诉讼时效再重新开始计算的一种法律制度。

一般包括：主债权及利息、违约金、损害赔偿金和实现债权的费用。如果双方另有约定的，从其约定；如果双方没有约定的，则视作保证人对全部债务承担保证责任。

2. 保证期间

保证期间是确定保证人承担保证责任的期间，不发生中止、中断和延长。债权人与保证人可以约定保证期间，但是约定的保证期间早于主债务履行期限或者与主债务履行期限同时届满的，视为没有约定；没有约定或者约定不明确的，保证期间为主债务履行期限届满之日起 6 个月。债权人与债务人对主债务履行期限没有约定或者约定不明确的，保证期间自债权人请求债务人履行债务的宽限期届满之日起计算。

债权人和债务人变更主债权债务合同的履行期限，未经保证人书面同意的，保证期间不受影响。

3. 保证人不需承担保证责任的规定

（1）一般保证的债权人未在保证期间对债务人提起诉讼或者申请仲裁的，保证人不再承担保证责任。

（2）连带责任保证的债权人未在保证期间请求保证人承担保证责任的，保证人不再承担保证责任。

（3）保证人与债权人约定禁止债权转让，债权人未经保证人书面同意转让债权的，保证人对受让人不再承担保证责任。

（4）债权人未经保证人书面同意，允许债务人转移全部或者部分债务，保证人对未经其同意转移的债务不再承担保证责任，但是债权人和保证人另有约定的除外。

（5）一般保证的保证人在主债务履行期限届满后，向债权人提供债务人可供执行财产的真实情况，债权人放弃或者怠于行使权利致使该财产不能被执行的，保证人在其提供可供执行财产的价值范围内不再承担保证责任。

（6）债务人对债权人享有抵销权或者撤销权的，保证人可以在相应范围内拒绝承担保证责任。

4. 保证责任的其他规定

（1）债权人转让全部或者部分债权，未通知保证人的，该转让对保证人不发生效力。保证人的保证责任不发生任何变化。

（2）第三人加入债务的（即第三人加入债务，与原债务人共同承担债务的），保证人的保证责任不受影响。

（3）保证人承担保证责任后，除当事人另有约定外，有权在其承担保证责任的范围内向债务人追偿，享有债权人对债务人的权利，但是不得损害债权人的利益。

（4）保证人可以主张债务人对债权人的抗辩。债务人放弃抗辩的，保证人仍有权向债权人主张抗辩。

（5）被担保的债权既有物的担保又有人的担保（即保证）的，债务人不履行到期债务或者发生当事人约定的实现担保物权的情形，债权人应当按照约定实现债权；没有约定或者约定不明确，债务人自己提供物的担保的，债权人应当先就该物的担保实现债权；第三人提供物的担保的，债权人可以就物的担保实现债权，也可以请求保证人承担保证责任。提供担保的第三人承担担保责任后，有权向债务人追偿。

债务人以自己的财产设定抵押，抵押权人放弃该抵押权、抵押权顺位或者变更抵押权的，其他担保人（如保证人）在抵押权人丧失优先受偿权益的范围内免除担保责任，但是其他担保人（如保证人）承诺仍然提供担保的除外。

债务人以自己的财产出质，质权人放弃该质权的，其他担保人（如保证人）在质权人丧失优先受偿权益的范围内免除担保责任，但是其他担保人（如保证人）承诺仍然提供担保的除外。

（6）保证无效的责任承担。根据《最高人民法院关于适用〈中华人民共和国民法典〉有关担保制度的解释》第十七条的规定，具体可分以下几种情况：

一是主合同有效而第三人提供的保证合同无效，人民法院应当区分不同情形确定担保人的赔偿责任：①债权人与担保人均有过错的，担保人承担的赔偿责任不应超过债务人不能清偿部分的二分之一；②担保人有过错而债权人无过错的，担保人对债务人不能清偿的部分承担赔偿责任；③债权人有过错而担保人无过错的，担保人不承担赔偿责任。

二是主合同无效导致第三人提供的保证合同无效，担保人无过错的，不承担赔偿责任；担保人有过错的，其承担的赔偿责任不应超过债务人不能清偿部分的三分之一。

任务案例七：

张三先后向李四、王五、赵六借款20万元、50万元、30万元，并以自己价值80万元房屋分别为这三次借款行为提供了抵押担保，并办理了抵押登记。

请问：张三能否这样办理财产的抵押？为什么？李四、王五、赵六对抵押房屋的抵押权益分别是多少？为什么？

任务案例八：

甲向乙借钱并将自己的珠宝首饰抵押给了乙，分别签订了借款合同和抵押合同，但在合同履行期到来之前，甲又将该珠宝首饰转卖给了丙。于是乙告知丙该财产已被抵押的情况，并要求丙返还，但丙不同意。

请问：乙能否要求丙返还财产？为什么？

任务案例九：

小陈为向建设银行申请个人消费贷款，用其一辆大众速腾轿车作抵押，该车价值15万元。借款合同签订当日，双方就该车办理了抵押登记手续。后小陈在驾车外出途中被一辆货车追尾，造成其车严重损坏，价值减至9万元。经查，造成该起交通事故的全部责任在货车司机。此外，货车司机已准备赔偿小陈经济损失5万元。

请问：如果建设银行要求小陈另外提供担保，以确保其到期还本付息，这种要求是否合理？对于赔偿费5万元，建设银行能否将其作为担保？为什么？

任务案例十：

甲向乙借50万元钱，并将自己价值52万元的房子抵押给乙。在合同订立后没多久，刚考取工程车驾驶执照的丙在尝试开一推土车时，失控撞上了甲的房子。甲要求丙赔偿，但由于丙比较穷，因此对于造成的10万元损失只赔了其中的2万元。

请问：乙能要求甲另行提供8万元财产的担保吗？为什么？

任务案例十一：

甲公司向乙公司出售一幢办公楼价值2亿元，双方签订了买卖合同，但为了保证乙公司能按合同约定付款，甲乙双方又签订了一份由乙公司将公司持有的10幅近代名人字画抵押给甲公司的抵押合同。买卖合同约定，乙公司应于签订合同后的三年内付清款项，到了第二年近代名人字画大涨，于是乙公司就将这10幅名人字画中的5幅以比市场价高10%的价格卖给了丙公司。甲公司得知后，认为这一交易无效，因为抵押人转让抵押物未经过抵押权人同意，因此无效。

请问：乙公司的交易行为是否无效？为什么？

任务案例十二：

甲市的奔驰品牌4S店A公司与本市的一家B公司签订了由B公司购买二台分别价值158万元和168万元奔驰G系列越野车的购车合同，合同约定B公司签约后支付30%的货款（即97.8万元），剩余款项在签约一个月后的一周内支付，为了保证B公司到时能付款，双方约定车辆由B公司上好牌照后再抵押给A公司。B公司将车上好牌照后一周，因其一笔50万元的债务到期，正好账上无钱，因此其向C银行借款50万元，并将此二辆车作为抵押，抵押给了C银行。后二周B公司因一投资项目失败，导致其发生重大损失。因此无力向A公司付款，也无力向C银行还债。于是，A公司与C银行纷纷要求实现自己的抵押权，同时A公司要求自己的抵押权优先于C银行来实现。

请问：A公司的说法有无道理？为什么？

知识链接（二）

二、抵押

抵押是指为担保债务的履行，债务人或者第三人不转移财产的占有，将该财产抵押给债权人的，债务人不履行到期债务或者发生当事人约定的实现抵押权的情形，债权人有权就该财产优先受偿的一种担保方式。在抵押法律关系中，提供财产的债务人或者第三人为抵押人，债权人为抵押权人，抵押的财产为抵押物。

抵押权人对抵押物所享有的是抵押权，抵押权是物权的一种，属于担保物权。

（一）抵押财产

1. 可以用作抵押的财产

债务人或者第三人有权处分的下列财产可以抵押：

（1）建筑物和其他土地附着物；

（2）建设用地使用权；

（3）海域使用权；

（4）生产设备、原材料、半成品、产品；

（5）正在建造的建筑物、船舶、航空器；

（6）交通运输工具；

（7）法律、行政法规未禁止抵押的其他财产。

抵押人可以将前述所列财产一并抵押。

2. 不得用作抵押的财产

根据我国《民法典》第三百九十九条的规定，下列财产不得抵押：

（1）土地所有权；

（2）宅基地、自留地、自留山等集体所有的土地使用权，但是法律规定可以抵押的除外；

（3）学校、幼儿园、医院等以公益为目的的事业单位、社会团体的教育设施、医疗卫生设施和其他社会公益设施；

（4）所有权、使用权不明或者有争议的财产；

（5）依法被查封、扣押、监管的财产；

（6）法律、行政法规规定不得抵押的其他财产。

3. 抵押财产的其他规定

（1）现有及将有的生产设备、原材料、半成品、产品的抵押。企业、个体工商户、农业生产经营者可以将现有的以及将有的生产设备、原材料、半成品、产品抵押，债务人不履行到期债务或者发生当事人约定的实现抵押权的情形，债权人有权就抵押财产确定时的动产优先受偿。

（2）建筑物及建设用地使用权抵押的特殊规定。以建筑物抵押的，该建筑物占用范围内的建设用地使用权一并抵押。以建设用地使用权抵押的，该土地上的建筑物一并抵押。抵押人未依据前述规定一并抵押的，未抵押的财产视为一并抵押。

（3）乡镇、村企业的厂房等建筑物抵押的特殊规定。乡镇、村企业的建设用地使用权不得单独抵押。以乡镇、村企业的厂房等建筑物抵押的，其占用范围内的建设用地使用权一并抵押。

（4）抵押人担保的债权不得超出其抵押物的价值。财产抵押后，该财产的价值大于所担保债权的余额部分，可以再次抵押，但不得超出其余额部分。

（5）根据《最高人民法院关于适用〈中华人民共和国民法典〉有关担保制度的解释》第四十九条第一款的规定，以违法的建筑物抵押的，抵押合同无效，但是一审法庭辩论终结前已经办理合法手续的除外。

（6）根据我国《民法典》第三百零一条的规定，共有人以其共有财产设定抵押，应当经占份额三分之二以上的按份共有人或者全体共同共有人同意，但是共有人之间另有约定的除外。

（二）抵押合同

1. 抵押合同的内容

设立抵押权，当事人应当采用书面形式订立抵押合同。抵押合同一般包括下列条款：

（1）被担保债权的种类和数额；

（2）债务人履行债务的期限；

（3）抵押财产的名称、数量等情况；

（4）担保的范围。

2. 禁止流押的规定

抵押权人在债务履行期限届满前，与抵押人约定债务人不履行到期债务时抵押财产归债权人所有的，只能依法就抵押财产优先受偿。

【想一想】

为什么抵押权人和抵押人在合同中约定在债务履行期限届满抵押权人未受清偿时抵押财产归债权人所有，但实际履行中抵押权人却只能依法就抵押财产优先受偿？

（三）抵押物登记

1. 登记生效

登记生效是指抵押合同必须通过向有关机关登记才能生效。根据我国《民法典》第四百零二条的规定，将“建筑物和其他土地附着物”“建设用地使用权”“海域使用权”以及“正在建造的建筑物”进行抵押时，抵押合同必须经过登记后才能生效。抵押权自登记时设立。

具体有：①以建设用地使用权、海域使用权抵押的，须经核发土地使用权证书、海域使用权证书的土地管理部门、海洋行政主管部门登记；②以城市房地产或乡（镇）、村企业的厂房等建筑物抵押的，须经县级以上人民政府规定的部门登记；③以林木抵押，须经县级以上林业管理部门登记；④以正在建造的建筑物进行抵押的，由建筑物所在地的不动产管理部门办理抵押登记。

2. 登记对抗

即抵押合同在双方当事人签字盖章或按指印时成立生效，但未经登记不得对抗第三人。以动产抵押的，抵押权自抵押合同生效时设立；未经登记，不得对抗善意第三人。

以动产抵押的，不得对抗正常经营活动中已经支付合理价款并取得抵押财产的买受人。

【资料卡】

中国人民银行与国家市场监管总局于2020年12月30日发布了《关于动产抵押登记工作过渡安排的公告》，该公告中明确自2021年1月1日起，中国人民银行征信中心承担生产设备、原材料、半成品、产品等四类动产抵押的登记工作。

（四）抵押的效力

1. 抵押担保的范围

主要包括：主债权及利息、违约金、损害赔偿金及实现抵押权的费用。抵押合同另有约定的，从其约定。

2. 抵押人的权利和义务

抵押人的权利主要有：

（1）收取孳息权。抵押物所产生的孳息在债务人不履行债务致使抵押物被法院依法扣押之前，其所生之孳息均由抵押人收取。但债务人不履行到期债务或者发生当事人约定的实现抵押权的情形，致使抵押财产被人民法院依法扣押的，自扣押之日起，抵押权人有权收取该抵押财产的天然孳息或者法定孳息，但是抵押权人未通知应当清偿法定孳息义务人的除外。抵押权人收到的孳息应当先充抵收取孳息的费用。

（2）再转让抵押财产权。抵押期间，抵押人可以转让抵押财产。当事人另有约定的，按照其约定。抵押财产转让的，抵押权不受影响。

抵押人转让抵押财产的，应当及时通知抵押权人。抵押权人能够证明抵押财产转让可能损害抵押权的，可以请求抵押人将转让所得的价款向抵押权人提前清偿债务或者提存。转让的价款超过债权数额的部分归抵押人所有，不足部分由债务人清偿。

抵押人的义务主要有：

（1）通知义务。主要有两项：抵押人将已出租的财产抵押时要通知承租人，原租赁合同继续有效；抵押人转让抵押财产应通知抵押权人。

（2）停止减损抵押物价值行为和减损后的补偿义务。具体规定如下：一是抵押人的行为足以使抵押财产价值减少的，抵押权人有权请求抵押人停止其行为。二是抵押财产价值减少的，抵押权人有权请求恢复抵押财产的价值，或者提供与减少的价值相应的担保；抵押人不恢复抵押财产的价值，也不提供担保的，抵押权人有权请求债务人提前清偿债务。

（3）优先清偿或提存的义务。担保期间，抵押财产毁损、灭失或者被征收等，抵押权人可以就抵押人获得的保险金、赔偿金或者补偿金等优先受偿，如果抵押权人提此要求，抵押人应确保抵押权人的优先受偿权利。被担保债权的履行期限未届满的，抵押权人要求提存该保险金、赔偿金或者补偿金的，抵押人应进行提存。

3. 抵押不影响租赁

抵押权设立前，抵押财产已经出租并转移占有的，原租赁关系不受该抵押权的影响。

4. 抵押生效后抵押权不得单独转让或另作担保

抵押权不得与债权分离而单独转让或者作为其他债权的担保。债权转让的，担保该债权的抵押权一并转让，但是法律另有规定或者当事人另有约定的除外。

5. 放弃抵押权、抵押权顺位或者变更抵押权的规定

抵押权人可以放弃抵押权或者抵押权的顺位。抵押权人与抵押人可以协议变更抵押权顺位以及被担保的债权数额等内容。但是，抵押权的变更未经其他抵押权人书面同意的，不得对其他抵押权人产生不利影响。

债务人以自己的财产设定抵押，抵押权人放弃该抵押权、抵押权顺位或者变更抵押权的，其他担保人在抵押权人丧失优先受偿权益的范围内免除担保责任，但是其他担保人承诺仍然提供担保的除外。

（五）抵押权的实现

1. 抵押权的实现方式

抵押权的实现方式主要有折价、拍卖、变卖三种。具体规定如下：

（1）债务人不履行到期债务或者发生当事人约定的实现抵押权的情形，抵押权人可以与抵押人协议以抵押财产折价或者以拍卖、变卖该抵押财产所得的价款优先受偿。协议损害其他债权人利益的，其他债权人可以请求人民法院撤销该协议。

（2）抵押权人与抵押人未就抵押权实现方式达成协议的，抵押权人可以请求人民法院拍卖、变卖抵押财产。

（3）抵押财产折价或者变卖的，应当参照市场价格。

（4）抵押财产折价或者拍卖、变卖后，其价款超过债权数额的部分归抵押人所有，不足部分由债务人清偿。

作为抵押人的企业、个体工商户、农业生产经营者将现有的以及将有的生产设备、原材料、半成品、产品设定抵押的，待其抵押财产确定后再以折价、拍卖、变卖方式来实现抵押权人的抵押权。

抵押财产自下列情形之一发生时确定：

（1）债务履行期限届满，债权未实现；

（2）抵押人被宣告破产或者解散；

（3）当事人约定的实现抵押权的情形；

（4）严重影响债权实现的其他情形。

2. 同一财产上设定了两个以上抵押权的抵押权实现方式

同一财产向两个以上债权人抵押的，拍卖、变卖抵押财产所得的价款依照下列规定清偿：

（1）抵押权已经登记的，按照登记的时间先后确定清偿顺序；

（2）抵押权已经登记的先于未登记的受偿；

（3）抵押权未登记的，按照债权比例清偿。其他可以登记的担保物权，清偿顺序参照适用上述规定。

3. 同一财产上既设立抵押权又设立质权的担保物权实现方式

同一财产既设立抵押权又设立质权的，拍卖、变卖该财产所得的价款按照登记、交付的时间先后确定清偿顺序。

4. 动产抵押中抵押权人实现抵押权的超级优先权

动产抵押担保的主债权是抵押物的价款，标的物交付后十日内办理抵押登记的，该抵押权人优先于抵押物买受人的其他担保物权人受偿，但是留置权人除外。

5. 建筑用地使用权抵押后实现抵押权时其新增建筑物的处理

建设用地使用权抵押后，该土地上新增的建筑物不属于抵押财产。该建设用地使用权实现抵押权时，应当将该土地上新增的建筑物与建设用地使用权一并处分。但是，新增建筑物所得的价款，抵押权人无权优先受偿。

6. 集体所有土地使用抵押后实现抵押权时土地性质的处理

以集体所有土地的使用权依法抵押的，实现抵押权后，未经法定程序，不得改变土地所有权的性质和土地用途。

7. 抵押权人实现抵押权的期限

抵押权人应当在主债权诉讼时效期间行使抵押权；未行使的，人民法院不予保护。

（六）最高额抵押

最高额抵押是指为担保债务的履行，债务人或者第三人对一定期间内将要连续发生的债权提供担保财产，债务人不履行到期债务或者发生当事人约定的实现抵押权的情形，抵押权人有权在最高债权额限度内就该担保财产优先受偿的担保方式。因最高额抵押所产生的抵押权为最高额抵押权。

最高额抵押中的最高债权额，是指包括主债权及其利息、违约金、损害赔偿金、保管担保财产的费用、实现债权或者实现抵押权的费用等在内的全部债权，但是当事人另有约定的除外。登记的最高债权额与当事人约定的最高债权额不一致的，人民法院应当依据登记的最高债权额确定债权人优先受偿的范围。

1. 最高额抵押中抵押担保范围的特殊规定

最高额抵押权设立前已经存在的债权，经当事人同意，可以转入最高额抵押担保的债权范围。

2. 最高额抵押担保的债权确定前债权转让的规定

最高额抵押担保的债权确定前，部分债权转让的，最高额抵押权不得转让，但是当事人另有约定的除外。

3. 最高额抵押担保的债权确定前抵押合同变更的规定

最高额抵押担保的债权确定前，抵押权人与抵押人可以通过协议变更债权确定的期间、债权范围以及最高债权额。但是，变更的内容不得对其他抵押权人产生不利影响。

【资料卡】

2021 年 1 月 1 日施行的《最高人民法院关于适用〈中华人民共和国民法典〉有关担保制度的解释》第四十一条规定：

抵押权依法设立后，抵押财产被添附，添附物归第三人所有，抵押权人主张抵押权效力及于补偿金的，人民法院应予支持。

抵押权依法设立后，抵押财产被添附，抵押人对添附物享有所有权，抵押权人主张抵押权的效力及于添附物的，人民法院应予支持，但是添附导致抵押财产价值增加的，抵押权的效力不及于增加的价值部分。

抵押权依法设立后，抵押人与第三人因添附成为添附物的共有人，抵押权人主张抵押权的效力及于抵押人对共有物享有的份额的，人民法院应予支持。

本条所称添附，包括附合、混合与加工。

4. 最高额抵押履行中抵押权人债权的确定

有下列情形之一的，抵押权人的债权确定：

（1）约定的债权确定期间届满；

（2）没有约定债权确定期间或者约定不明确，抵押权人或者抵押人自最高额抵押权设立之日起满二年后请求确定债权；

（3）新的债权不可能发生；

（4）抵押权人知道或者应当知道抵押财产被查封、扣押；

（5）债务人、抵押人被宣告破产或者解散；

（6）法律规定债权确定的其他情形。

任务案例十三：

张三向李四借款50万元，双方达成了借款协议，为了担保张三能按时还款，张三将自己的一辆价值80万元的路虎汽车质押给了李四。李四拿到张三的车后，未经张三同意就使用此车开展业务经营活动，一次其在高速公路行驶过程中被另一辆车追尾，造成严重损失，共支出20万元的修理费用，虽然此费用由追尾的车辆承担，但该车由于追尾，其二手价值从原来的80万元直接降为50万元。张三在还了钱，拿到车一个月后去4S店保养时才发现这一情况，张三非常生气，要求李四承担汽车损失30万元。

请问：张三的说法有无法律依据？为什么？

任务案例十四：

甲公司向乙公司购买一批原材料，因甲公司最近现金流比较紧张，因此双方在合同中约定，甲公司在订约后先支付30%的合同款项，乙公司收款后将这些价值300万元原材料交付给甲公司，剩余款项于甲公司下次订货时再予以支付，如果下次订货时间与此次合同签订时间超过一年的，则甲公司应在合同签订的一年内将此笔款项付清。甲公司为了保证自己能按时付款，将本公司收藏的两款由顾景舟大师制作的紫砂壶质押给了乙公司，并签订了质押合同，交付了质押财物。三个月后，乙公司在与丙公司达成的交易中丙公司要求乙公司提供相应的担保，乙公司就将手头的两款紫砂壶中的一款质押给了丙公司，并进行了交付。后甲公司付清了所欠乙公司的款项，乙公司将两款紫砂壶还给了甲公司，但甲公司发现有一款紫砂壶的盖子上被磕掉了一个小角，调查后才得知，此件就是乙公司未经自己同意就将其质押给丙公司的质押物。甲公司遂要求乙公司赔偿损失，乙公司则认为损失是由丙公司造成的，甲公司应向丙公司要求赔偿。

请问：甲公司要求乙公司赔偿是否符合法律规定？为什么？乙公司的说法有无道理？为什么？

任务案例十五：

甲公司承建了一条从宁波到上海的高速公路，同时它取得可以在这条高速路上收费15年的权利。

请问：甲公司的这一权利能否用作权利质押？为什么？

任务案例十六：

甲向乙借5000元，同时甲将自己一本书的著作权中的署名权质押给了乙。

请问：甲与乙的权利质押合同能否生效？为什么？

知识链接（三）

三、质押

我国《民法典》规定的质押主要有两种：

1. 动产质押

（1）动产质押的概念。动产质押是指为担保债务的履行，债务人或者第三人将其动产出质给债权人占有的，债务人不履行到期债务或者发生当事人约定的实现质权的情形，债权人有权就该动产优先受偿的一种担保方式。

在动产质押关系中，债务人或第三人为出质人，债权人为质权人，移交的动产为质押财产，但法律、行政法规禁止转让的动产不得出质。

（2）动产质押与抵押的异同。动产质押的规定大部分与抵押的规定相同，两者相同的部分不再阐述，下面主要阐述动产质押的一些不同之处：

一是动产质押的质物在出质之后要转移占有，即由质权人占有；而抵押物在抵押成立生效之后是由抵押人占有的。

二是动产质押的质物只能是动产，不动产不能成为质押的对象；而抵押中动产与不动产都可成为抵押物。

三是动产质押合同自质物移交于质权人占有时生效；而抵押合同的生效分为登记生效和签名、盖章或者按指印时生效两种。

四是动产质押合同成立生效后，质物孳息应由质权人收取；而抵押情形下，在法院对抵押财产采取强制措施前，抵押物孳息是由抵押人收取的。

五是动产质押关系中，质权人负有妥善保管质物的义务，如果因保管不善造成质物灭失或毁损的，质权人应承担民事责任。

（3）质押合同。设立质权，当事人应当采用书面形式订立质押合同，质权自出质人交付质押财产时设立，质押合同在质权设立时生效。

质押合同一般包括下列条款：一是被担保债权的种类和数额；二是债务人履行债务的期限；三是质押财产的名称、数量等情况；四是担保的范围；五是质押财产交付的时间、方式。

（4）禁止流质的规定。质权人在债务履行期限届满前，与出质人约定债务人不履行到期债务时质押财产归债权人所有的，只能依法就质押财产优先受偿。

【想一想】

动产质押合同中为什么要有禁止流质的规定？

（5）质权人的权利与义务。质权人的权利：

一是质权人有权收取质押财产的孳息，但是合同另有约定的除外，收取的孳息应当先充抵收取孳息的费用。

二是因不可归责于质权人的事由可能使质押财产毁损或者价值明显减少，足以危害质权人权利的，质权人有权请求出质人提供相应的担保；出质人不提供的，质权人可以拍卖、变卖质押财产，并与出质人协议将拍卖、变卖所得的价款提前清偿债务或者提存。

三是质权人可以放弃质权。债务人以自己的财产出质，质权人放弃该质权的，其他担保人在质权人丧失优先受偿权益的范围内免除担保责任，但是其他担保人承诺仍然提供担保的除外。

质权人的义务：

一是质权人在质权存续期间，未经出质人同意，擅自使用、处分质押财产，造成出质人损害的，应当承担赔偿责任。

二是质权人负有妥善保管质押财产的义务；因保管不善致使质押财产毁损、灭失的，应当承担赔偿责任。质权人的行为可能使质押财产毁损、灭失的，出质人可以请求质权人将质押财产提存，或者请求提前清偿债务并返还质押财产。

三是质权人在质权存续期间，未经出质人同意转质，造成质押财产毁损、灭失的，应当承担赔偿责任。

四是债务人履行债务或者出质人提前清偿所担保的债权的，质权人应当返还质押财产。

（6）质权的实现。质权实现的方式有三种：折价、拍卖、变卖。具体规定如下：

一是债务人不履行到期债务或者发生当事人约定的实现质权的情形，质权人可以与出质人协议以质押财产折价，也可以就拍卖、变卖质押财产所得的价款优先受偿。

二是质押财产折价或者变卖的，应当参照市场价格。

三是出质人可以请求质权人在债务履行期限届满后及时行使质权；质权人不行使的，出质人可以请求人民法院拍卖、变卖质押财产。出质人请求质权人及时行使质权，因质权人怠于行使权利造成出质人损害的，由质权人承担赔偿责任。

四是质押财产折价或者拍卖、变卖后，其价款超过债权数额的部分归出质人所有，不足部分由债务人清偿。

（7）最高额质押。出质人与质权人可以协议设立最高额质权。最高额质押参照抵押中“最高额抵押”的规定处理。

2. 权利质押

（1）可用作质押的权利。债务人或者第三人有权处分的下列权利可以出质：①汇票、本票、支票；②债券、存款单；③仓单、提单；④可以转让的基金份额、股权；⑤可以转让的注册商标专用权、专利权、著作权等知识产权中的财产权；⑥现有的以及将有的应收账款；⑦法律、行政法规规定可以出质的其他财产权利。

【资料卡】

可用作质押权利的特点：必须是财产权、必须是债务人或第三人有处分权的财产权、必须是不违背质权性质的财产权（即不动产物权不能成为质押权利，如典权、地上权等不能成为可质押权利）。

（2）权利质押合同的生效。权利质押合同于质权设立时生效，具体规定如下：①以汇票、本票、支票、债券、存款单、仓单、提单出质的，质权自权利凭证交付质权人时设立；没有权利凭证的，质权自办理出质登记时设立。法律另有规定的，依照其规定。②以基金份额、股权出质的，质权自办理出质登记时设立。③以注册商标专用权、专利权、著作权等知识产权中的财产权出质的，质权自办理出质登记时设立。④以应收账款出质的，质权自办理出质登记时设立。

（3）权利质押的其他规定。①汇票、本票、支票、债券、存款单、仓单、提单的兑现日期或者提货日期先于主债权到期的，质权人可以兑现或者提货，并与出质人协议将兑现的价款或者提取的货物提前清偿债务或者提存。②基金份额、股权、应收账款出质后不得转让，知识产权中的财产权出质后出质人不

【想一想】

请举例说明不得质押的股票。

得转让或者许可他人使用，但是出质人与质权人协商同意的除外。出质人转让基金份额、股权、应收账款所得的价款以及转让或者许可他人使用出质的知识产权中的财产权所得的价款，应当向质权人提前清偿债务或者提存。

任务案例十七：

甲雇用乙为其打扫卫生，在乙将结束打扫、正在擦拭最后一件水晶饰品时，甲表示乙打扫得不干净，不准备付钱了。乙听了之后，就将拿在手中擦拭的水晶饰品往自己口袋里一放，并声称自己将该物留置了，直至甲付款为止。

请问：乙的行为是否构成留置？为什么？

任务案例十八：

甲不仅欠乙 5 万元，而且到期后迟迟不还。乙就趁甲有一次出门忘了关门，将甲家里的一个古董花瓶抱回了家，同时通知甲，要求甲还钱，并声称自己已将花瓶留置了，只有甲还钱之后，乙才返还花瓶。

请问：乙的行为是否构成留置？为什么？

任务案例十九：

张某向李某借车办事，李某碍于面子只好借出，并嘱咐要小心驾驶。但张某驾驶技术欠佳出现交通事故，并将车拖入汽车修理厂修理，事后其未曾露面，也未支付修理费。汽车修理厂联系到车主李某，索要修理费，但李某称车子是张某驾驶出现事故，故与李某自身无关。

请问：李某的说法是否合理？汽车厂应该如何处理？请说明理由。

知识链接（四）

四、留置

留置是指债权人按照合同约定占有债务人的动产，债务人不按照合同约定的期限履行债务的，债权人有权依法留置该财产，以该财产折价或以拍卖、变卖该财产的价款优先受偿的一种法定担保方式。在留置法律关系中，债权人是留置权人，被留置的动产是留置物，留置权人对留置物享有的权利为留置权。

1. 留置权的取得条件

（1）债权人合法占有债务人的财产。如因保管合同、运输合同、加工承揽合同发生的债务人不能按约履行债务时，债权人对于事先合法占有的债务人的动产实施留置。法律规定或者当事人约定不得留置的动产，不得留置。

当事人可以在合同中约定不得留置的物。留置物为可分物时，留置权人应当只留置与其债权相当金额的物品。

（2）债权已过清偿期。

（3）债权人留置的动产，须与债权属于同一法律关系，但是企业之间留置的除外。

2. 留置担保的范围

主要包括：主债权及利息、违约金、损害赔偿金、留置物保管费用和实现留置权的费用。当事人另有约定的，按照其约定。

3. 留置期限

留置权人与债务人应当约定留置财产后的债务履行期限；没有约定或者约定不明确的，留置权人应当给债务人六十日以上履行债务的期限，但是鲜活易腐等不易保管的动产除外。

4. 留置权人的权利和义务

其权利主要有：留置标的物；收取留置物的孳息（但收取的孳息应当先充抵收取孳息的费用）；就留置物优先受偿；同一动产上已经设立抵押权或者质权，该动产又被留置的，留置权人优先受偿。

其义务主要有：保管留置物，因保管不善造成损失的，留置权人应承担民事责任；返还留置物，在债务人履行债务之后，留置权人应将留置物返还。

5. 留置权的实现

（1）债务人逾期未履行的，留置权人可以与债务人协议以留置财产折价，也可以就拍卖、变卖留置财产所得的价款优先受偿。

（2）留置财产折价或者变卖的，应当参照市场价格。

（3）债务人可以请求留置权人在债务履行期限届满后行使留置权；留置权人不行使的，债务人可以请求人民法院拍卖、变卖留置财产。

（4）留置财产折价或者拍卖、变卖后，其价款超过债权数额的部分归债务人所有，不足部分由债务人清偿。

6. 留置权的消灭

其主要原因：一是债权消灭；二是留置权人对留置财产丧失占有或者留置权人接受债务人另行提供担保的，留置权消灭。

任务案例二十：

小丁想购买小孙的一套价值150万元的房子，于是双方订立了一份房屋买卖合同，合同中约定协议订立后由小丁支付2万元定金给小孙，七天后小丁付清款项，双方办理产权转移手续。但合同签订后的第三天，小孙后悔了，不愿再出售这套住房。小丁遂要求小孙双倍返还定金。

请问：小丁的主张是否有法律依据？为什么？

知识链接（五）

五、定金

定金是指合同的一方当事人在合同订立时或订立后到履行期限到来之前预先支付给对方一定数额的金钱，以担保自己履行债务的一种担保方式。

1. 定金合同

当事人可以约定一方向对方给付定金作为债权的担保。定金合同自实际交付定金时成立。定金的数额由当事人约定；但是，不得超过主合同标的额的百分之二十，超过部分不产生定金的效力。实际交付的定金数额多于或者少于约定数额的，视为变更约定的定金数额。

2. 定金合同的法律效力

（1）债务人履行债务的，定金应当抵作价款或者收回。给付定金的一方不履行债务或者履行债务不符合约定，致使不能实现合同目的的，无权请求返还定金；收受定金的一方不履行债务或者履行债务不符合约定，致

【想一想】

现实生活中有时在合同中出现的“订金”是否就是“定金”？如果不是，它们有什么不同？

使不能实现合同目的的，应当双倍返还定金。

（2）当事人既约定违约金，又约定定金的，一方违约时，对方可以选择适用违约金或者定金条款。定金不足以弥补一方违约造成的损失的，对方可以请求赔偿超过定金数额的损失。

任务3 合同履行中的变化分析

任务案例一：

卖方甲企业与买方乙企业订立了一个买卖A产品的合同，合同约定5月19日履行，但甲企业由于3月进行了机器设备大检修，因此到了5月10日发现自己无法按时履行全部合同义务，于是发电报给乙，电报内容如下："因本公司机器大修，所以5月19日只能交付80%的A产品，其他部分能否推迟履行？"乙回电："可以。"于是甲于6月19日将余下的20%交付给了乙。乙收到后没多久，就向法院起诉要求甲承担违约责任。

请问：甲企业要不要承担违约责任？为什么？

任务案例二：

画家张先生与某书画商店签订一份书面合同，合同约定由张先生亲自作画10幅，书画商店支付1万元后由书画店出卖。后张先生因病作画不成，于是让其学生作画10幅交与书画店（落款为张先生），书画店支付1万元。后书画店知道了此事，以张先生违约为由将其告上法庭。

请问：该案应如何处理？为什么？

任务案例三：

甲欠乙100万元货款，后甲经乙同意之后将该债务转让给了丙，丙取得债务之后没多久债务到期。乙向丙要求偿还，但此前甲与乙的合同中约定，乙交付了全部货物之后甲才需于约定日期付款。此时乙只向甲交付了80%的货物。

请问：丙能否以乙未交付全部货物为由不履行还款义务？为什么？

任务案例四：

青宁公司在买卖一批先进的数控机床的交易中欠了西京公司800万元的货款，因青宁公司体量较小，这样的债务对它来讲，还是比较巨大的，因此在支付了200万元货款之后，数次与西京公司协商延长付款期限。二次延期后，西京公司就不愿意再延期了，因此第三次延期被拒后，青宁公司的母公司——蓝宁公司向西京公司提出了加入该债务的申请，西京公司对此未置可否，过一段时间西京公司要求蓝宁公司与青宁公司承担连带责任。蓝宁公司认为，自己申请加入债务但西京公司未同意，因此自己不应承担责任。

请问：西京公司要求蓝宁与青宁公司承担连带责任有无合法依据？为什么？

知识链接

一、合同的变更

合同的变更是指合同内容的变化，即对合同条款的修改、增加或减少。当事人协商一致的，可以变更合同。

当事人对合同变更的内容约定不明确的，推定为合同未变更。

二、合同的转让

合同的转让是指合同一方当事人通过协议将合同的权利或义务转移给第三人的行为，包括合同债权转让、合同债务的转让和合同债权债务的一并转让等情形。

（一）合同债权的转让

合同债权的转让是指债权人将债权转移给第三人的现象。债权人可以将其债权的全部或一部分转让给第三人。其中，债权人称为让与人，第三人称为受让人。

债权人转让权利应当通知债务人，否则该转让对债务人不发生效力。债权转让的通知不得撤销，但是经受让人同意的除外。

因债权转让增加的履行费用，由让与人（即债权人）负担。

1. 不得转让的债权

不是所有的债权都能转让，有下列情形之一的债权不可转让：

（1）根据债权性质不得转让。如雇佣合同中雇主便不能随意将使用雇员的合同权利转让给其他雇主。

（2）按照当事人约定不得转让。如房屋租赁合同中出租方与承租方约定承租方不得转租，即约定了承租方不得将对租赁物的使用权转让给他人。

当事人约定非金钱债权不得转让的，不得对抗善意第三人。当事人约定金钱债权不得转让的，不得对抗第三人。

（3）依照法律规定不能转让。如我国《民法典》规定，最高额抵押担保的债权确定前，部分债权转让的，最高额抵押权不得转让，但是当事人另有约定的除外。

债权人转让合同权利的，受让人取得与债权有关的从权利，除非该权利专属于债权人自身。受让人取得从权利不因该从权利未办理转移登记手续或者未转移占有而受到影响。

2. 债权转让中债务人的抗辩权与抵销权的行使

债务人在接到债权转让通知后，其对让与人的抗辩，可以向受让人主张。

有下列情形之一的，债务人可以向受让人主张抵销：

（1）债务人接到债权转让通知时，债务人对让与人享有债权，且债务人的债权先于转让的债权到期或者同时到期；

（2）债务人的债权与转让的债权是基于同一合同产生的。

（二）合同债务的转让

合同债务的转让是指合同债务人将自己应履行的合同义务转让给第三人承担的行为。

1. 合同债务转让的条件

一个有效的债务转让需具备以下条件：

（1）存在有效的债务并且具有可转移性。性质上不能转移的债务（如以某演员的表演为标的的合同义务）、当事人特别约定不能转移的债务、只能由特定债的关系当事人承担的不作为的债务不能转移。

（2）第三人与合同债务人达成债务转让协议。

（3）合同债务转让须经债权人的同意。债务人将债务的全部或者部分转移给第三人的，应当经债权人同意。债务人或者第三人可以催告债权人在合理期限内予以同

> 【想一想】
>
> 合同债务转让为什么必须经债权人同意？

意，债权人未作表示的，视为不同意。

2. 第三人加入债务

第三人加入债务是一种特殊的债务转让情形，实质是原由债务人承担的债务，在第三人加入后由第三人与债务人共同承担。第三人与债务人约定加入债务并通知债权人，或者第三人向债权人表示愿意加入债务，债权人未在合理期限内明确拒绝的，债权人可以请求第三人在其愿意承担的债务范围内和债务人承担连带债务。

3. 债务转让的法律效力

债务人转让义务的，新债务人可以主张原债务人对债权人的抗辩。同时新债务人应当承担与主债务有关的从债务，但该从债务专属于原债务人自身的除外。

（三）合同债权债务的概括转让

合同债权债务的概括转让是当事人将其在合同中的权利义务全部转让给第三人而完全退出合同关系的行为。其中既有债权的让与，又有债务的承担，所以应符合债权和债务的转让规定。

任务4 合同履行的结果分析

任务案例一：

卖方甲公司与买方乙公司订立了一份甲公司应于8月5日交付一批A货物给乙公司的买卖合同，但到了8月4日时，甲公司所在地刮起了台风，车辆无法通行，一直至8月8日风才小下来。

请问：甲公司能否以遭遇不可抗力为由解除合同？为什么？

任务案例二：

甲向乙订购了一批大闸蟹，约定7日后乙向甲交付这批货物。但到了合同约定的交货日前两天，大闸蟹大量上市价格直线下跌，其市场价格已低于双方约定的合同价格。到了到期日乙向甲交付货物时，甲不愿意接受。于是乙就向法定机关要求提存。

请问：乙能否请求提存？法定机关会将这批货物提存吗？为什么？

任务案例三：

小张欠小李1万元借款，于今年的3月15日到期，小李同时又欠小张1.5万元货款，也于今年的3月15日到期，于是小李就提出来想将自己欠的与小张欠的相互抵销。但小张坚决不同意。

请问：小张能否不同意？为什么？

任务案例四：

某熟食店与某食品厂约定购买一批重阳糕，该熟食店要求食品厂应于重阳节前一天交付这批货物，准备在重阳节这一天大赚一笔。但食品厂却于重阳节的后一天才将重阳糕送到。熟食店表示不愿再接受这些货，要求解除合同，并要求食品厂赔偿其无法在重阳节出售重阳糕而获利的损失。

请问：熟食店能否解除合同？为什么？能否要求食品厂赔偿损失？为什么？

知识链接（一）

一、合同的终止

合同的终止，也称合同的消灭，是指合同的权利义务关系的消灭。合同的权利义务关系终止，不影响合同中结算和清理条款的效力。

（一）导致合同权利义务关系终止的情形

有下列情形之一的，合同的债权债务终止：

（1）债务已经履行；

（2）债务相互抵销；

（3）债务人依法将标的物提存；

（4）债权人免除债务；

（5）债权债务同归于一人；

（6）法律规定或者当事人约定终止的其他情形。

合同解除的，该合同的权利义务关系终止。

（二）合同终止的法律后果

合同终止后的法律后果，具体规定如下：

（1）债权债务终止后，当事人应当遵循诚信等原则，根据交易习惯履行通知、协助、保密、旧物回收等义务。

（2）债权债务终止时，债权的从权利同时消灭，但是法律另有规定或者当事人另有约定的除外。

（3）债务人对同一债权人负担的数项债务种类相同，债务人的给付不足以清偿全部债务的，除当事人另有约定外，由债务人在清偿时指定其履行的债务。债务人未作指定的，应当优先履行已经到期的债务；数项债务均到期的，优先履行对债权人缺乏担保或者担保最少的债务；均无担保或者担保相等的，优先履行债务人负担较重的债务；负担相同的，按照债务到期的先后顺序履行；到期时间相同的，按照债务比例履行。

（三）合同终止的具体情形

1. 履行

合同可因各方当事人履行自己的合同义务而归于消灭，履行是合同终止的最正常原因。

合同债务人在履行主债务外还应当支付利息和实现债权的有关费用，其给付不足以清偿全部债务的，除当事人另有约定外，应当按照下列顺序履行：一是实现债权的有关费用；二是利息；三是主债务。

2. 解除

解除是指合同的提前终止，分为协商解除和法定解除。

（1）协商解除。主要有两种：

一是协议解除。即合同当事人协商一致可以解除合同，但不得违反法律、行政法规的强制性规定和公序良俗。

二是行使合同解除权而解除合同。当事人可以约定

> 【想一想】
>
> 协议解除与行使合同解除权解除合同有什么不同？

一方解除合同的事由。解除合同的事由发生时，解除权人可以解除合同。当事人约定的解除事由包括解除合同的条件、解除权的行使期限及有权行使解除权的合同主体。

（2）法定解除。根据《民法典》第五百六十三条的规定，有下列情形之一的，当事人可以解除合同：

一是因不可抗力致使不能实现合同目的。所谓不可抗力是指不能预见、不能避免、不能克服的客观情况，如地震、洪水、战争等自然和社会现象。

二是在履行期届满之前，当事人一方明确表示或以自己的行为表明不履行主要债务。

三是当事人一方迟延履行债务，经催告后在合理期限内仍未履行。

四是当事人一方迟延履行债务或有其他违约行为致使不能实现合同目的。

五是法律规定的其他情形。

以持续履行的债务为内容的不定期合同，当事人可以随时解除合同，但是应当在合理期限之前通知对方。

（3）约定或法定合同解除权的行使。具体规定如下：

一是法律规定或者当事人约定解除权行使期限，期限届满当事人不行使的，该权利消灭。

二是法律没有规定或者当事人没有约定解除权行使期限，自解除权人知道或者应当知道解除事由之日起一年内不行使，或者经对方催告后在合理期限内不行使的，该权利消灭。

（4）解除合同的方式。具体规定如下：

一是当事人一方依法主张解除合同的，应当通知对方。合同自通知到达对方时解除；通知载明债务人在一定期限内不履行债务则合同自动解除，债务人在该期限内未履行债务的，合同自通知载明的期限届满时解除。对方对解除合同有异议的，任何一方当事人均可以请求人民法院或者仲裁机构确认解除行为的效力。

二是当事人一方未通知对方，直接以提起诉讼或者申请仲裁的方式依法主张解除合同，人民法院或者仲裁机构确认该主张的，合同自起诉状副本或者仲裁申请书副本送达对方时解除。

（5）合同解除的法律后果。具体规定如下：

一是合同解除后，尚未履行的，终止履行；已经履行的，根据履行情况和合同性质，当事人可以请求恢复原状或者采取其他补救措施，并有权请求赔偿损失。

二是合同因违约解除的，解除权人可以请求违约方承担违约责任，但是当事人另有约定的除外。

三是主合同解除后，担保人对债务人应当承担的民事责任仍应当承担担保责任，但是担保合同另有约定的除外。

3. 抵销

抵销是指合同一方当事人对于其与对方当事人因根据不同的合同而相互负有义务，出于消灭的目的而将它们互相充抵，使合同归于消灭的行为。合同的抵销主要有两种：

（1）法定抵销。法定抵销要求：①当事人互负合同义务；②这些义务在标的物种类和性质方面是相同的；③这些义务根据法律或合同性质属于可以抵销的义务；④这些义务均已到履行期。

当事人主张抵销，应当通知对方，通知到达对方时生效。抵销不得附条件或附期限。

【想一想】

法定抵销与约定抵销的最大区别是什么？

（2）约定抵销。当事人互负债务，标的物种类、品质不相同的，经协商一致，也可以抵销。

4. 提存

提存是指由于债权人的原因致使债务人无法向债权人履行债务，债务人将应履行的债务提交给法定提存机关保存以消灭合同权利义务关系的行为。

（1）提存的原因。根据《民法典》第五百七十条规定，有下列情形之一的，债务人难以履行债务的，可以将标的物提存：

一是债权人无正当理由拒绝受领。

二是债权人下落不明的。

三是债权人死亡未确定继承人、遗产管理人，或者丧失民事行为能力未确定监护人。

四是法律规定的其他情形。

标的物不适于提存或提存费用过高的，债务人依法可以拍卖或变卖标的物，提存所得价款。债务人将标的物或者将标的物依法拍卖、变卖所得价款交付提存部门时，提存成立。

（2）提存机关。有权决定提存的部门是人民法院与国家公证机关。

（3）债务人的通知义务。标的物提存后，债务人应当及时通知债权人或者债权人的继承人、遗产管理人、监护人、财产代管人。

（4）提存的效力。具体规定如下：

一是提存成立的，视为债务人在其提存范围内已经交付标的物。

二是标的物提存后，毁损、灭失的风险由债权人承担。提存期间，标的物的孳息归债权人所有。提存费用由债权人负担。

三是提存后，债权人可以随时领取提存物。但是，债权人对债务人负有到期债务的，在债权人未履行债务或者提供担保之前，提存部门根据债务人的要求应当拒绝其领取提存物。

四是债权人领取提存物的权利，自提存之日起五年内不行使而消灭，提存物扣除提存费用后归国家所有。但是，债权人未履行对债务人的到期债务，或者债权人向提存部门书面表示放弃领取提存物权利的，债务人负担提存费用后有权取回提存物。

5. 免除

免除是债权人抛弃债权的单方面意思表示，债权人作出明确的意思表示后，债务人的债务便在免除的范围内消灭。债权人免除债务人部分或者全部债务的，债权债务部分或者全部终止，但是债务人在合理期限内拒绝的除外。

6. 混同

混同就是合同债权和债务同归于一人而使合同归于消灭的现象。债权和债务同归于一人的，债权债务终止，但是损害第三人利益的除外。

任务案例五：

甲公司与乙公司订立了一份购销A产品的合同，作为供货商的甲公司按约定应于12月7日交货。但在10月28日，甲公司发电报给乙公司，声称自己将不履行合同。于是乙公司于11月5日向法院提出诉讼，要求甲公司承担违约责任。

请问：在合同履行期限还没有到来之前，乙公司能否将甲公司告上法院？为什么？

任务案例六：

甲与乙订立了一个买卖合同，合同中约定了一方当事人违约时需向对方当事人交付2万元违约金，同时还约定了定金，合同订立后由甲向乙交付 2 万元定金。之后，乙未履行合同。

请问：甲选择定金责任，他能要求乙给付多少？如果其选择违约金责任呢？如果合同约定的定金是 1 万元，甲选择哪种责任对自己有利？

任务案例七：

甲向乙订购了 1 万件 A 产品，合同约定于 6 月 18 日交货，价格为 15 元 / 件。合同履行期到来时，乙并未向甲履行交货义务。甲由于不急着用这批货，因此也未对此作任何处理。到了 8 月初时，甲才想到去市场上补这批货，但市场价格已上升至 18 元 / 件。不过如果甲在 6 月底 7 月初去补货的话，其市场价格为 16 元 / 件。

请问：乙应赔偿甲的损失是多少？为什么？

任务案例八：

甲委托乙于9月12日出售其拥有的股票（甲买进该股票的价格为9元/股），但乙未在9月12日出售甲的股票，而于9月18日才出售。9月12日该股票的价格为19元/股，而9月18日该股票为16元/股。

请问：乙应赔偿甲的损失为多少？为什么？

知识链接（二）

二、违约责任

（一）违约责任的概念与构成要件

违约责任是指合同当事人违反合同义务依法所应承担的民事责任。

我国《民法典》规定的违约责任的构成要件根据违约责任承担形式的不同而有不同的要求：①违约金责任的构成要件，要求有违约行为且其非由不可抗力所致；②继续履行的构成要件有违约方不履行合同、违约方能履行、对方当事人要求履行；③赔偿损失的构成要件有有违约行为、造成损害、违约行为非由不可抗力所致、违约行为与损害之间有因果关系。

（二）违约形态

> 【资料卡】
>
> 预期违约与实际违约的最大区别在于：预期违约是在合同履行期到来之前就出现了，因此非违约方不需等到履行期到来后再采取违约救济措施，而是可以立即采取；而实际违约是在合同履行期到来之后才出现的，违约救济措施也只能在实际出现违约行为之后才能采取。

（1）实际违约，即在合同履行期到来时未能按约定履行，包括有能力履行却不履行的拒不履行形式、超过合同期的迟延履行形式和履行不符合约定的不适当履行形式。

（2）预期违约，即在合同履行期届满之前发生，当事人明确表示或以自己的行为表明将不履行合同的义务的情形。由于预期违约是在履行期届满之前发生的，所以违约方根本未履行合同，在表现形式上和实际违约不同，它只能表现为拒不履行和不能履行，而不可能是迟延履行和不适当履行的形式。

（三）违约责任的承担方式

1. 请求支付

当事人一方未支付价款、报酬、租金、利息，或者不履行其他金钱债务的，对方可以请求其支付。如果对方不予支付的，当事人一方可以向有管辖权的基层人民法院申请支付令。债务人应当自收到支付令之日起十五日内清偿债务，或者向人民法院提出书面异议。债务人在前述规定的期间不提出异议又不履行支付令的，债权人可以向人民法院申请执行。

2. 继续履行

继续履行是指当事人一方不履行非金钱债务或履行非金钱债务不符合约定，对方可以要求违约方继续履行的一种违约责任承担方式。但有下列情形之一的，非违约方不能要求继续履行：

（1）法律上或事实上不能履行。如原本用于交付的世间唯一的一幅古字画被烧毁。

（2）债务的标的不适合强制履行或履行费用过高。如用于履行的某设备须专门进口，而进口该台设备的价钱远大于合同本身带来的利益，这种情况下，一般便不适合继续履行。

（3）债权人在合理期限内未要求履行。

有上述规定的三种除外情形之一，致使不能实现合同目的的，人民法院或者仲裁机构可以根据当事人的请求终止合同权利义务关系，但是不影响违约责任的承担。

3. 违约金

违约金是指由当事人约定的、当事人一旦违反合同义务便应当向非违约方支付约定数额金钱的一种违约责任承担方式。违约金责任是一种约定责任，没有约定不会产生这一责任。

当事人可以约定一方违约时应当根据违约情况向对方支付一定数额的违约金。如果当事人约定的违约金低于因一方违约而给其他当事人造成的损失的，人民法院或者仲裁机构可以根据当事人的请求予以增加；如果约定的违约金过分高于所造成的损失的，人民法院或者仲裁机构可以根据当事人的请求予以适当减少。

当事人就迟延履行约定违约金的，违约方支付违约金后，还应当继续履行。

当事人既约定违约金责任，又约定定金的，一方违约时，对方可以选择适用违约金或定金责任。

4. 赔偿损失

赔偿损失是指违反合同义务的当事人对于因自己违反合同义务给对方所造成的损失，以支付金钱的方式来予以补偿的一种违约责任承担方式。其是承担违约责任最常见的方式，既可以单独适用，也可以和其他违约责任（除违约金责任外）合并适用。

根据我国《民法典》的规定，赔偿损失责任是一种法定责任，无须当事人在合同中事先约定，但当事人可事先在合同中约定一方违约给另一方造成损失后因违约产生的损失赔偿额的计算方法。

（1）赔偿损失的范围：①直接损失。如因一方未交付合同约定的货物，而使另一方产生的停工待料的损失。②可得利益损失。如因一方未交付合同约定的货物，致使另一方无法生产产品，并将该产品予以销售以获取利润的利润损失。

（2）确定赔偿范围有关的若干规则：①合理预见规则。即当事人一方不履行合同义务或者履行合同义务不符合约定，给对方造成损失的，损失赔偿额应当相当于因违约造成的损失，包括合同履行后可以获得的利益，但不得超过违反合同一方在订立合同时预见到或应当预见到的因违反合同可能造成的损失。②减轻损失规则。即当事人一方违约后，对方应当采取适当措施防止损失的扩大，没有采取适当措施致使损失扩大的，不得就扩大的损失要求赔偿。当事人因防止损失扩大而支出的合理费用，由违约方承担。③损益相抵规则。即非违约方由于违约方的违约行为既造成损失又获得一定利益的，应在违约方应赔偿的数额中减去其获利数额。

（3）赔偿损失的其他规定。当事人一方违约造成对方损失，对方对损失的发生有过错的，可以减少相应的损失赔偿额。

5. 采取补救措施

根据《民法典》的规定，当事人违约后非违约方可以采取的其他补救措施具体有：

（1）请求负担代履行费用。当事人一方不履行债务或者履行债务不符合约定，根据债务的性质不得强制履行的，对方可以请求其负担由第三人替代履行的费用。

（2）请求承担修理、重作、更换、退货、减少价款或者报酬等违约责任。当事人履行合同不符合约定的，应当按照合同的约定承担违约责任。对违约责任没有约定或者约定不明确，依据《民法典》第五百一十一条的规定仍不能确定的，受损害方根据标的的性质以及损失的大小，可以合理选择请求对方承担修理、重作、更换、退货、减少价款或者报酬等违约责任。

（四）违约责任的其他规定

我国《民法典》对合同履行中与违约相关的其他问题也进行了相应规范，具体规定如下：

（1）债权人无正当理由拒绝受领债务的处理。合同履行过程中债务人按照约定履行债务，债权人无正当理由拒绝受领的，债务人可以请求债权人赔偿增加的费用。在债权人受领迟延期间，债务人无须支付利息。

（2）不可抗力的法律后果。具体规定如下：一是当事人一方因不可抗力不能履行合同的，根据不可抗力的影响，部分或者全部免除责任，但是法律另有规定的除外。因不可抗力不能履行合同的，应当及时通知对方，以减轻可能给对方造成的损失，并应当在合理期限内提供证明。二是当事人迟延履行后发生不可抗力的，不免除其违约责任。

（3）当事人都违约的处理。当事人都违反合同的，应当各自承担相应的责任。

（4）当事人一方因第三人的原因造成违约的，应当依法向对方承担违约责任。当事人一方和第三人之间的纠纷，依照法律规定或者按照约定处理。

项目3 ➡ 国际货物买卖合同订立分析训练

任务1 国际货物买卖合同订立分析

任务案例一：

中国的甲公司有两个子公司：A公司与B公司，一个在美国（《联合国国际货物销售合同公约》缔约国，《联合国国际货物销售合同公约》以下简称《公约》），另一个在法国（《公约》缔约国），这两个公司就买卖位于中国境内A公司的一批货物订立了国际货物买卖合同。双方没有在合同中选择合同适用的法律。

请问：《公约》能否适用于该合同？为什么？

任务案例二：

美国甲公司在中国投资开办了一家外商独资公司乙公司，该乙公司与中国的丙公司就买卖位于越南胡志明市港口的某一轮船上属于乙公司所有的一批机电产品订立了一份国际货物买卖合同。

请问：该合同可以适用《公约》吗？为什么？

任务案例三：

《公约》缔约国A国的甲公司与非缔约国B的乙公司订立了一份货物买卖合同，双方没有选择合同适用的法律。

请问：在此情况下《公约》是否就能适用于这一国际货物买卖合同？为什么？

知识链接（一）

一、国际货物买卖法概述

（一）国际货物买卖的各国国内立法

1. 大陆法系国家的国际货物买卖立法

大陆法系国家的买卖法均采用成文法形式，但法国、日本、德国实行民商分立的原则，除在民法典中规定买卖法的内容（如《法国民法典》第三篇第六章、《德国民法典》第二篇第二章）外，在商法典的商行为中还对商事买卖作出特别规定；意大利民法典和瑞士债务法典则包括了商法的全部内容（包含买卖立法），实行典型的民商合一原则。

2. 英美法系国家的国际货物买卖立法

英美法系各国既没有民法典，也没有大陆法意义上的商法典。这些国家的买卖法由两个部分组成：一是普通法即由法院以判例形式所确定的法律原则；二是成文法，即有关货物买卖的单行法规。这方面，具有代表性的是英国的《货物买卖法》和美国的《统一商法典》。

英国货物买卖法制定于1893年，称为《1893年货物买卖法》（*Sale of Goods ACF, 1893*）是资本主义国家最早的货物买卖法，自公布以来做过多次修订，现行的是1995年生效的《1979年货物买卖法》（1995年修订本）。

美国的《统一商法典》（简称U.C.C.）实际上不能算作法典，而只是一部法律范本。它由一些民间团体起草，供各州自由采用。由于《统一商法典》能适应当代美国经济发展的要求，因此现在美国的50个州中，除保持大陆法传统的路易斯安那州部分采用之外，其他均已通过本州立法采用了《统一商法典》。这些州有关货物买卖的问题主要适用该法典的第二篇（买卖）的规定。

> 【资料卡】
>
> 美国《统一商法典》的由来
>
> 美国早在1960年就以英国1893年货物买卖法为蓝本制定了1906年统一买卖法（*Uniform Sale of Goods ACT, 1896*），该法曾被美国36个州所采用。但是随着时间的推移，这部买卖法已不能适应美国经济的发展需要。为了适应经济发展的需要，从1942年起，美国统一各州法律委员会和美国法学会着手起草一部新的《统一商法典》，到1952年，该法典正式公布。

3. 中国的国际货物买卖立法

中国法学在传统上属于大陆法，香港和澳门分别于1997年和1999年回归，作为特别行政区保留资本主义制度和法律传统。仅就中国大陆而言，目前调整国际货物买卖关系的法律主要是《中华人民共和国民法典》第三编“合同”第二分编“典型合同”中第九章“买卖合同”的规定。

（二）调整国际货物买卖关系的国际条约

1.《国际货物买卖统一法公约》和《国际货物买卖合同成立统一法公约》

1964 年由罗马国际统一私法协会编撰的《国际货物买卖统一法公约》和《国际货物买卖合同成立统一法公约》在海牙会议上正式通过。《国际货物买卖统一法公约》于 1972 年 8 月 18 日生效，批准或参加该公约的有比利时、冈比亚、联邦德国、以色列、意大利、荷兰、圣马利诺和英国八个国家；《国际货物买卖成立统一法公约》于 1972 年 8 月 23 日生效，上述八国中，除以色列外，其他国家都批准或参加了该公约。不过，上述两公约由于主要采用了大陆法系的一些基本制度，内容繁杂且概念晦涩，因此在国际上并没有被广泛接受和采用。

2.《联合国国际货物销售合同公约》

《联合国国际货物销售合同公约》由联合国国际贸易法委员会自 1968 年起经过 10 年努力于 1978 年完成起草，并于 1980 年在维也纳会议上正式通过，1988 年 1 月 1 日起生效。我国于 1986 年 12 月 11 日向联合国秘书长提交了核准书，该公约于 1988 年 1 月 1 日起对我国生效。

（1）《公约》适用范围。公约只适用于国际性的货物买卖合同。其适用范围的具体规定有：①对人的适用范围。营业地处在不同国家的当事人之间订立的货物销售合同才能适用公约。这又分为几种情况：一是国际货物买卖合同当事人营业地所在国都是《公约》的缔约国，则《公约》可以适用于该国际货物买卖合同；二是国际货物买卖合同当事人中有一方当事人营业地所在国不是《公约》的缔约国，但根据冲突规范最终导致适用某一《公约》缔约国的法律，则《公约》也可以适用于该国际货物买卖合同；三是国际货物买卖合同当事人营业地所在国都不是《公约》的缔约国，但根据冲突规范最终导致适用某一《公约》缔约国的法律，则《公约》也可以适用于该国际货物买卖合同。我国加入《公约》时对上述第二、三种情况作了保留，即我国只承认第一种情况可适用《公约》。②对事的适用范围。《公约》只适用于国际货物的买卖。对此，《公约》采取排除法进行了规定，即下列买卖不适用《公约》：一是股票、债券、货币和其他投资证券的交易；二是船舶、飞机、气垫船的买卖；三是电力的买卖；四是卖方的主要义务是提供劳务或其他服务的买卖；五是供私人、家人或家庭使用的货物的买卖；六是由拍卖方式进行的销售；七是根据法律执行令状或其他令状的销售。

> 【想一想】
>
> 中国某一企业与另一公约缔约国企业订立的国际货物买卖合同是否必须适用《公约》的规定？

（2）《公约》的其他规定：①《公约》不涉及的问题。就国际货物买卖合同而言，《公约》仅适用于合同的订立和确定买卖双方的权利义务，而不涉及合同的效力、合同对货物所有权的影响、货物对人身造成损害的产品责任等问题。②《公约》对合同形式的规定。在合同形式方面，《公约》规定国际货物买卖合同不一定要以书面形式订立或以书面来证明，在形式方面不受任何其他条件的限制。我国在加入《公约》时，对此作出保留，即订立国际货物买卖合同一定要采用书面形式。③《公约》的适用选择问题。《公约》第六条规定，当事人可以排除公约的适用，也可以删减或改变公约任何规定的效力，所以其适用不具有强制性，但排除其的适用必以当事人的明示为前提。如果当事人在合同中没有明确表示不适用《公约》，则符合《公约》适用范围的合同自动适用《公约》的相关规定。这与国际贸易术语等一些商业惯例有所区别，因为国际商业惯例只有在当事人明确采用时才产生法律约束力。

（三）调整国际货物买卖关系的国际贸易惯例

国际贸易惯例是在国际贸易长期实践中形成并被普遍接受和遵循的习惯性行为规范。其主要有以下几种：

1.《国际贸易术语解释通则》

这是由国际商会制定的，自 1935 年制定至今经历了多次修改，有多个版本，由于其是由当事人选择适用的，因此当事人在选择适用此通则时既可以选择最新的版本（即 2020 版）适用，也可以选择以前的版本（如：2010 版、2000 版，甚至 1990 版）适用。目前世界上最新的版本是 2020 年修改的有关国际贸易术语解释的国际惯例，该通则与 2010 版相比，主要变化在以下几个方面：一是将 2010 版中的 DAT（Delivered at Terminal，由卖方在指定港口或目的地运输终端，如火车站、航站楼、码头，将货物卸下完成交货）改为 DPU（Delivered at Place Unloaded，由卖方将货物交付至买方所在地可以卸货的任何地方，而不必须是在运输终端，但要负责卸货，承担卸货费）。二是 2020 年通则对 CIF 和 CIP 中的保险条款分别进行了规定，CIF 术语下，卖方只需要承担运输最低险（平安险），但是买卖双方可以规定较高的保额；而 CIP 术语下，如果没有特别约定，卖方需要承担最高险（一切险减除外责任），相应的保费也会更高。三是 FCA 术语下附加已装船提单。即在 FCA 术语下，买卖双方可以约定，买方可指示其承运人在货物装运后向卖方签发已装船提单，然后卖方有义务向买方提交该提单。四是在 FCA、DAP、DPU 和 DDP 中，有卖方或买方选择自己的运输工具运输的相关条款。2010 版都是假定在从卖方运往买方的过程中货物是由第三方承运人负责的；2020 版则卖方或买方既可以委托第三方承运，也可以自运。五是安保费用。即在运输义务和费用中列入与安全有关的要求即将安保费用纳入运输费用，谁承担运输费用，谁承担运输中的安保费用。本通则在国际上已经得到广泛的承认和采用，是国际货物买卖重要的贸易惯例。

2.《华沙—牛津规则》

该规则是由国际法协会在波兰华沙举行会议制定的，经 1932 年牛津会议第三次修订为《1932 年华沙—牛津规则》，其仅对“成本加运费、保险费合同（CIF）”术语中买卖双方所承担的责任、费用与风险做了详细的规定。

3.《美国对外贸易定义修正本》

这是美国对外贸易协会修订发行的，对美国对外贸易中经常使用的贸易术语做了解释。其对 FOB 术语的解释与国际商贸活动中的一般做法有很大不同。美国的这项对外贸易定义，在南北美洲各国有较大的影响。

任务案例四：

德国的 A 先生自吸毒之后，整个人都变了，于是 A 先生的妻子向当地法院申请，由法院宣告其为禁治产人。后来，A 先生为了筹集毒资，将自己的一只劳力士手表偷了出来，低价卖给了 B 先生，B 先生购买时不知其为禁治产人。A 先生妻子得知后，要求 B 先生返还。B 先生不同意。

请问：B 先生需不需要返还？为什么？

任务案例五：

美国人约翰 17 岁时与自由飞翔运动公司订立了一份由该公司向其提供跳伞服务的合同。约翰成年后 10 个月时，在一次飞行中因飞机失事而受伤，因此其起诉公司，认为公司存在疏忽，要求赔偿。但公司引用合同中的免责条款，主张自己对此伤害不负责任。约翰则认为订立合同时自己未成年，所以合同无效。

请问：该合同是否无效？为什么？

任务案例六：

美国人路西愿以5万美元的价格购买泽默夫妇的一个名为“富古森”的农场，泽默先生同意了，两人还订了一份协议。“我们同意将富古森农场卖给路西，价格5万美元，所有权归买方。”路西提出要给付5美元定金，但泽默未同意。事后，泽默反悔了，声称当时自己喝醉了，所订协议只是开个玩笑。后法院查明，订约时双方确实喝了酒，但订约之后，是泽默开车将路西送回了家。

请问：该合同能否撤销？为什么？

任务案例七：

某国规定成年的年龄为21周岁，该国甲公司董事长委托其20岁的儿子B先生到中国商务考察，临行前董事长的秘书为B先生准备了行李。B先生在中国考察期间，对中国乙公司生产的产品十分感兴趣，非常想与其订立合同，恰好B先生行李内有事先准备好盖了甲公司章的空白合同书，于是B先生就与乙公司订立了购销合同，但未对合同适用的法律进行选择。后B先生回国后，甲公司董事会认为该合同对甲公司不利，于是向乙公司提出因B先生为未成年人，所以其主张合同无效。

请问：合同是否有效？为什么？

知识链接（二）

二、当事人的缔约资格

（一）对自然人缔约能力的规定

1. 大陆法系国家的规定

对于自然人的缔约能力，大陆法系国家都对未成年人和精神病患者作了限制性规定。下面以德国和法国的规定为例。

（1）德国法的规定。其民法典规定对未满7岁的儿童、因精神错乱不能自主决定意志者、禁治产者因无行为能力，所订合同无效。其中，禁治产是指成年人因痴愚、疯癫或心神丧失，不能处理自己的事务，经本人或其亲属请求，法院宣告其丧失行为能力，禁止其处理自己的财产。

（2）法国法的规定。法国也有类似于德国的规定。此外，法国民法典中还有解除亲权的制度：一是不到21岁的未成年人因结婚而解除亲权，成为民事行为能力人；二是不满16岁的未成年人虽未结婚，也可由父母监护法官宣告解除亲权，成为民事行为能力人，但不得从事商业活动。

2. 英美法系国家的规定

英美法没有禁治产和解除亲权制度，但其直接规定了未成年人、精神病人和酗酒者的缔约能力。

（1）未成年人订立的合同。美国大多数州规定未满18周岁的为未成年人，缺乏缔约能力。但存在以下两种情况时，其所订合同有效：①未成年人为了获得生活必需品而订立的合同；②未成年人在未成年时订立的合同，在成年后追认，或在成年后的合理时间内未撤销合同的。

除此以外，未成年人订立的合同是可撤销的，撤销权只有未成年人享有。如果合同已经履行的，成年人应将因合同履行而取得的财物返还，而未成年人因合同取得的财产一般也应返还，但有些州却不是强制性的，即如果财物已经灭失，则不需返还。

英国法规定的成年年龄也是 18 周岁。未成年人订立的合同其效力与美国法的规定基本相同：①属受让必需品和为未成年人利益而订立的教育合同有效；②对其具有延续性或永久性利益，并对其产生延续性责任的合同，在未成年期间和成年后的合理期间，其有权撤销。

（2）精神病人与酗酒者订立的合同。英国法和美国法对此的规定基本相同，具体规定如下：①精神病人或智力不健全的人所订的合同一律无效；②一时害了精神病的人，一旦神经恢复正常，可以追认或否认其以前订立的合同，但是在订约时，对方对其为精神病人不知情，且未占智力不健全者便宜的，就不得否认合同；③智力不健全者或酗酒者就必需品订立的合同有效；④因喝醉而无法理解交易性质的人应与精神病人同等对待；⑤酗酒者醉酒时订立的合同，待酒醒后，其可以追认一个未履行的合同，或否认一个已履行的合同，但对方不知其醉酒且醉酒者已无法返还从合同履行中取得的财物时，不得否认这一合同。

3. 我国的规定

具体可见本模块“项目 1　合同订立分析训练”中的相关内容。

（二）对法人与其他组织缔约能力的规定

对于法人与其他组织缔约能力的问题，大陆法系国家、英美法系国家和我国对此的规定没有本质的区别。

此外，外国当事人在我国境内与我国主体所订立合同的缔约能力问题，如果合同未对所适用的法律有所选择的，我国法院一般采用行为地法来解决当事人的行为能力问题，即外国当事人如果依其本国法为缺乏缔约能力人，但依缔约地法为有行为能力人的，则适用缔约地法。

任务案例八：

美国的甲先生向本国的乙先生发出这样的一个意思表示：“出售 A2000 型汽车，价格 7500 美元；若需带空调，则价格为 8500 美元。”

请问：该意思表示是否是要约？为什么？

任务案例九：

美国 A 先生欠 B 先生 1000 美元，已到期但无力偿还，B 准备起诉，A 请求 B 不要起诉，给他 3 个月的宽限期，为此他将另外付 100 美元给 B。B 同意，后 B 未遵守允诺，仍然提起诉讼。

请问：B 先生的行为是否是违约行为？为什么？

任务案例十：

美国籍的某轮船在远洋航行途中有两名船员逃跑，船长向其他船员允诺，只要大家努力将船开到目的地港，他就把两名逃跑船员的工资分给大家。但到达目的地后，船长拒绝兑现诺言，船员起诉。

请问：法院会支持谁的主张？为什么？

任务案例十一：

A 不小心跌下悬崖，两手抓住一根救命的树枝。他请求附近的 B 救他。B 说：“你答应付我 5000 美元，我才救你。”A 答应了。B 救了 A。

请问：根据英美法系国家的法律规定，A 与 B 之间的合同有效吗？为什么？

任务案例十二：

面包店店主 A 先生为了获得特许经营权与某连锁超市代表商谈了两年多，该代表承诺给

A先生特许权。刚开始时A先生有1.8万美元，后来为了开连锁店，听从超市代表的建议卖掉了面包店，开了一家杂货店，后又在另一街区租了店面。但后来超市代表称开店得要2.4万美元，A先生筹足了后，对方又说要2.6万美元，A先生又想法筹足后，对方又说要3.4万美元。A先生非常生气，拒绝投资并起诉，要求超市承担违约责任。超市认为其对A先生的允诺无对价，因此不需要承担违约责任。

请问：根据美国法律的规定，超市是否应承担违约责任？为什么？

知识链接（三）

三、国际货物买卖合同的订立

与国内合同的成立相同，国际货物买卖合同的成立也需经过要约和承诺才能完成。世界各国对于国际货物买卖合同订立过程中要约与承诺的规定以及《公约》对此的规定基本上都是一致的，只是在有些方面有所不同，因此下面仅对不同之处加以阐述。

（一）要约与承诺

1. 要约

《公约》规定的要约，其构成要件除了有我国《民法典》中所应有的“内容具体明确及表明经受要约人承诺要约人即受自己意思表示的约束”这两个条件外，还要求：要约必须向一个或一个以上特定的人发出。

英美法系对要约的特别规定：①要约中包含有选择条款，把选择权留给受要约人并不影响要约的确定性；②要约可以撤销，除非要约有对价或采用签字蜡封形式。

大陆法系国家对要约的特别规定：①日本、德国法规定要约对受要约人在下列情况下有约束力，即商人对于惯常客户的要约，如在其营业范围内，该客户应发出承诺与否的通知，怠于通知则视为承诺；②德国法规定要约人原则上不得撤销要约，除非要约中有注明不受拘束的词句，但如果注明这一点，则该意思表示就不是要约，而是要约邀请。

> 【资料卡】
>
> 悬赏广告是指发布人声明对于完成特定行为的人将给予一定报酬的广告。其发布人为要约人，完成特定行为的人为承诺人，其行为一旦完成，合同就成立。各国通常都认可其要约效力。

2. 承诺

各国对承诺规定的不同主要体现在邮寄承诺生效时间的确定上，承诺主要有两种生效方式：

（1）到达生效。这是我国《民法典》《公约》及一些大陆法系国家（如德国）普遍采用的一种制度。

（2）投邮生效。即在以邮寄信函方式承诺时，承诺一经投邮立即生效，即使表示承诺的信函在传递过程中灭失，也不影响合同的成立。英美法系国家与大陆法系中的法国（虽无明文规定，但在司法实践中推定适用）、日本（其民法典规定异地承诺实行投邮生效原则）采用这种承诺生效制度。

采用承诺投邮生效制度的国家不认可承诺的撤回；采用到达生效制度的，则认可承诺的撤回。

> 【资料卡】
>
> 镜像规则
>
> 英美法系对承诺进行规范的镜像规则要求承诺应像照镜子一样照出要约的内容。但在其司法实践中已对这一规则进行了修改，其具体做法已与我国《民法典》的规定大体相仿。

（二）对价与约因

1. 对价

对价是英美法系国家合同法律中一项特有的制度，它是合同的要素之一，一般而言，合同无对价则无效。对价是指一方为取得合同权利而向另一方支付的“代价”，这种“代价”可以是使另一方获得某种利益、利润或好处，也可以是使一方放弃某种权利、承担某种义务或承受某种损失。

对价使用的具体规则：

（1）对价应合法。如英国曾在1860年皮尔斯诉布鲁克斯案中，判决马车制造商卖给妓女的马车因后者从事不道德职业而无效，原告无权收回被告的欠款。

（2）对价应充足，而不必相称。如A把自己价值2万美元的画以2000美元的价格卖给B，对双方来讲，其对价是充足的，却是不相称的，但合同是有效的。

（3）空洞的允诺不能构成对价。如A欲以2000美元的价格卖给B一辆车，B说：“可以，等我决定买时就按这个价格付钱给你。”看起来，B对A作了允诺，而且似乎还有对价，但由于其允诺是空洞的，因此两者之间不构成合同。

（4）履行或允诺履行已存在的或法定义务不能构成对价。如某人家中失窃后贴出悬赏广告，后该地警局中的某警察抓获罪犯，该警察也不能因此而获得悬赏的赏金，因为抓捕罪犯是其法定义务。

（5）过去的对价不能构成现在合同的对价。过去的对价是指在允诺作出之前已提供的对价。如某人外出旅行期间，风毁其屋，邻人为其修好。此人回来后表示要偿付邻人的花费。在此，邻人为其修屋是过去对价，此人的允诺不具有约束力，因此不能强制履行。

（6）爱、感情和道德义务不能构成对价。如祖父向孙子允诺为其支付下学期的学费，后该祖父未能兑现诺言，其孙无法要求强制履行。因为祖父允诺的对价是孙子对他的爱，而爱不能构成对价。

（7）偿债协议与和解也需要有对价。如A欠B 1万美元,A提出他愿付8000美元了结此事，B同意。但在A付了8000美元之后,B又向A追索剩余的2000美元。此时,B的主张应当支持。因为A减免债务的要求无对价。

对价要求的例外：

（1）允诺的禁止反悔。即允诺人做出允诺时知道或应当知道受允诺人会对其允诺产生信赖并采取某种实质性的行为，而事实上也确实引起了这种结果，那么即使缺乏对价，允诺人亦应受其允诺的约束。

（2）慈善捐赠。

（3）允诺偿还已过诉讼时效的债务或已因破产而解除的债务。

（4）签字蜡封合同。

2. 约因

法国民法典对约因有专门规定，其主要含义有：①当事人订立合同的理由或其所追求的最直接目的；②当事人通过合同所企图达到的最终目的。法国民法典规定，凡是无约因、基于错误约因或不法约因的债无效。

不过，德国、日本、瑞士等同属大陆法系国家的民事法律中并无约因的规定。

任务2 国际货物买卖合同当事人的权利义务分析

任务案例一：

英国的甲公司向B国的乙公司（外贸公司）采购一批商品，甲公司使用了高技术性的规格描述了其所需要的产品，乙公司为其寻找到了商品并交付给了它，但甲公司发现该商品虽然技术规格都对，但与自己的机器不匹配，无法使用。于是甲公司要求乙公司承担所交货物与合同不符的违约责任。

请问：依据英国货物买卖法，乙公司是否要承担所交货物与合同不符的违约责任？为什么？

任务案例二：

A国的甲公司出售一批空调给美国的乙公司，合同中卖方用黑体大字突出了“含有各种残损”的文字，后乙公司员工在搬动该空调过程中，一台空调主机内的氟利昂发生爆炸，把该名员工炸伤了。

请问：根据美国《统一商法典》的规定，甲公司是否应承担这一事故的法律责任？为什么？

任务案例三：

A国的甲公司将一批机电设备出售给B国的乙公司，合同约定卖方对其提交的机电设备的质保期为一年，采用FOB交货方式，产品于2016年7月4日交付给了承运人，2017年5月乙公司在使用过程中设备出现了一些质量上的小问题。

请问：根据《公约》的规定，甲公司要不要对质量问题负责？为什么？

任务案例四：

A国的甲公司将一批货物出售给B国的乙公司，货物交付后没多久，C国的丙公司对这批货物提出了留置权的要求，后经法院审理丙公司败诉。但乙公司认为自己为参与诉讼产生了一笔不小的费用，因此要求甲公司承担赔偿责任。

请问：根据《公约》的规定，甲公司是否应承担权利担保义务的法律责任？为什么？

任务案例五：

A国甲公司将一批货物出售给B国乙公司，订约时甲公司知道乙公司购买这批货物的目的是用于生产自己的产品。但甲公司将这批货物交付给乙公司之后没多久，该货物的国际市场价格大幅上涨，于是乙公司就将货物卖给了C国的丙公司。对此C国丁公司对货物提出了专利权争议，乙公司也及时地通知了甲公司。

请问：根据《公约》的规定，甲公司是否应承担权利担保义务的法律责任？为什么？

知识链接（一）

一、卖方的义务

根据《公约》的规定，卖方的义务主要包括以下三项：①交付货物；②移交一切与货物有关的单据；③把货物的所有权转移于买方。

（一）交货的时间与地点

如果合同对交货的时间与地点作了规定，卖方应按照合同交付货物；如果没有规定则应按合同应适用的法律办理。以下介绍两大法系及《公约》在合同对此没有约定且适用其法律时的规定。

1. 大陆法系

其规定如下：

（1）交货地点：合同所交付的标的物是特定物的，根据法国、日本及瑞士法的规定，应于订约时该标的物的所在地交货；标的物为非特定物的，根据法国、德国及瑞士相关法律的规定，应于卖方营业所所在地交货，但根据日本法，应于买方营业地交货。

（2）交货时间：买卖双方可随时要求对方履行和向对方履行，但履行前应通知对方并给对方必要的准备时间。

2. 英美法系

其规定如下：

（1）交货地点：一般应在卖方营业地交货；如果标的物是特定物，并且双方订约时已知道其在某地方的，则应在该地交货。

（2）交货时间：卖方应在合理的时间内交货；买方授权或要求卖方运交的，则在卖方将货物交付给承运人时推定已向买方交付。

以上阐述的是英国货物买卖法的规定，美国《统一商法典》的规定与此大体相同。

3.《公约》的规定

（1）交货地点：合同涉及运输的，当卖方将货物特定化之后，货交第一承运人时视为其已向买方交货；合同不涉及运输，出售的货物是特定物或是从某批特定的存货中提取的货物或是尚待加工生产、制造的未经特定化的货物，且双方订约时已知道其存放地点或其生产、制造地点的，卖方应在该地交货；除以上情况，卖方应在其订约时的营业地交货。

当合同涉及运输时，卖方将货物特定化的方式主要有两种：①在货物上标明买方的姓名和地址；②在提单上标明买方为收货人或载明货物运到目的地时应通知某一买方。当卖方按合同约定应负责运输和保险时，其应做好相应的工作；不需其负责时，其应将相应单据等资料提供给买方。

（2）交货时间：卖方应在订约后的合理时间内交货。

> 【资料卡】
>
> 《公约》第三十四条规定：如果卖方在合同规定的时间之前移交了有关单据的，他可以在合同约定的时间届满前纠正单据中任何不符合合同的情形，但是此权利的行使不得使买方遭受不合理的不便或承担不合理的开支，而且买方保留《公约》所规定的请求损害赔偿的权利。

（二）提交有关货物的单据

国际货物贸易主要是单据单证的贸易往来，卖方更多的用交付单据来代替实际的货物交付。根据《公约》的规定：卖方有义务按照合同规定的时间、地点和方式移交这些单据。卖方移交的单据主要包括但不限于提单、保险单、商业发票、原产地证书、检验证书等。有时还可能包括领事发票、重量证书或品质检验证书等。

（三）对货物的品质担保义务

如果合同对货物的品质与规格已有具体规定，卖方应按照合同规定的品质、规格交付货物；如果没有规定则应按合同应适用的法律办理。以下介绍两大法系及《公约》在合同对此没有约定且适用其法律时的规定。

1. 大陆法系

其将这一义务称为对货物的瑕疵担保义务，即卖方应保证其所出售的货物没有瑕疵。德国民法典规定：卖方应向买方保证货物在风险转移时不存在失去或减少其通常用途或合同规定的使用价值的瑕疵，应具有其所担保的品质。卖方对此的免责条件有两个：①买方在订约时已知货物有瑕疵的；②货物是根据质权以公开拍卖的方式出售的。

2. 英美法系

（1）英国货物买卖法的规定：①卖方在营业中出售货物，其默示的担保条件是提供的货物应具有商销品质。但如果有下列情形之一，货物可不具有商销品质：一是有关货物的各种缺陷在订约之前已特别提醒买方注意；二是买方在订约之前已对货物进行过检验，而货物存在的缺陷经过检验是应当能够发现的。②卖方在营业中出售货物，买方明示或默示地让卖方知道其所购货物用于某种特定用途，则卖方提供的货物应合理地适合于这种特定用途。但如果情况表明买方并不信赖也没有理由信赖卖方的技能和判断力时，卖方则不需要承担这一默示担保义务。③货物应按通用方式装入容器或包装，没有通用方式的，应以足以保证货物安全的方式装入容器或包装。

（2）美国《统一商法典》的规定：美国将卖方对货物的品质担保分为明示担保和默示担保。前者可以通过卖方对货物在事实方面所作的确认或许诺、说明、货物样品或模型等方式体现，实质是双方在合同中已对货物品质有了明确规定。

默示担保则主要有：①商品适销性的默示担保。具体规定有：合同项下的货物都能无异议地通过检查；货物是种类物的，应具有平均良好品质；货物应适合于该商品的一般用途；每一单货物在品种、品质、数量方面都应当相同，除非合同另有规定的；在合同有要求时，应将货物适当地装入容器，加上包装或标签；如果货物有包装和标签的，其品质应与容器或标签上的许诺一致。②适合特定用途的默示担保。此规定与英国货物买卖法规定中的第二点相同。

美国《统一商法典》规定卖方要排除默示担保义务（不得排除产品责任）时，具体做法可有：①在合同中卖方使用了“依现状”“含有各种残损”或其他能引起买方注意的措辞；②买方在订约前已检验过货物或其拒绝检验，而货物缺陷通过检验应当可以发现的；③按当事人间过去的交易习惯、履约做法或行业惯例可以排除的。

3.《公约》的规定

（1）货物应适用于同一规格货品通常使用的用途。

（2）货物应适用于订立合同时买方曾明示或默示通知卖方的任何特定用途，除非情况表明买方并不依赖卖方的技能和判断力，或这种依赖对卖方来说是不合理的。

（3）货物的质量应与卖方向买方提供的货物样品或样式相同。

（4）货物应按同类货物通用方式装入容器或包装，如无通用方式的，则应按足以保全和保护货物的方式装入容器或包装。

《公约》还规定，货物风险转移之后其发生腐烂、变质、生锈等情况以至于与合同不符，卖方不承担责任；但如果货物发生上述缺陷的原因在风险转移之前就存在，卖方则不能因此而解除品质担保义务。如果合同还另外约定了卖方提供货物在一定期间内适用于其通常用途或特定用途的保证，且该期限一直延伸至货物风险转移之后的，则在该保证期内卖方应承担货物的品质担保义务。

（四）对货物的权利担保义务

1. 卖方对货物的权利担保义务

主要包括以下三个方面：

（1）卖方保证对其出售的货物享有合法的权利。

（2）卖方保证在其出售的货物上不存在任何未曾向买方透露的担保物权，如抵押权、留置权等。

（3）卖方应保证其所出售的货物没有侵犯他人的权利，包括商标权、专利权等。

【资料卡】

英国货物买卖法规定：如果合同表明，卖方所能转移给买方的是其对货物所拥有的一部分权利，或表明某个第三人对货物享有某种权利，则其应保证凡是他知道而买方并不知道的有关货物的一切负担或债务，已于订约前告知买方。

2.《公约》对卖方承担权利担保义务的规定

根据各国法律规定，卖方的权利担保义务是其的一项法定义务，因此即使合同没有规定，卖方也必须承担这一责任。另外，世界各国对这一问题的规定也大体相同，这里主要介绍《公约》的规定：

（1）卖方所交付的货物必须是第三方不能提出任何权利或请求的货物，除非买方同意在受制于这种权利或请求的条件下收取这项货物。

（2）卖方所交付的货物必须是第三方不能根据工业产权或其他知识产权提出任何权利或请求的货物。具体规定如下：①卖方在订立合同时已经知道或不可能不知道第三方对其货物会提出工业产权方面的权利或请示的，应对买方承担责任；②卖方在订约时已知买方打算将该项货物转售到某一国家，则卖方对于第三方依据该国法律（如专利法、商标法、版权法等）所提出的有关工业产权或知识产权的权利请求，应对买方负责；③卖方对第三方根据买方营业地所在国法律所提出的有关侵犯工业产权或知识产权的要求，应对买方负责。

3. 卖方不须承担权利担保义务的情况

买方在知道或理应知道第三方对货物的权利或请求后，应在合理时间内通知卖方，否则丧失要求卖方承担权利担保义务的责任，除非买方未及时通知有合理的理由。

同时，在下列两种情况下，卖方不须承担权利担保义务的责任：①买方在订约时已经知道或不可能不知道第三方会对货物提出侵犯工业产权或知识产权的权利或请求的；②第三方所提出的有关侵权工业产权或知识产权的权利或请求，是由于卖方根据买方提供的技术图纸、图案或其他规格为其制造的产品而引起的。

任务案例六：

A 国的甲公司向 B 国的乙公司出售一批产品，双方约定的贸易术语是 CIF，采用信用证付款方式。

请问：根据《公约》的规定，乙公司在收到货物进行检验之前能否拒绝付款？为什么？

任务案例七：

美国的甲公司向 B 国的乙公司购买一批产品，采用的是 FOB 贸易术语、信用证付款方式，在收到货物之前（或也可以说是在收到货物单据之前），甲公司就付了钱。合同没有对接受货物有其他的约定。

请问：根据英美法系国家对接受货物的规定，甲公司付款的行为是否就意味着接受了货物？为什么？

任务案例八：

甲国的A公司与美国的B公司进行X货物的国际买卖，为此订立了买卖合同。货物于约定期限运抵目的地港后，B公司因事务繁忙，直到15天后才将这批货物匆匆卖给乙国的C公司，后C公司因这批货物的质量问题向B公司提出了异议。B公司遂要求追究A公司的责任。

请问：如果根据美国法的规定，B公司能否追究A公司交付的这些货物的产品质量责任？为什么？

知识链接（二）

二、买方的义务

买方的主要义务有两项：一是支付货款，二是受领货物。

（一）支付货款

如果合同对支付货款已有具体规定，买方应按照合同规定的时间、地点和方式交付款项；如果没有规定，则应按合同应适用的法律办理。以下介绍两大法系及《公约》在合同对此没有约定且适用其法律时的规定。

1. 大陆法系国家的规定

其中最具有代表性的是法国和德国民法典的规定。法国民法典规定，买方应按交付标的物的地点和时间支付价金。如果买方不支付价金，卖方有权请求解除合同。德国民法典规定，双方在订约时未规定价格而依市价确定价格的，应按清偿时清偿地的市价为准。合同未对付款地点作出规定的，买方（债务人）应在卖方（债权人）所在地付款。

2. 英美法系国家的规定

英美法系国家将卖方交付货物和买方支付货款作为对流条件，两者应同时进行，即卖方以交货换取货款，买方以付款换取货物或货物所有权凭证（在象征性交货的条件下）。

3.《公约》的规定

具体规定如下：

（1）付款地点：①在订立合同时卖方的营业地付款。如果其有一个以上营业地的，则在与合同有最密切联系的营业地付款。卖方营业地在订约后发生变更的，由此在支付方面多付的费用由卖方承担。②凭移交货物或单据支付货款的，则在移交该货物或单据的地点付款。

（2）付款时间：按交货或交单的时间付款，同时规定买方在没有机会检验货物前，无义务付款，除非这种机会与当事人议定的交货或支付程序相抵触。

（3）买方付款时应尽的其他义务：①办理必要的手续，如申请信用证或向政府申请外汇等。②合同未确定货物价格的，应确定价格。一般引用该货物在有关贸易的类似情况下销售的通常价格，如果货物按重量计价，其重量应按净重确定。

> 【想一想】
>
> 根据《公约》的规定，如果合同约定以交单代替实际交货的，则采用跟单托收方式付款，请说明买方的付款时间和地点？如果采用信用证付款方式，请说明买方的付款时间和地点？

（二）收取货物

如果合同对如何收取货物已有具体规定，买方应按照合同规定的时间、地点和方式收取货物；如果没有规定，则应按合同应适用的法律办理。以下介绍英美法系及《公约》在合同对此没有约定且适用其法律时的规定。

1. 英美法系国家的规定

英美法系国家将收到货物与接受货物加以区别，如果是接受货物，买方则丧失了拒收货物的权利；如果仅是收到货物，买方日后发现货物与合同不符，其仍可拒收货物。在国际贸易中大量存在交单付款的交易，买方在检验货物与收取货物前付款的行为，并不代表其接受货物。

【资料卡】

美国《统一商法典》规定，买方检验货物时如果货物与合同相符，检验费用由买方负责；如果货物与合同不符，则该费用由卖方负责。

其具体规定如下：

（1）其将检验货物与接受货物结合起来。卖方提交货物时，除另有约定外，买方有权要求有合理机会检验货物，凡是未检验的货物都不能被认为是已被买方接受的货物。但如果买方有机会检验货物，却不对货物进行检验，则视作其放弃了这个权利，不能再拒收货物。

（2）在有下列三种情况之一时，买方收取货物的行为被认为是接受了货物：①买方通知卖方，表明他已接受该项货物；②买方收到货物后作出任何与卖方所有权相抵触的行为，如转卖该项货物等；③买方收取货物后的一段合理时间内，未通知卖方其拒收货物的。

2.《公约》的规定

其规定的买方收货义务主要包括两项：

（1）买方应采取一切理应采取的行为，以便卖方能交付货物。

（2）买方有义务在卖方交货时接受货物。如果买方不及时提货，卖方可能要对承运人支付滞期费及其他费用，对此买方应承担责任。

项目4　国际货物买卖合同履行分析训练

任务1　国际货物买卖合同违约救济分析

任务案例一：

A 国的甲公司向 B 国的乙公司购买一批产品，乙公司与甲公司订约时，得知这批产品是甲公司用于生产其产品的半成品。合同订立后没多久，A 国国内乙公司提供的这种产品的价格急骤上涨，因此合同到期乙公司将其产品交付后，甲公司就直接将其卖给了本国的丙公司，但由于丙公司产品质量要求更高，其无法正常使用这种产品。甲公司向丙公司承担违约责任同时，即以乙公司剥夺了其期待得到的利益构成根本违约为由，要求乙公司承担相应的违约责任。

请问：根据《公约》，乙公司的行为是不是根本违约？为什么？

任务案例二：

德国人甲与德国人乙订立一份买卖 A 产品的合同，合同到期后卖方甲有能力履行合同，但是其没有按期履行，乙进行了催告，但甲看到 A 产品价格上涨，于是决定不履行合同义务了。

请问：根据德国法，甲的行为属于哪一种违约形态？为什么？

任务案例三：

美国的甲商店向某圣诞卡生产企业订购了一批圣诞卡，约定圣诞节前三天到货，但圣诞卡生产企业到了圣诞节后的第三天才到货。

请问：根据美国法，该圣诞卡生产企业的违约行为是什么违约行为？为什么？

知识链接（一）

在国际货物买卖合同履行过程中，往往会出现卖方不交货、迟延交货，买方不付款、迟延付款等违约行为。各国国内法都对违约行为规定了种种救济措施，如非违约方可要求对方强制履行、支付违约金、交付替代货物等，《公约》对此同样有明确的违约救济方法的规定，以下主要阐述《公约》的有关规定。

一、违约形态

（一）《公约》对违约形态的规定

1. 根本违约

根本违约是指一方当事人违反合同的结果使另一方当事人蒙受损失，以至于实际上剥夺了其根据合同有权期待得到的利益，除非订立合同的一方当事人并不预知且相同的处于通情达理状况的其他当事人也没有理由预知会发生同样的结果。

2. 非根本性违约

即一方当事人违约的结果，虽使另一方当事人蒙受损失，但未剥夺其根据合同期待得到的利益。

3. 预期违约

【想一想】

《公约》对预期违约的规定与我国《民法典》对此的规定有什么不同？

《公约》具体规定了两种情形：①一方当事人履约能力或信用有严重缺陷，或在其准备履行合同或履行合同中的行为显然表明该当事人将不履行大部分重要义务；②在合同义务履行期届满之前，一方当事人明显有将根本违反合同的情况出现。

（二）大陆法系国家对违约形态的规定

1. 德国法对违约形态的规定

（1）给付不能。即债务人因某种原因而无法履行合同义务的情形，主要可分为自始不能和嗣后不能。

（2）给付迟延。即债务人没有按合同约定的期限履行合同义务的行为。对此，德国法采用过错责任原则，即对给付迟延没有过错的当事人不需承担违约责任。

（3）积极违约。即债务人虽已履行债务，但其履行有瑕疵而给债权人造成损害。

2. 法国法对违约形态的规定

（1）债务不履行。即合同债务人不履行合同约定的债务。

（2）债务迟延履行。即合同债务人未按合同约定期限履行债务。

（三）英美法系国家对违约形态的规定

1. 英国法对违约形态的规定

（1）违反要件。即违反合同主要条款的行为。一般在商事合同中与商品有关的品质、数量和交货期等条款属于合同的主要条款，而与商品无直接联系的条款为非主要条款。

（2）违反担保。即违反合同非主要条款的行为。

（3）预期违约。即当事人在履行期届满前明确表现将不履行合同义务，其表示方式可有明示（如口头或书面通知）与默示（如以将货物卖给他人的行为表明）两种。

（4）履行不可能。其与德国法中给付不能的规定基本相同。

2. 美国法对违约形态的规定

（1）重大违约。即一方违约而致使对方期望通过合同履行而获得的利益无法满足，其后果类似于英国法中的违反要件。

（2）轻微违约。即一方虽违约给对方造成损失，但对方仍能取得合同的主要利益。相当于英国法中的违反担保。

另外，还有预期违约与履行不可能与英国法的规定相同。

任务案例四：

A国甲公司向B国乙公司订购一批产品，合同到期后乙公司迟迟不履行合同义务，经甲公司催告后在甲公司给定的合理期限内仍未履行，于是甲公司解除其与乙公司订立的该合同，并要求乙公司赔偿损失。

请问：根据《公约》，在甲公司采取了解除合同这种违约救济措施之后，能否再要求乙公司赔偿损失？为什么？

任务案例五：

A请B为其修院墙，报酬为1000美元，但B未能履约，A只得通过做广告、打长途电话方式另找其他建筑商，结果找到C，C要价1200美元，为A修好了院墙。其中A请C多花了200美元，花了广告费50美元、长途电话费10美元，为了协助B修墙找助手支付了70美元，院墙没如期修好使A丢了两只鸡合计25美元，两只鸡一年生鸡蛋可带来的收入为300美元。

请问：根据英美法系的规定，A的这些损失都能要求B赔偿吗？为什么？

任务案例六：

A国甲公司向B国乙公司出售一台特大型数控机床，由于机器太大，因此合同约定采用整机拆零，然后分五批交付的方式交易。甲公司交付三批零件之后，不准备交付第四批零件了，但愿意交付第五批零件。

请问：在这种情况下，根据《公约》乙公司能否宣告整个合同无效？为什么？

知识链接（二）

二、买卖双方都可以采取救济方法

根据《公约》，若对方违约，买方或卖方都可以采取的救济方法主要有损害赔偿、中止履行合同、撤销合同及分批交货违约时的救济方法。以下以《公约》为主阐述这些救济措施。

（一）损害赔偿

1.《公约》的规定

损害赔偿是《公约》规定的一种主要的违约救济方法。当一方违约时，另一方当事人就有权要求赔偿，而且要求损害赔偿的权利，并不因其已采取其他救济方法而丧失。也就是说，当事人要求损害赔偿这一救济方法可以与其他方法一并使用。

《公约》所规定的损害赔偿责任的构成要件、责任范围、对赔偿范围的合理限制等规定与我国《民法典》关于违约责任中的赔偿损失责任的这些规定基本相同，这里不再赘述。

2. 大陆法系国家的规定

一些大陆法系国家对此的规定，与《公约》相比主要有这些区别：

（1）损害赔偿责任的归责原则上主要采用过错责任原则，而不是《公约》所采取的无过错责任原则。即违约者必须在主观上存在过错，且违约行为造成对方损失，才应对违约行为承担损害赔偿责任。

（2）德国民法典规定，债权人只能在解除合同与请求损害赔偿二者之间选择其一行使权利，而不能同时行使。《公约》则规定损害赔偿请求权可以与其他违约救济方法结合使用。

（3）德国民法典规定损害赔偿责任承担方式中，以恢复原状为主，金钱赔偿为辅；《公约》、其他大陆法系国家、我国、英美法系国家都以金钱赔偿为主，恢复原状为辅。

3. 英美法系国家的规定

英美法系规定违约救济的目的是保护非违约方的合同利益。非违约方的合同利益主要有：①期待利益，即非违约方订立合同所期望得到的利益；②信赖利益，即非违约方因相信对方会履行合同而采取某些行为导致的损失；③恢复原状利益，即非违约方因履约而给予对方的利益，在对方不履行时要求返还的权利。

如A农民向B公司购买棉花种子，但种植后发现种子是劣质品，耽误了一季的收成。因此A农民要求B公司重新交付优质种子，是期待利益；要求B公司退还购种款，是恢复原状利益；要求B公司赔偿一季收成，是信赖利益。

英美法系国家对损害赔偿范围的确定、对赔偿范围的合理限制等方面的规定与《公约》和我国《民法典》的规定也是大体相同的。

其不同之处主要是：

（1）英美法系规定一方当事人一旦违约，对方即可要求损害赔偿，无须证明对方是否有过错（这与《公约》和我国的规定相同），也无须以实际损害为前提（这与《公约》和我国的规定不同）。

（2）当违约后造成的损失难举证或难确定时，买卖双方当事人可以事先在合同中约定赔偿金，但应是合理的，不能过分高于所造成的损失。这其实与我国《民法典》规定的违约金责任类似，不过我国规定的违约金责任既有补偿性又有惩罚性（即有可能违约方给付违约金数额超过损失额），但英美法系国家的赔偿金只有补偿性。

（3）英美法系在规定赔偿范围时往往除了《公约》所指的直接损失、间接损失外还有附带损失。如上述例子中A农民的农机折旧损失就属于附带损失。

【资料卡】

在美国合同法律中，如果违约责任与侵权责任竞合（即同时并存，如出租车司机违章驾驶使顾客受伤时，该司机既违反客运合同，又侵犯顾客的人身权），则法官在判决赔偿损失时可以作出惩罚性的赔偿判决。

（二）对预期违约行为的两种救济方法

1. 中止履行合同

《公约》规定在一方当事人预期违约但并未构成根本违约时，另一方当事人有权中止合同履行。预期违约的情形已在上文阐述，但当事人采用这种救济方式时一定要通知另一方当事人，如对方提供履约的充分保证的，当事人则应继续履行。

2. 撤销合同

《公约》规定在一方当事人预期违约且构成根本违约时，另一方当事人还可以撤销合同。其具体规定如下：①在合同履行期到来之前，明显看出一方当事人将根本违反合同，另一方当事人可宣告合同无效；②如果时间许可，准备宣告合同无效的当事人必须向另一方当事人发出合理的通知，使他可以对履行义务提供充分保证；③如果另一方当事人已声明不履行其义务，则上述规定不适用。

【资料卡】

美国《统一商法典》对预期违约规定的救济方法。当违约方的预期违约行为已严重损害非违约方对合同的利益时，非违约方首先可中止自己义务的履行，其次可采取以下措施：

（1）在合同履行期到来之前继续等待对方履行；或即使是在非违约方已通知对方自己将等待对方履约或等待其纠正违约行为的情形下，非违约方仍可以采取任何违约救济措施。

（2）如果非违约方是卖方，则其仍可将货物特定化于合同项下或采取救助半成品货物的其他措施（如转售）。

如果违约方提供充分的履约保证的，则非违约方应继续履行。

（三）分批交货时的救济方法

根据《公约》的规定，在分批交货合同中，若一方当事人不履行对其中任何一批货物的义务，则构成对该批货物的根本违约，另一方当事人可采取的救济方法有：

（1）可宣告合同对该批货物无效，但不能撤销整个合同。

（2）若该当事人对该批货物的违约行为使另一方当事人有充分理由断定其对今后各批货物也将会发生根本违约行为，则另一方当事人可在一段合理时间内宣告合同今后无效，但不能否认此前已履行的各批货物的效力。

（3）若各批货物是互相依存的，不能单独用于双方当事人在缔约时所设想的目的，则买受人宣告合同对其中任何一批货物的交付为无效时，可同时宣告对已交付的和今后应交付的各批货物都无效。

任务案例七：

A国甲公司为向美国乙公司订购一批笔记本电脑而订立了买卖合同，后乙公司未按约履行自己的义务。甲公司向美国法院提起诉讼，请求其判决乙公司实际履行义务。（美国法院对种类物买卖合同一般不作实际履行的判决。）

请问：根据《公约》，甲公司能否向美国法院请求判决乙公司实际履行？为什么？

任务案例八：

米尔丝担任华纳电影公司一部关于狼的电影的技术顾问，训练一只名为“阿尔伯”的幼狼演电影。作为报酬的一部分，华纳公司答应在电影拍完后把阿尔伯送给米尔丝，但后来却拒绝履行诺言。米尔丝起诉要求判决实际履行，华纳公司表示愿意以赔偿代替。但米尔丝声称虽然其他狼经过训练也许能同阿尔伯一样驯服，但她的孩子们已在拍电影期间喜欢上了阿尔伯，因而阿尔伯是不能替代的。

请问：根据英美法系美国法的规定，法院会支持米尔丝的主张吗？为什么？

任务案例九：

A国甲公司向B国乙公司订购一批服装，合同约定交货时间为5月8日至5月12日，但到了5月12日时乙公司没有按约交付这批货物。甲公司立即发电报催其在一个星期内交付货物。5月15日乙公司发了一份传真给甲公司，要求提高价格，每套提高5美元，否则不交货。

过了一个星期后，甲公司宣告合同无效，并要求乙公司赔偿损失。

请问：根据《公约》，甲公司能不能这样做？为什么？如果甲公司宣告合同无效并要求乙公司实际履行，可不可以？为什么？

任务案例十：

A 国甲公司向 B 国乙公司订购一批服装，合同约定 35 美元 / 套。乙公司按期将服装交付给了甲公司，但甲公司发现不少服装上有污渍，遂要求减价，但乙公司表示可以帮甲公司清洗干净，但甲公司不同意，执意要减价。

请问：根据《公约》，甲公司的这一要求是否合法？为什么？

知识链接（三）

三、卖方违约时买方的救济方法

在国际货物买卖中，卖方违约时买方除了可以采取上述买卖双方均可用的违约救济方法外，《公约》和各国法律还相应规定了其可以采取的其他救济方法。以下以《公约》为主阐述这些救济方法。

（一）实际履行

实际履行是指债权人要求债务人按合同的规定履行合同或债权人向法院提出实际履行之诉，由法院判令强迫违约方具体履行合同义务的救济方法。

1.《公约》的规定

（1）卖方不履行合同义务，买方可以要求卖方履行其合同或公约中规定的义务。但买方如果已经采取了与这一要求相抵触的其他救济方法，如已宣告撤销合同，则其不能再采取这种救济方法。

【想一想】

《公约》和我国《民法典》的实际履行有哪些不同？

（2）当一方当事人要求另一方当事人履行某项义务时，法院没有义务作出判决要求具体履行此项义务，除非法院依照其本身的法律对不属于本公约范围的类似买卖合同愿意这样做。

2. 大陆法系的规定

大陆法系国家将实际履行作为一种重要的违约救济方法，如德国法认为，当债务人不履行债务时，债权人有权要求其实际履行义务。法院通常也会满足债权人的要求，只有在实际履行不可能的情况下，法院才不做实际履行判决。

3. 英美法系的规定

英美法系认为违约的救济方法主要是损害赔偿，只有在下述情形下才能由法院根据衡平法判令实际履行：当损害赔偿不足以弥补非违约方因此而受到的损失，且合同标的物具有唯一性和不可替代时，才可采用。因此实际履行是英美法系国家在例外情况下采用的、辅助性的救济方法。

（二）交付替代货物

根据《公约》的规定，买方采用这种违约救济方法须同时满足三个条件：

（1）出卖人所交货物不符合合同约定的情形相当严重，已构成根本违约。

（2）买方必须在一段合理时间内提出这种要求。

（3）买方如果不能按实际交货的原状归还货物，其就丧失了宣告合同无效或要求卖方交付替代货物的权利。

交付替代货物实际上是一种变相的实际履行。

（三）修补货物

根据《公约》的规定，如果卖方所交付的货物不符合合同规定的情况不严重，尚未构成根本违约的，买方可以要求卖方通过修理对不符合同之处做出补救。修理要求应于买方通知卖方其所交货物不符合合同时提出或在该通知发出后的一段合理时间内提出。

但如果根据具体情况要求卖方对货物进行修补的做法是不合理的，则买方不能要求卖方对货物不符合合同之处进行修理。这种情形下，买方可自行修理或请第三人修理，所支出的修理费用由卖方承担。

（四）给卖方一段合理的额外时间让其履行合同义务

1.《公约》的规定

根据《公约》的规定，卖方不按合同规定的时间履行其义务，买方可以规定一段合理的额外时间，让其在这段时间内履行。除非买方收到卖方的通知，称其将不在所规定的时间内履行义务，买方在这段时间内不得对卖方的违约行为采取其他补救方法。如果卖方未在规定的合理时间内交付货物或其已声称自己将不在上述期限内履行交货义务，则买方就有权宣告合同无效。

2. 英美法系英国法的规定

英国法对于卖方迟延交货的行为有两种处理方式：①如果迟延交货行为构成违反要件，则买方可以解除合同，并可要求损害赔偿；②如果迟延交货的行为仅构成违反担保，则买方只能要求损害赔偿，而不能解除合同。

3. 大陆法系德国法的规定

德国法则规定，卖方迟延交货的，买方应进行催告以要求其在指定的宽限期内履行，如卖方在此期限内仍未履行的，则买方可以撤销合同或请求损害赔偿。

【想一想】

德国法与《公约》对卖方迟延交货导致买方采取撤销合同、请求损害赔偿等救济措施的规定有什么不同？

（五）减价

根据《公约》的规定，卖方所交货物与合同不符的，无论买方是否已经支付货款，其均可要求减价，减价的幅度以实际交付的货物与符合合同的货物在同一时间的价值比例计算。但是如果卖方已按公约规定对任何不符合合同之处作出了补救，或买方拒绝卖方履行补救义务的，则买方不得要求减价。

（六）自费补救

根据《公约》的规定，除买方撤销合同之外，即使在合同约定的交货日期之后，卖方仍可自付费用，对任何不履行义务做出补救，但不得给买方造成不合理的不便或迟延。卖方在采取补救措施时应通知买方，买方应在收悉后的合理时间内做出答复，否则，卖方即可按其通知的内容履行其义务，而买方不得采取与此相抵触的救济方法。

（七）提前或超量交货的补救

根据《公约》的规定，卖方提前或超量交货时，买方可以拒收该提前交付部分或超量交付部分的货物。但如果该部分货物与其他约定履行部分不易分割，且未构成根本违约或按商业惯例不得不全部收下的，买方则应将其收下，但可要求损害赔偿。如果该部分货物的履行构成根本违约的，买方可拒收该整批货物，而不仅仅是提前或超量部分的货物。

任务案例十一：

A国的甲公司向B国的乙公司出售一批货物，合同约定由乙公司在订约后提供这批货物的具体规格，但在约定日期乙公司未提供，甲公司就自行确定了一个规格发给了乙公司，请求乙公司确认，乙公司收到后在15天内未做任何表示。于是甲公司就按自己定的规格向乙公司发货，乙公司收货后认为甲公司交付的货物与合同规定的规格不符，要求其承担违约责任。

请问：根据《公约》，甲公司是否应承担违约责任？为什么？

任务案例十二：

美国甲公司（卖方）与乙公司（买方）订立了一份买卖合同，后乙公司表明自己将不履行合同，此时这批货物正在生产过程中，而该产品的市场价格开始下跌，此时如果出售该半成品，还能回收合同价的70%，但甲公司决定继续生产，等其生产完成并将其归于合同项下时，市场价格已仅为原来的25%。甲公司出售产品后要求乙公司赔偿其本应取得的合同价75%的损失。

请问：根据美国法，乙公司是否要赔偿？为什么？

知识链接（四）

四、买方违约时卖方的救济方法

买方的违约行为主要有不付款、迟延付款、不接收货物、迟延接收货物。

（一）《公约》的规定

根据《公约》，卖方可采取的救济方法除前文所述双方都可采取的救济措施以外，其他如下：

（1）要求买方实际履行。其规定与卖方违约时买方采取这一救济措施的规定相同。

（2）给买方一段合理的额外时间让其履行合同义务。其规定亦与卖方违约时买方采取这一救济措施的规定相同。

（3）对于未收到货款的卖方，在不同情况下可行使以下四种权利：停止交货权、对货物的留置权、对货物的停运权、对货物的再出售权（具体与下文英美法的规定大体相同）。

（4）卖方自行确定货物规格。如果根据合同规定应由买方确定货物规格（形状、大小或其他特征），而其在议定日期或在收到卖方要求后的一段合理期限内未确定的，则卖方可自行确定，并通知买方，买方在收到通知后的一段合理期限内未另定规格的，则以卖方定的规格为准。

（5）要求支付利息。买方如果未支付价款或有其他任何拖欠金额的，卖方在收取这些金额的同时，有权要求对方支付相应利息。且卖方这一权利行使并不妨碍其要求损害赔偿的权利。

> 【资料卡】
>
> 英国货物买卖法中“未收到货款的卖方”是指：
>
> （1）全部货款尚未得到支付的卖主；
>
> （2）采用汇票及其他票据支付的，该票据虽获承兑，但由于遭到拒付或由于其他原因使原来据以承兑的条件不能实现的卖方。

（二）英美法系国家的规定

1. 英国货物买卖法的规定

买方拒收货物或拒付价金时，卖方可有两种救济方法：

（1）物权的救济方法。这是指未收到货款的卖方对货物的权利，主要有：①留置权。当货物仍由卖方占有时，不论其所有权是否已转移至买方，卖方可留置该货物，作为买方付款的担保。该权利的行使条件是：买方失去偿付能力、货物不是以赊销方式销售或虽以赊销方式销售但买方到付款期时不付款的。②停止交货权。当买方无清偿能力时，已经不再占有货物但未收到货款的卖方，对在运输过程中的货物享有停止交货的权利。卖方行使该权利的方法是：一是通过重新占有货物来行使；二是通知承运人或保管人，由其运回卖方或凭卖方指令另作处置，费用由卖方承担。③货物转售权。卖方行使留置权、停止交货权收回的货物可予以出售，其具体规定是：如果货物是易腐品或卖方在合同中保留了转售权的，其出售无须通知买方；如果不是，则须通知买方，只有在通知后的合理期限内买方仍未付清货款时，卖方才能出售货物。

（2）债权方面的救济方法。英国货物买卖法把卖方的救济方法与货物所有权是否转移于买方联系起来，具体规定如下：①如果货物所有权未转移的，买方违约时卖方只能提起损害赔偿的诉讼。②如果货物所有权已经转移，则分两种情况：一是买方无理拒收货物，卖方可提起损害赔偿之诉，也可提起支付价金之诉；二是买方接受货物后不付款的，卖方应提起支付价金之诉。但如果货物是用票据支付的，在票据付款期到期前，卖方不能提起支付价金之诉。③买方的违约行为构成预期违约，违反要件则卖方可解除合同。

2. 美国《统一商法典》的规定

卖方的救济方法主要可有：

（1）扣交货物和停止运交货物。这两种救济方法类似英国货物买卖法中规定的卖方的留置权和停止交货权。不过其与上述两种权利的区别在于，这两种权利仅适用于“买方丧失清偿能力，不支付货款”的情形，而其还适用于“买方错误地拒收货物或撤销已接受的货物、撕毁合同”等买方违约情形。

（2）停止或继续制造合同项下的货物。当买方违约时，合同项的货物尚未制造成为成品，则卖方有两个选择：①继续制造使其成为成品，将其划归合同项下，但如果继续制造会大大增加卖方损失的，则卖方无权继续制造。②停止制造，将其作为残缺品出售，再向买方请求损害赔偿。

（3）转售货物和向买方提起支付价金之诉。这两种救济方法的规定与英国法的规定相同。

（4）解除合同与损害赔偿。在买方违约构成重大违约时，卖方可解除合同。至于损害赔偿已在上文有明确阐述，这里不再赘述。

任务2　国际货物买卖合同货物所有权和风险的转移分析

任务案例一：

美国的乙公司将自己已生产好并储存在某地仓库中的一批已经与其他货物分开堆放的8万件A货物出售给甲公司，合同约定甲公司自行到仓库取货，但未约定取货日期。

请问：根据美国法，这批8万件A货物于什么时候风险转移？为什么？

任务案例二：

中国的甲公司与美国的乙公司订立一份货物买卖合同，合同约定交货条件为“上海港装船，FOB纽约”，由于合同涉及运输，甲公司请丙运输公司将货物运至上海，再交给由乙公司订好的丁公司的某轮船。除此外，合同未规定货物风险转移时间。

请问：根据《公约》，该案中货物风险在何时发生转移？为什么？

任务案例三：

A国的甲公司向B国的乙公司出售一批产品，合同约定于5月18日乙公司到甲公司位于A国某地的某仓库取货。合同到期时，乙公司未按约取货，甲公司也没有将应交付的货物从大量堆放的货物中分拣出来，5月19日仓库起火，虽然抢救及时，但该批货物已损失80%。

请问：根据《公约》，这批货物的损失应由谁承担？为什么？

任务案例四：

A国的甲公司向美国的乙公司出售价格10万美元的货物，乙公司接受货物后发现货物有瑕疵，立即通知甲公司撤销了自己的接受，并要求甲公司运回。但在甲公司运回前，货物失火被烧毁。之前该货物有一份保险，保额为8万美元。

请问：根据美国法，这批货物的损失应如何获赔？为什么？

知识链接

一、货物所有权的转移

各国法律与《公约》对货物所有权转移问题的规定差异比较大，下面将分别加以介绍。

（一）《公约》的规定

《公约》对货物所有权转移给买方的时间、地点、条件及合同对第三方货物所有权所产生的影响等问题都没有明确规定。因此如果适用《公约》的国际货物买卖合同在这一问题上产生了争议，买卖双方则只能根据冲突规范寻找相应的准据法来解决。

> 【资料卡】
>
> 冲突规范是由国内法或国际条约规定的，指明某一涉外民商事法律关系应适用何种法律的规范。
>
> 准据法是指经冲突规范指引用来确定国际民商事关系当事人的权利义务关系的具体实体法规范。

（二）英美法系国家的规定

1. 英国货物买卖法的规定

（1）特定物买卖。其具体规定如下：①无保留条件的特定物买卖，自特定物处于可交付状态时，其所有权转移；②需由卖方做出某种行为，才能使特定物处于可交付状态的，自卖方作出该行为并在买方收到通知时，特定物所有权转移；③特定物虽处于可交付状态，但需卖方完成某行为（如衡量、丈量、检验等）才能确定其价金的，则在卖方完成该行为并在买方收到通知时，所有权转移；④试验买卖的特定物买卖合同，自买方表示认可或接受时，或在合同规定的退货期届满前未发出退货通知的，或合同未规定退货期则在一段合理时间后未发出退货通知的，特定物所有权转移。

（2）非特定物买卖。首先应将货物特定化，之后其所有权是否转移于买方则视卖方有无保留货物处分权而定。

（3）卖方保留货物的处分权的。在卖方的条件未得到满足前，货物所有权不转移。

2. 美国《统一商法典》的规定

（1）在把货物确定于合同项下之前，货物所有权不转移。

（2）允许双方当事人在合同中明确规定所有权转移的时间。

（3）除双方当事人另有约定外，货物所有权应在卖方完成其交货义务时转移至买方。如果货物需运交且合同未规定具体目的地，则所有权应于装运的时间、地点转移；如果货物不需移动，在第三方仓库存储的则在卖方将仓库保管人出具的物权凭证背书转让给买方时，所有权转移；如果货物不需移动，且无可转让的物权凭证，订约时货物已确定在合同项下时，所有权在订约时转移。

（三）大陆法系国家的规定

1. 法国民法典的规定

（1）原则上以买卖合同的成立为货物所有权的转移时间。

（2）种类物买卖需在特定化之后所有权才转移、试验买卖则应在买方确认后所有权才转移、买卖双方可在合同中规定所有权转移的时间。

2. 德国民法典的规定

（1）货物是动产的，应在交付时所有权转移。

（2）不动产所有权的转移以向主管机关办理登记手续为条件。

（四）我国《民法典》的规定

（1）法律有特别规定的，按照法律规定的时间转移所有权，如船舶、飞机、房屋的买卖，法律规定必须办理所有权变更手续之后，所有权才发生转移。

（2）法律没有特别规定，按照合同约定的时间转移所有权。

（3）既无法律规定，也无当事人约定，货物所有权原则上在交付时转移。

（五）国际贸易惯例的规定

《国际贸易术语解释通则》对货物所有权转移的问题没有做出具体规定。但《华沙—牛津规则》则对 CIF 术语条件下货物所有权的转移有具体规定：即其所有权于卖方将代表货物的单据（如提单等）交给买方时转移。这一规则后又在使用中推广到其他采用“象征性交货”的术语的场合，如 FOB、CFR。

不过，对于卖方不提供单据的合同（如工厂交货 EXW、边境交货 DAF、目的港船上交货 DES）等，一般推定在实际交货时所有权转移。如果卖方保留货物所有权的，则在卖方的条件满足前，货物所有权不转移。

二、货物风险的转移

在国际贸易中，货物风险的转移直接影响买卖双方的权利义务。如果风险转移后货物遭受损害，则由买方承担其损失，并须向卖方支付价金；反之，则由卖方承担损失，还须承担不能交货的违约责任，除非其能证明损失是由不可抗力造成的。

（一）《公约》的规定

（1）允许当事人在合同中约定货物风险转移的时间和条件。

（2）货物风险由卖方转移至买方后，非由于卖方的原因发生货物灭失或损坏的，买方仍需付款。

（3）合同涉及运输的，在卖方将货物交付于第一承运人时货物风险转移，但若合同约定特定地点交货的，则在交付时风险转移。即使卖方有权保留控制货物所有权的单据（如提单等）的，不影响其风险转移。

（4）卖方出售运输途中的货物的，货物风险在合同订立时转移，但若情况表明有需要时，货物风险则从货物交付给签发载有运输合同单据的承运人时转移。但卖方在订约时已知货物出险但对买方隐瞒的，则货物损失由卖方承担。

（5）合同不涉及运输的，货物风险则从买方收受货物时或迟延受领货物时转移。但货物未特定化于合同项下的，风险不转移。

（6）卖方根本违约的，即使货物风险已转移，也不妨碍买受人采取撤销合同等违约救济措施。

（二）英美法系国家的规定

（1）英国货物买卖法的规定。英国实际由物主承担风险的原则，即将风险转移与所有权转移结合起来，所有权何时转移，其风险就何时转移，而不管货物是否已经交付。

（2）美国《统一商法典》的规定。其将货物风险转移与所有权转移区分开来，原则上以交货时间（或象征性交货时间）来确定风险转移时间，而不管货物所有权或所有权凭证是否已移交于买受人。

如果货物已交付，但由于卖方违约致使买方有权拒收货物的，在卖方消除货物缺陷或买方接受货物前，货物风险仍由卖方承担。如果买方已接受货物，但之后其有正当理由并采取通知卖方的方式撤销了该接受，在卖方取回货物前货物的风险损失，则在保险合同不包括的差额限额内由卖方承担。

如果卖方已将符合合同规定的货物特定化于合同项下，在货物风险转移于买方之前，买方违约，货物的风险损失则在保险合同不包括的差额限额内由买方承担。

（三）大陆法系国家的规定

大陆法系国家中法国对风险转移的规定与英国相同，德国对风险转移的规定与美国相同。

（四）我国《民法典》的规定

我国《民法典》对货物风险的转移与《公约》的规定基本相同。

（五）国际贸易惯例的规定

《国际贸易术语解释通则》与《华沙—牛津规则》所阐述的贸易术语对货物风险转移都有明确的规定，如FOB、CIF、CFR术语中货物风险都于装运港越过船舷时转移于买方。

实务操作训练：

国际货物买卖合同签订实务操作

要求：

1. 由各虚拟团队选择订约方，然后两个团队中的人员分别以两人为一组，一个为国际货物买卖买方代表律师，另一个为国际货物买卖卖方代表律师；

2. 教师提供合同订立操作资料，共两份（一份为国际货物买卖买方资料，另一份为国际货物买卖卖方资料）；

3. 学生在课余时间查找国际货物买卖合同的示范格式、国际货物买卖合同签订注意事项等资料，做好合同签订准备；

4. 根据资料双方磋商订立一份国际货物买卖合同；

5. 每一组上交一份国际货物买卖合同。

项目5 代理运用分析训练

任务1 代理行为分析

任务案例一：

甲公司准备与国外的乙公司订立一份货物买卖合同，由于其与乙公司不太熟悉，于是其委托丙外贸公司代表自己与乙公司签约，同时由于这批货物应由丁公司交付给甲公司之后，甲公司再出售给乙公司，于是甲公司又要求丁公司直接将货运至自己应向乙公司交货的地点，将货物直接交付给乙公司。

请问：在这一案例中，甲公司与乙公司、丙公司、丁公司之间分别存在什么法律关系？为什么？

任务案例二：

小张的朋友小李要去城市商业中心区，于是小张要求小李帮他买一个价格为1000元左右的手机，并要求他为自己传一个口信给在"FUN"休闲服饰专卖店工作的女朋友小林。小李同意，并为小张办好了这些事情。

请问：小李为小张完成的这两件事的法律性质是什么？

任务案例三：

甲欠乙3000元钱，2020年11月到期，到期后因乙有事出国无法向甲要债，于是就要求其弟弟丙帮他向甲要债，丙去要债时，却被甲以"未曾欠丙钱"为由拒绝了，丙说明了是代乙来要债的，但甲不相信，又联系不上乙，因此甲仍然不愿还债。

请问：甲不还债是否有合法理由？为什么？丙能否向甲要债？为什么？

知识链接（一）

代理法是调整因代理的产生、变更、消灭过程中所发生的一系列社会关系的法律规范的总称。

一、代理的概念与特征

代理是指代理人在代理权限范围内，以被代理人的名义同第三人独立为民事法律行为，由此产生的法律效果直接归属于被代理人的一种法律制度。在代理活动中，代替他人实施民事法律行为的人称为代理人，由他人代替自己实施民事法律行为的人称为被代理人（或称为本人），与代理人实施民事法律行为的人称为第三人（或称为相对人）。

在代理制度中，存在着三个基本概念，即代理行为、代理权和代理关系。

民事主体可以通过代理人实施民事法律行为。依照法律规定、当事人约定或者民事法律行为的性质，应当由本人亲自实施的民事法律行为，不得代理。

（一）代理关系

代理关系涉及三方当事人：代理人、被代理人和第三人。

代理关系包含三个方面：

（1）被代理人与代理人之间的关系，即基于法定或委托授权而产生的一方在法定或授权范围内以他方名义为法律行为，他方承担其行为效果的权利义务关系。

（2）代理人与第三人之间的关系，即代理人依据代理权实施代理行为，以被代理人名义向第三人为意思表示或接受意思表示。

（3）被代理人与第三人之间的关系，即被代理人承受代理行为的法律效果，对第三人享有因代理行为所产生的权利和承担因此所生的义务。

在代理关系中，代理人的地位显得尤为突出，他既是代理权的享有者，又是代理行为的实施者，是联系代理内外关系的桥梁。

【资料卡】

1804 年的《法国民法典》将代理作为“委任”契约列入“取得财产的各种方法”，从而初步有了代理的规定。1900 年的《德国民法典》将代理列入“法律行为”一章加以规定，进而形成大陆法系多数国家的代理法体系。在英美法系国家，代理法通常以单行法规的形式加以规定。

【想一想】

请分析代理关系中内部关系和外部关系的联系与区别。

（二）代理权

代理权是指行为人得以他人名义独立为意思表示，并使其法律效果归属于他人的一种民事权利。

代理权的性质可以从两方面来理解：

（1）代理权是一种民事权利，它赋予代理人一种法律资格，使其能够为一定的法律行为，代理人依据代理权所为的行为，受到法律的承认和保护，并依法产生一定的效果。

（2）代理权不是一种独立的民事权利，因为它具有依附性和他主性。①所谓依附性，是指代理权的效力，实际为被代理人的民事权利所派生。②所谓他主性，是指代理权的设定和变动，以他人的意思为条件。如委托代理权的他主性主要表现为：其设立，须有被代理人的授权行为；其授权范围，依被代理人的意思确定；其代理权的转托，又须经被代理人同意；若被代理人取消委托，则代理权归于终止。

任务案例四：

张明与李群夫妇二人有一次因工作原因，将自己家 3 岁的儿子张天托付给邻居赵阿姨照顾一星期，并要求赵阿姨帮他们保管一批堆放在其家门口的建筑材料。

请问：赵阿姨帮张明李群夫妇照顾儿子、保管建筑材料的行为是否是代理行为？为什么？

任务案例五：

张强有一辆已经开了 5 年的桑塔纳，最近他手头比较宽裕，因此想换辆车，于是他就委托宏江车行帮他出手这辆车，宏江车行估价之后，愿以 4 万元的价格将该车买下，张强同意，在宏江车行向张强付款前，项明看中了这辆车，并以 5 万元的价格将它买走，后宏江车行将 4 万元的价款付给了张强。

请问：宏江车行的行为是否是代理行为？为什么？

任务案例六：

甲企业委托张某到 A 县去购买 500 箱水果，张某到 A 县后购买了 200 箱苹果、100 箱梨、100 箱香蕉、100 箱核桃。

请问：张某的代理行为有没有超越代理的权限，为什么？

任务案例七：

甲、乙、丙三人是邻居，甲家中有一幅当代著名书法家启功的字，乙非常喜欢，并明确向甲表明愿意出5万元购买这幅字，但甲表示要考虑考虑。过了几天，甲想找乙表明自己愿意以乙出的价出售这幅字的意思，但乙家里正好没人，而甲又急着要出差，因此甲就找到丙，要求丙帮甲向乙转达这样的意思。后丙按要求转达了。

请问：丙的行为是否为代理行为？为什么？

任务案例八：

乙委托甲将其所有的两张明代紫檀木茶几代为出售，于是甲代理乙，与丙订立了一份买卖合同，丙买后请专家鉴定发现该茶几根本不是紫檀木材质的，而是黄花梨材质，也不是明代，而是清代仿制的。

请问：丙可要求甲承担违约责任，还是可要求乙承担违约责任？为什么？

知识链接（二）

（三）代理行为

代理行为是指代理人依据代理权，以被代理人的名义独立为意思表示，并使其法律效果归属于被代理人的行为。

代理行为具有如下特征：

（1）代理人以意思表示为职能。即代理人必须通过向第三人为意思表示，才能使委托人与第三人之间产生法律上的权利义务关系。

（2）代理必须以被代理人名义为意思表示。只有这样才能为被代理人取得权利、设定义务，否则代理人所设立的权利义务就只能由其自己承受。

（3）代理人必须在代理权限内进行活动。代理人必须在被代理人的授权范围内、法律规定或法定机构指定的权限范围内进行民事活动，不得擅自变更或超越代理权限。否则，事后若被代理人不予追认，则由代理人自己承担行为后果。

（4）代理人应在代理权限内独立为意思表示。即代理人在代理权范围内，有权斟酌情况，独立地进行意思表示。非独立为意思表示的行为，不是代理行为。

（5）代理行为的法律效果归属于被代理人。

代理人不履行或者不完全履行职责，造成被代理人损害的，应当承担民事责任。

任务案例九：

某年3月某百货连锁公司（以下简称甲公司）与某制衣厂（以下简称乙厂）签订了一份独家代理合同，合同约定乙厂授予甲公司在A地区（包括两个地级市和四个县级市）范围享有独家销售乙厂生产的“爱丽丝”名牌服装，乙厂以出厂价向甲公司供货，货款结算采用一批压一批的做法，即第一批货款，在乙厂向甲公司交付第二批货时结算，同时约定甲公司一年的销售额不得低于60万元，若当年销售额达到100万元时，乙厂每年按销售额的2%给予甲公司返利。此外，乙厂还承诺承担甲公司10%的广告宣传费用。由于“爱丽丝”品牌服装深受年轻女性的喜爱，因此销售十分看好，乙厂为扩大市场份额，提高利润，于是又与A地区的丙百货连锁公司签订了购销协议，协议约定乙厂向丙百货公司供货，销售价格由乙厂决定，丙公司配置专门的经营场所和人员为乙厂经营该品牌服装，货款则在每个月的月初三天内，丙公司按销售额的15%扣除自己的佣金所得之外，将上个月的款项交付乙厂。

请问：乙厂与甲、丙两公司签订协议的性质是什么？请说明理由。

任务案例十：

甲公司董事长A与乙公司董事长B是好朋友，有一次A在与丙公司做生意时发现丙公司所需的产品正是乙公司生产销售的品种，于是其就给双方牵线，促使乙公司与丙公司达成了买卖交易。

请问：甲公司董事长A这一行为的法律性质是什么？为什么？

知识链接（三）

（四）代理与行纪、信托、居间的区别

1. 代理与行纪的区别

行纪是指行纪人接受委托人的委托，以自己的名义为委托人从事物品买卖或者其他商业交易并收取报酬的行为。

行纪与代理（主要是委托代理）的区别有：

（1）行纪人和代理人所处的地位不同。行纪人是以自己的名义为了委托人的利益而实施中介行为的，委托人的姓名或者名称不能也无必要告知第三人，委托人也不是行纪人与第三人所订合同的一方当事人，但行纪人有义务将履行合同的效果与利益全部转移给委托人，故大陆法系国家称行纪人为“间接代理人”；代理则是代理人以委托人的名义开展代理行为，委托人是代理商代订合同的一方当事人，故大陆法系国家称此代理商为“直接代理人”。

（2）授予的权限不同。行纪人被授予的权限大于代理权，其完全可以按照自己的意志去选择合同当事人；而代理中代理人的权限范围是由委托人决定的，其实施代理行为时不得超出该授权范围。

【想一想】

请举例说明社会经济生活中存在的经销、寄售、代销等经营方式与代理的联系与区别。

（3）业务的范围不同。现实生活中，行纪人实施行纪行为时的中介范围受到限制，一般仅限于贸易行为；代理的中介范围很广，代理人可以代理委托人从事一切民事、商事活动，既包括事实行为，也包括法律行为。

（4）有偿与否不同。行纪合同是有偿合同，而发生代理的委托合同从事的各事项可以是有偿的，也可以是无偿的。

2. 代理与信托的区别

信托是指委托人基于对受托人的信任，将其财产委托给受托人，由受托人按委托人的意愿，以自己的名义为受益人的利益或特定目的进行管理或处理的行为。

信托行为与代理行为的区别在于：

（1）设立的法律事实不同。信托既可以因契约而设立，也可以因遗嘱而设立，还可以因其他法律事实而设立；代理则是因契约、监护而设立。

（2）名义使用不同。在信托情形下受托人须以自己的名义处理信托事务；在代理情形下代理人则须以被代理人的名义处理有关事务。

（3）承担法律责任的主体不同。在信托情形下，对受托人实施的行为所产生的法律责任（法律后果）应当由受托人自行承担；在代理情形下对代理人实施的行为所产生的法律责任则应当由被代理人承担。

（4）导致终止的法律事实不同。在信托存续期间，信托人与受托人原则上均不得通过单方面撤销或解除信托契约的方式而终止信托，除非契约有可以撤销或解除的约定，同时，作为信托人或受托人的自然人死亡或者法人终止，也不能成为当然导致信托终止的原因，除非契约中有约定；而在代理存续期间，被代理人、代理人均可以通过单方面解除委托契约的方式终止代理，并且这种解除并不以在该契约中须存在相应的约定为前提，同时，作为被代理人或代理人的自然人死亡或法人终止，均能当然导致代理终止。

3. 代理与中介的区别

中介是指中介人接受委托人的委托，由委托人支付报酬，中介人向委托人报告订立合同的机会或者提供订立合同的媒介服务的行为。

代理与中介的区别主要在于：中介人在为委托人提供媒介服务时，只能报告情况，提供建议，而不能独立为意思表示，且中介人的言语和行动对订约双方的权利义务关系不产生法律上的效力。而代理人实施代理行为时在代理权限范围内能独立地为意思表示，且代理人的代理行为能使委托人与第三人之间的权利义务关系得以产生、变更、消灭。

任务案例十一：

请分析下列行为分别为什么代理：

（1）A 公司的工会代表全体职工与 A 公司签订了一份集体劳动合同。

（2）小张委托小李作为自己的代理人参加诉讼。

（3）法院为 10 周岁的孤儿小王参加诉讼时指定了一名诉讼代理人。

（4）小赵代表他的女儿出席了三鹿集团关于“毒奶粉”赔偿案的调解。

任务案例十二：

甲有一批新鲜荔枝要出售，于是其委托乙代为销售，并将荔枝拉至乙的仓库，自己则按计划到欧洲出差去了。乙在联系买家的过程中，发现仓库里的部分荔枝已经开始变质，如不及时处理掉，这批荔枝很有可能大部分烂掉，但乙一时又无法与甲联系上。于是乙紧急委托其好友丙（水果批发商）处理这批荔枝，于是丙就以低于市场批发价格 10% 的价格，将这批荔枝批发给了有关客商。甲回国发现自己上好的荔枝只卖了一个中等价，很不满意，就以乙违反代理合同为由，要求乙赔偿自己的损失。

请问：乙是否应赔偿损失？为什么？

知识链接（四）

二、代理的种类

1. 委托代理

委托代理是基于被代理人的委托授权而发生的代理，又称为意定代理，是最常见的、适用最广泛的一种代理形式。委托代理人按照被代理人的委托行使代理权。

委托授权行为是被代理人以委托的意思表示将代理权授予代理人的行为，属于单方民事法律行为，一般为不要式行为，但在法律规定必须用书面形式时，口头形式为无效。此外，推定行为和默示，不得成为委托代理的授权形式。

委托代理授权基于两份文件：代理证书（授权委托

> 【资料卡】
>
> 现实生活中，劳动合同关系、合伙关系、职务关系等，也能产生委托代理授权。

书）和委托代理合同。前者是代理人对外实施代理行为的凭证，委托代理授权采用书面形式的，授权委托书应当载明代理人的姓名或者名称、代理事项、权限和期限，并由被代理人签名或者盖章。后者是确定代理人与被代理人之间权利义务关系的依据。

2. 法定代理

法定代理是基于法律的直接规定而发生的代理。通常适用于被代理人是无民事行为能力人、限制民事行为能力人的情况。在法律有特别规定的场合，社会团体也可以成为其成员的法定代理人。例如，我国劳动法规定，工会可以代理会员签订集体劳动合同、参加有关劳动争议的诉讼等。法定代理人依照法律的规定行使代理权。

三、复代理

复代理，又称再代理，是指代理人为了实施其代理权限内的全部或部分行为，以自己的名义选定他人担任本人的代理人，该他人（复代理人）的代理行为产生的法律效果直接归属于本人。

1. 复代理的特征

（1）复代理人是行使代理权限的人，在选任复代理人以后，代理人仍然可以继续行使代理权。但是，复代理人不是代理人的辅助人，而是一个相对独立的行为人，他在授权范围内可以自由裁量，以自己的意思进行代理行为，只是其行为受到代理人的监督。

（2）代理人以自己名义选任复代理人。代理人对复代理人不仅有监督权，而且有解任权，即取消其复代理人资格的能力。

（3）复代理人是被代理人的代理人。复代理人仍应以被代理人的名义为代理行为，其行为的效果直接归属于被代理人。

2. 复代理的产生方式与法律效力

根据《民法典》的规定，委托代理人在以下两种情况下能够选定他人担任复代理人：

（1）代理人取得被代理人的同意或者追认。转委托代理经被代理人同意或者追认的，被代理人可以就代理事务直接指示转委托的第三人，代理人仅就第三人的选任以及对第三人的指示承担责任。转委托代理未经被代理人同意或者追认的，代理人应当对转委托的第三人的行为承担责任。

（2）在紧急情况下代理人为了维护被代理人的利益需要转委托第三人代理的，无须取得被代理人的同意或者追认。即存在着对被代理人利益有重大影响的紧迫情形，若不及时处理，会使被代理人蒙受财产、人身上的重大损害，或代理人遇到特殊情况而不能亲自或单独执行代理事务，而代理人又不能及时取得被代理人同意或适时向被代理人辞去代理时，代理人可委托复代理人。

任务案例十三：

甲委托乙为其采购一批优质红富士苹果，乙在代为采购过程中，全程都有供货方人员陪吃陪喝陪玩，以至于未能对这批货物进行仔细检验。甲收到货后，开箱发售时发现这批货只有表面几箱质量尚可，其余的箱子中只有表面一层苹果是好的，其他的全是劣、次品，同时供货方人员也已不见踪影，于是甲要求乙承担损失赔偿责任。

请问：乙需不需要承担这一责任？为什么？

任务案例十四：

甲公司委托乙公司为其购买一台数控机床，乙公司在未得到甲公司同意的情况下，以甲公司名义与自己（乙公司）订立购销合同，把自己生产的一台数控机床卖与甲公司。

请问：乙公司的行为属于什么性质的代理行为？其行为是否必然无效？

任务案例十五：

王某和李某系同一进出口公司员工。因工作需要，公司派王某去深圳办事处工作一年。王某临行时，将自己的一台液晶电视机委托李某保管和使用。三个月后，王某写信给李某说自己在深圳又买了一台电视机，家里一台可以适当价格卖掉。该公司的刘某得知此消息后，想买又不愿多出钱，便对李某说，你可发信息给王某，告诉他电视机显示屏坏了，图像不清，要他降价。李某考虑到与刘某关系不错，且有求于刘某，便按刘某的意思发信息给王某。王某回道：如果显示屏真的坏了，可以降价卖掉。于是，刘某就以500元的低价将王某的电视机卖给了刘某。

请问：简要分析王某、李某、刘某在买卖电视机的过程中所发生的法律关系？此案应如何处理？

任务案例十六：

李某（女）与张某结婚多年，后因感情不和，于2020年10月协议离婚，按协议李某应将结婚时张某所送一套珠宝首饰还给张某，但李某的好朋友梁某（女）得知后，遂建议李某不还，并有意购买，于是梁某即以10万元的价格买得了15万元的珠宝。后张某要求梁某返还首饰，但梁某认为自己是花钱买，因而执意不还。

请问：梁某需不需要返还首饰？为什么？

知识链接（五）

四、代理权的行使

（一）代理权行使的一般要求

（1）行使代理权，必须符合被代理人的利益。

（2）行使代理权，必须尽到职责所要求的谨慎和勤勉。即代理人在担负代理职责时必须小心、审慎、周到、稳妥地行事。

> 【资料卡】
>
> 《民法典》第一百六十四条第一款规定：代理人不履行或不完全履行职责，造成被代理人损害的应当承担民事责任。

（3）数人为同一代理事项的代理人的，应当共同行使代理权，但是当事人另有约定的除外。

（二）代理权的滥用

代理权的滥用是指违背代理权的设定宗旨和代理行为的基本准则，有损被代理人利益的行使代理权的行为。

构成代理权的滥用应具备以下四个条件：①代理人有代理权；②代理人实施行使代理权的行为；③代理人的行为违背代理权的设定宗旨和基本行为准则；④代理人的行为有损被代理人的利益。以上四个要件缺一不可。无代理权的行为为无权代理，非代理权授权范围内的行为为越权代理，二者都不属于代理权的滥用。

常见的滥用代理权行为有以下三种情况：

（1）自己代理。即代理他人与自己进行民事活动，即代理人以被代理人的名义对自己为民事法律行为，或者自己对被代理人为法律行为而又以被代理人的名义予以受领。自己代理行为为无效民事行为，但是被代理人

> 【想一想】
>
> 为什么不允许代理人同时代理双方当事人为同一民事行为？

同意或者追认的除外。

（2）双方代理。即代理双方当事人为同一民事行为，即一人同时担任双方的代理人。代理人以一方当事人的名义对他方为民事行为，同时又以他方当事人的名义自一方受领其行为后果。双方代理行为为无效民事行为，但是被代理的双方同意或者追认的除外。

（3）代理人和第三人恶意串通，损害被代理人利益。被代理人因此而受到损失的，应由代理人与第三人对被代理人承担连带赔偿责任。

（三）代理权的终止

1. 代理权终止的原因

（1）委托代理的终止原因：①代理期限届满或代理事务完成；②被代理人取消委托或代理人辞去委托；③代理人丧失民事行为能力；④代理人或者被代理人死亡；⑤作为代理人或者被代理人的法人、非法人组织终止。

被代理人死亡后，有下列情形之一的，委托代理人实施的代理行为有效：①代理人不知道且不应当知道被代理人死亡；②被代理人的继承人予以承认；③授权中明确代理权在代理事务完成时终止；④被代理人死亡前已经实施，为了被代理人的继承人的利益继续代理。

（2）法定代理的终止原因：①被代理人取得或者恢复完全民事行为能力；②代理人丧失民事行为能力；③代理人或者被代理人死亡；④法律规定的其他情形。

2. 代理权终止的效果

代理权归于消灭后，代理人不得再以被代理人的名义实施代理行为，否则为无权代理。代理关系终止后，代理人在必要和可能的情况下，应当向被代理人或者他的继承人、遗嘱执行人、清算人、新代理人等，就其代理事务及有关财产事宜作出报告和移交。委托代理人持有代理证书的应交回代理证书。

任务案例十七：

农民甲去外地经商，将其青骡一头留给岳父乙使用。甲在经商地事业得意，已无返乡务农之意。而乙则由于年事已高，无力再照顾青骡，就将青骡牵至集市出卖。由丙以公道价格买得，钱骡两清。丙及围观者均以为乙系出卖自有之骡。

请问：乙卖骡的行为是否是无权代理行为？为什么？

任务案例十八：

A市影视公司（以下简称A公司）张贴招聘工作人员启事，无业人员刘某去报了名。A公司见刘某会说、机灵，并听他说能拉赞助，便答应先留下试用，帮公司联系业务。刘某先同A公司业务人员王某一起持A公司介绍信到B、C电影学校联系演出，后由刘某一人去联系并签订了合同，收取B、C电影学校押金1.5万元。时隔不久，刘某将押金私用后下落不明，致使演出不能成行。于是，B、C电影学校向A公司要求退还押金，A公司以刘某非A公司职员为由，拒绝承担责任。

请问：A公司是否应承担法律责任？为什么？

任务案例十九：

甲市A粮油议价经销公司（以下简称A公司）沈某托去乙市办事的B（个体）贸易商行（以下简称B商行）经理刘某，将该公司的营业执照副本和盖有该公司合同专用章的空白合同转交给A公司驻乙市办事处的孙某。刘某到达乙市数日后，便持A公司的营业执照和空白合同文本与C工厂签订了供给100吨豆粕的买卖合同。随后，C工厂按合同的约定，将10万元定金款汇入B商行账户。后因刘某组织货源不成，致使合同无法履行。C工厂要求刘某双倍返还定金20万元。B商行因倒闭，C工厂便找到A公司，经理沈某以该合同非该公司授权所为拒绝承担责任。

请问：A公司是否应承担法律责任？为什么？

任务案例二十：

某年3月10日，时代服装商行（以下简称时代商行）将盖有商行公章的介绍信和空白合同纸交给夏强，委托他代购当年流行的男女服装。3月25日，夏强代理时代商行与八达贸易公司（以下简称八达公司）签订了一份向八达公司购买男女青年服装、儿童服装和男女西装（共14个品种,1800件，总价款48万元）的购销合同；4月中旬、5月中旬两次分批交货。4月15日，夏强代理时代商行从八达公司提走了第一批服装，价值24万元，但未付款。时代商行将服装投放至市场后，仅少数品种销路尚可，多数品种不受顾客欢迎。于是时代商行以未曾委托夏强购买这类花色、款式过时的服装为由，要求八达公司退货，并终止合同关系。八达公司拒绝了此项要求，坚持执行原合同，并向其索取第一批货款。经双方多次协商未成，八达公司起诉至人民法院。

请问：该购销合同是否有效？为什么？该合同责任由谁承担？为什么？

知识链接（六）

五、无权代理

无权代理就是没有代理权的代理，即具备代理行为的表面特征，但是欠缺代理权。所谓欠缺代理权，包括三种情况：未经授权、超越代理权限、代理权终止后的代理。

（一）无权代理的构成要件

（1）行为人所为的民事法律行为，具备代理行为的表面特征，即以他人的名义独立对第三人为意思表示，并将其行为的法律效果归属于该他人。

（2）行为人就该项民事法律行为没有代理权。对于代理权问题有争议时，行为人有义务证明其有代理权，但在被代理人或者相对人主张代理权已终止时，主张代理权终止的人负举证责任。

（二）无权代理的法律效力

1. 无权代理发生法律效力的情形

即使无权代理人所为的代理行为的法律效果归属于被代理人的情形主要有两种：

（1）被代理人追认。所谓追认，是指被代理人对无权代理行为于事后予以承认的单方法律行为。其应符合三个条件：①必须具备民事法律行为的一般有效要件；②被追认的行为，须是无权代理人的行为；③被追认的行为，必须具备代理行为的表面特征。

根据《民法典》第一百七十一条的规定，相对人可以催告被代理人自收到通知之日起三十日内予以追认。被代理人未作表示的，视为拒绝追认。行为人实施的行为被追认前，善意相对人有撤销的权利。撤销应当以通知的方式作出。

行为人实施的行为未被追认的，善意相对人有权请求行为人（即无权代理人）履行债务或者就其受到的损害请求行为人（即无权代理人）赔偿。但是，赔偿的范围不得超过被代理人追认时相对人所能获得的利益。

（2）表见代理。表见代理是指对于无权代理人的代理行为，善意相对人有理由相信其有代理权，因而可以向被代理人主张代理的效力。

适用表见代理规则，须具备以下要件：①客观上存在使相对人相信无权代理人有代理权的事由；②相对人主观上为善意且无过失，即不知无权代理人的代理行为欠缺代理权，而且相对人的这种不知情不能归咎于他的疏忽或懈怠；③无权代理人同相对人之间的民事行为，具备民事法律行为的一般有效要件和代理行为的表面特征。

表见代理的构成不以被代理人主观上的过失为要件，但在实践中，表见代理的发生往往与被代理人的过失有关。在我国，可以成为表见代理的事由主要有以下四种：①对第三人表示已将代理权授予他人。即被代理人以书面或口头形式直接或间接地向第三人表示以他人为自己的代理人，但事实上并未授权。第三人信赖此表示，认为该他人为有权代理人，而与之为民事法律行为。②交付证明文件与他人。即被代理人将某种有代理权证明意义的文件交给他人，他人以这种文件使第三人相信其为有权代理人，而与之为民事法律行为。这里所说的证明文件，包括一切在使用中足以使人相信有代理权存在的文书和物件（但不包括代理证书），例如：盖有公章的空白介绍信、空白合同文本或持有合同专用章等。③代理授权不明。即被代理人在代理授权时未指明代理权限，或者其指明的代理权限未在代理证书上载明，致代理人违反被代理人的意思或者超越代理权进行代理行为时，第三人因善意且无过失地相信其为有权代理，而与之为民事法律行为。④代理关系终止后未采取必要措施。即被代理人在委托代理关系终止后，未采取防止原代理人继续为代理行为所必要的措施（如收回代理证书、公告声明代理关系终止、通知他所知道的相对人等），致第三人因不知代理关系终止而继续信赖原代理授权，从而与原代理人为民事法律行为。

以上四种场合，如果第三人为恶意，则不适用表见代理，除所为的民事行为不产生效力外，还应就被代理人由此所受的损害，与无权代理人负连带民事责任。

2. 无权代理不发生法律效力的情形

不存在上述情形的无权代理行为，即为无效民事行为，行为自始无效，当事人应按照无效的民事行为的规定处理，具体责任方式有：

（1）返还已为的给付。如无权代理人以被代理人的名义向相对人所为的给付，相对人应向被代理人进行返还。

（2）赔偿损失。如在被代理人和相对人没有过错的情况下，由无权代理人负责赔偿相对人和本人的损失。

相对人知道或者应当知道行为人无权代理的，相对人和行为人按照各自的过错承担责任。

任务2 国际代理行为分析

任务案例一：

德国人甲将自己一台半新电脑交给自己居住地的一家寄售商店，委托该店将电脑出售。乙看中了电脑，从商店买走了它。商店通知甲来取货款，并收取了一定比例的费用。

请问：根据德国法，甲与寄售商店之间存在什么性质的法律关系？

任务案例二：

德国某一煤矿企业因生产经营需要，委托甲购进鼓风机等设备，委托乙帮其推销煤炭，同时又委托丙、丁为其打制工具箱。

请问：根据德国法，甲与乙是否是该煤矿的共同代理人？为什么？丙、丁是否是共同代理人？为什么？

知识链接（一）

一、国际代理概述

（一）大陆法系的代理制度

1. 代理的概念

大陆法系的代理制度是建立在区别论的基础之上的。所谓区别论，其最主要的特征是把委托（即委托人与代理人之间的合同）与授权（即代理人代理委托人与第三人签订合同的权利）的概念严格区别开来。委任指本人（Principal 委托人、被代理人）与代理人（Agent）之间的内部关系（Internal Relationship），代理则指交易的本人和代理人同第三人（a Third Person）的外部关系（External Relationship）。

建立在区别论基础上的大陆法系国家的代理概念可简单地概括为：一人为他人进行的法律行为。

> 【想一想】
> 试比较大陆法系中代理的概念与我国民法中规定的代理概念。

2. 代理的种类

（1）直接代理与间接代理。其划分的标准有两点：一是代理人进行代理行为时是以谁的名义，即是以被代理人的名义还是以他自己的名义；二是代理所订的合同的后果归属，即是由被代理人直接享有和承担，还是先由代理人自己承担再转移给被代理人。

直接代理与我国《民法典》所规范的代理的含义是一致的。间接代理在我国则被称为行纪。

（2）单独代理与共同代理。这是以代理权是否由一名或数名代理人来行使为标准来划分的。代理权由一名代理人享有和行使的代理为单独代理；代理权由两名以上代理人共同享有并行使的代理为共同代理。

共同代理有以下特征：①共同代理中的代理人为两人或两人以上。这些代理人可以是数人同时接受被代理人的委托而成为代理人，也可以是依法律规定而使其同时成为被代理人的代理人。但是如果代理人只有一人，而被代理人有数人时，则不是共同代理。②共同代理中的代理权是由数个代理人共同行使的。这是共同代理最重要的特征。所谓共同行使，是指代理权平等地归属于数个代理人，由数个代理人共同享有，只有经过全体代理人的同意，才能行使代理权。如果其中一人未经其他代理人的同意而行使代理权，则该代理行为无效。③共同代理人中的一个代理人或数个代理人如果未经与其他代理人协商而擅自单独行使代理权，由此给被代理人造成损失的，应承担法律责任。④共同代理人中一人或数人经与其他代理人协商后单独或共同实施的代理行为，视为全体代理人共同的意思表示，因实施该代理行为而给被代理人或第三人造成了损失，应由全体代理人负连带责任。

（3）一般代理与特殊代理。以委托代理权的范围为标准，大陆法系国家把委托代理权分为特别委托代理权、种类委托代理权和一般委托代理权。特别委托代理权是指从事某一特定法律行为的委托代理权，种类委托代理权是指从事某一类的法律行为的委托代理权，而一般委托代理权则是指被代理人所享有的从事所有法律所允许进行的代理法律行为的委托代理权。由此也形成了特别委托代理、种类委托代理和一般委托代理，其中前两种代理又合称为特殊代理。

在我国，以代理权限范围为标准来划分委托代理没有大陆法系国家那么细，一般可分为两类：一般代理与特别代理。一般代理所包括的范围与大陆法系国家基本一致，即指代理人享有一般意义上的代理权，代理权没有范围限制，代理人可以代理被代理人进行任何法律允许的民事活动。特别代理的代理权限包括大陆法系国家的特别委托代理与种类委托代理。

【资料卡】

在我国的民事诉讼活动中，如果诉讼代理人想要获得“代当事人为承认、放弃或者变更诉讼请求，进行和解，提起反诉或上诉”等诉讼行为的代理权限的，必须由委托人在授权委托书中列举指明，进行特别授权。

（4）委托代理与从属代理。大陆法系国家（如德国）将代理权划分为主要委托代理权与从属委托代理权。依主要委托代理权产生的代理即为委托代理。依从属委托代理权产生的代理即为从属代理。

主要委托代理权是指由委托代理权的赋予人所直接赋予代理人的委托代理权。从属委托代理权则是指委托代理权的赋予人在赋予代理人的委托代理权时所同时赋予的，而由代理人所享有的指定他人（从属委托代理人）进行代理行为的权利。这种分类法与我国将代理分为本代理与复代理是一致的。

（5）意定代理与法定代理。此种分类法与我国民法将代理分为法定代理与委托代理的分类方法区别不大。

任务案例三：

美国的甲先生需要购置一台价值2000美元的割草机，正好邻居家乙先生14岁的女儿（限制行为能力人）要到购物中心去，于是甲先生请其代购一台割草机。但采购回来后甲先生不喜欢这一款式，于是就向出售该机器的商店要求退货，理由是14岁的孩子不具备订立这么大额款项买卖合同的能力。

请问：根据美国代理法，甲先生的主张能否成立？为什么？

任务案例四：

美国得克萨斯州的被告卖一批橙子给纽约的嘉德公司，售货单上明确说明他们是代表木兰公司出售的。嘉德公司没有收到货物，于是起诉被告，要求赔偿损失。

请问：根据美国代理法，被告是否要承担损害赔偿的责任？为什么？

任务案例五：

美国的B公司以每股面值200美元向社会公开发行优先股2000股，某认股委托人M交给认股代理人W（M之友、B股份公司员工）5000美元请其代购。W将此款连同另一案外人所交的2000美元，在其公司购股35股，股权证上记载着W的姓名。随后，W将股权证以及25股股票交M保管，另10股交案外人。后B公司在盈利的情况下未按公司章程规定向优先股股东支付股利，于是M将B公司告上法庭，要求支付股息。

请问：根据美国代理法，M能否起诉B公司？为什么？

知识链接（二）

（二）英美法系的代理制度

1. 代理的概念

英美法系中的代理是建立在将本人与代理人等同的等同论基础之上的。这个理论可简单地概括为“通过他人去做的行为视同自己亲自做的一样”。建立在此理论基础上的代理概念是指根据双方当事人的意思表示、法律的拟制，一方当事人（代理人）有权改变另一方当事人（被代理人）与第三人之间的法律关系，而另一方当事人有责任改变其与第三人之间的法律关系的一种三方法律关系。

英美法系国家将类似于我国的法定代理规定在其亲属法中，而不在代理法中。其代理法规范的代理范围类似于我国的委托代理制度。

根据英美法系国家的法律，代理人的代理行为就是其所代理的本人的行为，即行使代理权的代理人与本人被看作是一个人，因此代理人不必具有完全的合同能力，可以由未成年人或破产人担任，而委托人或被代理人则必须具有完全的合同能力，否则该代理关系可能归于无效。英美法系认为：代理关系不仅对代理人和委托人之间具有约束力，而且使代理人承担对第三人的默示担保责任，同时它还可能影响代理人所订合同的法律效果。

英美代理法非常发达，有十分完善的代理制度，如有协议代理、追认代理、不容否认代理、法律自动构成代理及被代理人身份不公开的代理等制度。

2. 代理的种类

英美法中的代理按代理人责任的承担方式或者被代理人身份的公开状况为标准，可以分为三种类型：

（1）显名代理，又称公开本人身份的代理，是指既明示为本人利益，又明示以本人名义表示意思或接受意思表示的代理。

（2）隐名代理，又称不公开本人姓名的代理，是指不明示以本人名义，但明示为本人利益而表示意思或接受意思表示的代理。在这种情况下，代理人在订约时表示有代理关系存在，表明自己的代理人身份，公开本人的存在，但不指出本人的姓名。在商事活动中，代理商为了不和第三人建立直接联系，通常采取这种做法。我国一些进出口公司在代理本人和外商做贸易时也经常采取这种方式。在缔约时，如果作为合同的直接当事人，则风险很大，因此，代理人一般写上“代表本人”的字样，让对方知道他是代理人的身份，但不知道具体的本人是谁。

关于隐名本人和代理人的责任问题，英国法和美国法有所不同。英国法认为：一般只要代理人在隐名本人授权范围内缔约，隐名本人就有权取得合同权利，承担合同义务，并参加有关合同的诉讼活动，但英国也有不少判例责令隐名本人的代理人对其所订合同承担个人责任，一般是在代理人拒绝披露本人身份时，其对所订合同应承担个人责任。《美国代理法重述》则相反，其有一

> 【资料卡】
>
> 按照英国的判例法，隐名代理中的代理人在同第三人缔约时，如仅在信封抬头或在签名后加列“经纪人”或“经理人”字样是不足以排除其个人责任的，而必须以清楚的方式表明他是代理人，如写明“买方代理人或卖方代理人”等。

> 【想一想】
>
> 试比较隐名代理中代理人的权利义务与显名代理中代理人的权利与义务的区别。

条普通规则：除非隐名本人的代理人与第三人另有约定，代理人对其所订合同应承担个人责任，即使是在披露了本人身份之后也是如此。

（3）被代理人身份不公开的代理，是指第三人在与代理人缔结法律关系时不知道存在被代理人的代理关系。在这种特殊的代理关系中，第三人认为自己所订合同的对方当事人就是代理人，代理人就是合同权利义务关系的承担者。因为代理人在代理活动中既不明示以被代理人名义，也不明示为被代理人的利益，而以自己的名义表示意思或接受意思表示。但事实上，代理人得到了被代理人的授权，有代理权，但他在订约时根本不披露有代理关系一事，而以自己的名义进行商事活动。当然，第三人也没有义务询问是否存在着身份不公开的代理人。因此这种代理经常适用于第三人根本不愿和被代理人，而仅愿意与代理人进行商事活动的场合。

需要指出的是，身份公开的被代理人和身份不公开的被代理人是两个互相对应的概念，只要第三人在进行商事活动时意识到有一个被代理人存在，而不认为自己是单独和代理人打交道，被代理人的身份就算是公开的，至于被代理人究竟是谁，被代理人的姓名是否告知第三人，第三人能否查清被代理人的姓名，都无关紧要。

被代理人身份不公开的代理中，被代理人享有一项重要权利，即介入权。介入权是指身份不公开的被代理人有权以自己的名义，直接介入代理人与第三人所订立的合同，并直接对第三人行使请求权，在必要时还有权对第三人起诉。但是，被代理人行使这一权利有两个前提条件：一是有证据证明合同中确实存在着不公开身份的被代理人，并能确定被代理人姓名；二是合同不仅仅因代理人的人身因素而签订。

【资料卡】

身份不公开的被代理人在以下两种例外情形下不能行使合同介入权：一是身份不公开的被代理人如果行使介入权，将与合同中的明示或默示条款相抵触；二是第三人主要是基于信赖代理人的人身因素而与其缔结契约的。

此外，在被代理人的身份不公开的代理中，第三人也享有两项重要权利：①选择权。选择权是指第三人在发现了被代理人之后，可以要求被代理人或代理人中的任何一人履行合同债务，也可以对被代理人或代理人提起诉讼，但第三人一旦选定其中一人承担义务之后，就不能改弦易辙，对另外一人主张权利。不过，要构成有效的选择，需要具备两个不可或缺的条件：一是第三人完全了解相关的所有事实；二是其实施的意思表示、明确的行为足以表明，他已经选择了代理人或被代理人中的特定一方当事人履行债务。②抵销权。抵销权是指当身份不公开的被代理人起诉第三人时，倘若第三人在确切知道被代理人存在之前，已经取得了对抗代理人的权利，那么他可以对被代理人行使这些抗辩权（包括与代理人相互抵销债权的权利），而不论这些抗辩是否专门针对代理人个人。

（三）国际代理法

由于大陆法系和英美法系在代理概念的理解上有异，尽管两个法系在商业活动中都作出了让步，但在实践上仍引起了许多难以解决的问题，因而，法学家和商人们致力于寻求统一国际代理法的可能性，以使争议的问题减少到最低程度和缩小冲突范围，他们采用了三种解决办法：

（1）试图使本人与代理人之间的代理合同条款实现标准化。归属于国际商法的《商业代理合同起草指南（1960年）》，制定了标准代理合同。

（2）传播各国代理法、特别是保护性法规。目的是帮助人们避免由于各国法律不同引起的纠纷，如英国贸易署出版的《关于外国代理立法与实践》的小册子就介绍了一些国家的法律规定。

（3）制定国际代理公约。国际私法协会起草了三个公约：1961 年的《国际私法关系中的代理统一法公约》、1961 年的《国际货物买卖代理合同统一法公约》、1967 年的《国际货物运输代理人代理合同公约》。但现今国际代理法中最重要的公约是 1981 年由罗马统一法协会起草完成并于 1983 年 2 月 17 日通过的《国际货物销售代理公约》，不过该公约至今尚未生效。

任务案例六：

美国的环球公司作为一家进出口小麦代理商，与卖主美国的麦克公司订立了一份买卖小麦合同。在签订合同时环球公司作为代理人以自己的名义签约，实际上环球公司代理的被代理人就是自己，环球公司并在合同中做出了保付保证。麦克公司知道环球公司是以代理人名义签订合同的，但不知道被代理人是谁。后麦克公司将小麦如数按约送到指定目的港，但环球公司此时由于公司财务状况恶化，不能偿付相应款项。

请问：环球公司是否能作为委托人承担责任？为什么？

知识链接（三）

二、特殊代理制度

各国代理制度的一般原则是：代理人受托与第三人订立合同后，即退出合同关系之外，由本人对第三人承担合同责任，代理人对第三人不负个人责任；若第三人违约，本人也不能要求代理人承担合同责任。但在各国及国际商事交易中，有些法律或习惯也承认，在特定情况下，代理人必须对本人或第三人承担个人责任，以保障本人或第三人的交易及其权益的安全。这种承担特别责任的代理人主要有：

1. 信用担保代理人

信用担保代理是指代理人对本人承担担保由其所介绍的第三人能适当履行合同责任的一种代理制度。德国等大陆法国家的民法典或商法典中有专门规定，适用于直接代理与间接代理两种情况，且须采取书面形式。这种产生于中世纪意大利的代理形式实际上隐含着两个合同关系：一是本人与代理人之间的代理合同；二是代理人就第三人的履行合同义务对本人承担担保责任的担保合同。

值得一提的是，信用担保代理制度正逐渐被各国政府设立的出口信贷保险机构的信贷保险制度所取代。

2. 保付代理人

保付代理是指由代理人代表本人向第三人订货，并在本人的订单上加上保付代理人自己保证的一种特殊代理制度。在保付代理中由代理人担保本人（通常为外国的买受人）履行合同，如本人不履行合同或拒付货款，保付代理人负责向第三人（通常是本国的出卖人）支付货款。保付代理制度的主要目的在于减少国际货物买卖活动中出卖人出口货物的潜在风险。

具体的保付形式主要有两种：一是保付代理人自己作为本人向第三人发出订单，签订买卖合同；二是在本人的订单上加附自己的保付后转交给第三人。前者的保付代理人在同一个交易中身兼两职：对内作为本人的代理人，对外作为被代理的本人。上述两种情况下的保付代理人均应向第三人承担支付货款和本人不接收货物时的赔偿责任。

3. 保兑银行

国际商事代理中的保付代理人，在跟单信用证的支付方式中，由对开证银行所开出的不可撤销信用证加以保兑的另一家银行充任，则该保付代理人即为保兑银行。

【资料卡】

保兑银行虽是银行扮演保付代理人的角色，但与保付代理人不尽相同，它仅涉及国际货物买卖中的付款事宜，而保付代理人的保付事宜涉及整个合同。因此，保兑信用证是以保兑行的金融地位保证信用证的安全可靠；而保付代理人则通过发出采购订单的方式向出卖人承担个人责任，而不仅仅是在资金方面向出卖人提供担保。

在国际商事交易中，跟单信用证的支付方式被广泛采用。出卖人为了保证收款安全，通常要求买受人通过买受人所在国的银行（开证行），向出卖人所在国的往来银行（保兑行）开出一份不可撤销的信用证，委托其保兑行对该信用证加上保兑字样后通知出卖人（保兑法律关系中第三人、受益人）。此时，保兑银行就须向出卖人承担保兑责任。如果出卖人向出卖人所在国已经保兑的往来银行提交了符合规定的提单等单据，就可以取得货款，即使买受人指示银行拒付，保兑行仍应承担向出卖人付款的责任。假如出卖人所在国的往来银行没有在买受人所在国开证行开出的不可撤销的信用证上加上保兑字样，该银行就仅仅是受开证行委托通知出卖人，而不承担保证付款的责任，也没有义务非向该出卖人按信用证规定的条件付款不可。

4. 运输代理人

运输代理人是指接受货主或承运人的委托，在授权范围内办理运输业务的人。根据有些国家的行业惯例，如果运输代理人受客户（本人）的委托，向轮船公司预订舱位，代理人自己须向轮船公司（第三人）负责，即客户如果届时未按约装运货物，代理人须支付空舱费。我国外经贸部发布的《国际货物运输代理业管理规定》对此未予明确规定。

【想一想】

信用担保代理人与保付代理人、保兑银行、运输代理人的主要区别是什么？

任务3 我国外贸代理行为分析

任务案例一：

我国长三角地区的一家民营服装企业——甲公司通过一家设在上海的外贸公司——乙公司对外开展服装进出口贸易，作为甲公司代理人的乙公司在业务活动中是以自己的名义与外商订立合同的。2020年甲公司通过乙公司向美国的丙公司出口了一批服装，丙公司收货后以服装质量不合格为由，未支付货款。甲乙公司认为所交付的货物质量肯定没有问题，对方不付款实际是其财务状况出现了问题。因此乙公司希望甲公司能在美国提起诉讼，主张自己的权利，但甲公司迟疑之后以费用过高为由，拒绝了乙公司的提议。后乙公司自己对丙公司提起了诉讼并打赢了官司，获得了大笔赔偿。甲公司得知这一消息后，要求乙公司返还这批服装的货款。

请问：乙公司是否需要返还货款？为什么？

任务案例二：

我国A外贸公司是B工厂的外贸代理人，其与国外客商订合同时是以自己的名义订立的。一次A公司受托出售B工厂的一批货物时，以低于指定价格20%的价格出售了，于是B工厂只支付了约定佣金的80%，其余的则作为A公司未能按约定价格销售的补偿，A公司不同意，要求B工厂按原定佣金支付，否则结算款将不支付给B工厂。

请问：A公司的这一要求是否合理？B工厂是否应该答应？为什么？

任务案例三：

我国甲外贸公司接受乙生产企业的委托出口A产品，价格为15美元一件，乙企业要求甲公司在三个月内为其出口100万件A产品，如果完成这一任务乙企业在3%的佣金比率上再加2%的佣金。在三个月快到期时，甲公司共完成了91万件的出口任务，还有9万件没有完成，于是甲公司就以自己名义将这些产品买了下来。到期后，甲公司要求乙企业支付5%的佣金。

请问：甲公司的要求是否有合法依据？为什么？

任务案例四：

我国甲外贸公司接受乙生产企业的委托为其寻找客户出口A产品，价格为35～40美元/件，同时乙企业还要求甲公司为其采购原料B产品，价格为5～8美元/件，买进和卖出的佣金比率都为3%。后甲公司在业务开展过程中以45美元的价格为乙企业出售了10万件A产品，以4美元的价格采购了10万件B产品，为乙企业多赚了50万美元的同时，也为其节省了10万美元的采购成本，于是甲公司要求乙企业增加佣金。

请问：甲公司的要求是否有合法依据？为什么？

任务案例五：

作为B公司代理出口商的A外贸公司主要代理出口B公司的X产品，A公司在与美国G公司签订出口合同时以自己名义签订了出口100万套X产品的出口合同。但在合同履行过程中，G公司支付了其中三分之二的货款后，其余三分之一的货款以产品质量不合格为由不予支付。A公司在得知这一情况后，即向G公司说明了其实际上是B公司的代理商，B公司即以G公司为被告依合同约定向中国国际贸易仲裁委员会提请仲裁。但G公司认为B公司不是合同当事人，无权提请仲裁。

请问：B公司是否有权提起仲裁？为什么？

知识链接

中国的外贸代理制

（一）外贸代理制的概念和依据

外贸代理制是指具有进出口经营权的受托人应委托人的委托，代理委托人办理涉及对外经济贸易合同的订立及履行事宜，并收取一定的手续费，而因交易所产生的盈亏由委托人承担的制度。

中国目前推行外贸代理制的法律依据主要是2004年4月6日修订通过并于同年7月1日起执行的《中华人民共和国对外贸易法》。其中的第十二条规定："对外贸易经营者可以接受他人的委托，在经营范围内代为办理对外贸易业务。"

（二）外贸代理制的主要规则

1. 外贸代理形式

根据我国《民法典》第三编合同第二分编典型合同第二十三章委托合同和第二十五章行纪合同的规定，我国外贸代理的形式主要有两种：

（1）委托合同模式。即受托人作为有或无对外贸易经营权的法人、非法人组织或个人的代理人的身份开展外贸代理活动。其又可以分为三种情形：①受托人以委托人名义在授权范围内开展外贸代理活动，与第三人订立外贸合同，其法律后果由委托人承受。此种方式与我国民法中传统的委托代理制度基本相同。②受托人以自己的名义在授权范围内开展外贸代理活动，与第三人订立外贸合同，且第三人知道受托人与委托人之间的代理关系的，则其法律后果由委托人承担，但有确切证据证明该合同只约束受托人和第三人的除外。此种情形类似于英美法系代理法中的“隐名代理”。③受托人以自己的名义在授权范围内开展外贸代理活动，与第三人订立外贸合同，且第三人并不知道受托人与委托人之间的代理关系的，则其法律后果由受托人承担。

此合同在履行过程中，如果受托人因第三人原因对委托人不履行义务，则委托人享有介入权，即受托人应当向委托人披露第三人，委托人因此可以行使对第三人的权利。不过，如果第三人与受托人订立合同时知道该委托人就不会订立合同的除外。

另外，此合同在履行过程中，如果因委托人原因，受托人对第三人不履行义务，则第三人享有选择权，即受托人应当向第三人披露委托人，第三人因此可以选择受托人或委托人作为相对人主张其权利，但第三人一旦选定义务主体，则不能更改。

此情形的外贸代理与英美法系中的“被代理人身份不公开的代理”基本相同。

（2）行纪合同模式。即受托人作为行纪人以自己的名义为委托人从事对外贸易活动，委托人支付相应报酬的一种外贸代理形式。

行纪合同模式与委托合同模式中的第二、三种情形非常相似，但也有一些区别，其区别在于：①行纪合同模式中的受托人身份比较特殊，大多是专业性的商人，而委托合同的受托人则没有身份上的特殊限制。②行纪合同模式中的外贸代理活动是有偿的，而委托合同模式中的外贸代理活动可以是有偿的，也可以是无偿的。③行纪合同模式外贸代理活动中的受托人受委托卖出或买入具有市场定价的商品时，除非委托人有相反的意思表示，可以自己作为买受人或出卖人来完成交易，而委托合同模式中的受托人不能这样做，否则这一代理行为就是滥用代理权的自己代理行为。④行纪合同模式中不存在委托合同模式下委托人行使介入权和第三人行使选择权的问题，行纪人与第三人之间的合同由行纪人直接享有权利和承担义务，这是因为我国的这一外贸代理模式主要来自于大陆法系的间接代理，与英美法系的“隐名代理”与“被代理人身份不公开的代理”不同。

2. 行纪合同模式的外贸代理

由于我国外贸实践大多采用行纪合同模式的外贸代理制（即间接代理制的外贸代理模式），因此这里主要阐述这种类型的外贸代理制度。

（1）从事行纪业务外贸代理人的主体资格。在我国能够从事行纪业务的外贸代理人必须是依法办理工商登记或者其他执业手续，依照《中华人民共和国对外贸易法》和其他有关法律、行政法规的规定从事对外贸易经营活动的法人、非法人组织或者个人。

（2）委托人与外贸代理人的权利与义务。在外贸代理活动中，由于委托人的权利就是外贸代理人的义务，委托人的义务就是外贸代理人的权利，两者是相互对应的，因此这里主要阐述外贸代理人（行纪人）的权利与义务。其义务主要有：①业务执行义务。即行纪人依约定完成委托事务的义务。②受托财产保管义务。因行纪人占有委托物，因此其应当妥善保管，由于其过错或过失导致委托物毁损、灭失的，其应负赔偿责任。③按指定价格交易义务。一般情况下，行纪人应按委托人规定的价格成立交易，如果其低于指定价格卖出或高于指定价格买入的，应当经委托人同意，否则行纪人应补偿其差额；如果其高于指定价格卖出或低于指定价格买入，则可按约定增加报酬，如无约定或约定不明，则该利益归属于委托人；如果委托人对价格有特别指示的，行纪人不得违背该指示卖出或买入。④财产或行纪业务效果之转移义务。受托人处理委托事务取得的财产应当转交给委托人，这里的财产包括行纪人已取得的所有权的财产（包括财物和钱款）和财产权利。⑤行纪人自我费用负担义务。即行纪人处理委托事务支出的费用，由行纪人负担，但当事人另有约定的除外。

在外贸代理活动中，外贸代理人（行纪人）的权利主要有：①合理处分权。即当委托物交付时有瑕疵或易腐烂、变质的，经委托人同意，行纪人可以处分该物，如果和委托人不能及时取得联系的，行纪人则可以合理处分委托物。②提存权。即当行纪人按约定买入委托物，委托人应当及时受领，如未及时受领并经行纪人催告，其无正当理由拒绝受领；或委托物不能卖出或委托人撤回出卖，经行纪人催告，委托人不能取回或不处分该物的，行纪人可按照我国《民法典》的规定提存委托物。③自我交易权。即行纪人受委托卖出或买入具有市场定价的商品时，除非委托人有相反的意思表示，可以自己作为买受人或出卖人来完成交易。④报酬请求权。即行纪人完成或部分完成委托事务的，委托人应当向其支付相应的报酬。⑤留置权。即委托人逾期不支付报酬，行纪人对委托物享有留置权，但当事人另有约定的除外。⑥有利交易的增酬权。即行纪人高于委托人指定价格卖出或低于其指定价格买入，并有明确约定的，则行纪人可按约定要求增加报酬。⑦费用偿付请求权。即当行纪人与委托人约定，行纪人在开展外贸代理活动中所产生的费用可部分或全部由委托人承担的，则行纪人可要求委托人承担相应行纪费用。

> 【想一想】
>
> 我国的外贸代理制与民法规定的民事代理有何不同？

（3）外贸代理人合同责任与保证责任的特殊规定。根据我国《民法典》第三编合同第二分编典型合同中第二十五章行纪合同规定的一般原则，委托人在外贸代理活动中一般不与第三人产生直接的权利义务关系，行纪人与第三人订立的合同，由行纪人对该合同直接享有权利，承担义务。

此外，根据我国《民法典》第九百五十八条第二款的规定，第三人不履行义务致使委托人受到损害的，行纪人应当承担损害赔偿责任。这一规定使行纪人负有类似于担保第三人履行合同的义务，即无论行纪人有无过错或是否违反合同义务，均需就第三人违约给委托人造成的损失负责。但行纪人与委托人另有约定的除外。

我国目前的外贸代理制虽然与以往相比显得更为灵活和完善，但这一代理制度由于是将英美法系中的“隐名代理”“被代理人身份不公开的代理”以及在陆法系中的“间接代理”制度进行了引入、改进和嫁接，因此在许多细节方面还存在着一些不小的矛盾，如行纪中的第三人可否将行纪人对自己所负的债务在委托人介入时对其行使抵销权、行纪人能否转委托等方面，还需要进一步完善。

实务操作训练：

外贸代理合同签订实务操作

要求：

1. 由各虚拟团队选择订约方，然后两个团队中的人员分别以两人为一组，一个为委托人代表律师，另一个为代理商代表律师；

2. 教师提供外贸代理合同订立操作资料，共三份（一份为委托方资料，一份为代理商资料，一份为授权委托书示范格式）；

3. 学生在课余时间查找外贸代理合同的示范格式、合同签订注意事项等资料，做好外贸代理合同签订准备；

4. 根据资料双方磋商订立一份外贸代理合同、一份授权委托书；

5. 每一组上交一份外贸代理合同和一份授权委托书。

项目6　票据使用分析训练

任务1　票据关系分析

任务案例一：

A于2020年4月1日签发一张出票后3个月付款的银行承兑汇票给B，汇票金额100万元，承兑人为甲银行。B承兑后背书转让给C，C又背书转让给D。该汇票于7月1日到期后，持票人D于7月5日向甲银行提示付款，甲银行以出票人A的资金账户上只有80万元为由拒绝付款。

请问：A、B、C、D、甲银行这些主体之间的票据关系是怎样的？

任务案例二：

新加坡万利达有限责任公司与意大利赫尔曼有限责任公司签订了一份由万利达有限责任公司向赫尔曼有限责任公司出售100桶蜜饯苹果的合同，分两批交货，总价金10万美元，支付方式是意大利赫尔曼有限责任公司向新加坡万利达有限责任公司交付本票。后双方之间的买卖合同解除，新加坡万利达有限责任公司仍然持票向意大利赫尔曼有限责任公司请求付款。

请问：意大利赫尔曼有限责任公司是否可以拒绝付款？为什么？

任务案例三：

出票人甲将票据交付给收款人乙，乙通过背书将票据转让给丙，丙又将票据转让给丁，丁又将票据转让给戊，戊为最后持票人。

请问：在这一系列当事人之间，谁是票据上的前手和后手？这样区分有何意义？

知识链接（一）

一、票据法律关系

因票据的发行而产生的票据当事人之间的权利义务关系是票据法律关系。有两层含义：票据关系和非票据关系。

（一）票据关系

票据关系是基于票据行为而产生的法律关系，根据票据行为的不同，具体票据关系可分类如下：

1. 票据的出票关系

票据出票人与收款人之间交付票据，出票人向收款人担保票据承兑、付款的关系。

2. 票据的背书关系

即票据在背书转让、付款、债权追索的过程中所产生的关系，包括背书人与被背书人的关系、被背书人与付款人的关系、背书人前手和后手之间的关系。

3. 票据的承兑关系

即票据收款人与承兑人之间的关系。

4. 票据的保证关系

其包括票据保证人与持票人的关系，保证人在履行债务后对被保证人及其前手的关系。

5. 票据的付款关系

即票据持票人和付款人的关系。

（二）非票据关系

非票据关系不是基于票据行为直接发生的法律关系，是基于票据法和民法的规定而产生的权利义务关系。

1. 票据法中的非票据关系

（1）票据返还关系。在票据为非法取得的情况下，票据的正当权利人与因盗窃、拾得或因恶意、重大过失而取得票据的持票人之间发生的票据返还关系。

（2）利益返还关系。票据由于一定的原因而不能实现票据债权时，通过票据而交换得到的利益或对价也应返还。如因票据时效期满丧失票据权利，而在持票人与出票人或承兑人之间发生的利益返还关系。

2. 民法中的票据关系（票据基础关系）

（1）票据的原因关系。即当事人间授受票据的原因，如购销双方买卖关系的存在是买方向卖方签发票据支付货款的原因关系。

（2）票据的资金关系。即汇票、支票的出票人与付款人之间的资金委托付款关系。

（3）票据预约关系。即当事人之间在存在原因关系的基础上，就授受票据以及票据的有关事项达成一致意见的协议。

票据关系与票据基础关系原则上相互独立、互不影响，以体现票据的无因性，但在特定情况下又有一定的联系。如直接当事人之间的原因关系可对抗票据关系，未付对价或相当对价的持票人不能取得优于其前手的权利等。

（三）票据当事人

根据不同标准可以将票据当事人分成不同的种类，具体有：

（1）根据当事人参与票据关系的先后，可以将其分为基本当事人与非基本当事人。前者是在票据发行时就存在的，其直接关系到票据关系的成立；在汇票、支票场合，主要是出票人、付款人、收款人；在本票场合，主要是出票人、收款人。后者是出票后通过票据行为加入的，主要有背书人、被背书人、保证人等。

（2）根据票据行为不同，可将票据当事人分为发行关系当事人（出票人与收款人）、背书关系当事人（背书人与被背书人）、承兑关系当事人（承兑人与持票人）、保证关系当事人（保证人、被保证人与收款人）、付款关系当事人（付款人与收款人）。

（3）根据票据关系的性质，可以将其分为票据债权人和票据债务人。合法持有票据的人为票据权利人，除合法持票人外在票据上真实签章的人为票据债务人。

（4）根据当事人在票据流通过程中的先后位置，可将其分为前手和后手。前手是后手的债务人，这种划分有利于票据追索权的行使。

任务案例四：

祥福房地产有限公司从育红贸易进出口公司购进2000吨水泥，总价款50万元。水泥运抵后，签发了一张以祥福公司为出票人和付款人、以育红公司为收款人的三个月后到期的商业承兑汇票。一个月后，育红公司从吉祥有限责任公司购进一批木材，总价款45.5万元。育红公司就把祥福公司开的汇票背书转让给吉祥公司，多付的4.5万元由吉祥公司用支票方式支付给育红公司。之后，祥福公司发现2000吨水泥中有一半质量不合格，双方发生纠纷。汇票到期时，吉祥公司把汇票提交祥福公司要求付款，祥福公司拒绝付款，理由是育红公司供给的水泥不合格，不同意付款。

请问：祥福公司可以拒绝付款吗？为什么？

任务案例五：

甲公司出售一批货物给乙公司，交货后甲公司开立了以乙公司为付款人的汇票。汇票被承兑后在付款日到来之前，甲将汇票转让给了丙公司，丙又转让给了丁公司。

请问：丁对乙有没有债权？这种债权与甲对乙的债权是否相同？为什么？这说明了什么问题？

任务案例六：

甲公司与乙公司做买卖，甲公司购买乙公司的货物收到之后其开了一张以自己为付款人的三个月到期的商业承兑汇票10万元给乙公司。乙公司即以汇票支付了自己欠丙公司的10万元债。三个月到期前丙公司持汇票要求甲公司承兑，但甲公司予以拒绝，其理由是该债权转让行为未通知甲公司，因此甲公司只认原债权人。

请问：甲公司拒绝承兑的理由是否合法？为什么？

知识链接（二）

二、票据的概念

（一）票据的概念

票据是出票人依法签发的，由自己或委托他人于到期日或见票时无条件支付一定金额给收款人或持票人的

> 【资料卡】
>
> 我国票据的历史比较古老，大约萌芽于中唐时代，当时的“飞钱”代替现金输送，已具备票据雏形，类似于今天的汇票。到北宋时代，“交子”“关子”“会子”等兑换券和纸币出现，供人异地送款之用，类似于今天的汇票、本票。

有价证券。广义的票据是指商事活动中的一切书面凭证，如发票、提单、支票等。这里所讲的票据是狭义上的票据，即票据法上的票据——汇票、本票和支票。

（二）票据的法律特征

1. 票据为设权证券

它意味着票据只要依法做成，有关当事人之间便有了票据上的权利义务。票据不是证明存在的权利，而是创设权利。

2. 票据是要式证券

票据上的记载事项、记载方式，法律有明确规定。不按规定来办理，则该票据不发生法律效力。

3. 票据是广义证券

票据权利义务的内容与大小全凭票据上的文字意义来确定，而不能进行任意解释或以票据以外的任何其他书面文件来认定、变更或补充。

4. 票据是无因证券

票据是设权证券，票据持有人行使票据权利无须证明其取得票据权利的原因。

5. 票据是流通证券

票据可以通过背书、交付的方式转让与他人，并不需通知，其转让即对票据债务人发生法律效力。

6. 票据是金钱证券

票据的标的只能是一定数额的金钱，而不能是金钱以外的财产、权利或行为。

7. 票据是返还债券

持票人向票据债务人主张权利，受领票据金额，当得到全部给付时，须将票据交还给付款人，以消灭票据上的债权债务。

（三）票据的分类

（1）按出票人不同，可分为银行票据和商业票据。出票人为银行的是银行票据；出票人为银行以外的人，是商业票据。

（2）按付款期限不同，可将票据分为即期票据和远期票据。见票即付的票据为即期票据；远期票据则是指出票后定期付款、见票后定期付款、定日付款的票据。

（3）按票据上记名与否，可将票据分为记名票据和无记名票据。记名票据记载收款人姓名或名称；无记名票据则不记载收款人的姓名或名称。

（4）根据票据格式完成与否及效力不同，可将票据分为空白票据和完成票据。票据行为人仅在票据上签章，而将票据上其他应记载的事项授权他人完成的票据，称空白票据；完成票据即指票据的应记载事项完整，具有完全效力的票据。

（5）按票据性质不同，可分为汇票、本票、支票。这是票据法一般包括的种类。其含义在以后的内容里详细论述。

（四）票据的作用

1. 支付功能

这是票据的基本作用。以票据代替现金支付，克服了携带现金不安全、不方便的弊端，达到迅速、准确、简便、安全的目的。

2. 汇兑功能

票据作为异地支付工具，解决了空间与安全上的不便，而且节约费用，免于往返奔波。现今的国际贸易中，大多是用票据进行国际结算。

3. 信用功能

信用功能是票据的核心作用，利用票据约定付款人在到期时付款的做法，实际就是付款人获得了一定时期的信用。比如，甲向乙开出见票后 60 天付款 1 万元的汇票，实际是买方得到了两个月的贷款信用。汇票和本票都有信用工具的作用，支票则不具备，因为支票是见票即付的。

任务案例七：

试判断下列汇票属于什么汇票：

（1）由买卖合同中的卖方签发的由买方为付款人的汇票。

（2）由买卖合同中的卖方签发的以买方开户银行为承兑人、买方为付款人的汇票。

（3）由买卖合同中的买方签发的由买方为付款人的汇票。

（4）由买卖合同中买方的开户银行签发的由该银行为付款人的汇票。

任务案例八：

我国的甲公司出售一批货物与乙公司后，乙公司通过开户银行签发了一张 5 万元的本票给甲公司。后甲公司向银行提取这笔款项时，被告知由于乙公司的银行账户中只有 1 万元，因此银行无法付款给甲公司。

请问：银行能否拒绝付款？为什么？

任务案例九：

张三拿着公司开列的一张转账支票与其他一叠票据去银行办业务，不巧的是在去的路上遗失了这张转账支票。李四捡到后即持支票去商场采购了两台液晶彩电和一只手机，共花费 12000 元。后商场持支票到银行取款，被告知转账支票只能用于转账，不能用于购物，商场不应售货给李四，因此银行不能付款给商场。

请问：银行的说法有无道理？为什么？

知识链接（三）

三、汇票、本票、支票的概念和种类

（一）汇票的概念和种类

1. 汇票的概念

汇票是出票人签发的，委托付款人在见票时或者在指定日期无条件支付确定的金额给收款人或者持票人的票据。

汇票关系中有三个基本当事人，即出票人、付款人和收款人。

2. 汇票的种类

（1）根据汇票出票人的不同，可将汇票分为银行汇票和商业汇票。前者是指银行签发的汇票，后者则是由银行以外的企事业单位、机关、团体等签发的汇票。商

> 【资料卡】
>
> 汇票的其他分类：
>
> （1）按签发和支付地点不同，可分为国内汇票（境内签发并支付）和国际汇票（本国签发、外国支付或外国签发、本国支付）。
>
> （2）按银行对付款的要求不同，可分为光票（只需提示汇票即可付款）和跟单汇票（须附示各种单据与汇票后才可付款）。

业汇票按承兑人的不同，分为商业承兑汇票和银行承兑汇票。前者由银行以外的付款人承兑，后者由银行承兑。

（2）按付款期限长短的不同，汇票可分为即期汇票（见票即付汇票）、远期汇票（定期付款汇票、出票后定期付款汇票和见票后定期付款汇票）。

（3）根据汇票上基本当事人是否兼充，可将汇票分为一般汇票和变式汇票。前者三个基本当事人各不相同，后者是一人兼充两个以上当事人的汇票。变式汇票又可分为指己汇票（出票人兼收款人）、对己汇票（出票人兼付款人）、付受汇票（付款人兼收款人）、己付己受汇票（出票人、付款人和收款人为同一人）。

（二）本票的概念和种类

本票是出票人签发的，承诺自己在见票时无条件支付确定金额给收款人或者持票人的票据。我国只允许银行发行本票，因此只有银行本票。

银行本票是银行签发的，承诺自己在见票时无条件支付确定的金额给收款人或者持票人的票据。银行本票分为定额银行本票和不定额银行本票。定额银行本票的面额为1000元、5000元、10000元和50000元。

（三）支票的概念和种类

1. 支票的概念

支票是出票人签发的，委托办理支票存款业务的银行或其他金融机构在见票时无条件支付确定的金额给收款人或持票人的票据。

支票的基本当事人有三个：出票人、付款人和收款人。支票是一种委付证券，与汇票相同，与本票不同。支票有两个显著的特点：一是以银行或者其他金融机构作为付款人，二是见票即付。

2. 支票的种类

支票按照支付票据的方式可以分为普通支票、现金支票和转账支票三种。

现金支票专门用于支取现金。转账支票专门用于转账，不得用于支取现金。普通支票既可以转账，也可以支取现金：用于转账的，可在普通支票左上角加划两条平行线，也称划线支票；未划线的普通支票，可用于支取现金。

在实践中，我国一直采用的是现金支票和转账支票，没有普通支票，但为了方便当事人，《票据法》便借鉴国外的做法，规定了普通支票的形式。

四、票据法概述

（一）票据法的概念

广义的票据法是指涉及票据关系调整的各种法律规范，既包括专门的票据法律、法规，也包括其他法律、法规中有关票据的法律规范。

一般意义上所说的票据法是指狭义的票据法，即专门的票据法规范，它是规定票据的种类、形式和内容，明确票据当事人之间的权利义务，调整因票据而发生的各种社会关系的法律规范。

在我国，票据法一般作狭义理解。即自1996年1月1日起施行并于2004年8月28日由第十届全国人民代表大会常务委员会第十一次会议修订的《中华人民共和国票据法》（以下简称《票据法》）。

（二）票据法的特点

（1）强行性。票据法的规定几乎都是强行法规，例如票据种类法律规定为汇票、本票、支票三种。票据是要式证券，如果使用票据不按规定行为，则对其效力有影响。

（2）技术性。票据法的规定许多都是技术性规定，这是为了便于当事人对票据上各种事项认识和利用。如汇票承兑必须记载于汇票正面，背书必须写在票据的反面等。

（3）国际统一性。随着商品经济和国际贸易的发展，各个国家票据法的不统一给票据流通带来不便，票据国际统一化势在必行，因而《日内瓦统一汇票、本票、支票法》为大多数国家所接受，成为各国制定票据法的蓝本。目前，票据法是国际上通用程度最高的一种法律。

【资料卡】

1930 年、1931 年国际联盟理事会在日内瓦召开了两次票据法统一会议，30 个国家参加，通过了《统一汇票、本票法公约》《支票法统一法公约》等 6 个公约，统称“日内瓦票据公约”。标志着票据法的国际统一取得了初步成就。

任务2 票据行为分析

任务案例一：

A 公司设立人之一的甲以正在设立中的 A 公司名义开立一张三个月后付款的汇票给乙，以购买一批办公用品。在汇票承兑之前，A 公司因不符国家规定而未获得注册，只能终止设立，取消了银行账户，因而乙在汇票到期时无法获得付款。

请问：乙能否根据汇票要求甲来支付汇票金额？为什么？

任务案例二：

老张生了重病，其估计自己将不久于人世，于是他将自己的子女找来，立了份遗嘱，其中他将自己的一份还未到期但已承兑的 15 万元的银行承兑汇票留给了自己的小女儿张红。过了不到一星期，老张就病逝了，张红依遗嘱获得那张汇票。

请问：老张立遗嘱将汇票分给张红的行为是否是票据行为？为什么？

知识链接（一）

一、票据行为

（一）票据行为的概念

票据行为是指票据关系当事人之间以发生、变更或终止票据关系为目的而进行的法律行为。我国《票据法》规定票据行为包括出票、背书、保证、承兑、付款五种。一般来说，出票行为为基本票据行为，其余为附属票据行为。基本票据行为是创设票据的行为，附属的票据行为是在出票行为基础上所作的行为。

（二）票据行为的成立要件

1. 行为人必须具有从事票据行为的能力

《票据法》规定，不具备从事票据行为能力的人在票据上签章的，其签章无效。即在票据上签章的自然人必须是具有完全民事行为能力的人，法人和非法人组织必须依法成立，否则，该签章不具有任何效力，签章者并不因此而成为票据上的债务人，其他票据当事人也不得据此签章向不具备从事票据行为能力的人主张任何票据债权。

2. 行为人的意思表示必须真实或无缺陷

票据的签发、取得和转让，应当遵循诚实信用的原则，具有真实的交易关系和债权债务关系，以欺诈、偷盗或者胁迫等手段取得票据的，或者明知有前述情形，出于恶意取得票据的，不得享有票据权利。

3. 票据行为符合法定形式

票据行为是一种要式行为，必须符合法律、法规规定的形式。

（1）票据签章。票据上的签章为签名、盖章或者签名加盖章。自然人签章指自然人在票据上亲自签写自己本名，包括上述三种形式，即签名、盖章、签名加盖章。法人签章由法定代表人签名或盖章并载明代表法人之意，如写“法定代表人：×××”，同时加盖法人业务专用章。非法人单位由其主要负责人签名或盖章，并加盖该单位的印章。

出票人在票据上的签章不符合规定的，票据无效；其他人在票据上的签章不符合规定的，其签章无效，但不影响其前手符合规定签章的效力，即其他有效签章人仍应承担票据责任。

（2）票据记载事项。票据记载事项一般分为绝对记载事项、相对记载事项、任意记载事项、不发生票据法上效力的事项、不得记载事项等。①绝对记载事项是指票据法明文规定必须记载的，如果未记载则票据无效的记载事项，如出票日期、票据收款人等。②相对记载事项是指票据法虽规定应当记载，但如不记载而在票据法上另有规定，该票据依然有效的事项，如未记载付款地的，以付款人所在地为付款地。③任意记载事项是指票据法规定由当事人任意记载的事项，行为人不记载，对票据效力不发生影响，一旦作了记载，就发生票据法规定的效力，如出票人在票据上记载了“不得转让”字样，则该票据一般不能再转让。④不发生票据法上效力的事项，如在票据上记载签发票据的原因或用途，这属于票据基础关系，在票据法上该记载无效，但其不影响票据的效力，同时这并不意味其不发生其他法上的效力。⑤不得记载事项包括记载无效的事项和使票据无效的事项。前者是某些记载于票据上的事项不仅不发生票据上的效力，也不发生其他法上的效力，同时其不影响票据本身的效力，如在支票上记载付款日期。后者是票据法禁止记载的事项，如果记载，票据无效，如票据的金额、出票或签发日期、收款人名称不得更改，更改的票据无效；票据金额大小写不一致，则票据无效。

（3）票据的交付。票据行为有效成立，除了应在票据上为法定方式的记载及行为人签名外，还须进行票据交付。票据因被盗、遗失等原因被他人占有不属于票据交付。在票据交付前，因遗失、被盗或其他非因该行为人的意思而使票据流通的，行为人对于善意受让人仍然应该依票据所载的文义负责。

任务案例三：

甲公司派业务员A赴某县收购粮食，在与该县乙公司签订粮食买卖合同后，A拟将甲公司作为收款人的一张汇票背书给乙公司，由于A和乙公司的业务员B不熟悉票据的背书规则。于是，A、B委托当地农行的工作人员C完成背书。C将乙公司的公章盖在了背书人栏，将甲公司的公章盖在了被背书人栏，并将汇票交给B，之后乙公司又将汇票背书给了丙公司，用以支付所欠的购货款。

请问：丙公司若持该汇票提示付款，付款人应否付款？为什么？票据背书的绝对应记载事项有哪些？

任务案例四：

收款人甲将汇票背书转让给乙，乙背书转让给丙并附记不得转让，而丙却再转让给了丁，丁又转让给戊，结果戊到期未获付款。

请问：戊如何实现其债权？

任务案例五：

甲公司从乙公司购入一批设备，给乙公司开出期限为两个月的商业承兑汇票一张，面额为50万元。后乙公司依法将该汇票背书转让给丙，丙将汇票遗失，被A捡到，A又将汇票背书转让给了丁。

请问：该汇票到期时，付款人是否应该付款给丁？为什么？

知识链接（二）

二、汇票的票据行为

（一）汇票的出票

出票是指出票人签发票据并将其交付给收款人的票据行为。其包括两个行为：一是出票人依照《票据法》的规定签发票据；二是交付票据，即将做成的票据交付给他人。汇票的出票人必须与付款人具有真实的委托付款关系，并且具有支付汇票金额的可靠资金来源。出票人不得签发无对价的汇票以骗取银行或者其他票据当事人的资金。

1. 出票的记载事项

（1）绝对必要记载事项：表明“汇票”的字样、无条件支付委托、确定的金额、付款人名称、收款人名称、出票日期、出票人签章。

（2）相对必要记载事项：付款日期、付款地、出票地。如果汇票上未记载付款日期的，为见票即付；汇票上未记载付款地的，则付款人的营业场所、住所或者经常居住地为付款地；汇票上未记载出票地的，出票人的营业场所、住所或者经常居住地为出票地。

任意记载事项、不发生票据法上效力的事项与不得记载事项可见“项目6—任务2　知识点（一）”所述。

2. 出票的效力

汇票出票人依法完成出票行为后即产生票据上的效力，即收款人取得票据权利；付款人基于出票人的付款委托使其具有承兑人的地位，在其对汇票进行承兑后，即成为汇票上的主债务人；出票后出票人须承担保证该汇票承兑和付款的责任。

> 【想一想】
>
> 汇票出票人依法完成出票行为后，付款人即成为汇票上的主债务人。这一说法正确吗？为什么？

（二）汇票的背书

背书是指持票人在票据的背面或粘单上记载有关事项并签章将汇票权利转让与他人或者将一定的汇票权利授予他人行使的一种票据行为。票据转让必须做成记名背书。票据凭证不能满足背书人记载事项的需要，可以加附粘单，粘附于票据凭证上。粘单上的第一记载人应当在汇票和粘单的粘接处签章。

1. 背书的记载事项

背书应记载的事项包括背书人签章、被背书人名称和背书日期。其中前两项属于绝对记载事项；背书日期如未记载，则视为在汇票到期日前背书。

有效背书除了当事人要有背书资格、记载事项符合法律规定外，还须具有下列条件：

（1）背书要连续。即背书人与被背书人在汇票上的签章依次前后衔接。

（2）背书不得附有条件，附有条件的，所附条件不具有汇票上的效力，但背书转让仍然有效。

（3）将汇票金额的一部分转让或将汇票金额分别转让给两人以上的背书无效。

（4）被拒绝承兑、拒绝付款或超过付款提示期的汇票，不得背书转让；背书转让的，背书人应承担汇票责任。

2. 禁转背书的记载

禁转背书是由背书人在汇票上记载“不得转让”字样，使汇票失去转让性的背书。背书人在汇票上记载“不得转让”字样，其后手再背书转让的，该转让不产生《票据法》上的效力，而只具有普通债权让与的效力，原背书人对后手的被背书人不承担保证责任。

3. 委任背书

委任背书是授权他人代行票据权利的背书。背书记载“委托收款”字样，代行的票据权利主要有：承兑请求权、付款请求权、追索权、诉权等。但是，被背书人不得再以背书转让汇票权利。

4. 设质背书

这是背书人以票据权利为被背书人设定质押而作成的背书，设质背书须记载“质押”字样。被背书人依法实现其质权时，可以行使汇票权利。

任务案例六：

甲公司在与乙公司的交易中获得一张出票人与付款人均为丙公司的面额为100万元的商业汇票。汇票承兑期到了以后，甲公司向丙公司提示承兑，丙公司予以承兑。后汇票付款期届至时，甲公司请求丙公司付款，这时丙公司才发现这张汇票是伪造的。

请问：丙公司是否需要支付汇票款项？为什么？

任务案例七：

甲公司于2020年4月20日向乙公司签发了一张由甲公司出票并由其付款的汇票，汇票规定票据于出票之日起三个月后的第一个工作日付款，乙公司取得后即转让给了丙公司，丙公司将其偿还了欠工商银行的贷款，而工商银行将其转让给了张三，并且在票据背面的粘单上载明了“一般保证”字样。后张三在到期时未能获得付款，其即向工商银行提出要求工商银行承担保证责任，但工商银行辩称，其保证方式是一般保证，有先诉抗辩权，张三须完成诉讼和强制执行程序之后才能要其承担保证责任。

请问：工商银行的说法有无道理？为什么？

知识链接（三）

（三）汇票的承兑

1. 提示承兑

提示承兑是指持票人向付款人出示汇票，并要求付款人承诺付款的行为。提示期限因汇票种类不同而有所区别。

见票即付的汇票，因请求承兑的同时就意味着请求付款，因此，无须提示承兑；定日付款或者出票后定期付款的汇票，持票人应当在汇票到期日前向付款人提示承兑；见票后定期付款的汇票，持票人应当自出票日起 1 个月内向付款人提示承兑。持票人未在提示期限内请求承兑的，丧失对其前手的追索权。

2. 承兑的记载事项

承兑的记载事项包括三项，即承兑文句、承兑日期、承兑人签章。其中承兑文句和承兑人签章是绝对应记载事项，承兑日期是相对应记载事项，但见票后定期付款的汇票，则必须记载日期。付款人承兑汇票，不得附有条件；承兑附有条件的，视为拒绝承兑。

付款人应当自收到提示承兑的汇票之日起 3 日内承兑或者拒绝承兑。如果付款人在 3 日内不做承兑与否的表示，则视为拒绝承兑，持票人可以请求其作出拒绝承兑证明，向其前手行使追索权。

3. 承兑的效力

承兑的效力在于确定汇票付款人的付款责任。一经承兑，承兑人于票据到期日必须向持票人无条件地支付汇票上的金额。承兑人的票据责任不因持票人未在法定期限提示付款而解除，承兑人仍要对持票人承担票据责任。

（四）汇票的保证

汇票的保证是指汇票债务人以外的第三人，以担保特定汇票债务人履行票据债务为目的，而在票据上所为的一种附属票据行为。

1. 保证的记载事项

保证人必须在汇票或其粘单上记载下列事项：表明“保证”字样，保证人名称和住所，被保证人的名称，保证日期，保证人签章。

绝对应记载事项包括保证文句和保证人签章；相对应记载事项包括被保证人的名称、保证日期和保证人住所。未记载被保证人名称的，已承兑的汇票，承兑人为被保证人；未承兑的汇票，出票人为被保证人。未记载保证日期的，出票日期为保证日期。

2. 保证的记载方法

汇票的保证应当记载在汇票或其粘单上，在票据之外签订的保证合同，不属于票据的保证。如果保证人是为出票人、承兑人保证的，则应记载于汇票的正面；如果保证人是为背书人保证的，则应记载于汇票的背面或者粘单上。

3. 保证的效力

保证人与被保证人对持票人承担连带责任。被保证的汇票到期后得不到付款的，持票人有权向保证人请求付款，保证人应当足额付款。保证人的票据责任从属于被保证人的债务，与被保证人负有同一责任，同时又不随被保证人的债务因实质原因无效而无效，只有当被保证人的债务因欠缺票据形式要件而无效时，如绝对记载事项欠缺等，保证才无效。

保证人为两人以上的，保证人之间承担连带责任。

保证人向持票人清偿债务后，取得票据而成为持票人，享有票据上的权利，有权对被保证人及其前手行使追索权。

任务案例八：

甲获得了一张由乙签发的银行承兑汇票，后甲将其背书转让给了丙，丙在收受汇票后没多久遗失了汇票。丁拾到后将其转让给了戊，戊持汇票到期要求付款银行付款，付款银行未作任细审查即付了相应款项给戊。后真正的票据权利人丙持法院的除权判决要求银行付款。

请问：该银行是否需要再付款？为什么？

任务案例九：

A公司与B公司签订了一份价款为20万元的买卖合同，A公司收到B公司签发的商业承兑汇票一张，期限为3个月。1个月后，A将该汇票转让给C，A公司在票据上记载了保证事项，后C转让给了D，D又转让给了E。E公司于到期日向B公司提示付款，因银行存款不足遭退票。E公司向A公司行使追索权，A公司以E公司应该先向D追索为由拒绝。

试分析：A公司的主张是否合法？为什么？若E公司未在取得拒绝证明书的3日内发出追索通知，还能否追索？为什么？

知识链接（四）

（五）汇票的付款

付款是指付款人依据票据文义支付票据金额，以消灭票据关系的行为。

1. 付款提示

付款提示是指持票人向付款人或承兑人出示票据，请求付款的行为。

付款提示是付款的必经程序，如果持票人未在上述法定期限内为付款提示的，则丧失对其前手的追索权。但在做出说明后，承兑人或付款人仍应对持票人承担付款责任。

持票人应按下列期限提示付款：见票即付的汇票，自出票日起1个月内向付款人提示付款；定日付款、出票后定期付款或者见票后定期付款的汇票，自到期日起10日内向承兑人提示付款。

2. 支付票款

持票人依法向付款人进行付款提示后，付款人应当在当日无条件地按票据金额足额付款。

付款人或者代理付款人在付款时应当尽审查义务。对持票人是否为合法权利人负有形式审查义务，即应当审查汇票背书的连续和应记载事项，并审查提示付款人的合法身份证明或者有效证件。

付款人及其代理人以恶意或有重大过失而付款的，应当自行承担责任。此外，如果付款人对定日付款、出票后定期付款或者见票后定期付款的汇票在到期日前付款，应由付款人自行承担所产生的责任，即当持票人不是票据权利人时，对于真正的票据权利人并不能免除其票据责任，而对由此造成损失的，付款人只能向非正当持票人请求赔偿。

3. 付款的效力

付款人依法足额付款后，全体汇票债务人的责任解除。但是，如果付款人付款存在瑕疵，即未尽审查义务而对不符法定形式的票据付款，或其存在恶意或重大过失而付款的，则不发生上述法律效力，付款人的义务不能免除，其他债务人也不能免除责任。

（六）汇票的追索权

追索权是指持票人在票据到期不获付款或到期前不获承兑或其他法定原因，并在实施行使或保全票据上权利的行为后，可以向其前手请求偿还票据金额、利息及其法定款项的一种票据权利。

> 【想一想】
> 追索权与付款请求权的区别。

1. 追索权的当事人

追索权的当事人包括追索权人和偿还义务人。追索权人包括最后的持票人和因清偿而取得票据的人，即向自己的后手已做清偿的持票人。偿还义务人包括出票人、背书人、承兑人、保证人。

2. 追索权的行使

发生下列情形之一的，持票人可以行使追索权：①汇票到期被拒绝付款；②汇票在到期日前被拒绝承兑；③在汇票到期日前，承兑人或付款人死亡、逃匿的；④在汇票到期日前，承兑人或付款人依法宣告破产或因违法被责令终止业务活动的。

持票人行使追索权必须履行一定的保全手续而不致使追索权丧失。保全手续包括：①在法定提示期限提示承兑或提示付款。②取得拒绝证明。持票人在行使追索权之前，应对被拒绝的事实负举证责任。持票人不能出示拒绝证明的，将丧失对其前手的追索权。拒绝证明主要有拒绝证书、退票理由书、汇票上记载拒绝事由等形式。

3. 追索权行使的程序

（1）发出追索通知。持票人应当自收到被拒绝承兑或者被拒绝付款的有关证明之日起 3 日内，将被拒绝事由书面通知其前手，其前手应当自收到通知之日起 3 日内书面通知其再前手。持票人也可以同时向各汇票债务人发出书面通知。未按照上述规定期限通知的，持票人仍可以行使追索权。因延期通知给其前手或者出票人造成损失的，由没有按照规定期限通知的汇票当事人承担对该损失的赔偿责任，但是所赔偿的金额以汇票金额为限。

（2）确定追索对象。持票人可以不按照汇票债务人的先后顺序，对其中任何一人、数人或者全体行使追索权。持票人对票据债务人中的一人或者数人已经进行追索，对其他票据债务人仍可以行使追索权。但是持票人为出票人的，对其前手无追索权，持票人为背书人的，对其后手无追索权。

汇票的出票人、背书人、承兑人和保证人对持票人承担连带责任，但被追索清偿债务后，其与持票人享有同一权利。

（3）追偿金额。持票人行使追索权，可以请求被追索人支付以下金额与费用：①被拒绝付款的汇票金额；②汇票金额自到期日或者提示付款日起至清偿日止，按照中国人民银行规定的同档次流动资金利率计算的利息；③取得有关拒绝证明和发出通知书的费用。

任务案例十：

2 月 25 日甲公司将一批货物卖给了乙公司，3 月 1 日乙公司用一张其从丙公司那儿受让的工商银行本票支付了这笔货款 20 万元。甲公司的会计收到本票时，因有急事要去办理，将这张本票往自己抽屉中的书里一夹就出去了。之后直到 5 月 25 日，会计才想起这张票据。于是其持票据要求工商银行付款，工商银行则告知其此票据已失效，无法付款。

请问：工商银行的说法是否正确？为什么？此事乙公司应如何处理？

知识链接（五）

三、本票的票据行为

本票的出票、背书、保证、付款行为和追索权的行使，除特别规定外，适用有关汇票的规定。

（一）本票的记载事项

本票的出票人必须具有支付本票金额的可靠资金来源，并保证支付。银行本票的出票人，为经中国人民银行当地分支行批准办理银行本票业务的银行机构。

本票的绝对应记载事项包括：①表明“本票”的字样；②无条件支付的承诺；③确定的金额；④收款人的名称；⑤出票日期；⑥出票人签章。

本票的相对应记载事项包括：①付款地，本票上未记载付款地的，出票人的营业场所为付款地；②出票地，本票上未记载出票地的，出票人的营业场所为出票地。

（二）本票的付款

银行本票是见票付款的票据，收款人或持票人在取得银行本票后，随时可以向出票人请求付款。本票自出票日起，付款期限最长不得超过 2 个月。持票人未按规定期限提示见票的，丧失对出票人以外的前手的追索权。

任务案例十一：

建筑公司到五金商店购买 2000 元电器设备，当场提货，以空白转账支票付款，注明限额 2500 元。五金商店开具了发票，双方即时结清。10 天以后，建筑公司发现有 8 万元被这张支票划走，遂要求五金商店赔偿。五金商店声称，建筑公司提货后的当天，一个自称建筑公司工作人员的人来到商店，说支票印章有问题，改用现金支付，用 2000 元现金换走支票。五金商店没有核对此人身份。之后，该支票被转入其他银行一个账户，金额为 8 万元。原注明“限额 2500 元”被涂改。建筑公司要求五金商店赔偿，五金商店拒绝。

请问：什么是空白支票？我国票据法是否允许使用空白支票？建筑公司使用空白支票支付货款的行为是否符合票据法的规定？

任务案例十二：

A 公司向 B 公司购买一批货物，于 8 月 20 日签发一张转账支票给 B 公司用于支付货款，但 A 公司在支票上未记载收款人名称，约定由 B 公司自行填写，B 公司取得支票后，在支票收款人处填写上 B 公司名称，并于 8 月 20 日将该支票背书转让给 C 公司。C 公司于 9 月 3 日向付款银行提示付款。A 公司在付款银行的存钱足以支付支票金额。

请问：A 公司签发的未记载收款人名称的支票是否有效？A 公司签发的支票能否向银行支取现金？付款银行能否拒绝向 C 公司付款？为什么？

知识链接（六）

四、支票的票据行为

支票的出票、背书、保证、付款行为和追索权的行使，除特别规定外，适用有关汇票的规定。

（一）支票的记载事项

支票的出票人为在经中国人民银行当地分支行批准办理支票业务的银行机构开立可以使用支票的存款账户的单位和个人。

支票的绝对应记载事项包括：①表明“支票”的字样；②无条件支付的委托；③确定的金额；④付款人名称；⑤出票日期；⑥出票人签章。支票上未记载上述规定事项之一的，则支票无效。

> 【想一想】
> 支票记载事项中，哪些事项可以补记？

支票相对应记载事项包括：①付款地，未记载付款地的，以付款人营业场所为付款地；②出票地，未记载出票地的，以出票人的营业场所、住所或者经常居住地为出票地。

（二）支票的付款

出票人必须按照签发的支票金额承担保证向该支票的持票人付款的责任，出票人在付款人处的存款足以支付支票金额时，付款人应当在当日足额付款。

【想一想】

汇票、本票、支票提示承兑、提示付款的期限有什么区别？

支票限于见票即付，不得另行记载付款日期。另行记载付款日期的，该记载无效。持票人应当自出票日起10日内提示付款，超过提示付款期限的，付款人可以不予付款；付款人不予付款的，出票人仍应当对持票人承担票据责任。

禁止签发空头支票、印章与预留印鉴不符的支票。否则，按票面金额对其处以5%但不低于1000元的罚款，同时处以2%的赔偿金赔偿收款人。

任务3 票据权利分析

任务案例一：

张某于2020年4月1日签发一张出票后3个月付款的银行承兑汇票给王某，汇票金额100万元，承兑人为甲银行。王某承兑后将汇票背书转让给李某，李某又背书转让给赵某。该汇票于7月1日到期后，持票人赵某7月15日向甲银行提示付款。

请问：甲银行是否要对持票人赵某承担票据责任？

任务案例二：

鸿丽商厦从远方纺织品进出口有限责任公司购进一批羊毛衫。鸿丽商厦向远方纺织品进出口有限责任公司开具了109万元货款的汇票，汇票付款人为工商银行某分行，付款期限为出票后30天。远方纺织品进出口有限责任公司业务员夏某拿到汇票后，不慎于第五日遗失。

请问：远方纺织品进出口有限责任公司具体应如何采取票据救济措施？

任务案例三：

乙欠甲一笔钱，乙开了一张支票给甲，甲由于事务繁杂，且票据金额较小，而未能按时行使票据权利。7个月后的一天，甲偶然翻起这张票据，才发现票据权利行使期限已过（支票的票据权利行使期限为出票日起6个月）。

请问：此时甲能否取得支票款项？甲应如何实现自己的债权？

知识链接（一）

一、票据权利与抗辩

（一）票据权利

1. 票据权利的概念

根据我国《票据法》规定，持票人向票据债务人请求支付票据金额的权利为票据权利，包括付款请求权和追索权。

2. 票据权利的种类

票据权利包括两种：付款请求权和追索权，两种权利行使是有顺序的，当付款请求权不能实现时，才能行使追索权。有特殊规定的除外。

付款请求权是指持票人向票据债务人请求按票面金额付款的权利，是第一次请求权，也是票据上的主权利；票据追索权是指票据当事人行使付款请求权遭到拒绝或其他法定原因存在时，向其前手请求偿还票据金额及其他法定费用的权利，是第二次请求权，它是第一次请求权不能实现时才得以行使的权利，也称从票据权利。

【想一想】

行使票据追索权的原因有哪些？

3. 票据权利的取得

我国《票据法》规定了取得票据权利的三大原则：

（1）对价原则。即取得票据必须给付双方当事人认可的相对应的代价。但因税收、继承、赠与可以无偿取得票据，但享有的票据权利不得优于其前手。

（2）善意或无重大过失原则。即持票人取得票据是善意或无重大过失的，就能取得票据权利，反之就不享有票据权利。以欺诈、胁迫、偷盗或重大过失取得票据的，则不能取得票据权利。

（3）背书连续原则。即通过连续背书取得票据的，推定为合法权利人，取得票据权利。否则，不能取得票据权利。

4. 票据的丧失及其补救

票据的丧失是票据持有人丧失了对票据的占有。由于票据权利与票据紧密相连的，因此票据一旦丧失，票据权利的实现就会受到影响。票据丧失后可采取挂失止付、公示催告、普通诉讼三种方式进行补救。

（1）挂失止付。挂失止付是指失票人将票据丧失的事实通知付款人，并要求付款人暂停支付票据款项的一种方法。未记载付款人或者无法确定付款人及其代理付款人的票据，不得申请挂失止付，如未填明“现金字样”的银行汇票、本票等。挂失止付并非票据丧失后采取的必经措施，而只是一种暂时的预防措施，最终要通过申请公示催告或提起普通诉讼的方式进行补救。

（2）公示催告。公示催告是指人民法院根据失票人的申请，以公告方法，告知并催促不确定利益关系人在限期内向人民法院申报权利，逾期未申报权利，人民法院通过除权判决宣告所丧失票据无效的一种制度。失票人应当在通知挂失止付后 3 日内，也可以在票据丧失后，依法向人民法院申请公示催告。

【想一想】

票据的丧失与票据权利的丧失有什么区别？

（3）普通诉讼。普通诉讼是指票据的失票人向人民法院提起民事诉讼，要求法院判定付款人向其支付票据金额的活动。如果与票据上的权利有利害关系是明确的，无须公示催告，可按一般的票据纠纷向法院提起诉讼。

5. 票据权利的消灭

票据权利可因下列原因而消灭：

（1）因票据债务人履行债务而消灭。

（2）因票据权利人权利不行使而消灭，如持票人对票据的出票人和承兑人的权利，自票据到期日起 2 年，但见票即付的汇票、本票，自出票日起 2 年；持票人对支票出票人的权利，自出票日起 6 个月；持票人对前手的追索权，自被拒绝承兑或者被拒绝付款之日起 6 个月；持票人对前手的再追索权，自清偿日或者被提起诉讼之日起 3 个月。

不过，持票人票据权利的消灭不等同于其民事权利的消灭，其仍可以基于票据基础关系，请求出票人或承兑人返还其与未支付票据金额相当的利益。

任务案例四：

甲欲向乙出售货物，为收取货款，甲开出一张汇票，以乙为付款人，丙为收款人，并将汇票交付给丙，汇票经乙承兑后甲实际上并未向乙交货，丙持汇票向乙请求付款。

请问：乙可否以甲未交货作为抗辩事由对抗丙而不付款？为什么？如果汇票的收款人是甲，则乙能否不付款？为什么？如果汇票的收款人是甲，甲后又将票据转让给了丙，丙在受让时就知道甲已经将应交付给乙的货卖给了丁，现在甲已无货可付，则丙行使票据权利时乙能否拒绝？

知识链接（二）

（二）票据抗辩

票据抗辩是指票据的债务人依照《票据法》的规定，对票据债权人拒绝履行义务的行为。根据抗辩原因及抗辩效力的不同，票据抗辩可分为对物的抗辩和对人的抗辩。

1. 对物的抗辩

对物的抗辩是指基于票据本身的内容而发生的事由所进行的抗辩。这一抗辩可以对任何持票人提出。其主要包括以下情形：

（1）以票据行为不成立而为的抗辩，如票据应记载的内容有欠缺等。

（2）依票据记载不能提出请求而为的抗辩，如票据未到期等。

（3）以票据载明的权利已消灭或已失效而为的抗辩，如票据债权因除权判决而消灭等。

（4）以票据权利的保全手续而为的抗辩，如行使追索权时未出具付款请求被拒绝的证明等。

（5）以票据上有伪造、变造情形而为的抗辩。

2. 对人的抗辩

对人的抗辩是指由于债务人与特定债权人之间的关系而产生的只能向特定债权人行使的抗辩。这一抗辩多与票据基础关系有关。票据债务人只能对基础关系中直接相对人不履行约定义务的行为进行抗辩，如果该票据已经被依法转让给了第三人，票据债务人则不能对第三人抗辩，但如果该第三人在受让时就已知道票据债务人与票据转让人之间的抗辩事由的，则票据债务人可对该第三人行使抗辩权。

任务案例五：

甲欠丙一笔钱，债务到期后丙向甲要钱。甲声称自己的朋友乙愿意为自己还钱，实际乙并不知此事。此后，甲即假冒乙的名义，以乙为出票人签发一张本票给丙。到期时丙持票要求乙付款。

请问：乙需不需要付款？为什么？丙如何实现自己的债权？

任务案例六：

甲签发一张本票交与收款人乙，票据金额为10000元，乙背书转让给丙，丙将金额改成50000元后转让给丁，丁又背书转让给戊。

请问：票据到期日，戊如何实现自己的票据权利？

任务案例七：

H公司为支付货款向D公司签发了一份商业承兑汇票，但在到期前该汇票被盗。D公司向人民法院申请公示催告，法院受理并发布了公告。在公示催告期间，盗窃人伪造了D公司的印章，以D公司名义与J公司进行交易，把汇票背书转让给J公司。后J公司偶然得知该汇票被公示催告，即向人民法院申报权利。

请问：该汇票被伪造后是否有效？如果没有公示催告，J公司是否取得票据权利？为什么？

知识链接（三）

二、票据的伪造、变造及涂销

（一）票据的伪造

票据的伪造是指假冒他人名义或以虚构人的名义为某种票据行为的行为，包括票据的伪造和票据签章的伪造两种行为。

伪造票据将产生下列法律后果：

（1）被伪造人因没有真正在票据上签章而不负票据责任。

（2）伪造人除负刑法规定的伪造有价证券的刑事责任和民事赔偿责任外，也不负票据责任。

（3）票据的伪造不影响其他真实签章的效力。即票据上既有伪造签章，又有真实的签章时，真实签章人应依票据上所载的文义负责。

（二）票据的变造

票据的变造是指在已有效成立的票据上变更票据上签章以外的记载内容的行为。

票据变造的法律后果是：票据上除签章以外的其他记载事项被变造的，在变造前签章的人，对变造前的记载事项负责；在变造后签章的，对变造后的记载事项负责；无法辨别签章是在票据变造前或还是在变造后的，视同在变造之前签章。

（三）票据的涂销

涂去票据上记载事项的行为，叫作票据涂销。我国票据法未有此方面规定，因此涂销的票据在实践中应为无效。

第三模块 市场主体法

学习目标 »

【知识目标】

了解公司法的有关规定；掌握公司的概念、特征及类型；理解并掌握我国公司法规定的公司类型、设立程序、组织机构、公司债的发行、公司的合并分立、破产解散与清算、公司的法律责任。

【能力目标】

能够撰写公司设立所需的相关文件，能按程序设立有限责任公司和股份有限公司，能运用所学的公司法律知识分析解决公司经营过程中的案例问题。

【思政要求】

形成诚信为本、守法经营，既重视公司经营的经济效益、也重视其社会效益的企业经营理念。

引 例 »

2023 年 9 月，某百货公司与某电器修理部欲成立一办公用品有限公司而签署协议。约定：公司注册资金 80 万元，百货公司出资 40 万元，电器修理部出资 40 万元；租用百货公司办公用房两间，百货公司无偿提供仓库；公司经理由百货公司副经理王某担任，公司副经理由电器修理部经理担任。协议签署完毕，双方向当地市场监督管理部门申请设立登记，同时组织人力采购办公用品。由于提交的手续不全，市场监督管理部门于 2023 年 9 月 22 日将设立申请退回，并要求补充材料。此时，办公用品已部分到货，百货公司的仓库已不能满足自身需要。于是王某建议以优惠价销售到货的复印机及其他产品。10 余天内，销售货款 18 万余元。市场监督管理部门接到检举后，对其进行了查封。

那么，百货公司与电器修理部能否设立有限责任公司？为什么？市场监督管理部门的查封行为是否符合法律规定？为什么？

通过对本章的学习，你将找到这些问题的答案。

项目1 公司设立分析训练

任务1 公司设立实务分析

任务案例一：

王某与几个朋友打算一起成立一个非营利性的防诈骗协会，专门无偿为消费者提供预防诈骗的咨询。

请问：他是否可以申请注册公司呢？为什么？

任务案例二：

2020年6月，某市甲、乙、丙三人决定共同投资创办以开发某种老年保健饮料为主的公司。公司资本为人民币100万元，其中乙、丙共出资人民币15万元，甲出资85万元，由于甲出资最多，因此三人同意将该公司作为甲所办A公司的下属企业，资产归A公司所有，债务由A公司承担。乙、丙二人每年按约分得收益3万元，不受企业经营状况影响，获利多的年份，乙、丙还可要求多分利润，但最多不得超过公司税后利润的20%。三人决定由甲于2020年8月向当地政府有关主管部门办理报批手续，结果未被批准成立公司。

请问：为什么甲、乙、丙准备设立的公司未能获得批准？

任务案例三：

甲公司的下属企业乙公司与丙公司订立了一个合同，但后来乙公司由于经营不善严重亏损，无法履行合同义务，丙公司考虑到与乙公司打官司即使打赢了也可能拿不到赔偿，因为其经营状况非常差，但其上级企业甲公司实力很强，于是丙公司以甲公司为被告提起诉讼。另，据查乙公司是甲公司开办的全资子公司，但一直未去市场监督管理部门办理营业执照。

请问：丙公司能否起诉甲公司？为什么？

知识链接（一）

一、公司的概念

公司是指依法设立的以营利为目的的社团法人。包括依照《中华人民共和国公司法》（以下简称《公司法》）在我国境内设立的有限责任公司和股份有限公司。

根据定义，公司具有如下特征：

（1）营利性。公司是以营利为目的的经营组织。公司的营利性特征使它区别于以行政为目的的国家机关，又使它区别于不以营利为目的的公益性社团法人。

（2）社团性。我国《公司法》第四十二条和第九十二条规定，有限责任公司由一个以上五十个以下股东出资设立；设立股份有限公司，应当有一人以上二百人以下为发起人，其中须有半数以上的发起人在中国境内有住所。在我国大部分公司都是由两个以上的股东出资设立的社团法人，其股东和股权具有多元性。

不过，作为公司社团性特征的例外，我国《公司法》还对一人有限责任公司和一人股份有限公司进行规范，但它不是典型的公司形态，因此改变不了公司社团性的特征。

（3）法人性。公司作为法人必须具备以下条件：

一是必须依法设立。在我国，要取得法人资格，必须按照公司法规定的条件和程序设立，否则就不是公司法意义上的公司。

二是公司必须有独立的法人财产。公司的财产来源于股东的投资，股东一旦出资，获得股权，实行股权与出资相分离，股东个人无权直接处分公司的财产。

三是能够独立地承担民事责任。公司以其全部财产对外承担民事责任，这是公司法人独立性的集中表现。法人性的特征是公司区别于合伙企业的主要特征。

二、公司的种类

按不同的分类依据，可以将公司分为以下五类。

（1）按照股东对公司债务所负责任的不同，可以把公司分为无限责任公司、两合公司、股份有限公司、股份两合公司、有限责任公司。①无限责任公司，是指全体股东就公司债务对公司债权人负无限连带责任的公司。②两合公司，是指一部分股东就公司债务负无限责任而另一部分股东就公司债务负有限责任的公司。③股份有限公司，其本质特征是股东仅以其所持股份为限对公司债务承担责任的一种公司形式。④股份两合公司，是将股份公司与两合公司结合起来的一种尝试，其中两合公司中负有限责任的股东依照股份公司形式认购股份。⑤有限公司，其本质特征是股东仅以其出资额为限对公司债务承担责任的一种公司形式。

【资料卡】

股份有限公司起源于17世纪初期的荷兰和英国，著名的荷兰东印度公司和英国的东印度公司，就是世界上最早出现的一批股份有限公司。而有限责任公司产生较晚，起源于19世纪末的德国，由德国的投资者和商法学家们创造了有限责任公司这一新的公司类型，并在1982年制订了《有限责任公司法》。

（2）按照公司的信用标准不同，可以将公司分为人合公司、资合公司、人合兼资合公司。

人合公司是以股东个人信用为基础的公司，如无限公司；资合公司是以公司资本额作为信用基础的公司，如股份有限公司；人合兼资合公司是兼具人的信用和资本信用两种因素的公司，如两合公司。

（3）按照一个公司对另一个公司的控制与依附关系，可以将公司分为母公司和子公司。

母公司是一种控制性公司，凡拥有另一公司半数以上股份并直接掌握其经营的公司即为母公司。母公司与控股公司概念相近，有时通用。但实际上二者是有区别的，控股公司可以只控股不直接掌控该公司的生产经营。

子公司则是其半数以上股份受其他公司控制的公司。有时母公司对子公司的控制可以是实际控制，实际控制可以无须掌握到半数以上股份，而只需成为子公司的最大股东即可。

【想一想】

有限责任公司是人合公司、资合公司，还是人合兼资合公司？为什么？

就母公司与子公司的法律地位而言，两者都是具有独立主体资格的法人，依法独立承担民事责任。一般来说，一个母公司控制了三个以上的子公司，就有可能形成集团公司。

（4）按照公司的内部管辖系统，可以将公司分为总公司与分公司。

> 【想一想】
> 如何来区别母公司与子公司、总公司与分公司？

分公司一般作为总公司的分支机构，在业务、资金、人事等方面均受总公司管辖，因此分公司一没有自己的公司名称和章程，二没有自己的财产，无法对外承担责任。

（5）按照公司的国籍分为本国公司和外国公司。

各国对于公司国籍的认定，有着不同的标准，主要有：①公司住所地说；②公司登记国说；③公司设立人国籍说（以公司设立人或董事会董事的国籍决定公司国籍）；④公司实际控制说（以公司实际控制人的国籍决定公司的国籍）；⑤复合标准说（即将公司住所地与登记注册地两者结合起来确定公司的国籍）等等。

按照我国公司法第二条规定，公司是指依照《公司法》在中国境内设立的有限责任公司和股份有限公司，我国使用的标准就是运用复合标准说来认定本国公司和外国公司。

任务案例四：

甲、乙、丙三人准备出资3000万元成立一家有限责任公司，为能获得注册登记，他们为公司取名为“中国全道MG有限实业公司”，同时还准备了几个备用名称：“无锡甲乙丙机械制造股份公司”“江苏省机械制造有限责任总公司”“无锡123机械制造有限责任公司”“无锡MM机械制造有限责任公司”“无锡世贸组织有限责任公司”“弘谷（无锡）机械制造有限责任公司”“无锡弘谷环保设备基金会”。资料全部准备齐了之后，他们就向无锡市市场监督局提出了注册申请。

请问：他们想设立的公司的这些名称能否获准注册？为什么？

任务案例五：

小李和小杨利用做生意所赚的50万元向所在地的市场监督管理部门申请成立一家从事水产养殖、销售的“一鸣”公司，当地的市场监督管理部门经过审核后认为他们准备的材料符合规定，且准备成立的经营机构除了小李、小杨外，小李的姨父老汪也准备加入，小李和小杨也同意，因此符合合伙的特征，当地市场监督管理部门就为他们的公司登记了××市“一鸣”水产销售合伙有限公司。

请问：这家公司的登记注册有没有什么问题？为什么？

任务案例六：

无锡腾龙重工有限责任公司到苏州开办了一个分公司，后到苏州市场监督局注册登记的过程中，苏州市场监督局不允许其以“腾龙”作为新设立分公司的商号，理由是苏州已有其他机械行业的公司登记了该商号。无锡腾龙公司的负责人很不能理解，他想：“我这个名称在无锡都能登记，为什么在苏州不能？另外我开在苏州的只是一个分公司，其债权债务责任都由我无锡公司承担，为什么就不能用这个名称？”他很郁闷。

请问：苏州市场监督局的说法有无道理？为什么？

任务案例七：

甲公司在A市、B市、C市有三个营业部，总部在D市，其在C市的营业部在与乙公司交易过程中发生了纠纷，乙公司遂将甲公司在C市的营业部告上法院。甲公司则认为我公司的住所地为D市，乙公司起诉我，应到被告住所地法院来起诉，C市营业部所在地的法院不能受理，因此其向法院提出管辖权异议，要求将该案移送到D市某法院去。

请问：甲公司的说法有无合法理由？为什么？

任务案例八：

张三、李四、王五三人准备设立一家有限责任公司，在设立过程中由于害怕担任公司法定代表人将来可能要承担公司经营过程中的法律责任，三人都不愿意担任公司的法定代表人，于是他们就找了一位公司准备聘用的员工，也是张三的亲戚张小五担任法定代表人。三人明确了法定代表人，并按《公司法》要求完成了公司筹备事项后就到当地的市场监督管理机构申请公司设立登记，但被驳回了注册申请。

请问：该公司登记机关为什么能驳回张三、李四、王五设立公司的申请？

任务案例九：

甲是A有限责任公司的大股东，持有公司60%的股份。除了A公司外，其还拥有B、C两家公司，其分别在两家公司中占股80%和90%，由于B、C两家公司经营出现问题，急需资金，因此甲准备向工商银行贷款200万以解燃眉之急，但工商银行要求甲提供担保，于是甲就找到A公司，想让A公司作为自己的保证人提供保证担保。于是A公司董事会召集全体股东，就此事在股东会上进行了表决。全体股东都到会了，其中股东乙（其股份占比为20%）与股东甲同意了此事，股东会通过了此决议，同意让A公司为甲的贷款提供担保。

请问：A公司股东会的这一决议有没有问题？为什么？

任务案例十：

小赵与多人合资开办了甲股份有限公司，其在公司中占股比例为25%，虽然占比不算高，但由于股东众多，其他股东的占比都没有超过10%，因此小赵就成为了甲公司的控股股东，并担任了公司总经理。甲公司在成立后经小赵、其他职业经理人及员工的共同努力，经营业绩非常好，利润可观。小赵还与自己的亲戚小朱共同投资了乙有限责任公司，其占股比例为50%，该公司成立后经营业绩时好时坏，但近二年该公司亏损严重，为了使乙公司能恢复元气，小赵就利用自己是甲公司的控股股东和总经理的便利，让甲公司与乙公司签订了虚假的销售合同，将甲公司账上的款项逐步转移到了乙公司的账上，后此事被甲公司的其他股东发现，这些股东要求乙公司退回款项、赔偿甲公司与股东的损失，并要求小赵对此承担连带责任。

请问：这些股东的要求有没有道理？为什么？

任务案例十一：

小李开了一家一人有限责任公司，在经营公司初期，小李经常向公司填入资金以弥补初期的困难。一年以后，公司盈利了，小李的个人开销也经常在公司里列支。后由于债务纠纷，小李及其公司被债权人小杨告上法院。小李认为，自己的公司是有限责任公司，自己只以出资额为限对公司承担责任，小杨只能以公司为被告，而不能以自己为被告。

请问：小李可不可以成为此案的被告？为什么？

知识链接（二）

三、公司的名称和住所

（一）公司的名称

公司名称是公司人格特定化的标记，公司藉此区别于其他的民事主体。

公司的名称具有唯一性：一个公司只能有一个名称。公司名称受法律保护。公司名称应当使用规范汉字。民族自治地方的公司名称可以同时使用本民族自治地方通用的民族文字。公司需将公司名称译成外文使用的，应当依据相关外文翻译原则进行翻译使用，不得违反法律法规规定。

公司的名称具有排他性：在公司登记机关的管辖范围内，只有一个公司能使用特定的、经过注册的名称。

1. 公司名称应当标明的内容

（1）公司注册登记机关的行政区划名称。公司名称中的行政区划名称应当是公司所在地的县级以上地方行政区划名称。市辖区名称在公司名称中使用时应当同时冠以其所属的设区的市的行政区划名称。开发区、垦区等区域名称在公司名称中使用时应当与行政区划名称连用，不得单独使用。

跨省或在自治区、直辖市经营的企业，其名称可以不含行政区划名称。

（2）字号（或商号）。即公司名称的核心内容，应当由两个以上的汉字组成。

自然人投资人的姓名可以作为字号。

县级以上地方行政区划名称、行业或者经营特点不得作为字号，另有含义的除外。

根据商业惯例等实际需要，企业名称中的行政区划名称置于字号之后、组织形式之前的，应当加注括号。

在同一企业登记机关，申请人拟定的公司名称中的字号不得与下列同行业或者不使用行业、经营特点表述的企业名称中的字号相同：一是已经登记或者在保留期内的企业名称，有投资关系的除外；二是已经注销或者变更登记未满 1 年的原企业名称，有投资关系或者受让企业名称的除外；三是被撤销设立登记或者被撤销变更登记未满 1 年的原企业名称，有投资关系的除外。

（3）公司的行业或经营特点。公司名称中的行业或者经营特点应当根据企业的主营业务和国民经济行业分类标准标明。国民经济行业分类标准中没有规定的，可以参照行业习惯或者专业文献等表述。

（4）公司组织形式。依法设立的有限责任公司应当在公司名称中标明“有限责任公司”或者“有限公司”字样；依法设立的股份有限公司应当在公司名称中标明“股份有限公司”或者“股份公司”字样。

2. 公司名称中禁止使用的内容和文字

（1）损害国家尊严或者利益；

（2）损害社会公共利益或者妨碍社会公共秩序；

（3）使用或者变相使用政党、党政军机关、群团组织名称及其简称、特定称谓和部队番号；

（4）使用外国国家（地区）、国际组织名称及其通用简称、特定称谓；

（5）含有淫秽、色情、赌博、迷信、恐怖、暴力的内容；

（6）含有民族、种族、宗教、性别歧视的内容；

（7）违背公序良俗或者可能有其他不良影响；

（8）可能使公众受骗或者产生误解；

（9）法律、行政法规以及国家规定禁止的其他情形。

除上述规定外，公司名称也不得具有下列情形：一是使用与国家重大战略政策相关的文字，使公众误认为与国家出资、政府信用等有关联关系；二是使用“国家级”“最高级”“最佳”等带有误导性的文字；三是使用与同行业在先有一定影响的他人名称（包括简称、字号等）相同或者近似的文字；四是使用明示或者暗示为非营利性组织的文字；五是法律、行政法规和《企业名称登记管理规定实施办法》禁止的其他情形。

3. 公司名称使用的特殊规定

（1）公司名称冠以“中国”“中华”“中央”“全国”“国家”等字词的，应当按照有关规定从严审核，并报国务院批准。国务院市场监督管理部门负责制定具体管理办法。

（2）公司名称中间含有“中国”“中华”“全国”“国家”等字词的，该字词应当是行业限定语。

（3）使用外国投资者字号的外商独资或者控股的外商投资企业，公司名称中可以含有“（中国）”字样。外商投资公司名称中含有“（中国）”字样的，其字号应当与公司的外国投资者名称或者字号翻译内容保持一致，并符合法律法规规定。

（4）公司分支机构名称应当冠以其所从属公司的名称，并缀以“分公司”字词。境外公司分支机构还应当在名称中标明该公司的国籍及责任形式。

（5）企业集团名称应当与控股公司名称的行政区划名称、字号、行业或者经营特点一致。控股公司可以在其名称的组织形式之前使用“集团”或者“（集团）”字样。

（6）有投资关系或者经过授权的公司，其名称中可以含有另一个公司的名称或者其他法人、非法人组织的名称。

（二）公司的住所

公司的住所应为公司的主要办事机构所在地。公司只能登记一个住所。

公司住所在我国具有以下法律效果：

（1）其是诉讼中确定地域管辖和诉讼文书送达的一项基本标准；

（2）在合同关系中，履行地不明确时，住所地是确认合同履行地的一项标准；

（3）在工商行政管理关系中，住所地通常与行政管辖范围一致；

（4）在涉外民事关系中，住所地是认定适用何种法律的依据之一。

四、公司的经营范围与法定代表人

（一）公司的经营范围

公司的经营范围由公司章程规定。公司可以修改公司章程，变更经营范围。公司的经营范围中属于法律、行政法规规定须经批准的项目，应当依法经过批准。

（二）公司的法定代表人

公司的法定代表人是依照公司章程的规定，代表公司从事民事活动的负责人。法定代表人以公司名义从事的民事活动，其法律后果由公司承担。公司章程或者股东会对法定代表人职权的限制，不得对抗善意相对人。

法定代表人因执行职务造成他人损害的，由公司承担民事责任。公司承担民事责任后，依照法律或者公司章程的规定，可以向有过错的法定代表人追偿。

公司的法定代表人按照公司章程的规定，由代表公司执行公司事务的董事或者经理担任。

担任法定代表人的董事或者经理辞任的，视为同时辞去法定代表人。

法定代表人辞任的，公司应当在法定代表人辞任之日起30日内确定新的法定代表人。

五、公司组织形式的变更、对外投资与担保以及其他法律规定

（一）公司组织形式的变更

依法设立的有限责任公司在经营过程中可变更为股份有限公司，反之，股份有限公司也可变更为有限责任公司，但都必须符合《中华人民共和国公司法》规定的设立股份有限公司或设立有限责任公司的条件。

有限责任公司变更为股份有限公司的，或者股份有限公司变更为有限责任公司的，公司变更前的债权、债务由变更后的公司承继。

（二）公司的对外投资

公司可以设立子公司，子公司具有法人资格，依法独立承担民事责任。公司也可以设立分公司，但分公司不具有法人资格，其民事责任由公司承担。

公司向其他企业投资，按照公司章程的规定，由董事会或者股东会决议；公司章程对投资的总额及单项投资的数额有限额规定的，不得超过规定的限额。

公司可以向其他企业投资。但法律规定公司不得成为对所投资企业的债务承担连带责任的出资人的，从其规定。

（三）公司的对外担保

公司为他人提供担保，按照公司章程的规定，由董事会或者股东会决议；公司章程对担保的总额及单项担保的数额有限额规定的，不得超过规定的限额。

公司为公司股东或者实际控制人提供担保的，应当经股东会决议。股东会开会表决时，作为被担保人的股东或者作为被担保人的实际控制人支配的股东，不得参加该事项的表决。该项表决由出席会议的其他股东所持表决权的过半数通过。

（四）公司的其他法律规定

我国《公司法》对公司所涉的职工权益、工会、党组织、社会监督与社会公益也有所规定，具体有：

（1）公司与职工权益保护。公司应当保护职工的合法权益，依法与职工签订劳动合同，参加社会保险，加强劳动保护，实现安全生产。

公司应当采用多种形式，加强公司职工的职业教育和岗位培训，提高职工素质。

（2）公司与工会。公司职工依照《中华人民共和国工会法》组织工会，开展工会活动，维护职工合法权益。公司应当为本公司工会提供必要的活动条件。公司工会代表职工就职工的劳动报酬、工作时间、休息休假、劳动安全卫生和保险福利等事项依法与公司签订集体合同。

公司依照宪法和有关法律的规定，建立健全以职工代表大会为基本形式的民主管理制度，通过职工代表大会或者其他形式，实行民主管理。

公司研究决定改制、解散、申请破产以及经营方面的重大问题、制定重要的规章制度时，应当听取公司工会的意见，并通过职工代表大会或者其他形式听取职工的意见和建议。

（3）公司与党组织。在公司中，根据中国共产党章程的规定，设立中国共产党的组织，开展党的活动。公司应当为党组织的活动提供必要条件。

（4）公司与社会监督、社会公益。公司从事经营活动，应当遵守法律法规，遵守社会公德、商业道德，诚实守信，接受政府和社会公众的监督。

公司从事经营活动，应当充分考虑公司职工、消费者等利益相关者的利益以及生态环境保护等社会公共利益，承担社会责任。国家鼓励公司参与社会公益活动，公布社会责任报告。

六、公司经营应遵循的基本原则

公司从事经营活动，应当遵守法律法规，遵守社会公德、商业道德，诚实守信，接受政府和社会公众的监督。

公司从事经营活动，应当充分考虑公司职工、消费者等利益相关者的利益以及生态环境保护等社会公共利益，承担社会责任。国家鼓励公司参与社会公益活动，公布社会责任报告。

七、公司股东、实际控制人、董事、监事及高级管理人员的法律义务与责任

（一）公司股东的法律义务与责任

我国《公司法》对公司股东的法律义务与责任的具体规定如下：

（1）公司股东应当遵守法律、行政法规和公司章程，依法行使股东权利，不得滥用股东权利损害公司或者其他股东的利益。

（2）公司股东滥用股东权利给公司或者其他股东造成损失的，应当承担赔偿责任。

（3）公司股东滥用公司法人独立地位和股东有限责任，逃避债务，严重损害公司债权人利益的，应当对公司债务承担连带责任。股东利用其控制的两个以上公司实施前述规定行为的，各公司应当对任一公司的债务承担连带责任。

（4）只有一个股东的公司，股东不能证明公司财产独立于股东自己的财产的，应当对公司债务承担连带责任。

（二）公司控股股东、实际控制人、董事、监事及高级管理人员的法律义务与责任

公司的控股股东、实际控制人、董事、监事、高级管理人员不得利用关联关系损害公司利益。如果其违反前述规定，给公司造成损失的，应当承担赔偿责任。

八、我国公司立法

公司法有广义和狭义之分。广义的公司法，泛指有关公司设立，组织机构和经营活动的一切法律，包括公司法、证券法、股票交易法等。狭义的公司法就仅指公司法典。我国的《中国人民共和国公司法》由第八届全国人民代表大会常委会第五次会议于 1993 年 12 月 29 日正式审议通过，1994 年 7 月 1 日起实施。后来，随着市场经济的发展，该法难以解决现实中出现的一些新问题、新情况，我国最高立法机关分别于 1999 年、2004 年、2005 年、2013 年、2018 年、2023 年全面修订了《中华人民共和国公司法》，最新修订的该法于 2024 年 7 月 1 日起施行。

任务案例十二：

甲、乙、丙三人准备开设一家有限责任公司，三人各出资 100 万元，一共 300 万元，钱款都已准备好，由于他们准备从事芯片外国产品制造、计算机软件开发等方面的业务，于是他们按《公司法》的规定准备好了材料后，向当地的市工业与信息化局申请公司登记。

请问：他们的公司能顺利设立吗？为什么？

任务案例十三：

张三、李四两人准备各出资 300 万共 600 万元开办一家大型男装大卖场，他们登记注册了"鹏明公司"，经营了一年半之后经营情况不太理想，男装比较难卖、竞争对手又多，因此他们就想办法将商场分割出租给了其他经营者用以从事电脑、手机及其零配件的销售，他们自己的公司也改行卖起了二手笔记本电脑和二手高端手机，并将原来的法定代表人张三换成了李四。

后来“鹏明公司”被当地的市场监督管理部门给处罚了，他们很不理解：企业不是有经营自主权吗，为什么他们卖二手电脑和手机就会被处罚？

请问：你知道“鹏明公司”被市场监督管理部门予以行政处罚的原因吗？

知识链接（三）

九、公司登记

（一）公司设立登记

设立公司，应当依法向公司登记机关（即我国的各级市场监督管理部门）申请设立登记。法律、行政法规规定设立公司必须报经批准的，应当在公司登记前依法办理批准手续。

公司设立分公司，也应当向公司登记机关申请登记，领取营业执照。

（1）申请公司设立登记的要求。具体有：一是申请设立公司，应当提交设立登记申请书、公司章程等文件，提交的相关材料应当真实、合法和有效。若申请材料不齐全或者不符合法定形式的，公司登记机关应一次性告知需要补正的材料。二是申请设立公司，符合《公司法》规定的设立条件的，由公司登记机关分别登记为有限责任公司或者股份有限公司，反之则不得登记为有限责任公司或者股份有限公司。

【想一想】

公司设立登记、公司的子公司设立登记与公司的分公司设立登记是否相同？为什么？

（2）公司登记事项。具体有：①名称；②住所；③注册资本；④经营范围；⑤法定代表人的姓名；⑥有限责任公司股东、股份有限公司发起人的姓名或者名称。

公司登记机关应当将公司登记事项通过国家企业信用信息公示系统向社会公示。

（3）公司营业执照。依法设立的公司，由公司登记机关发给公司营业执照。公司营业执照签发日期为公司成立日期。公司登记机关可以发给电子营业执照。电子营业执照与纸质营业执照具有同等法律效力。

公司营业执照应当载明公司的名称、住所、注册资本、经营范围、法定代表人姓名等事项。

（二）公司变更登记

公司登记事项发生变更的，应当依法办理变更登记。公司登记事项未经登记或者未经变更登记，不得对抗善意相对人。

公司变更登记要求：一是公司申请变更登记，应当向公司登记机关提交公司法定代表人签署的变更登记申请书、依法作出的变更决议或者决定等文件。二是公司变更登记事项涉及修改公司章程的，应当提交修改后的公司章程。三是公司变更法定代表人的，变更登记申请书由变更后的法定代表人签署。

公司营业执照记载的事项发生变更的，公司办理变更登记后，由公司登记机关换发营业执照。

（三）注销与撤销登记

（1）注销登记。公司因解散、被宣告破产或者其他法定事由需要终止的，应当依法向公司登记机关申请注销登记，由公司登记机关公告公司终止。

（2）撤销登记。虚报注册资本、提交虚假材料或者采取其他欺诈手段隐瞒重要事实取得公司设立登记的，公司登记机关应当依照法律、行政法规的规定予以撤销。

（四）公司信息公示制度

公司应当按照规定通过国家企业信用信息公示系统公示下列事项，并应当确保公示信息真实、准确、完整：

（1）有限责任公司股东认缴和实缴的出资额、出资方式和出资日期，股份有限公司发起人认购的股份数；

（2）有限责任公司股东、股份有限公司发起人的股权、股份变更信息；

（3）行政许可取得、变更、注销等信息；

（4）法律、行政法规规定的其他信息。

任务案例十四：

张某、李某、赵某 3 人投资设立一有限责任公司。张某出资 20 万元人民币，李某以价值 20 万元的房屋出资，赵某出资人民币 10 万元，三人均已出资到位。后三人投资的公司经营失败，欠甲 100 万元，公司资产价值 50 万元，甲知道张某具有偿还能力，在公司财产不足清偿债务时，要求张某偿还所欠的债务。

请问：这是否可行？为什么？

任务案例十五：

A 先生在一家有限责任公司设立的时候投了一笔金钱而成为其股东，但后来 A 先生患上癌症急需用钱，提出要从公司里提出这笔钱来治病。

请问：这是否可行？为什么？

任务案例十六：

甲、乙、丙三人投资开办了一家有限责任公司，甲、乙、丙三人的投资数额分别为 30 万元、30 万元、40 万元。由于丙长期在国外，因此公司主要由甲与乙来管理和营运，其中甲既是公司董事长又是总经理，而乙主要从事一些辅助工作。因而三人在公司章程中约定，如果公司盈利了，税后利润的分配比例为甲（50%）、乙（30%）、丙（20%）。

请问：甲、乙、丙三人在章程中这样约定是否符合法律规定？为什么？

知识链接（四）

十、有限责任公司的设立

（一）有限责任公司的概念及特征

有限责任公司是指由 1 个以上 50 个以下的股东共同出资设立，每个股东以其认缴的出资额为限对公司承担责任，公司以其全部资产对其债权人承担责任的企业法人。

与其他公司类型相比较，有限责任公司具有以下特征：

（1）股东人数的限制性。对有限责任公司的股东人数，大多数国家的公司法都有上、下限的规定，但我国公司法在修订过程中，取消了下限，即允许一人设立有限责任公司，但有上限，即公司股东不得超过 50 人。

（2）股东责任的人资两合性。有限责任公司性质介于股份有限公司与合伙企业之间，兼具资合性和人合性。

（3）股东出资的非股份性。与股份有限公司不同，其不把公司的资本分为等额股份，也不需要股东明确认购的股份数量。有限责任公司的股东出资的数额可以相等也可以不同，按出资比例来管理和分配利润，但公司章程另有规定的除外。

（4）公司资本的封闭性。有限责任公司的资本只能由全体股东认缴，不向社会公众筹集资本，不发行股票。股东出资给公司的资产由公司发给出资证明书予以证明，出资证明书不能在证券市场自由流通，法律对股东向股东以外的人转让出资也有较为严格的规定。

（5）公司规模可大可小，设立程序简单。有限责任公司的资本额往往低于股份有限公司，一般而言其规模通常小于股份有限公司，当然现实生活中也有少数有限责任公司的注册资本额和实收资本额都很高，规模也非常大。有限责任公司设立程序与股份有限公司相比，相对较为简单，没有繁琐的审查批准程序，政府干预较少。

任务案例十七：

甲乙丙三人准备设立A有限责任公司。三人按《公司法》规定展开了公司设立程序，在甲为拟设立的A公司购买办公用品的过程中，提供办公用品的B公司不太信任还没有设立的A公司，而执意要求甲作为合同方签订办公用品购销合同，甲无法只得以自己名义购买了这批办公用品。后A公司正式成立，B公司就要求A公司支付这批办公用品的款项，但乙丙两人认为此合同是由甲签订的，因此不应该由公司来支付这笔款项，而应由甲支付。

请问：乙丙的说法有无道理？为什么？

任务案例十八：

兰某、朱某、邵某准备共同投资开办一家有限责任公司。兰某准备将自己所有但已抵押给银行的价值1000万元的厂房出资，朱某准备将自己所开的连锁超市体系中价值100万元的特许经营权转让给拟设立的公司作为自己的出资，邵某则准备将自己承包的种满水蜜桃的200亩果园的所有权转让给拟设立的公司作为自己的出资。

请问：请你帮他们看看，他们的出资有没有问题？如果有的话，有什么问题？

任务案例十九：

徽南公司由甲、乙、丙3个股东组成，其中丙以一项专利出资。丙以专利出资后，自己仍继续使用该专利技术。

请问：这是否可以？为什么？

任务案例二十：

A、B和C三个准备成立一家电子公司，先A投入10万元人民币和价值50万元的厂房，B投入10万元人民币和一套价值30万元的生产设备。而C称自己没钱，只能拿自己刚申请的一项专利投资，经评估价值40万元。

请问：这个公司是否可以成立？为什么？

任务案例二十一：

张某与其他发起人一起成立公司的时候以一套价值30万元的生产设备投资入股，但二个月后公司正式成立的时候，公司发现这套设备实际价值已经缩水。

请问：这种情况下公司应怎么办？为什么？

任务案例二十二：

A公司是甲乙丙三家公司在某年1月成立的公司，注册资本为100万元人民币，甲认缴50万元，乙丙各认缴25万元。成立时甲、乙各缴纳25万元，同时甲承诺剩余的在两年内缴清。当年6月，丙缴纳25万元。第二年1月，因某种原因，投资各方决定在第二年2月解散公司，这时，甲方认缴的注册资本仍没有缴清。A公司债权人接到通知后，纷纷要求A公司的股东甲缴清出资。甲表示反对。公司正式进入清算程序。

请问：A公司债权人在公司清算过程中如果无法得到完全的清偿，他们应该怎么办？为什么？

任务案例二十三：

刚大学毕业的A、B、C三人准备每人投资1万元（共3万元）成立一家咨询公司，他们准备2年内将资金出足，首期出资为每人5000元（共1.5万元）。他们共同订立了公司章程并准备了其他文件之后，就到当地市场监督管理部门去申请公司设立登记了。

请问：他们的咨询公司能否获得登记？为什么？

任务案例二十四：

王某自己一人出资100万元设立了一家食品公司，成立公司之后不久，王某就在公司的财务中划出一笔钱为自己买了辆汽车。

请问：这种行为是否符合法律规定？为什么？

任务案例二十五：

大学生钱某很有经商头脑，在大学期间就通过搞小零食的校园销售赚了一笔钱。毕业后，他发现将市场上的热词注册成公司名称，然后转让给需要以该名称来成立公司的人是一笔不错的生意，于是他准备了20多个名称到企业登记机关服务窗口去进行公司名称自行申报，一共有12个名称获得了核准。此后，他将这其中的4个名称转让给了四家想用这些名称的新设立公司，并用其中的1个名称开展相关企业名称咨询并收费。

请问：你觉得钱某的做法合法吗？为什么？

知识链接（五）

（二）有限责任公司的设立

1. 股东

有限责任公司应由一个以上五十个以下股东出资设立，可以是法人，也可以是自然人。

2. 发起人协议

有限责任公司设立时的股东可以签订设立协议，明确各自在公司设立过程中的权利和义务。

3. 有限责任公司设立过程中所产生民事责任的责任承担

（1）有限责任公司设立时的股东为设立公司从事的民事活动，其法律后果由公司承受。

（2）公司未成立的，其法律后果由公司设立时的股东承受；设立时的股东为二人以上的，享有连带债权，承担连带债务。

（3）设立时的股东为设立公司以自己的名义从事民事活动产生的民事责任，第三人有权选择请求公司或者公司设立时的股东承担。

（4）设立时的股东因履行公司设立职责造成他人损害的，公司或者无过错的股东承担赔偿责任后，可以向有过错的股东追偿。

4. 公司章程

设立有限责任公司，应当由股东共同制定公司章程。有限责任公司章程应当载明下列事项：①公司名称和住所；②公司经营范围；③公司注册资本；④股东的姓名或者名称；⑤股东的出资额、出资方式和出资日期；⑥公司的机构及其产生办法、职权、议事规则；⑦公司法定代表人的产生、变更办法；⑧股东会认为需要规定的其他事项。

【想一想】

有限责任公司设立时股东是否一定要订立发起人协议？是否一定要制定公司章程？

股东应当在公司章程上签名或者盖章。

5. 注册资本

（1）认缴资本制。有限责任公司的出资额实行认缴登记制，以人民币表示。具体内容如下：

一是有限责任公司的注册资本为在公司登记机关登记的全体股东认缴的出资额。

二是全体股东认缴的出资额由股东按照公司章程的规定自公司成立之日起 5 年内缴足。

三是法律、行政法规以及国务院决定对有限责任公司注册资本实缴、注册资本最低限额、股东出资期限另有规定的，从其规定。

（2）股东出资要求。具体有：

一是股东可以用货币出资，也可以用实物、知识产权、土地使用权、股权、债权等可以用货币估价并可以依法转让的非货币财产作价出资；但是，法律、行政法规规定不得作为出资的财产除外，如股东不得以劳务、信用、自然人姓名、商誉、特许经营权或者设定担保的财产等作价出资。

二是对作为出资的非货币财产应当评估作价，核实财产，不得高估或者低估作价。法律、行政法规对评估作价有规定的，从其规定。

三是股东应当按期足额缴纳公司章程规定的各自所认缴的出资额。

四是股东以货币出资的，应当将货币出资足额存入有限责任公司在银行开设的账户；以非货币财产出资的，应当依法办理其财产权的转移手续。

6. 股东的出资责任。具体有：

（1）有限责任公司设立时股东的出资责任。具体有：

一是股东未按期足额缴纳出资的，除应当向公司足额缴纳外，还应当对给公司造成的损失承担赔偿责任。

二是公司设立时，股东未按照公司章程规定实际缴纳出资，或者实际出资的非货币财产的实际价额显著低于所认缴的出资额的，设立时的其他股东与该股东在出资不足的范围内承担连带责任。

（2）有限责任公司成立后股东出资不足或不实的法律责任。具体有：

一是公司成立后，董事会应当对股东的出资情况进行核查，发现股东未按期足额缴纳公司章程规定的出资的，应当由公司向该股东发出书面催缴书，催缴出资。未及时履行前款规定的义务，给公司造成损失的，负有责任的董事应当承担赔偿责任。

二是股东未按照公司章程规定的出资日期缴纳出资，公司依照上文规定发出书面催缴书催缴出资的，可以载明缴纳出资的宽限期；宽限期自公司发出催缴书之日起，不得少于 60 日。宽限期届满，股东仍未履行出资义务的，公司经董事会决议可以向该股东发出失权通知，通知应当以书面形式发出。自通知发出之日起，该股东丧失其未缴纳出资的股权。依照前文规定丧失的股权应当依法转让，或者相应减少注册资本并注销该股权；6 个月内未转让或者注销的，由公司其他股东按照其出资比例足额缴纳相应出资。股东对失权有异议的，应当自接到失权通知之日起 30 日内，向人民法院提起诉讼。

（3）股东抽逃出资的责任。公司成立后，股东不得抽逃出资。违反此规定的，股东应当返还抽逃的出资；给公司造成损失的，负有责任的董事、监事、高级管理人员应当与该股东承担连带赔偿责任。

（4）股东的提前出资责任。公司不能清偿到期债务的，公司或者已到期债权的债权人有权要求已认缴出资但未届出资期限的股东提前缴纳出资。

7. 出资证明书

有限责任公司成立后，应当向股东签发出资证明书，记载下列事项：①公司名称；②公司成立日期；③公司注册资本；④股东的姓名或者名称、认缴和实缴的出资额、出资方式和出资日期；⑤出资证明书的编号和核发日期。

出资证明书由法定代表人签名，并由公司盖章。

8. 股东名册

有限责任公司应当置备股东名册，记载下列事项：①股东的姓名或者名称及住所；②股东认缴和实缴的出资额、出资方式和出资日期；③出资证明书编号；④取得和丧失股东资格的日期。

记载于股东名册的股东，可以依股东名册主张行使股东权利。

9. 股东的查阅复制相关资料权

（1）股东有权查阅、复制公司章程、股东名册、股东会会议记录、董事会会议决议、监事会会议决议和财务会计报告。

（2）股东可以要求查阅公司会计账簿、会计凭证。股东要求查阅公司会计账簿、会计凭证的，应当向公司提出书面请求，说明目的。公司有合理根据认为股东查阅会计账簿、会计凭证有不正当目的，可能损害公司合法利益的，可以拒绝提供查阅，并应当自股东提出书面请求之日起 15 日内书面答复股东并说明理由。公司拒绝提供查阅的，股东可以向人民法院提起诉讼。

股东查阅公司会计账簿、会议凭证等材料，可以委托会计师事务所、律师事务所等中介机构进行。股东及其委托的会计师事务所、律师事务所等中介机构查阅、复制有关材料，应当遵守有关保护国家秘密、商业秘密、个人隐私、个人信息等法律、行政法规的规定。

（3）股东要求查阅、复制公司全资子公司相关材料的，也适用前述（1）（2）的规定。

（三）有限责任公司的设立程序

1. 有限责任公司名称自主申报

（1）公司名称自主申报流程。公司名称由申请人自主申报。申请人可以通过企业名称申报系统或者在企业登记机关服务窗口提交有关信息和材料，包括全体投资人确认的公司名称、住所、投资人名称或者姓名等。申请人应当对提交材料的真实性、合法性和有效性负责。

企业名称申报系统对申请人提交的企业名称进行自动比对，依据公司名称禁限用规则、相同相近比对规则等作出禁限用说明或者风险提示。公司名称不含行政区划名称以及属于《企业名称登记管理规定》第十二条规定情形的，申请人应当同时在国家市场监督管理总局企业名称申报系统和企业名称数据库中进行查询、比对和筛选。

申请人根据查询、比对和筛选的结果，选取符合要求的企业名称，并承诺因其公司名称与他人企业名称近似侵犯他人合法权益的，依法承担法律责任。

（2）申报公司名称的禁止行为。申报企业名称，不得有下列行为：一是不以自行使用为目的，恶意囤积企业名称，占用名称资源等，损害社会公共利益或者妨碍社会公共秩序；二是提交虚假材料或者采取其他欺诈手段进行企业名称自主申报；三是故意申报与他人在先具有一定影响的名称（包括简称、字号等）近似的企业名称；四是故意申报法律、行政法规和《企业名称登记管理规定实施办法》禁止的企业名称。

（3）公司名称的保留期限。企业登记机关对通过企业名称申报系统提交完成的公司名称予以保留，保留期为 2 个月。设立公司依法应当报经批准或者企业经营范围中有在登记前须经批准的项目的，保留期为 1 年。

企业登记机关可以依申请向申请人出具名称保留告知书。

申请人应当在保留期届满前办理公司登记。保留期内的公司名称不得用于经营活动。

企业登记机关在办理公司登记时，发现保留期内的名称不符合企业名称登记管理相关规定的，不予登记并书面说明理由。

2. 有限责任公司的设立程序

设立有限责任公司时股东或其委托的代理人应向拟设立公司所在地县级以上市场监督管理机构申请公司设立登记。其具体程序如下：

（1）股东共同制订公司章程。订立公司章程是公司的必经程序。

（2）报经主管部门审批。根据《公司法》规定，法律、行政法规规定设立公司必须报经批准的，应当在公司登记前依法办理批准手续。但这一程序并不是所有的有限责任公司的设立都须经过的程序，而是意欲进入许可制度管理和控制下的某些行业的公司。

（4）缴纳出资。公司的资本来源于股东的出资，凡股东都须履行出资的义务。

（5）确立机关。公司在成立登记前必须对公司的权力机关、业务执行机关和监督机关及其成员的分工做出决定，并符合法律规定。

（6）申请设立登记。具体规定如下：

一是申请办理有限责任公司登记，应当提交下列材料：①申请书；②申请人资格文件、自然人身份证明；③住所相关文件；④公司章程；⑤法律、行政法规和国务院市场监督管理部门规定提交的其他材料。

二是申请人应当对提交材料的真实性、合法性和有效性负责。

三是申请人可以委托其他自然人或者中介机构代其办理公司登记。受委托的自然人或者中介机构代为办理登记事宜应当遵守有关规定，不得提供虚假信息和材料。

四是登记机关应当对申请材料进行形式审查。对申请材料齐全、符合法定形式的予以确认并当场登记。不能当场登记的，应当在 3 个工作日内予以登记；情形复杂的，经登记机关负责人批准，可以再延长 3 个工作日。申请材料不齐全或者不符合法定形式的，登记机关应当一次性告知申请人需要补正的材料。登记申请不符合法律、行政法规规定，或者可能危害国家安全、社会公共利益的，登记机关不予登记并说明理由。

五是申请人申请有限责任公司设立登记，登记机关依法予以登记的，签发营业执照。营业执照签发日期为有限责任公司的成立日期。法律、行政法规或者国务院决定规定设立有限责任公司须经批准的，该公司应当在批准文件有效期内向登记机关申请登记。

六是营业执照分为正本和副本，具有同等法律效力。电子营业执照与纸质营业执照具有同等法律效力。

3. 有限责任公司的登记事项

有限责任公司的一般登记事项包括：①名称；②主体类型；③经营范围；④住所；⑤注册资本；⑥法定代表人姓名；⑦有限责任公司股东的姓名或者名称；⑧法律、行政法规规定的其他事项。

4. 有限责任公司的备案事项

有限责任公司的下列事项应当向登记机关办理备案：①公司章程；②经营期限；③有限责任公司股东认缴的出资数额；④公司董事、监事、高级管理人员；⑤公司登记联络员、公司法律文件送达接受人；⑥公司受益所有人相关信息；⑦法律、行政法规规定的其他事项。

任务案例二十六：

甲、乙、丙三人想成立一家股份有限公司，他们分别愿意出资5000万元、3000万元、2000万元，其中甲与丙分别为泰国人和英国人，乙为中国人。

请问：国家市场监督管理机关可不可以为他们成立的股份有限公司办理注册登记手续？为什么？

任务案例二十七：

ABCDE五人准备成立一家股份有限公司，每人各出资20%的股份。在设立过程，由于五人对出资及股份占比发生了争执，且大家都不肯让步，从而使得公司迟迟无法得以成立。最后，A决定退出这家拟设立的公司，自己一人来成立一家股份有限公司。

请问：A的想法能实现吗？为什么？

任务案例二十八：

A公司与他人发起成立B股份有限公司，设立B公司筹建处，B公司筹建处向C装饰公司购买100万元装饰材料用来装修A公司作为出资的大楼，B公司筹建处与C公司合同约定B股份公司一经成立，即向C公司付清贷款，但B公司在向社会公开募集股份时所募资金没有达到本次募股所欲达到资金额的70%，故B公司没有成立。

请问：C公司的装修100万元由谁偿付？为什么？

任务案例二十九：

甲、乙、丙、丁、戊五家公司准备成立一家股份有限公司——A公司，准备出资25000万元，每家出资5000万元，公司章程规定每家首期出资后，其余出资应在公司成立后的二年内出资完毕。每家首期出资500万元后，公司获准注册。二年内，乙、丙、丁、戊陆续把5000万元资金出齐，但甲只出了4000万元，还有1000万元未能在二年内出齐。

请问：A公司成立过程中存不存在问题？为什么？

任务案例三十：

A、B、C、D、E五家公司作为发起人，采用募集设立方式设立一家股份有限公司甲公司，甲公司的股份于3月18日募足后，五家公司即于4月25日召开了公司成立大会，到会的股东除了A、B、C、D、E以外，还到了1万名认股人，其持有的股份数占公司股份总数的50%。公司成立大会开会时，作出了不设立公司的决议，该决议获得了与会认股人A、B与其他1万名认股人的同意，其持有的股份占出席会议所有股份额的80%。

请问：在甲公司设立过程存在哪些不符合法律之处？

知识链接（六）

十一、股份有限公司的设立

（一）股份有限公司的概念与特征

股份有限公司是指公司全部资本分成等额股份，股东以其所持股份为限对公司承担责任，公司以其全部资产对公司债务承担责任的企业法人。

与有限责任公司相比较，股份有限公司具有以下特征：

（1）股东人数的广泛性。股份有限公司的股东人数最低不得低于1人，而上不封顶。

（2）资本募集的公开性。股份有限公司通过发行股票的形式来筹集公司资本，任何人只要愿意支付股金，购买股票就可以成为公司的股东。因此资本募集的公开性决定了公司股东人数的广泛性，也决定了公司的账目要求公开，以使公司的股东对公司的经营状况有所了解。

（3）股份的等额性及流通性。股份有限公司的资本平均分为等额股份，每个股东所持有的股份数额可以不同，但每股的金额必须相等。因为需要筹集资本，所以股票一般情况下可以自由买卖，股票交易有两种形式：一为上市交易，即在证券交易所挂牌交易；二为柜台交易，即在证券公司的柜台上直接交易。

（4）股份公司设立程序较为复杂。由于股份有限公司需要发行股票募集资本，因此国家对其发行股票的管理也较为严格。

（二）股份有限公司的设立

1. 设立方式

股份有限公司既可以采取发起设立，也可以采取募集设立的方式。发起设立，是指由发起人认购设立公司时应发行的全部股份而设立公司。募集设立，是指由发起人认购设立公司时应发行股份的一部分，其余股份向特定对象募集或者向社会公开募集而设立公司。

2. 发起人

设立股份有限公司，应当有1人以上200人以下为发起人，其中应当有半数以上的发起人在中华人民共和国境内有住所。股份有限公司发起人承担公司筹办事务。

3. 发起人协议

发起人应当签订发起人协议，明确各自在公司设立过程中的权利和义务。

4. 公司章程

设立股份有限公司，应当由发起人共同制订公司章程。公司章程应当载明下列事项：①公司名称和住所；②公司经营范围；③公司设立方式；④公司注册资本、已发行的股份数和设立时发行的股份数，面额股的每股金额；⑤发行类别股的，每一类别股的股份数及其权利和义务；⑥发起人的姓名或者名称、认购的股份数、出资方式；⑦董事会的组成、职权和议事规则；⑧公司法定代表人的产生、变更办法；⑨监事会的组成、职权和议事规则；⑩公司利润分配办法；⑪公司的解散事由与清算办法；⑫公司的通知和公告办法；⑬股东会认为需要规定的其他事项。

5. 注册资本

目前我国公司法对于股份有限公司的注册资本采取了实缴资本制度，具体规定如下：

（1）股份有限公司的注册资本为在公司登记机关登记的已发行股份的股本总额。在发起人认购的股份缴足前，不得向他人募集股份。法律、行政法规以及国务院决定对股份有限公司注册资本最低限额另有规定的，从其规定。

（2）以发起设立方式设立股份有限公司的，发起人应当认足公司章程规定的公司设立时应发行的股份。

（3）以募集设立方式设立股份有限公司的，发起人认购的股份不得少于公司章程规定的公司设立时应发行股份总数的35%；但是法律、行政法规另有规定的，从其规定。

（4）发起人应当在公司成立前按照其认购的股份全额缴纳股款。

（5）发起人的出资要求。此内容与上文“（二）有限责任公司的设立”内“5. 注册资本”中的“（2）股东出资要求”相同。

6. 股份有限公司设立过程中所产生民事责任的责任承担

此内容与上文“（二）有限责任公司的设立”内的“3. 有限责任公司设立过程中所产生民事责任的责任承担”相同。

7. 股东名册

股份有限公司应当制作股东名册并置备于公司。股东名册应当记载下列事项：①股东的姓名或者名称及住所；②各股东所认购的股份种类及股份数；③发行纸面形式的股票的，股票的编号；④各股东取得股份的日期。

8. 公司成立大会

（1）公司成立大会的召开。具体规定如下：一是以发起设立方式设立股份有限公司成立大会的召开和表决程序由公司章程或者发起人协议规定；二是募集设立股份有限公司的发起人应当自公司设立时应发行股份的股款缴足之日起30日内召开公司成立大会。发起人应当在成立大会召开15日前将会议日期通知各认股人或者予以公告。成立大会应当有持有表决权过半数的认股人出席，方可举行。

（2）公司成立大会职权。公司成立大会行使下列职权：一是审议发起人关于公司筹办情况的报告；二是通过公司章程；三是选举董事、监事；四是对公司的设立费用进行审核；五是对发起人非货币财产出资的作价进行审核；六是发生不可抗力或者经营条件发生重大变化直接影响公司设立的，可以作出不设立公司的决议。

（3）公司成立大会的表决。成立大会对成立大会职权内所列事项作出决议，应当经出席会议的认股人所持表决权过半数通过。

9. 股份有限公司未成功设立的法律后果

公司设立时应发行的股份未募足，或者发行股份的股款缴足后，发起人在30日内未召开成立大会的，认股人可以按照所缴股款并加算银行同期存款利息，要求发起人返还。

10. 股东的查阅复制相关资料权。

股份有限公司应当将公司章程、股东名册、股东会会议记录、董事会会议记录、监事会会议记录、财务会计报告、债券持有人名册置备于本公司。股东查阅复制相关资料的权限具体有：

（1）股东有权查阅、复制公司章程、股东名册、股东会会议记录、董事会会议决议、监事会会议决议、财务会计报告，对公司的经营提出建议或者质询。

（2）连续180日以上单独或者合计持有公司3%以上股份的股东要求查阅公司的会计账簿、会计凭证的，适用上文“（二）有限责任公司的设立”中“9.股东的查阅复制相关资料权”内“（2）”的规定。

（3）股东要求查阅、复制公司全资子公司相关材料的，适用本文中（1）（2）的规定。

（4）上市公司股东查阅、复制相关材料的，应当遵守《中华人民共和国证券法》等法律、行政法规的规定。

11.发起人及认股人的义务与责任

（1）发起人不按照其认购的股份缴纳股款，或者作为出资的非货币财产的实际价额显著低于所认购的股份的，其他发起人与该发起人在出资不足的范围内承担连带责任。

（2）发起人、认股人缴纳股款或者交付非货币财产出资后，除未按期募足股份、发起人未按期召开成立大会或者成立大会决议不设立公司的情形外，不得抽回其股本。

12.有限责任公司变更为股份有限公司的法律规定

（1）有限责任公司变更为股份有限公司时，折合的实收股本总额不得高于公司净资产额。

（2）有限责任公司变更为股份有限公司，为增加注册资本公开发行股份时，应当依法办理。

（三）股份有限公司的设立程序

1.股份有限公司名称自主申报

此内容与上文“1.有限责任公司名称自主申报”中的内容基本一致，只需将上文“1.有限责任公司名称自主申报”中的“有限责任公司”改为“股份有限公司”即可。

2.股份有限公司的设立程序

（1）发起设立的程序。采取发起设立股份有限公司，其程序与有限责任公司类似，由发起人承担公司筹办事务，且必须要经过“签订发起人协议（明确各自在公司设立过程中的权利和义务）—订立公司章程（由发起人制订）—报经主管部门批准（此环节与有限责任公司设立过程中的要求相同）—缴纳出资—召开公司成立大会，确定机关—申请登记”等程序。

（2）募集设立的程序。募集设立的程序中前三步“签订发起人协议—订立公司章程—报经主管部门批准”与发起设立相同，其后的程序主要有：

第一步，发起人认足股份。

第二步，制作招股说明书。招股说明书应当附有公司章程，公司设立时发行股份的，应当载明发起人认购的股份数，并载明下列事项：①发行的股份总数；②面额股的票面金额和发行价格或者无面额股的发行价格；③募集资金的用途；④认股人的权利和义务；⑤股份种类及其权利和义务；⑥本次募股的起止日期及逾期未募足时认股人可以撤回所认股份的说明。

第三步，签订股票承销协议。发起人向社会公开募集股份，应当由依法设立的证券公司承销，签订承销协议。

第四步，签订代收股款协议。发起人向社会公开募集股份，应当同银行签订代收股款协议。代收股款的银行应当按照协议代收和保存股款，向缴纳股款的认股人出具收款单据，并负有向有关部门出具收款证明的义务。

第五步，公司向社会公开募集股份，应当经国务院证券监督管理机构注册。设立股份有限公司公开发行股票，应当符合《中华人民共和国公司法》规定的条件和经国务院批准的国务院证券监督管理机构规定的其他条件，向国务院证券监督管理机构报送募股申请和下列文件：公司章程；发起人协议；发起人姓名或者名称，发起人认购的股份数、出资种类及验资证明；招股说明书；代收股款银行的名称及地址；承销机构名称及有关的协议。依照《中华人民共和国证券法》的规定聘请保荐人的，还应当报送保荐人出具的发行保荐书。法律、行政法规规定设立公司必须报经批准的，还应当提交相应的批准文件。依法报经国务院证券监督管理机构或者国务院授权的部门注册后才能公开发行股份。未经依法注册，任何单位和个人不得公开发行股份。

第六步，公告招股说明书。获准募股后，应实施招股行为，应根据募股范围，在自行选定或主管当局指定的报刊杂志上公告招股说明书。

第七步，制作认股书。发起人向社会公开募集股份，应当制作认股书。认股书应当载明招股说明书依法应载明的事项，并由认股人填写认购的股份数、金额、住所，并签名或者盖章。认股人应当按照所认购股份足额缴纳股款。

公司发行股份募足股款后，应予公告，并应当经依法设立的验资机构验资并出具证明。

第八步，召开公司成立大会。

第九步，申请设立登记。董事会应当授权代表，于公司成立大会结束后 30 日内向公司登记机关申请设立登记。

股份有限公司的设立登记程序与上文“2. 有限责任公司的设立程序”中的“6. 申请设立登记”内的内容基本一致，只需将上文中这一部分内容中提到的“有限责任公司”改为“股份有限公司”即可。上文中“3. 有限责任公司的登记事项”“4. 有限责任公司的备案事项”也同样适用于股份有限公司，只需将其中提到的“有限责任公司”改为“股份有限公司”即可。

任务2 公司组织机构设置分析

任务案例一：

甲股份有限公司成立了 1 年，注册资本为 1000 万元，第 2 年经营出现了一些问题，年终时亏损了 270 万元。

请问：甲公司需不需要召开临时股东大会？为什么？

任务案例二：

甲股份有限公司准备与乙有限责任公司合并，双方已达成合并协议，于是双方将该协议提交给各自的股东大会和股东会表决。甲公司股东会召开时，共来了 1 万人，其中有 3 人持有普通股 3000 万股，占公司股份总额的 35%，还有 3 人持有优先股占公司股份总额的 24%，其他人及公司自己持有的则为各占公司股份总额 10% 和 5% 的普通股。乙公司股东会召开时，共来了 15 个股东，占公司股份总额的 89%。甲公司股东会开会时持有 3000 万普通股的 3 人与公司同意了合并协议，其余人都反对。乙公司股东会中 10 个股东同意了，占出度会议股东份总额的 51%，但其余 5 人与未参加会议的股东事后对此表示反对。

请问：甲乙两公司能否合并？为什么？

任务案例三：

A、B、C、D、E 是甲有限责任公司的股东，每个股东的出资额都是 100 万元（股权比例均为 20%），由于 E 股东长年在国外，因此公司章程规定，股东会开会时 E 股东的表决权为

10%，另 10% 由公司董事长 A 股东持有。一次，甲公司因是否应与乙公司合并召开股东会，与会的 A、B、C、D、E 五位股东，只有 A、B、C 三位股东同意了与乙公司合并决议。

请问：该决议能否得以通过？为什么？

任务案例四：

甲是 A 上市公司的大股东，其持有的普通股（一个投票权）占公司总股份的比例为 20%。由于公司经营需要，A 公司决定兼并另一家 B 有限责任公司，以扩大自己的经营规模。于是公司的董事会负责召集股东，准备开股东会对此事进行表决。股东会开会时到会股东 1 万人，其中持有一股普通股但有 1.5 个股票权的股份的股东共 5 人，都已到会，其总的持股比例为 20%（投票权占比为 30%），其余股东均为拥有一个投票权的普通股股东，其股份占比为 30%。在股东会开会时对合并决议表示同意的有甲和其余股份占比 30% 的拥有一个投票权的普通股股东，股东会认为表决时同意的有表决权的股份数超过了半数，因此决议得以通过。

请问：你认为此次股东会表决的决议能否通过？为什么？

任务案例五：

杨某持有甲有限责任公司 10% 的股权，该公司未设立董事会和监事会。杨某发现公司执行董事何某（持有该公司 90% 股权）将公司产品低价出售给其妻开办的公司，遂书面向公司监事姜某反映。姜某出于私情未予过问。

请问：杨某该如何保护公司和自己的合法利益？为什么？

任务案例六：

甲有限责任公司的股东小李是该公司的小股东，对公司出资了 10 万元，占公司股权比例的 1%。2018 年年终时小李被告知公司经营略有盈利，其利润将留作明年公司发展之用，因此不向股东分配股利了。但后来小李从自己朋友——公司会计处的小张那儿得知，公司当年税后利润为 1000 万元，但这些钱都被公司董事长借给其妻弟去做生意了。小李得知后，知道自己无法向公司董事会和监事会提出保护小股东权益的要求，因为这些人员都听董事长的，董事长是公司最大股东，占有 80% 的股份。

请问：这种情况下，小李应如何保护自己的合法权益？为什么？

任务案例七：

李某、赵某与七家公司共同投资开办了甲股份有限公司，公司成立后的 5 年内经过董事长李某、总经理以及公司员工们的共同努力，公司经营业绩蒸蒸日上。于是，第 6 年甲公司又投资设立了一家全资子公司——乙有限责任公司，经过 2 年的经营，乙公司的业绩也很不错，但乙公司成立后的第 3 年，甲公司董事兼总经理赵某偶然发现乙公司董事会在作经营决策时违反了乙公司章程的规定，损害了乙公司的利益，由于情况非常紧急，因此赵某来不及向甲公司董事会汇报此事，即以自己名义将乙公司董事会告上了法院。

请问：赵某是否有权以自己名义将乙公司董事会告上法院？为什么？

知识链接（一）

一、股东会

股东会由全体股东组成。股东会是公司的权力机构，依照《公司法》规定行使职权。因此股东会作为有限责任公司和股份有限公司的意思形成机构，有权对公司的重大事项做出决议。

（一）股东会或股东大会的职权

1. 基本职权

按照《公司法》第五十九条第一款和第一百一十一条第一款的规定，股东会依法行使以下职权：

（1）选举和更换董事、监事，决定有关董事、监事的报酬事项；

（2）审议批准董事会的报告；

（3）审议批准监事会的报告；

（4）审议批准公司的利润分配方案和弥补亏损方案；

（5）对公司增加或者减少注册资本作出决议；

（6）对发行公司债券作出决议；

（7）对公司合并、分立、解散、清算或者变更公司形式作出决议；

（8）修改公司章程；

（9）公司章程规定的其他职权。

股东会可以授权董事会对发行公司债券作出决议。

2. 有限责任公司的特殊规定

在有限责任公司的情形下，如果全体股东对股东会基本职权中所列事项以书面形式一致表示同意的，可以不召开股东会会议，直接作出决定，并由全体股东在决定文件上签名、盖章。但在股份有限公司的情形下则不可如此操作。

3. 一人有限责任公司或一人股份有限公司的特殊规定

只有一个股东的有限责任公司不设股东会。股东作出股东会基本职权中所列事项的决定时，应当采用书面形式，并由股东签名或者盖章后置备于公司。此规定同样适用于只有一个股东的股份有限公司。

（二）股东会的召开

1. 股东会会议种类

其可分为定期会议和临时会议。有限责任公司股东会的定期会议应当依照公司章程的规定按时召开，可一年一次，也可以按照章程规定一年两次。股份有限公司的股东大会应当每年召开一次年会。

临时会议的召开，则可分为两种情况：

（1）有限责任公司出现下列情形之一的，应当召开临时股东会会议：一是代表1/10以上表决权的股东提议时；二是1/3以上的董事提议时；三是监事会提议时。

（2）股份有限公司有以下情形的应当在2个月内召开临时股东大会：一是董事人数不足本法规定人数或者公司章程所定人数的2/3时；二是公司未弥补的亏损达股本总额1/3时；三是单独或者合计持有公司10%以上股份的股东请求时；四是董事会认为必要时；五是监事会提议召开时；六是公司章程规定的其他情形。

> 【想一想】
>
> 如果一家股份有限公司的董事会人数9人，有一天这9人之中的6人同时辞去董事职务，请问这家公司要不要召开临时股东大会？

2. 股东会会议召开的通知

（1）有限责任公司股东会召开的通知。有限责任公司召开股东会会议，应当于会议召开15日前通知全体股东；但是，公司章程另有规定或者全体股东另有约定的除外。

（2）股份有限公司股东会召开的通知。股份有限公司召开股东大会会议，应当将会议召开的时间、地点和审议的事项于会议召开 20 日前通知各股东；临时股东大会应当于会议召开 15 日前通知各股东。公开发行股份的公司，应当以公告方式作出股东会召开的通知。

3. 股东会会议的召集和主持

（1）有限责任公司股东会的召集和主持。其具体规定有：

一是有限责任公司首次股东会会议由出资最多的股东召集和主持，依照《公司法》规定行使职权。

二是首次会议后的股东会会议召集和主持规定如下：①由董事会召集，董事长主持；董事长不能履行职务或者不履行职务的，由副董事长主持；副董事长不能履行职务或者不履行职务的，由过半数的董事共同推举一名董事主持。②董事会不能履行或者不履行召集股东会会议职责的，由监事会召集和主持；监事会不召集和主持的，代表 1/10 以上表决权的股东可以自行召集和主持。

三是规模较小或者股东人数较少的有限责任公司不设董事会，设一名董事的，则无论首次股东会会议还是此后的股东会会议都由其负责召集、主持。

（2）股份有限公司股东会的召集、主持及股东临时提案权的行使。《公司法》对股份有限公司股东会召集与主持的具体规定有：

一是股东会会议由董事会召集，董事长主持；董事长不能履行职务或者不履行职务的，由副董事长主持；副董事长不能履行职务或者不履行职务的，由过半数的董事共同推举一名董事主持。

二是董事会不能履行或者不履行召集股东会会议职责的，监事会应当及时召集和主持；监事会不召集和主持的，连续 90 日以上单独或者合计持有公司 10% 以上股份的股东可以自行召集和主持。

三是单独或者合计持有公司 10% 以上股份的股东请求召开临时股东会会议的，董事会、监事会应当在收到请求之日起 10 日内作出是否召开临时股东会会议的决定，并书面答复股东。

《公司法》对股份有限公司股东在股东会上提出临时提案的规定有：

一是单独或者合计持有公司 1% 以上股份的股东，可以在股东会会议召开 10 日前提出临时提案并书面提交董事会。

二是临时提案应当有明确议题和具体决议事项。

三是董事会应当在收到提案后 2 日内通知其他股东，并将该临时提案提交股东会审议；但临时提案违反法律、行政法规或者公司章程的规定，或者不属于股东会职权范围的除外。

四是公司不得提高提出临时提案股东的持股比例。

五是公开发行股份的公司，应当以公告方式作出临时提案的通知。

（三）股东会的表决

1. 有限责任公司股东会的表决

（1）有限责任公司股东会由股东按出资比例行使表决权，但是公司章程另有规定的除外。

（2）股东会的议事方式和表决程序，除《公司法》有规定的外，由公司章程规定。

（3）股东会作出决议，应当经代表过半数表决权的股东通过。

（4）股东会会议作出修改公司章程、增加或者减少注册资本的决议，以及公司合并、分立、解散或者变更公司形式的决议，必须经代表 2/3 以上表决权的股东通过。

2. 股份有限公司股东会的表决

（1）股东出席股东会会议，所持每一股份有一表决权，类别股股东除外。公司持有的本公司股份没有表决权。

（2）股东会作出决议，应当经出席会议的股东所持表决权过半数通过。

（3）股东会作出修改公司章程、增加或者减少注册资本的决议，以及公司合并、分立、解散或者变更公司形式的决议，必须经出席会议的股东所持表决权的 2/3 以上通过。发行类别股的公司，有前述所列事项可能影响类别股股东权利的，除应当依照前述规定经股东会决议外，还应当经出席类别股股东会议的股东所持表决权的 2/3 以上通过。

（4）股东会选举董事、监事，可以依照公司章程的规定或者股东会的决议，实行累积投票制，即股东会选举董事或者监事时，每一股份拥有与应选董事或者监事人数相同的表决权，股东拥有的表决权可以集中使用。

（5）股东可以委托代理人出席股东大会会议，代理人应当向公司提交股东授权委托书，并在授权范围内行使表决权。

（四）股东会的记录

1. 有限责任公司股东会会议记录要求

股东会应当对所议事项的决定做成会议记录，出席会议的股东应当在会议记录上签名。

2. 股份有限公司股东会会议记录要求

股东会应当对所议事项的决定做成会议记录，主持人、出席会议的董事应当在会议记录上签名。会议记录应当与出席股东的签名册及代理出席的委托书一并保存。

（五）股东的诉权

1. 股东派生诉讼的诉权

这是在公司的利益受到侵害时股东为公司利益提起的诉讼，其具体规定如下：

（1）在公司运行期间，董事、高级管理人员执行公司职务时违反法律、行政法规或者公司章程的规定，给公司造成损失的，有限责任公司的股东、股份有限公司连续 180 日以上单独或者合计持有公司 1% 以上股份的股东，可以书面请求监事会向人民法院提起诉讼；监事执行公司职务时违反法律、行政法规或者公司章程的规定，给公司造成损失的，股东可以书面请求董事会向人民法院提起诉讼。

监事会或者董事会收到上述股东书面请求后拒绝提起诉讼，或者自收到请求之日起 30 日内未提起诉讼，或者情况紧急、不立即提起诉讼将会使公司利益受到难以弥补的损害的，上述股东有权为了公司的利益以自己的名义直接向人民法院提起诉讼。

（2）他人侵犯公司合法权益，给公司造成损失的，股东可以依法按上述规定处理。

（3）公司全资子公司的董事、监事、高级管理人员执行公司职务时违反法律、行政法规或者公司章程的规定，给子公司造成损失的，或者他人侵犯公司全资子公司合法权益造成损失的，有限责任公司的股东、股份有限公司连续 180 日以上单独或者合计持有公司 1% 以上股份的股东，可以依照上述（1）（2）的规定书面请求全资子公司的监事会、董事会向人民法院提起诉讼或者以自己的名义直接向人民法院提起诉讼。

2. 股东直接诉讼的诉权

这是股东利益受到侵害时，直接向法院提起诉讼的权利。董事、高级管理人员违反法律、行政法规或者公司章程的规定，损害股东利益的，股东可以向人民法院提起诉讼。

任务案例八：

乙有限责任公司董事会开会时，通过了一系列决议，其主要有：①审议批准了由公司总经理撰写的公司年度财务预算方案、决算方案；②对发行公司债券作出了决议；③选举和更换了由职工代表出任的监事；④决定了公司内部管理机构的设置；⑤决定了公司的经营计划和投资方案。

请问：乙公司董事会通过的决议有没有什么问题？为什么？

任务案例九：

张三（大股东，投资占股比例为 51%）与其他八家公司一起投资 2000 万元开设了 A 股份有限公司，公司经营了 5 年，业绩良好，目前员工有 1000 人。刚好今年国家的新《公司法》颁布施行，公司董事会、监事会成员的任期也到期了，因此作为公司董事长的张三决定改组公司董事会，不再保留原来公司董事会中职工代表出任的董事，同时，也不再设立监事会，准备在董事会下设审计委员会，审计委员会成员由董事长、副董事长、总经理、常务副总经理、财务总监等五人组成。

请问：董事长张三对 A 股份有限公司董事会和监事会改组的决定有没有问题？请说明理由。

任务案例十：

甲股份有限公司有 7 位董事，一次在召开董事会会议时，董事长何某提出了一个议案，与会人员有三人表示同意，其余四人不同意，认为违反了公司章程，但其中公司最大股东——董事长何某也同意了，这一决议得以通过。但这一议案在执行过程中出现了问题，使公司蒙受了 100 万元的损失。经查，当时不同意这一决议的四人中，只有李某激烈反对，且其反对意见记录在了董事会会议记录里。

请问：公司董事应不应为这一损失承担责任？为什么？公司董事会会议表决过程中是否合法？为什么？

任务案例十一：

A 股份有限公司是上市公司，甲乙丙丁戊是公司的普通股东，他们持有的股份分别占公司普通股股份总额的 1%、2%、4%、2%、3%，其向公司董事长提出要求召开临时董事会，讨论今年的公司利润分配问题，公司董事长张某觉得这几个股东虽然持有公司股份，但都是小股东，他们的意见不必重视，于是对于他们的意见未予以关注。此五位股东看董事长张某未有任何动作，随即向公司监事会提出要求监事会督促董事长召开临时董事会。

请问：该五名股东的主张是否合理？为什么？

知识链接（二）

二、董事会

董事会是由全体董事组成的行使公司经营决策和管理权的集体业务执行机构。

（一）董事会的职权

按《公司法》规定，董事会对股东会负责，行使下列职权：

（1）召集股东会会议，并向股东会报告工作；

（2）执行股东会的决议；

（3）决定公司的经营计划和投资方案；

（4）制订公司的利润分配方案和弥补亏损方案；

（5）制订公司增加或者减少注册资本以及发行公司债券的方案；

（6）制订公司合并、分立、解散或者变更公司形式的方案；

（7）决定公司内部管理机构的设置；

（8）决定聘任或者解聘公司经理及其报酬事项，并根据经理的提名决定聘任或者解聘公司副经理、财务负责人及其报酬事项；

（9）制定公司的基本管理制度；

（10）公司章程规定或者股东会授予的其他职权。

公司章程对董事会职权的限制不得对抗善意相对人。

（二）董事会的组成

1. 有限责任公司董事会的组成

（1）有限责任公司董事会成员为 3 人以上，其成员中可以有公司职工代表。职工人数 300 人以上的有限责任公司，除依法设监事会并有公司职工代表的外，其董事会成员中应当有公司职工代表。董事会中的职工代表由公司职工通过职工代表大会、职工大会或者其他形式民主选举产生。

（2）规模较小或者股东人数较少的有限责任公司，可以不设董事会，设一名董事，行使《公司法》规定的董事会的职权。该董事可以兼任公司经理。

2. 股份有限公司董事会的组成

我国《公司法》对股份有限公司董事会组成的规定，与上文“1. 有限责任公司董事会的组成”内“(1)”和“(2)”的内容基本相同，只需将“有限责任公司”替换为“股份有限公司”即可。

3. 董事会的结构

董事会设董事长 1 人，可以设副董事长。有限责任公司的董事长和副董事长由章程规定的方法产生；股份有限公司的董事长和副董事长则由董事会以全体董事的过半数选举产生。

4. 董事任期

（1）董事任期由公司章程规定，但每届任期不得超过 3 年。董事任期届满，连选可以连任。

（2）董事任期届满未及时改选，或者董事在任期内辞任导致董事会成员低于法定人数的，在改选出的董事就任前，原董事仍应当依照法律、行政法规和公司章程的规定，履行董事职务。

（3）董事辞任的，应当以书面形式通知公司，公司收到通知之日辞任生效，但在新选出的董事就任前，原董事应当继续履行职务。

（4）股东会可以决议解任董事，决议作出之日解任生效。无正当理由，在任期届满前解任董事的，该董事可以要求公司予以赔偿。

（三）董事会会议

董事会会议由董事长召集和主持；董事长不能履行职务或者不履行职务的，由副董事长召集和主持；副董事长不能履行职务或者不履行职务的，由过半数的董事共同推举 1 名董事召集和主持。

董事会会议应当有过半数的董事出席方可举行。董事会作出决议，应当经全体董事的过半数通过。

董事会决议的表决，实行一人一票。董事会应当对所议事项的决定做成会议记录，出席会议的董事应当在会议记录上签名。

1. 有限责任公司董事会会议的特别规定

董事会的议事方式和表决程序，除《公司法》有规定的外，由公司章程规定。

2. 股份有限公司董事会会议的特别规定（有删减）

（1）董事会每年度至少召开两次会议，每次会议应当于会议召开 10 日前通知全体董事和监事。

（2）代表 1/10 以上表决权的股东、1/3 以上董事或者监事会，可以提议召开董事会临时会议。董事长应当自接到提议后 10 日内，召集和主持董事会会议。董事会召开临时会议，可以另定召集董事会的通知方式和通知时限。

（3）董事会会议，应由董事本人出席；董事因故不能出席，可以书面委托其他董事代为出席，委托书中应载明授权范围。

（4）董事应当对董事会的决议承担责任。董事会的决议违反法律、行政法规或者公司章程、股东大会决议，致使公司遭受严重损失的，参与决议的董事对公司负赔偿责任。但经证明在表决时曾表明异议并记载于会议记录的，该董事可以免除责任。

（四）审计委员会

1. 有限责任公司的审计委员会

有限责任公司可以按照公司章程的规定在董事会中设置由董事组成的审计委员会，行使本法规定的监事会的职权，不设监事会或者监事。公司董事会成员中的职工代表可以成为审计委员会成员。

2. 股份有限公司的审计委员会

股份有限公司的审计委员会具体规定如下：

（1）股份有限公司可以按照公司章程的规定在董事会中设置由董事组成的审计委员会，行使《公司法》规定的监事会的职权，不设监事会或者监事。

（2）审计委员会成员为 3 名以上，过半数成员不得在公司担任除董事以外的其他职务，且不得与公司存在任何可能影响其独立客观判断的关系。公司董事会成员中的职工代表可以成为审计委员会成员。

（3）审计委员会作出决议，应当经审计委员会成员的过半数通过。

（4）审计委员会决议的表决，应当一人一票。

（5）审计委员会的议事方式和表决程序，除《公司法》有规定的外，由公司章程规定。

（五）其他委员会

根据《公司法》的规定，股份有限公司可以按照公司章程的规定在董事会中设置其他委员会。但《公司法》并无有限责任公司董事会中可否设置其他委员会的规定。

（六）经理

有限责任公司和股份有限公司可以设经理，由董事会决定聘任或者解聘。

经理对董事会负责，根据公司章程的规定或者董事会的授权行使职权。经理列席董事会会议。

股份有限公司的董事会可以决定由董事会成员兼任经理。

任务案例十二：

某有限责任公司股东5人，生产经营规模较小，所以该公司决定不设立股东会和董事会，只设立一名董事，全权管理公司所有事务，同时设一名监事，实施监督权。

请问：这是否可行？为什么？

任务案例十三：

丙股份有限公司共选举了6名监事组成了监事会，其中5名监事中有3名是公司股东,1名是公司董事，还有1名是公司财务总监。还有1名监事是职工代表，由股东大会选举产生。

请问：该公司监事会组建过程中存在什么问题？

任务案例十四：

甲有限公司的监事张三发现公司近半年来经营情况有些异常，但苦于没有什么证据。于是其聘请了大公会计师事务所的注册会计师帮他一起调查。但公司管理层认为，张三的行为侵害了公司的利益，有可能泄露公司的商业秘密，因此要求张三停止这种行为。但张三没有停止，于是公司管理层一方面以各种方式阻碍张三的调查，另一方面以公司名义向人民法院提出诉讼。张三则在诉讼期间，获得了公司管理层正在不正当转移公司资产的证据，于是在诉讼过程中以监事会名义对公司管理层提起反诉。

请问：张三的做法是否合法？为什么？

知识链接（三）

三、监事会

公司监事会是对公司执行机构的业务活动进行专门监督的机构。

（一）监事会的职权

按《公司法》的规定，监事会、不设监事会的公司的监事行使下列职权，监事会行使职权所必需的费用，由公司承担：

（1）检查公司财务；

（2）对董事、高级管理人员执行公司职务的行为进行监督，对违反法律、行政法规、公司章程或者股东会决议的董事、高级管理人员提出解任的建议；

（3）当董事、高级管理人员的行为损害公司的利益时，要求董事、高级管理人员予以纠正；

（4）提议召开临时股东会会议，在董事会不履行《公司法》规定的召集和主持股东会会议职责时召集和主持股东会会议；

（5）向股东会会议提出提案；

（6）依照《公司法》第189条对股东诉权的规定，对董事、高级管理人员提起诉讼；

（7）公司章程规定的其他职权。

（二）监事会的组成

1. 监事会的设置

监事会成员为3人以上。规模较小或者股东人数较少的有限责任公司或股份有限公司，可以不设监事会，设1名监事，行使《公司法》规定的监事会的职权。

规模较小或者股东人数较少的有限责任公司经全体股东一致同意，也可以不设监事，即在未设立审计委员会的情况下，也可以不设立监事。

2. 监事会的成员

监事会应当包括股东代表和适当比例的公司职工代表，其中职工代表的比例不得低于1/3，具体比例由公司章程规定。监事会中的职工代表由公司职工通过职工代表大会、职工大会或者其他形式民主选举产生。

3. 监事会的召集主持

（1）有限责任公司的规定：一是监事会设主席1人，由全体监事过半数选举产生。监事会主席召集和主持监事会会议；监事会主席不能履行职务或者不履行职务的，由过半数监事共同推举一名监事召集和主持监事会会议。二是监事会每年度至少召开1次会议，监事可以提议召开临时监事会会议。

（2）股份有限责任公司的规定：一是监事会设主席一人，可以设副主席。监事会主席和副主席由全体监事过半数选举产生。二是监事会主席召集和主持监事会会议；监事会主席不能履行职务或者不履行职务的，由监事会副主席召集和主持监事会会议；监事会副主席不能履行职务或者不履行职务的，由过半数的监事共同推举一名监事召集和主持监事会会议。三是监事会每6个月至少召开1次会议。监事可以提议召开临时监事会会议。

4. 监事会的表决

（1）监事会的议事方式和表决程序，除《公司法》另有规定的外，由公司章程规定。

（2）监事会决议应当经全体监事的过半数通过。

（3）监事会决议的表决，应当一人一票。

（4）监事会应当对所议事项的决定做成会议记录，出席会议的监事应当在会议记录上签名。

5. 对监事的规定

（1）董事、高级管理人员不得兼任监事。

（2）监事的任期每届为3年。监事任期届满，连选可以连任。

（3）监事任期届满未及时改选，或者监事在任期内辞职导致监事会成员低于法定人数的，在改选出的监事就任前，原监事仍应当依照法律、行政法规和公司章程的规定，履行监事职务。

任务案例十五：

B有限责任公司有5名股东，这些股东有的在国内、有的在国外，因此平时不太容易聚在一起开股东会。此外，公司也没有设董事会，只设了一名董事杨某。有一次公司因有公司章程修改事项需要股东会表决，因此公司董事杨某就准备采用腾讯会议的方式召开股东会，但由于疏忽，忘了将腾讯会议时间告知身在新疆旅行的小股东张某，等张某想起进入腾讯会议时发现腾讯会议已经结束了。与会的股东对修改公司章程作出同意的表决。

请问：如果张某对股东会会议表决不同意，他应该怎么办？

任务案例十六：

某上市公司总资产为2亿元，负债为5000万元，为了要购买一幢6200万元的大厦，其召开了股东会，到会股东所持有表决权的股份1.2亿股（每股1元），其中该公司持有的本公司股份2000万股。在股东会开会表决时，有持有表决权的股份数8500万股的股东同意（其中包括该公司），于是该决议得以通过。

请问：该决议得以通过有没有问题？为什么？

任务案例十七：

A上市公司因在董事会下设立了审计委员会，因此没有设置监事会。A公司董事会成员共有11人。一次在董事会开会时，总共来了甲、乙、丙、丁4名董事，戊、戌2名董事委托甲和乙董事进行投票表决。开会时，董事会决定解聘公司总经理、承办公司审计业务的会计师事务所、公司财务负责人，表决时甲、乙、丙以及甲、乙所代表的戊、戌一共5名董事都投了赞成票，因此董事会通过了解聘决定。

请问：A上市公司董事会的开会与表决有没有问题？为什么？

知识链接（四）

四、公司股东会、董事会、监事会的其他法律规定

我国《公司法》对有限责任公司与股份有限公司股东会、董事会、监事会的其他法律规定具体有：

（1）公司股东会、董事会、监事会召开会议和表决可以采用电子通信方式，公司章程另有规定的除外。

（2）公司股东会、董事会的决议内容违反法律、行政法规的无效。

（3）公司股东会、董事会的会议召集程序、表决方式违反法律、行政法规或者公司章程，或者决议内容违反公司章程的，股东自决议作出之日起60日内，可以请求人民法院撤销。但是，股东会、董事会的会议召集程序或者表决方式仅有轻微瑕疵，对决议未产生实质影响的除外。未被通知参加股东会会议的股东自知道或者应当知道股东会决议作出之日起60日内，可以请求人民法院撤销；自决议作出之日起一年内没有行使撤销权的，撤销权消灭。

（4）有下列情形之一的，公司股东会、董事会的决议不成立：

一是未召开股东会、董事会会议作出决议；

二是股东会、董事会会议未对决议事项进行表决；

三是出席会议的人数或者所持表决权数未达到《公司法》或者公司章程规定的人数或者所持表决权数；

四是同意决议事项的人数或者所持表决权数未达到《公司法》或者公司章程规定的人数或者所持表决权数。

（5）公司股东会、董事会决议被人民法院宣告无效、撤销或者确认不成立的，公司应当向公司登记机关申请撤销根据该决议已办理的登记。

股东会、董事会决议被人民法院宣告无效、撤销或者确认不成立的，公司根据该决议与善意相对人形成的民事法律关系不受影响。

五、上市公司组织机构的特别规定

【想一想】

为什么《公司法》要规定上市公司应设立独立董事？

上市公司是指其股票在证券交易所上市交易的股份有限公司。《公司法》对其组织机构的特别规定主要有：

（1）上市公司在1年内购买、出售重大资产或者担保金额超过公司资产总额30%的，应当由股东会作出决议，并经出席会议的股东所持表决权的 2/3 以上通过。

（2）上市公司设立独立董事，具体管理办法由国务院证券监督管理机构规定。

（3）上市公司的公司章程除载明《公司法》第 95 条规定公司章程应载明的事项外，还应当依照法律、行政法规的规定载明董事会专门委员会的组成、职权以及董事、监事、高级管理人员薪酬考核机制等事项。

（4）上市公司在董事会中设置审计委员会的，董事会对下列事项作出决议前应当经审计委员会全体成员过半数通过：一是聘用、解聘承办公司审计业务的会计师事务所；二是聘任、解聘财务负责人；三是披露财务会计报告；四是国务院证券监督管理机构规定的其他事项。

（5）上市公司设董事会秘书，负责公司股东大会和董事会会议的筹备、文件保管以及公司股东资料的管理，办理信息披露事务等事宜。

（6）上市公司董事与董事会会议决议事项所涉及的企业或者个人有关联关系的，不得对该项决议行使表决权，也不得代理其他董事行使表决权。该董事会会议由过半数的无关联关系董事出席即可举行，董事会会议所作决议须经无关联关系董事过半数通过。出席董事会的无关联关系董事人数不足 3 人的，应将该事项提交上市公司股东会审议。

（7）上市公司应当依法披露股东、实际控制人的信息，相关信息应当真实、准确、完整。禁止违反法律、行政法规的规定代持上市公司股票。

（8）上市公司控股子公司不得取得该上市公司的股份。但上市公司控股子公司因公司合并、质权行使等原因持有上市公司股份的，不得行使所持股份对应的表决权，并应当及时处分相关上市公司股份。

六、国家出资公司组织机构的特别规定

国家出资公司是指国家出资的国有独资公司、国有资本控股公司，包括国家出资的有限责任公司、股份有限公司。

（一）履行出资人职责的机构

代表本级人民政府履行出资人职责的机构、部门统称为履行出资人职责的机构。

国家出资公司由国务院或者地方人民政府分别代表国家依法履行出资人职责，享有出资人权益。国务院或者地方人民政府可以授权国有资产监督管理机构或者其他部门、机构代表本级人民政府对国家出资公司履行出资人职责。

（二）国家出资公司中党组织的法律规定

国家出资公司中中国共产党的组织，按照中国共产党章程的规定发挥领导作用，研究讨论公司重大经营管理事项，支持公司的组织机构依法行使职权。

（三）国有独资公司组织机构的法律规定

1. 公司章程

国有独资公司章程由履行出资人职责的机构制定。

2. 公司权力机构

国有独资公司不设股东会，由履行出资人职责的机构行使股东会职权。履行出资人职责的机构可以授权公司董事会行使股东会的部分职权，但公司章程的制定和修改，公司的合并、分立、解散、申请破产，增加或者减少注册资本，分配利润，应当由履行出资人职责的机构决定。

3. 公司董事会

（1）国有独资公司的董事会依照《公司法》规定行使职权。

（2）国有独资公司的董事会成员中，应当过半数为外部董事，并应当有公司职工代表。

（3）董事会成员由履行出资人职责的机构委派；但是，董事会成员中的职工代表由公司职工代表大会选举产生。

（4）董事会设董事长一人，可以设副董事长。董事长、副董事长由履行出资人职责的机构从董事会成员中指定。

（5）国有独资公司的经理由董事会聘任或者解聘。经履行出资人职责的机构同意，董事会成员可以兼任经理。

（6）国有独资公司的董事、高级管理人员，未经履行出资人职责的机构同意，不得在其他有限责任公司、股份有限公司或者其他经济组织兼职。

（7）国有独资公司在董事会中设置由董事组成的审计委员会行使《公司法》规定的监事会职权的，不设监事会或者监事。

（四）国家出资公司的内部监督管理和风险控制制度

国家出资公司应当依法建立健全内部监督管理和风险控制制度，加强内部合规管理。

任务案例十八：

张三于2005年因贪污罪与其他罪被数罪并罚判处有期徒刑5年，剥夺政治权利5年。2017年有一家公司聘请其担任总经理，但该公司有些股东不同意，认为其不具有担任总经理的资格。

请问：张三具不具备担任总经理的资格？为什么？

任务案例十九：

甲是A公司的董事，A公司因生产产品的原材料价格上涨、采购困难，出现了原材料短缺现象，这时甲的朋友乙正好有一批原材料，于是甲就说服乙以优惠的批发价格将这些原材料卖给了甲。之后，甲就与A公司商量将这批原材料以市场价格出售给公司，公司股东会同意了。甲因此赚了15万元，事后公司董事会得知这一情况，认为其所得收入应归公司所有，遂要求其返还不法收入。

请问：甲需不需要向公司返还这笔收入？为什么？

任务案例二十：

甲是某有限责任公司的董事，在一次产品展销会上，甲获得了某公司以优惠价格出售一批零件的信息，而甲所在的公司刚好需要这批零件。甲遂将该信息告知其弟弟。甲的弟弟与该公司取得联系后，以每个15元价格购买该批零件10000个，后又以每个25元的价格卖给了甲所在的公司。后来，股东乙获悉该事件，向公司董事会报告。

请问：甲应对公司承担什么责任？为什么？

任务案例二十一：

A食品股份有限公司的董事张某和另外两人合伙开办了一个食品厂，生产的饼干与A公司生产的饼干的包装、口味、生产方法等都相差无几。张某另办食品厂一事被A公司董事会觉察，董事会经研究决定罢免张某的职务，向法院申请没收其经营食品厂的收入所得。

请问：张某另办厂的行为是否合法？为什么？董事会作出的决定是否正确？为什么？

知识链接（五）

七、公司董事、监事、高级管理人员的资格和义务

（一）公司董事、监事、高级管理人员的任职资格

根据《公司法》，有下列情形之一的，不得担任公司的董事、监事、高级管理人员：

（1）无民事行为能力或者限制民事行为能力；

（2）因贪污、贿赂、侵占财产、挪用财产或者破坏社会主义市场经济秩序，被判处刑罚，或者因犯罪被剥夺政治权利，执行期满未逾 5 年，被宣告缓刑的，自缓刑考验期满之日起未逾 2 年；

（3）担任破产清算的公司、企业的董事或者厂长、经理，对该公司、企业的破产负有个人责任的，自该公司、企业破产清算完结之日起未逾 3 年；

（4）担任因违法被吊销营业执照、责令关闭的公司、企业的法定代表人，并负有个人责任的，自该公司、企业被吊销营业执照、责令关闭之日起未逾 3 年；

（5）个人因所负数额较大债务到期未清偿被人民法院列为失信被执行人。

公司违反上述规定选举、委派董事、监事或者聘任高级管理人员的，该选举、委派或者聘任无效。

董事、监事、高级管理人员在任职期间出现上述所列情形的，公司应当解除其职务。

（二）公司董事、监事、高级管理人员的义务与责任

1. 公司董事、监事、高级管理人员的义务

（1）董事、监事、高级管理人员应当遵守法律、行政法规和公司章程。

（2）董事、监事、高级管理人员对公司负有忠实义务，应当采取措施避免自身利益与公司利益冲突，不得利用职权牟取不正当利益。

（3）董事、监事、高级管理人员对公司负有勤勉义务，执行职务应当为公司的最大利益尽到管理者通常应有的合理注意。

（4）公司的控股股东、实际控制人不担任公司董事但实际执行公司事务的，也适用前述（2）（3）的规定。

2. 公司董事、监事、高级管理人员禁止性行为的规定

（1）侵占公司财产、挪用公司资金；

（2）将公司资金以其个人名义或者以其他个人名义开立账户存储；

（3）利用职权贿赂或者收受其他非法收入；

（4）接受他人与公司交易的佣金归为己有；

（5）擅自披露公司秘密；

（6）违反对公司忠实义务的其他行为。

3. 公司董事、监事、高级管理人才的其他限制性规定

（1）与本公司订立合同或进行交易的规定。具体有：

一是董事、监事、高级管理人员，直接或者间接与本公司订立合同或者进行交易，应当就与订立合同或者进行交易有关的事项向董事会或者股东会报告，并按照公司章程的规定经董事会或者股东会决议通过。

二是董事、监事、高级管理人员的近亲属，董事、监事、高级管理人员或者其近亲属直接

或者间接控制的企业，以及与董事、监事、高级管理人员有其他关联关系的关联人，与公司订立合同或者进行交易，该董事、监事、高级管理人员也应当就与订立合同或者进行交易有关的事项向董事会或者股东会报告，并按照公司章程的规定经董事会或者股东会决议通过。

（2）利用与公司有关的商业机会的规定。董事、监事、高级管理人员，不得利用职务便利为自己或者他人谋取属于公司的商业机会。但是，有下列情形之一的除外：

一是向董事会或者股东会报告，并按照公司章程的规定经董事会或者股东会决议通过；

二是根据法律、行政法规或者公司章程的规定，公司不能利用该商业机会。

（3）自营或者为他人经营与任职公司同类业务的规定。董事、监事、高级管理人员未向董事会或者股东会报告，并按照公司章程的规定经董事会或者股东会决议通过，不得自营或者为他人经营与其任职公司同类的业务。

董事会对“与本公司订立合同或进行交易”“利用与公司有关的商业机会”“自营或者为他人经营与任职公司同类业务”等三类事项决议时，关联董事不得参与表决，其表决权不计入表决权总数。出席董事会会议的无关联关系董事人数不足 3 人的，应当将该事项提交股东会审议。

董事、监事、高级管理人员违反上述 (1) (2) (3) 三类事项的规定所得的收入应当归公司所有。

4. 公司董事、监事、高级管理人员的其他义务与责任

（1）股东会要求董事、监事、高级管理人员列席会议的，董事、监事、高级管理人员应当列席并接受股东的质询。

（2）董事、监事、高级管理人员执行职务违反法律、行政法规或者公司章程的规定，给公司造成损失的，应当承担赔偿责任。

（3）董事、高级管理人员执行职务，给他人造成损害的，公司应当承担赔偿责任；董事、高级管理人员存在故意或者重大过失的，也应当承担赔偿责任。

（4）公司的控股股东、实际控制人指示董事、高级管理人员从事损害公司或者股东利益的行为的，与该董事、高级管理人员承担连带责任。

（三）公司董事的责任保险制度

公司可以在董事任职期间为董事因执行公司职务承担的赔偿责任投保责任保险。

公司为董事投保责任保险或者续保后，董事会应当向股东会报告责任保险的投保金额、承保范围及保险费率等内容。

项目2 ➡ 公司运行分析训练

任务1 公司股份股票分析

任务案例一：

甲有限公司有 A、B、C、D、E 五个股东。A 股东由于要移民到加拿大去，就想把自己的股份转让给 F，但其他四个股东中有 D、E 两股东不同意转让给 F。A 的股份总额为 25 万元，转让给 F 的价格为 30 万元，但 D、E 只愿出 25 万元的价格，于是 A 将股份转让给了 F。D、E 认为 A 违反了法律规定，没有让他们行使优先购买权。

请问：A 转让股份的行为有没有违反法律规定？为什么？

任务案例二：

甲有限公司的股东 A 先生因要到国外去定居，准备将自己拥有的 36 万元股份转让给其他三位股东 B、C、D 先生，其中 D 先生不愿意购买，B、C 先生都愿意全额购买，目前 B、C 先生分别占有公司 30% 和 36% 的股份，如果谁能将 A 先生的股份买下，即能成为公司最大股东，因此两人在此事上互不相让。

请问：根据法律规定，此事该如何解决？

任务案例三：

A 有限公司最近 5 年年年盈利，经济效益很好，符合向股东分配利润的条件，但公司大股东在公司开股东会进行利润分配决策时，就是不愿意向股东多分利润。公司小股东甲先生实在忍无可忍，于是要求退股。A 公司董事长（大股东）同意，但只同意以甲先生投资时的股份价值回购其持有的股份，甲先生不同意，遂决定向人民法院提起诉讼。

请问：甲先生能否要求退股？为什么？如果能要求公司回购，公司应如何回购？

知识链接（一）

一、有限责任公司的股权转让

（一）股权转让的情形

有限责任公司的股权转让可分为股东之间的股权转让与股东向股东以外的人转让股权两种情形，其具体规定如下：

（1）有限责任公司的股东之间可以相互转让其全部或者部分股权。

（2）股东向股东以外的人转让股权的，应当将股权转让的数量、价格、支付方式和期限等事项书面通知其他股东，其他股东在同等条件下有优先购买权。股东自接到书面通知之日起 30 日内未答复的，视为放弃优先购买权。两个以上股东行使优先购买权的，协商确定各自的购买比例；协商不成的，按照转让时各自的出资比例行使优先购买权。

（3）公司章程对上述（1）（2）项所提到的股权转让另有规定的，从其规定。

（4）人民法院依照法律规定的强制执行程序转让股东的股权时，应当通知公司及全体股东，其他股东在同等条件下有优先购买权。其他股东自人民法院通知之日起满 20 日不行使优先购买权的，视为放弃优先购买权。

（5）股东转让股权的，应当书面通知公司，请求变更股东名册；需要办理变更登记的，并请求公司向公司登记机关办理变更登记。公司拒绝或者在合理期限内不予答复的，转让人、受让人可以依法向人民法院提起诉讼。股权转让的，受让人自记载于股东名册时起可以向公司主张行使股东权利。

（6）依照《公司法》规定转让股权后，公司应当注销原股东的出资证明书，向新股东签发出资证明书，并相应修改公司章程和股东名册中有关股东及其出资额的记载。对公司章程的该项修改不需再由股东会表决。

（7）股东转让已认缴出资但未届出资期限的股权的，由受让人承担缴纳该出资的义务；受让人未按期足额缴纳出资的，转让人对受让人未按期缴纳的出资承担补充责任。

（8）未按照公司章程规定的出资日期缴纳出资或者作为出资的非货币财产的实际价额显著低于所认缴的出资额的股东转让股权的，转让人与受让人在出资不足的范围内承担连带责任；受让人不知道且不应当知道存在上述情形的，由转让人承担责任。

（二）股权回购

股权回购是有限责任公司在法律规定的条件下购回股东股权的行为。根据《公司法》，股东的股权回购请求权的行使规定如下：

（1）有下列情形之一的，对股东会该项决议投反对票的股东可以请求公司按照合理的价格收购其股权：

一是公司连续 5 年不向股东分配利润，而公司该 5 年连续盈利，并且符合《公司法》规定的分配利润条件的；

二是公司合并、分立、转让主要财产的；

三是公司章程规定的营业期限届满或者章程规定的其他解散事由出现，股东会会议通过决议修改章程使公司存续的。

自股东会会议决议通过之日起 60 日内，股东与公司不能达成股权收购协议的，股东可以自股东会会议决议通过之日起 90 日内向人民法院提起诉讼。

（2）公司的控股股东滥用股东权利，严重损害公司或者其他股东利益的，其他股东有权请求公司按照合理的价格收购其股权。

（3）公司因上述（1）（2）规定的情形收购的本公司股权，应当在六个月内依法转让或者注销。

【想一想】

我国《公司法》为什么要规定公司连续 5 年能分配利润而不分配利润，股东可行使股份回购请求权？

（三）股份继承

自然人股东死亡后，其合法继承人可以继承股东资格；但是，公司章程另有规定的除外。

任务案例四：

宏达股份有限公召开股东大会，到会的股东有 2000 人，占公司发行股份的 85%，其中 A、B、C、D、E 五人所持股份占出席会议股份的 55%，其中 E 持有的优先股占出席会议股份的 6%。在对公司章程修改进行表决时，A、B、C、D、E 与另外 100 人都同意了，共占出席会议股份的 57%。修改章程决议得以通过。

请问：修改公司章程决议能否在股东大会上得以通过？为什么？如果同意修改的股东有表决权的股份数为 55% 的话，结果会不会有不同？为什么？

任务案例五：

甲乙丙丁戊五家公司准备通过募集设立方式投资设立 A 股份有限责任公司，五家公司拟出资额 6000 万元，拟公开募集的资金额为 9000 万元，发行的股份拟采用无面额股份方式来发行。在具体募集设立过程中，五家发起人公司按照《公司法》和《中华人民共和国证券法》规定的流程进行了募股工作，募股结束时共募得资金 2 亿元。于是他们决定将其中的 9000 万元和发起人投资的 6000 万元一起作为公司的注册资本，剩余的 1.1 亿元缴入 A 公司的资本公积金内，将来用于发放股东红利和员工奖金。

请问：A 股份有限公司在设立过程的募股行为是否符合法律规定？为什么？

任务案例六：

李天明是A股份有限公司的董事，其持有公司股份共20万股，最近两年公司经济效益非常好，公司股票的股价在证券交易市场上一路走高，于是李天明决定卖出自己手中持有的一半公司股票，以套现获利，并准备在今年其董事任期到后再卖出其余一半股票，出售股份所得款项将作为自己今年退休后和老婆周游世界的资金。

请问：李天明的这一计划有没有什么问题？为什么？

任务案例七：

甲上市公司某年获利颇丰，但其准备于第二年再购进一条生产线以扩大生产，于是其决定以公司利润向原有股东配售股份，根据当年利润每一股获利0.3元，公司遂准备以持有公司10股股份配送3股的方式来获得资金。于是公司召开股东大会，得到了与会持有表决权股份的90%的股东的一致同意。随后，公司即按股东大会决议进行了增股活动。

请问：甲公司的这一增股活动在程序上有没有问题？为什么？

任务案例八：

某年7月24日，尹某与汪某经协商，由汪某将同年2月份购买的“A”股票，转让1000股给尹某，并以当天证券交易所挂牌交易的平均价（8.13元）作为股价。当天汪某出具了一张“收到尹某人民币8130元，为尹某买入‘A’股票1000股并代为保管，在尹某认为要交易时，本人提供方便”的字据。某年8月4日“A”股票每股已超出15元，尹某打电话要求汪某将1000股全部抛出，但遭到汪某拒绝而错过了最佳抛出的时机，后尹某要求赔偿损失。

请问：这种主张是否合法？为什么？

任务案例九：

A股份有限公司从猎头公司招用了一名CEO王小帅，并与其订立的协议中约定，其如果在任期内使公司年利润能按10%～20%的比例增长的，则在服务期限结束时，其可按现时公司股价（12元/股）的五折购买100万股份。5年后，王小帅的服务期限届满，这5年公司利润确实实现了年15%的增幅。于是公司从股票市场上买回了100万股份公司股份，以6元/股的价格卖给了王小帅。王小帅在离职一年后，以24元的价格出售了这些股份。

请问：A公司与王小帅的做法有无不正当之处？为什么？

知识链接（二）

二、股份有限公司的股份与股票

（一）股份与股票

1. 股份

（1）股份的概念与特征。股份是股份有限公司资本构成的最小单位，即公司的全部资本分为金额均等的股份，全部股份总额为总司资本的总额。

股份有限公司的股份与有限责任公司的股权相比较，具有以下特征：一是股份是资本构成的最小单位，具有不可再分性；二是股份是对资本的等额划分，具有金额的均等性；三是股份是股东权的基础，持有同类股份的股东具有权利上的平等性；四是股份表现为有价证券，具有自由转让性。

（2）股份的种类。股份按不同的分类依据，可以分成不同的种类，具体有：

一是依股东享有权益和风险承担的大小，将股份分为普通股和优先股。普通股是指对公司权利一律平等，无任何区别待遇的股份。普通股是公司构成中最基本的股份，具有以下三个特点：①股息不固定，视公司有无利润及利润的多少而定，且须在支付了公司债利息和优先股股息后方能分得；②在公司清算时，普通股股东分配公司剩余财产，也须排在公司债权人和优先股股东之后；③普通股股东一般享有表决权，能参与公司重大事项决策的权利。

优先股是指对公司享有比普通股优先内容或优先权利的股份。相对应普通股，优先股也具有三个特点：①可优先获得股息，且股息一般固定，不受公司经营状况好坏的影响；②在公司破产或解散时，可优先分配公司财产；③优先股一般无表决权，但可参加股东会并在会上提出意见或建议。

二是依据股份是否以金额表示，可将股份分为面额股和无面额股。面额股，是在股票票面上表明了一定金额的股份。如一股票面金额为 1 元人民币。无面额股，是在股票票面上不表示金额，只显示其公司资本总额的一定比例的股份。

三是依据是否在股票上记载股东的姓名，可将股份分为记名股和无记名股。记名股是将股东的姓名或名称记载于股票的股份。记名股份的权利只能由股东本人享有，非股东持有股票，无资格行使股权。无记名股是股票上不记载股东姓名或名称的股份。无记名股与股票不可分离，凡持有股票者，即为公司股东，享有权利。

四是依据投资主体的不同，可分为国家股、法人股、个人股。国家股是有权代表国家投资的部门或机构以国有资产向公司投资而形成的股份。法人股是企业法人依法以其可支配的财产向公司投资而形成的股份，或具有法人资格的事业单位和社会团体以国家允许用于经营的资产向公司投资而形成的股份。个人股是社会个人或公司内部职工以个人合法财产投入公司而形成的股份。

五是依据股份所代表的股东权利的不同，分为类别股和普通股。普通股的含义和特点如前所述。类别股是与普通股相对的一种股份类别，是指在公司的股权设置中，存在两个以上不同种类、不同权利的股份，这些股份因认购时间和价格不同、认购者身份各异、交易场所有别，而在流通性、价格、权利及义务上有所区别。

2. 股票

（1）股票的概念。股票是指股份有限公司签发的证明股东按其所持股份享有权利和承担义务的书面凭证。

（2）股票的特征。股票具有以下特征：一是股票是一种有价证券。股票是设定并证明持有人有取得一定金额的权利的凭证。二是股票是一种证权证券。股票是证明股东与公司之间股权关系的法律凭证。三是股票是一种流通证券。股票可以在市场上流通，流通方式有两种：①上市交易；②证券公司柜台交易。四是股票是一种要式证券。股票须按法定的方式制作，并须记载法定事项。

（二）股份发行

1. 股份发行基本要求

（1）公司的全部股份，根据公司章程的规定择一采用面额股或者无面额股。采用面额股的，每一股的金额相等。

（2）公司可以根据公司章程的规定将已发行的面额股全部转换为无面额股或者将无面额股全部转换为面额股。

（3）采用无面额股的，应当将发行股份所得股款的1/2以上计入注册资本。

（4）公司的股份采取股票的形式。

（5）公司发行的股票，应当为记名股票。

（6）面额股股票的发行价格可以按票面金额，也可以超过票面金额，但不得低于票面金额。

2. 股份发行原则

（1）股份的发行，实行公平、公正的原则，同类别的每一股份应当具有同等权利。

（2）同次发行的同类别股份，每股的发行条件和价格应当相同；认购人所认购的股份，每股应当支付相同价额。

3. 发行类别股的规定

（1）公司可发行类别股的种类。公司可以按照公司章程的规定发行下列与普通股权利不同的类别股：

一是优先或者劣后分配利润或者剩余财产的股份；

二是每一股的表决权数多于或者少于普通股的股份；

三是转让须经公司同意等转让受限的股份；

四是国务院规定的其他类别股。

公开发行股份的公司不得发行上述第二、三项规定的类别股；公开发行前已发行的除外。

公司发行上述第一、二项规定的类别股的，对于监事或者审计委员会成员的选举和更换，类别股与普通股每一股的表决权数相同。

（2）发行类别股公司的章程规定。发行类别股的公司，应当在公司章程中载明以下事项：

一是类别股分配利润或者剩余财产的顺序；

二是类别股的表决权数；

三是类别股的转让限制；

四是保护中小股东权益的措施；

五是股东会认为需要规定的其他事项。

（3）发行类别股公司对修改公司章程等重大事项进行股东会决议的特殊规定。发行类别股的公司，有修改公司章程、增加或者减少注册资本，以及公司合并、分立、解散或者变更公司形式等事项可能影响类别股股东权利的，除应当经出席会议的股东所持表决权的2/3以上通过外，还应当经出席类别股股东会议的股东所持表决权的2/3以上通过。

公司章程可以对需经类别股股东会议决议的其他事项作出规定。

4. 发行股票的规定

（1）股票形式。股票采用纸面形式或者国务院证券监督管理机构规定的其他形式。股票采用纸面形式的，应当载明下列主要事项：一是公司名称；二是公司成立日期或者股票发行的时间；三是股票种类、票面金额及代表的股份数，发行无面额股票的，股票代表的股份数。

股票采用纸面形式的，还应当载明股票的编号，由法定代表人签名，公司盖章。

发起人股票采用纸面形式的，应当标明发起人股票字样。

（2）股票交付。股份有限公司成立后，即向股东正式交付股票。公司成立前不得向股东交付股票。

（3）股票被盗、遗失或者灭失的处理。股票被盗、遗失或者灭失，股东可以依照《中华人民共和国民事诉讼法》规定的公示催告程序，请求人民法院宣告该股票失效。人民法院宣告该股票失效后，股东可以向公司申请补发股票。

5. 新股发行

（1）股东会决议。公司发行新股，股东会应当对下列事项作出决议：一是新股种类及数额；二是新股发行价格；三是新股发行的起止日期；四是向原有股东发行新股的种类及数额；五是发行无面额股的，新股发行所得股款计入注册资本的金额。

公司发行新股，可以根据公司经营情况和财务状况，确定其作价方案。

（2）授权董事会决议。具体规定如下：

一是公司章程或者股东会可以授权董事会在 3 年内决定发行不超过已发行股份 50% 的股份。但以非货币财产作价出资的应当经股东会决议。董事会依照前述规定决定发行股份导致公司注册资本、已发行股份数发生变化的，对公司章程该项记载事项的修改不需再由股东会表决。

二是公司章程或者股东会授权董事会决定发行新股的，董事会决议应当经全体董事 2/3 以上通过。

（3）新股发行涉及向社会公开募集股份的，应与“项目 1- 任务 1”中“六、股份有限公司的设立”内“（三）股份有限公司设立程序”中“2. 股份有限公司的设立程序”提到的“（2）募集设立的程序”的要求相同，在申请注册前，公司首先应当与证券公司签订承销协议，由依法设立的证券公司承销；同时还应与相关银行签订代收股款协议；最后还应该向经国务院证券监督管理机构注册，公告招股说明书。公司发行股份募足股款后，还应予公告。

（三）股份转让

股份有限公司的股东持有的股份可以向其他股东转让，也可以向股东以外的人转让；公司章程对股份转让有限制的，其转让按照公司章程的规定进行。

1. 股份转让的方式

（1）股东转让其股份，应当在依法设立的证券交易场所进行或者按照国务院规定的其他方式进行。

（2）股票的转让，由股东以背书方式或者法律、行政法规规定的其他方式进行；转让后由公司将受让人的姓名或者名称及住所记载于股东名册。但股东会会议召开前 20 日内或者公司决定分配股利的基准日前 5 日内，不得变更股东名册。法律、行政法规或者国务院证券监督管理机构对上市公司股东名册变更另有规定的，从其规定。

2. 股份转让的限制

（1）公司公开发行股份前已发行的股份，自公司股票在证券交易所上市交易之日起 1 年内不得转让。法律、行政法规或者国务院证券监督管理机构对上市公司的股东、实际控制人转让其所持有的本公司股份另有规定的，从其规定。

（2）公司董事、监事、高级管理人员应当向公司申报所持有的本公司的股份及其变动情况，在就任时确定的任职期间每年转让的股份不得超过其所持有本公司股份总数的 25%；所持本公司股份自公司股票上市交易之日起 1 年内不得转让。上述人员离职后半年内，不得转让其所持有的本公司股份。公司章程可以对公司董事、监事、高级管理人员转让其所持有的本公司股份作出其他限制性规定。

（3）股份在法律、行政法规规定的限制转让期限内出质的，质权人不得在限制转让期限内行使质权。

3. 股份回购

（1）股东依法请求公司回购其持有的股份。有下列情形之一的，对股东会该项决议投反对票的股东可以请求公司按照合理的价格收购其股份，公开发行股份的公司除外：

一是公司连续5年不向股东分配利润，而公司该5年连续盈利，并且符合《公司法》规定的分配利润条件；

二是公司转让主要财产；

三是公司章程规定的营业期限届满或者章程规定的其他解散事由出现，股东会通过决议修改章程使公司存续。

自股东会决议作出之日起60日内，股东与公司不能达成股份收购协议的，股东可以自股东会决议作出之日起90日内向人民法院提起诉讼。

公司因上述（1）项规定的情形收购的本公司股份，应当在6个月内依法转让或者注销。

（2）公司回购本公司股份的情形。具体规定如下：

一是公司不得收购本公司股份。

二是有下列情形之一的，公司可回购本公司的股份：①减少公司注册资本；②与持有本公司股份的其他公司合并；③将股份用于员工持股计划或者股权激励；④股东因对股东会作出的公司合并、分立决议持异议，要求公司收购其股份；⑤将股份用于转换公司发行的可转换为股票的公司债券；⑥上市公司为维护公司价值及股东权益所必需。

公司因上述①②项规定的情形收购本公司股份的，应当经股东会决议；公司因上述③⑤⑥项规定的情形收购本公司股份的，可以按照公司章程或者股东会的授权，经2/3以上董事出席的董事会会议决议。

公司依照规定收购本公司股份后，属于“①”项情形的，应当自收购之日起10日内注销；属于②④项情形的，应当在6个月内转让或者注销；属于③⑤⑥项情形的，公司合计持有的本公司股份数不得超过本公司已发行股份总数的10%，并应当在3年内转让或者注销。

上市公司收购本公司股份的，应当依照《中华人民共和国证券法》的规定履行信息披露义务。上市公司因上述③⑤⑥项规定的情形收购本公司股份的，应当通过公开的集中交易方式进行。

> 【想一想】
>
> 为什么公司不能接受本公司的股票作为质押权的标的？

三是公司不得接受本公司的股份作为质权的标的。

4. 公司为他人提供财务资助的限制性规定

（1）公司不得为他人取得本公司或者其母公司的股份提供赠与、借款、担保以及其他财务资助，公司实施员工持股计划的除外。

（2）为公司利益，经股东会决议，或者董事会按照公司章程或者股东会的授权作出决议，公司可以为他人取得本公司或者其母公司的股份提供财务资助，但财务资助的累计总额不得超过已发行股本总额的10%。董事会作出决议应当经全体董事的2/3以上通过。

（3）违反上述（1）（2）项规定，给公司造成损失的，负有责任的董事、监事、高级管理人员应当承担赔偿责任。

5. 上市公司股份转让的特殊规定

（1）上市公司的股票，依照有关法律、行政法规及证券交易所交易规则上市交易。

（2）上市公司应当依照法律、行政法规的规定披露相关信息。

6. 股份继承权

自然人股东死亡后，其合法继承人可以继承股东资格；但是，股份转让受限的股份有限公司的章程另有规定的除外。

任务2 公司债分析

任务案例一：

甲股份有限公司的董事长李某找到自己的律师，表示自己公司想发行一种可以筹到资金但不需要以公司的资产提供担保的债券，要求将来要有可能不必还本付息的那种。

请你为他设计一种这样的债券，并作相应说明。

任务案例二：

乙有限公司最近几年经营状况良好，今年想扩大经营，但又欠缺资金，于是准备发行债券，请了自己公司的法律顾问来准备。目前乙公司的注册资本为4000万元，资产负债表上所呈现的经营状况为资产总额1亿5千万元，负债总额为8千万元，最近三年公司连续盈利，公司如果发行2000万元债券的话，最近三年平均可分配利润足以支付这些债券一年的利息。这些债券所筹得款项，除去引进设备、扩建厂房所需1200万以外，其他将拿来重奖企业的技术工人、科研攻关人员及向股东分发一些股利。

请问：如果你是该公司的法律顾问，你怎么看待该公司的这一债券发行计划？

任务案例三：

甲有限公司按照法律规定发行了5000万元企业债券，当时申报时这笔资金主要准备用来上马一条新生产线，等到公司获得这笔资金时，这条生产线的价格下降了，因此这些购进生产线之后，还余下1000万元左右。于是甲公司就将这笔钱向股东发放了股利。

请问：甲公司的这一做法合法吗？为什么？

任务案例四：

A有限责任公司具备健全的组织管理机构，现有资产总额为1亿元，负债为5000万元，股本总额为3000万元。最近5年公司连续盈利，年获净利为500万元以上，现金流量正常。公司想扩大再生产，于是向有关部分申请公开发行公司债1000万元，债券面额为100元，年利率为6.85%（未超过国务院限定的利率水平）。A公司准备发行无记名债券。这是该公司第一次申请公开发行公司债。

请问：其申请能否得到批准？为什么？

任务案例五：

美伦公司是集体所有制企业，由于市场疲软，濒临倒闭。但由于美伦公司一直是其所在县的利税大户，县政府采取积极扶持的政策。为了筹集转产资金，美伦公司经理向县政府申请公开发行债券，县政府予以批准，并协助美伦公司向社会宣传。于是美伦公司发行的价值150万元的债券很快顺利发行完毕。债权的票面记载为：票面金额 100 元，年利率 15%，美伦公司以及发行日期和编号。

请问：美伦公司债券的发行有哪些问题？

知识链接

一、公司债概述

（一）公司债券的概念与种类

公司债券是指公司依照法定程序发行、约定在一定期限还本付息的有价证券。公司发行公司债券应当符合《中华人民共和国证券法》规定的发行条件。

公司债券的种类主要有：

1. 公司债与无担保公司债

前者是指公司以全部或部分财产作为偿还本息的担保而发行的公司债券，后者是指公司仅凭信用而未提供任何担保所发行的公司债券。

2. 公司债与无记名公司债

前者是指在公司的债券上记载债权人姓名或名称的公司债券，后者是指不在公司债券上记载债权人姓名或公司的债券。公司债券，可以为记名债券，也可以为无记名债券。

发行记名公司债券的，应当在公司债券存根簿上载明下列事项：一是债券持有人的姓名或者名称及住所；二是债券持有人取得债券的日期及债券的编号；三是债券总额，债券的票面金额、利率、还本付息的期限和方式；四是债券的发行日期。

发行无记名公司债券的，应当在公司债券存根簿上载明债券总额、利率、偿还期限和方式、发行日期及债券的编号。

3. 可转换公司债与非转换公司债

前者是指可以转换为股票的公司债券，后者是指不得转换为股票的公司债券。发行可转换为股票的公司债券的，公司应当按照其转换办法向债券持有人换发股票，但债券持有人对转换股票或者不转换股票有选择权。

【想一想】

请想一想上市公司发行可转换公司债对公司来讲有什么好处？

4. 参与公司债与普通公司债

前者指当公司盈利较多，股票股利的分配比例超过债利利息率时，债权人还可以分到增加了一定比例的利息的公司债；后者是指有一定的偿还期和固定利息率的公司债。绝大多数公司债是普通公司债。

（二）公司债券与股票

公司债券和股票都是公司筹集资本的重要方式，但二者之间也有区别：

（1）性质不同。股票所代表的是所有权，股东可据此行使其权利，而债券所代表的债权，它意味着，债券持有人与公司之间是一种债权债务关系。

（2）权利不同。股东是公司的出资人，对公司的经营决策有参与权，如参加股东大会，对公司的重大问题行使表决权等。而公司债券的持有人则处于债权的地位，一般无权参与公司的经营管理。

（3）获利方式不同。股票（普通股）一般没有固定的利率，只有在公司有盈利时才能获得股利，且股利的多少随公司盈利多少而浮动。而公司债有固定的利率，无论公司是否盈利均需要支付利息。

（4）风险不同。购买股票是一种出资行为，股东承担出资范围内的有限责任，当公司破产而剩余财产不足时，股东很可能无法收回其出资，因此有一定的风险。而债券所有人对公司享有的是债权，即使公司破产或解散，也有权优先于股东得到清偿，所以债券的风险明显比股票小。

二、公司债券的发行

（一）公司债券的发行主体

根据我国《公司法》，能发行公司债券的主体为依法设立的公司，包括有限责任公司、股份有限公司。

（二）公司债券的发行方式

公司债券可以公开发行，也可以非公开发行。

公司债券的发行和交易应当符合《中华人民共和国证券法》等法律、行政法规的规定。

公开发行是向社会普通投资者发行债券。公开发行的公司债券，应当在证券交易场所交易。公开发行公司债券并在证券交易场所交易的，应当符合证券交易场所规定的上市、挂牌条件。

非公开发行的公司债券应当向专业投资者发行，不得采用广告、公开劝诱和变相公开方式，每次发行对象不得超过二百人。

普通投资者和专业投资者是根据财产状况、金融资产状况、投资知识和经验、专业能力等因素来划分的。专业投资者的标准按照中国证监会的相关规定执行。

（三）公司债券公开发行要求

1. 申请注册并公告公司债券募集办法

公开发行公司债券，应当经国务院证券监督管理机构注册，公告公司债券募集办法。公司债券募集办法应当载明下列主要事项：①公司名称；②债券募集资金的用途；③债券总额和债券的票面金额；④债券利率的确定方式；⑤还本付息的期限和方式；⑥债券担保情况；⑦债券的发行价格、发行的起止日期；⑧公司净资产额；⑨已发行的尚未到期的公司债券总额；⑩公司债券的承销机构。

2. 公司债券形式

（1）公司债券应当为记名债券。

（2）公司以纸面形式发行公司债券的，应当在债券上载明公司名称、债券票面金额、利率、偿还期限等事项，并由法定代表人签名，公司盖章。

3. 公司债券持有人名册

公司发行公司债券应当置备公司债券持有人名册。

发行公司债券的，应当在公司债券持有人名册上载明下列事项：①债券持有人的姓名或者名称及住所；②债券持有人取得债券的日期及债券的编号；③债券总额，债券的票面金额、利率、还本付息的期限和方式；④债券的发行日期。

4. 公司债券登记机构

公司债券的登记结算机构应当建立债券登记、存管、付息、兑付等相关制度。

5. 可转换公司债的规定

（1）股份有限公司经股东会决议，或者经公司章程、股东会授权由董事会决议，可以发行可转换为股票的公司债券，并规定具体的转换办法。上市公司发行可转换为股票的公司债券，应当经国务院证券监督管理机构注册。

（2）发行可转换为股票的公司债券，应当在债券上标明可转换公司债券字样，并在公司债券持有人名册上载明可转换公司债券的数额。

（3）发行可转换为股票的公司债券的，公司应当按照其转换办法向债券持有人换发股票，但债券持有人对转换股票或者不转换股票有选择权。法律、行政法规另有规定的除外。

6. 债券持有人会议的规定

（1）公开发行公司债券的，应当为同期债券持有人设立债券持有人会议，并在债券募集办法中对债券持有人会议的召集程序、会议规则和其他重要事项作出规定。债券持有人会议可以对与债券持有人有利害关系的事项作出决议。

（2）除公司债券募集办法另有约定外，债券持有人会议决议对同期全体债券持有人发生效力。

7. 债券受托管理人的规定

公开发行公司债券的，发行人应当为债券持有人聘请债券受托管理人，由其为债券持有人办理受领清偿、债权保全、与债券相关的诉讼以及参与债务人破产程序等事项。

《公司法》对债券受托管理人的义务与责任的规定，具体有：

（1）债券受托管理人应当勤勉尽责，公正履行受托管理职责，不得损害债券持有人利益。

（2）受托管理人与债券持有人存在利益冲突可能损害债券持有人利益的，债券持有人会议可以决议变更债券受托管理人。

（3）债券受托管理人违反法律、行政法规或者债券持有人会议决议，损害债券持有人利益的，应当承担赔偿责任。

三、公司债券的转让

公司债券可以转让，转让价格由转让人与受让人约定。公司债券的转让应当符合法律、行政法规的规定。公司债券在证券交易所上市交易的，按照证券交易所的交易规则转让。

公司债券由债券持有人以背书方式或者法律、行政法规规定的其他方式转让；转让后由公司将受让人的姓名或者名称及住所记载于公司债券持有人名册。

任务3　公司的财务会计分析

任务案例一：

A有限责任公司自成立以来经营时好时坏，最近2年经营有了一点起色，尤其是去年年底公司获利颇丰，核算下来到账税后利润有300万元，因此公司股东会决议进行税后利润分配，由于公司的股东为6人，因此公司股东会决定按股东投资比例分析公司税后利润。

请问：A公司股东会的这一税后利润分配决议有没有问题？为什么？

任务案例二：

B股份有限责任公司已经成立了10余年，公司经营情况良好，每年都有获利，因此公司每年都按《公司法》规定，从税后利润中提取了法定公积金、任意公积金，其中法定公积金的提取额为5000万元，已经达到公司注册资本的50%，任意公积金的提取额也达到了1000万元。

另外，由于B公司是公开募集股份而设立的，因此其资本公积金账户内还有8000万元。不过，去年B公司的经营状况出了一些问题，因决策失误导致公司损失了1个亿，因此年底时B公司准备动用公积金来弥补经营亏损，公司股东会开会表决同意了，公司董事会准备先用资本公积金，不够的再用任意公积金，还不够的最后用法定公积金。

请问：你觉得B公司的弥补亏损方案符不符合法律规定？为什么？

知识链接

一、公司的财务会计制度

公司应当依照法律、行政法规和国务院财政部门的规定建立本公司的财务、会计制度。公司除法定的会计账簿外，不得另立会计账簿。对公司资金，不得以任何个人名义开立账户存储。

（一）公司财务会计报告的规定

《公司法》对公司财务会计报告进行了详细规定，具体要求有：

（1）公司应当在每一会计年度终了时编制财务会计报告，并依法经会计师事务所审计。财务会计报告应当依照法律、行政法规和国务院财政部门的规定制作。

（2）有限责任公司应当按照公司章程规定的期限将财务会计报告送交各股东。

（3）股份有限公司的财务会计报告应当在召开股东会年会的20日前置备于本公司，供股东查阅；公开发行股份的股份有限公司应当公告其财务会计报告。

（二）公司税后利润分配的规定

《公司法》对公司税后利润的分配要求在股东会作出分配利润的决议后，董事会应当在股东会决议作出之日起6个月内进行分配。税后利润分配的具体规定如下：

（1）公司分配当年税后利润时，应当提取利润的10%列入公司法定公积金。公司法定公积金累计额为公司注册资本的50%以上的，可以不再提取。

（2）公司的法定公积金不足以弥补以前年度亏损的，在依照（1）项规定提取法定公积金之前，应当先用当年利润弥补亏损。

（3）公司从税后利润中提取法定公积金后，经股东会决议，还可以从税后利润中提取任意公积金。

（4）公司弥补亏损和提取公积金后所余税后利润，有限责任公司按照股东实缴的出资比例分配利润，全体股东约定不按照出资比例分配利润的除外；股份有限公司按照股东所持有的股份比例分配利润，公司章程另有规定的除外。

（5）公司持有的本公司股份不得分配利润。

公司违反《公司法》规定向股东分配利润的，股东应当将违反规定分配的利润退还公司；给公司造成损失的，股东及负有责任的董事、监事、高级管理人员应当承担赔偿责任。

（三）公司的公积金

1. 公司的法定公积金

具体规定如上文“（二）公司税后利润分配的规定”中（1）（2）项所示。

2. 公司的资本公积金

公司以超过股票票面金额的发行价格发行股份所得的溢价款、发行无面额股所得股款未计入注册资本的金额以及国务院财政部门规定列入资本公积金的其他项目，应当列为公司资本公积金。

3. 公司公积金的使用

（1）公司的公积金用于弥补公司的亏损、扩大公司生产经营或者转为增加公司注册资本。

（2）公积金弥补公司亏损，应当先使用任意公积金和法定公积金；仍不能弥补的，可以按照规定使用资本公积金。

（3）法定公积金转为增加注册资本时，所留存该项公积金不得少于转增前公司注册资本的 25%。

（四）公司聘用会计师事务所的规定

公司聘用、解聘承办公司审计业务的会计师事务所，按照公司章程的规定，由股东会、董事会或者监事会决定。

公司股东会、董事会或者监事会就解聘会计师事务所进行表决时，应当允许会计师事务所陈述意见。

公司应当向聘用的会计师事务所提供真实、完整的会计凭证、会计账簿、财务会计报告及其他会计资料，不得拒绝、隐匿、谎报。

任务4 公司合并分立与增减资分析

任务案例一：

A 有限公司准备与 B 有限公司合并，A 公司有甲、乙、丙、丁、戊五个股东，其中甲、乙不同意合并，但其股份只占公司股份总额的 10%。最终在开股东会时，合并决议还是通过了。于是，甲、乙要求退股，其他股东不同意，认为股东出资之后是不能退股的。

请问：甲、乙能不能要求退股？为什么？

任务案例二：

甲公司分立为在 WX 市的 A 公司和在 SH 市的 B 公司，按照分立协议约定，原甲公司的债务有 B 公司来负责偿还。分立半年后，原本甲公司拖欠 WX 市乙公司的一笔货款到期，现按照就近原则，乙公司要求 A 公司清偿债务。

请问：A 公司应怎么办？

知识链接

一、公司合并

（一）公司合并概念和种类

公司合并是指两个或者两个以上的公司依照法定程序变更为一个公司的法律行为。

公司合并可以采取以下两种形式：一是吸收合并，即个公司吸收其他公司为吸收合并，合并后被吸收的公司解散；二是新设合并，即一两个以上公司合并设立一个新公司，合并后原各方解散。

（二）公司合并程序

公司合并的程序具体如下：

（1）由合并各方公司股东会作出合并决议。但公司与其持股 90% 以上的公司合并，被合并的公司无须经股东会决议，不过应当通知其他股东，其他股东有权请求公司按照合理的价格收购其股权或者股份。此外，公司合并支付的价款不超过本公司净资产 10% 的，可以不经股东会决议；但是公司章程另有规定的除外。公司依照前述规定合并不经股东会决议的，应当经董事会决议。

（2）由合并各方代表各自公司签订合并协议。

（3）公司编制资产负债表及财产清单。

（4）公司应当自作出合并决议之日起 10 日内通知债权人，并于 30 日内在报纸上或者国家企业信用信息公示系统公告。债权人自接到通知书之日起 30 日内，未接到通知书的自公告之日起 45 日内，可以要求公司清偿债务或者提供相应的担保。

（5）依法办理合并后公司的新设登记、变更登记或注销登记手续。

公司合并后，合并各方的债权、债务应当由合并后存续的公司或者新设的公司承继。

二、公司分立

（一）公司分立的概念和种类

公司分立是指一个公司依照法定程序分为两个或两个以上公司的法律行为。公司分立前的债务按所达成的协议由分立后的公司承担。

《公司法》对公司的分立规定了两种形式：一是新设分立，即由原来一个具有法人资格的公司分割成两个或两个以上具有法人资格公司的法律行为；二是派生分立，即将原来一个公司的一部分分出去成立一个新公司的法律行为。

（二）公司分立的程序

公司分立，其财产作相应的分割。公司分立的程序具体如下：

（1）公司股东会对公司分立作出决议。

（2）公司编制资产债表及财产清单。

（3）通知债权人。公司应当自作出分立决议之日起 10 日内通知债权人，并于 30 日内在报纸上或者国家企业信用信息公示系统公告。

（4）依法办理公司新设登记、变更登记或注销登记手续。

公司分立前的债务由分立后的公司承担连带责任。但是，公司在分立前与债权人就债务清偿达成书面协议另有约定的除外。

三、公司增减注册资本

（一）公司减少注册资本

1. 公司减少注册资本的法定程序

公司确实需要减少注册资本时，必须履行相应的法定程序。

（1）公司股东会对公司减少注册资本作出决议。

（2）公司编制资产债表及财产清单。

（3）通知债权人。公司应当自作出减少注册资本决议之日起 10 日内通知债权人，并于 30 日内在报纸上或者国家企业信用信息公示系统公告。债权人自接到通知书之日起 30 日内，未接到通知书的自公告之日起 45 日内，有权要求公司清偿债务或者提供相应的担保。

（4）依法办理公司变更登记手续。公司减少注册资本的，应当自公告之日起 45 日后的 30 日内申请变更登记，并应当提交公司在报纸上或者国家企业信用信息公示系统内登载公司减少注册资本公告的有关证明和公司债务清偿或者债务担保情况的说明。公司减少注册资本因涉及营业执照记载事项的，因此公司登记机关应当及时为公司换发营业执照。

2. 公司减少注册资本的特殊规定

（1）公司减少注册资本，应当按照股东出资或者持有股份的比例相应减少出资额或者股份，法律另有规定、有限责任公司全体股东另有约定或者股份有限公司章程另有规定的除外。

（2）公司依照《公司法》规定的利用公司的任意公积金、法定公积金和资本公积金弥补亏损后，仍有亏损的，可以减少注册资本弥补亏损。减少注册资本弥补亏损的，公司不得向股东分配，也不得免除股东缴纳出资或者股款的义务。

（3）依照上述（2）项规定减少注册资本的，不适用上述（1）项的规定，但应当自股东会作出减少注册资本决议之日起 30 日内在报纸上或者国家企业信用信息公示系统公告。

（4）公司依照上述（2）（3）项规定减少注册资本后，在法定公积金和任意公积金累计额达到公司注册资本 50% 前，不得分配利润。

（5）违反《公司法》的规定减少注册资本的，股东应当退还其收到的资金，减免股东出资的应当恢复原状；给公司造成损失的，股东及负有责任的董事、监事、高级管理人员应当承担赔偿责任。

（二）公司增加注册资本

1. 有限责任公司增加注册资本的规定

（1）有限责任公司增加注册资本时，股东在同等条件下有权优先按照实缴的出资比例认缴出资。但是，全体股东约定不按照出资比例优先认缴出资的除外。

（2）有限责任公司增加注册资本时，股东认缴新增资本的出资，依照《公司法》关于设立有限责任公司缴纳出资的有关规定执行。

2. 股份有限公司增加注册资本的规定

（1）股份有限公司为增加注册资本发行新股时，股东不享有优先认购权，公司章程另有规定或者股东会决议决定股东享有优先认购权的除外。

（2）股份有限公司为增加注册资本发行新股时，股东认购新股，依照《公司法》关于设立股份有限公司缴纳股款的有关规定执行。

3. 公司变更登记

公司增加注册资本后应当依法向公司登记机关办理变更登记。

任务5　公司的解散、清算分析

任务案例一：

甲公司是由张氏兄弟三人于某年 11 月份各投资 20 万元发起成立的服装有限责任公司。该年 12 月 28 里公司依法登记成立。李某是一个经营服装百货的个体户，在 5 年前曾因拖欠某服装厂货款，被法院判决败诉，并将其商店的财产和他个人的摩托车变卖偿还债务。之后李某吸取经验教训，不断开拓市场，经其努力经营，其商店恢复生气，同时与甲公司建立了长期的业务来往。第二年 6 月甲公司从李某处批了一批工作服，欠下 20 万元迟迟未还。李某向法院起诉甲公司归还货款，法院判决李某胜诉，但甲公司经营不善，严重亏损，已无力偿还债务故迟迟未执行判决。

请问：李某该怎么办?

任务案例二：

某国有独资公司甲于2016年在上海设立一子公司乙，该子公司自有资产1500万元，加上母公司投资的2000万元，全部资产为3500万元。后该子公司投资失误，宣告破产。债权申报期间，共有七家债权人申报债权，其中包括欠母公司货款500万元。其余债权人提出异议：①母公司是子公司的股东，母子公司之间不存在债权债务关系，母公司不能成为合法债权人；②母公司应对子公司的债务代为偿还。

请问：这些异议能否成立？说明理由。

任务案例三：

某年3月，甲有限公司由于市场情况发生重大变化，如继续经营将导致公司惨重损失。3月20日，该公司召开了股东会，以出席会议的股东所持表决权的半数通过决议解散公司。4月15日，股东会选任公司5名董事组成清算组。清算组成立后于5月5日起正式启动清算工作，将公司解散及清算事项分别通知了有关的公司债权人，并于5月20日、5月31日分别在报纸上进行了公告，规定自公告之日起3个月内未向公司申报债权者，将不负清偿义务。

请问：①该公司关于清算的决议是否合法？说明理由。②甲公司能否由股东会委托董事组成清算组？为什么？③该公司在清算中有关保护债权人的程序是否合法？为什么？

知识链接（一）

一、公司的解散和清算

（一）公司的解散

1. 公司解散的法定原因

根据我国《公司法》的规定，公司因下列原因解散：

（1）公司章程规定的营业期限届满或者公司章程规定的其他解散事由出现时；

（2）股东会决议解散；

（3）因公司合立或者合并需要解散的；

（4）依法被吊销营业执照、责令关闭或者被撤销；

（5）公司经营管理发生严重困难，继续存续会使股东利益受到重大损失，通过其他途径不能解决的，持有公司全部股东表决权10%以上的股东，可以请求人民法院解散公司。人民法院受理后依法解散公司。

公司出现上述五项解散事由，应当在10日内将解散事由通过国家企业信用信息公示系统予以公示。

2. 公司解散的特殊规定

公司有上述“1. 公司解散的法定原因”中的（1）（2）项情形，且尚未向股东分配财产的，可以通过修改公司章程或者经股东会决议而使公司存续。依此规定修改公司章程或者经股东会决议，有限责任公司须经持有2/3以上表决权的股东通过，股份有限公司须经出席股东会会议的股东所持表决权的2/3以上通过。

（二）公司的清算

公司的清算指公司解散后，处分其财产，终结其法律关系，从而消灭公司法人资格的法律程序。

1. 清算组的选任

（1）公司因上述“1. 公司解散的法定原因”中的（1）（2）（4）（5）项规定而解散的，应当清算。董事为公司清算义务人，应当在解散事由出现之日起 15 日内组成清算组进行清算。清算组由董事组成，但是公司章程另有规定或者股东会决议另选他人的除外。

清算义务人未及时履行清算义务，给公司或者债权人造成损失的，应当承担赔偿责任。

（2）公司依照上述“1. 公司解散的法定原因”的规定应当清算，逾期不成立清算组进行清算或者成立清算组后不清算的，利害关系人可以申请人民法院指定有关人员组成清算组进行清算。人民法院应当受理该申请，并及时组织清算组进行清算。

（3）公司因上述“1. 公司解散的法定原因”中的（4）项的规定而解散的，作出吊销营业执照、责令关闭或者撤销决定的部门或者公司登记机关，可以申请人民法院指定有关人员组成清算组进行清算。

2. 清算组的职权

（1）清算组的职权。清算组在清算期间行使下列职权：

一是清理公司财产，分别编制资产负债表和财产清单；

二是通知或者公告债权人；

三是处理与清算有关公司未了结的业务；

四是清缴所欠税款以及清算过程的税款；

五是清理债权、债务；

六是处理公司清偿债务后的剩余财产；

七是代表公司参与民事诉讼活动。

（2）清算组成员的义务与责任。具体有：

一是清算组成员履行清算职责，负有忠实义务和勤勉义务。

二是清算组成员怠于履行清算职责，给公司造成损失的，应当承担赔偿责任；因故意或者重大过失给债权人造成损失的，应当承担赔偿责任。

3. 清算程序

（1）通知或公告债权人。清算组应当自成立之日起 10 日内通知债权人，并于 60 日内在报纸上或者国家企业信用信息公示系统公告。债权人应当自接到通知书之日起 30 日内，未接到通知书的自公告之日起 45 日内，向清算组申报其债权。

（2）债权人申报债权。债权人申报其债权，应当说明债权的有关事项，并提供证明材料。清算组应当对债权进行登记。在申报债权期间，清算组不对债权人进行清算。

（3）清算组清理公司财产、编制资产负债表和财产清单。

（4）清算组制定清算方案，并报股东会或者人民法院确认。

清算组在清理公司财产、编制资产负债表和财产清单后，发现公司财产不足清偿债务的，应当依法向人民法院申请破产清算。人民法院受理破产申请后，清算组应当将清算事务移交给人民法院指定的破产管理人。

（5）分配剩余财产。公司财产在分别支付清算费用、职工的工资、社会保险费用和法定补偿金，缴纳所欠税款，清偿公司债务后的剩余财产，有限责任公司按照股东的出资比例分配，股份有限公司按照股东持有的股份比例分配。

清算期间，公司存续，但不得开展与清算无关的经营活动。公司财产在未依上述规定清偿前，不得分配给股东。

（6）注销登记。公司清算结束后，清算组应当制作清算报告，报股东会或者人民法院确认，并报送公司登记机关，申请注销公司登记，公告公司终止。

（三）公司注销的简易程序

公司在存续期间未产生债务，或者已清偿全部债务的，经全体股东承诺，可以按照规定通过简易程序注销公司登记。

通过简易程序注销公司登记，应当通过国家企业信用信息公示系统予以公告，公告期限不少于 20 日。公告期限届满后，未有异议的，公司可以在 20 日内向公司登记机关申请注销公司登记。

公司通过简易程序注销公司登记，股东对“公司在存续期间未产生债务，或者已清偿全部债务的”承诺不实的，应当对注销登记前的债务承担连带责任。

（四）公司登记机关依职权注销公司登记

公司被吊销营业执照、责令关闭或者被撤销，满 3 年未向公司登记机关申请注销公司登记的，公司登记机关可以通过国家企业信用信息公示系统予以公告，公告期限不少于 60 日。公告期限届满后，未有异议的，公司登记机关可以注销公司登记。

公司被公司登记机关依职权注销公司登记的，原公司股东、清算义务人的责任不受影响。

（五）公司破产的规定

公司被依法宣告破产的，依照有关企业破产的法律实施破产清算。

二、外国公司的分支机构

外国公司，是指依照外国法律在中华人民共和国境外设立的公司。

（一）外国公司分支机构的设立

《公司法》对外国公司在我国的设立分支机构的具体规定如下：

（1）外国公司在中华人民共和国境内设立分支机构，应当向中国主管机关提出申请，并提交其公司章程、所属国的公司登记证书等有关文件，经批准后，向公司登记机关依法办理登记，领取营业执照。外国公司分支机构的审批办法由国务院另行规定。

（2）外国公司在中华人民共和国境内设立分支机构，应当在中华人民共和国境内指定负责该分支机构的代表人或者代理人，并向该分支机构拨付与其所从事的经营活动相适应的资金。对外国公司分支机构的经营资金需要规定最低限额的，由国务院另行规定。

（3）外国公司的分支机构应当在其名称中标明该外国公司的国籍及责任形式。外国公司的分支机构应当在本机构中置备该外国公司章程。

（4）外国公司在中华人民共和国境内设立的分支机构不具有中国法人资格。外国公司对其分支机构在中华人民共和国境内进行经营活动承担民事责任。

（二）外国公司与其分支机构的法律义务

《公司法》对外国公司及其分支机构规定的法律义务具体如下：

（1）经批准设立的外国公司分支机构，在中华人民共和国境内从事业务活动，应当遵守中国的法律，不得损害中国的社会公共利益，其合法权益受中国法律保护。

（2）外国公司撤销其在中华人民共和国境内的分支机构时，应当依法清偿债务，依照本法有关公司清算程序的规定进行清算。未清偿债务之前，不得将其分支机构的财产转移至中华人民共和国境外。

任务案例四：

甲公司打赢了欠款纠纷官司，法院判令被告必须归还他们一笔26万元的欠款。但在执行过程中，又遇到麻烦，原来欠债的有限责任公司早已人去楼空，已经没有财产可供执行。这时，甲公司调查发现，欠款公司有两名股东，一位是黄某，另一位是潘某。50万元的注册资金中，黄某占有60%即30万元的股份，潘某占有40%即20万元的股份。但他们实际出资分别为5万元和3万元。现法定代表人黄某已经死亡，而另一个股东潘某是一名退休职工。

请问：甲公司是否可以向公司的这两名股东主张26万元的债权？为什么？

任务案例五：

张三与李四合资开办甲有限责任公司，公司成立后张三与李四分别任公司的董事长与总经理，但由于两人经营能力不行，公司经营业绩不佳。经营了3年，公司也未能给两个投资人带来什么收益，因此两人准备通过简易程序关掉公司。根据《公司法》规定只有在公司存续期间未产生债务或者已清偿全部债务的，并经股东承诺才能通过简易程序注销公司登记，但甲公司实际上是有对外欠债的，他们还欠了乙公司2万元、个体户小朱1万元，但张三、李四在公司登记机关注销公司登记时隐瞒了这些情况，通过公示后他们注销了该公司。然而乙公司和个体户小朱不久就得知了这一信息，于是要求张三、李四还钱，但张三、李四声称是甲公司欠他们的钱，不是张三、李四欠他们的钱，因此他们对此不承担责任。

请问：张三、李四的说法有没有道理？为什么？

知识链接（二）

三、法律责任

（一）行政法律责任

1. 公司发起人、股东的行政法律责任

（1）公司的发起人、股东虚假出资，未交付或者未按期交付作为出资的货币或者非货币财产的，由公司登记机关责令改正，可以处以5万元以上20万元以下的罚款；情节严重的，处以虚假出资或者未出资金额5%以上15%以下的罚款；对直接负责的主管人员和其他直接责任人员处以1万元以上10万元以下的罚款。

（2）公司的发起人、股东在公司成立后，抽逃其出资的，由公司登记机关责令改正，处以所抽逃出资金额5%以上15%以下的罚款；对直接负责的主管人员和其他直接责任人员处以3万元以上30万元以下的罚款。

（3）未依法登记为有限责任公司或者股份有限公司，而冒用有限责任公司或者股份有限公司名义的，或者未依法登记为有限责任公司或者股份有限公司的分公司，而冒用有限责任公司或者股份有限公司的分公司名义的，由公司登记机关责令改正或者给予取缔，并可处以10万元以下的罚款。

2. 公司的行政法律责任

公司违反《公司法》规定，应当承担民事赔偿责任和缴纳罚款、罚金的，其财产不足以支付时，先承担民事赔偿责任。

（1）违反《公司法》规定，虚报注册资本、提交虚假材料或者采取其他欺诈手段隐瞒重要事实取得公司登记的，由公司登记机关责令改正，对虚报注册资本的公司，处以虚报注册资本金额 5% 以上 15% 以下的罚款；对提交虚假材料或者采取其他欺诈手段隐瞒重要事实的公司，处以 5 万元以上 200 万元以下的罚款；情节严重的，吊销营业执照；对直接负责的主管人员和其他直接责任人员处以 3 万元以上 30 万元以下的罚款。

（2）公司未依照《公司法》第四十条“关于信息公示”的有关规定公示有关信息或者不如实公示有关信息的，由公司登记机关责令改正，可以处以 1 万元以上 5 万元以下的罚款。情节严重的，处以 5 万元以上 20 万元以下的罚款；对直接负责的主管人员和其他直接责任人员处以 1 万元以上 10 万元以下的罚款。

（3）公司有下列行为之一的，由县级以上人民政府财政部门依照《中华人民共和国会计法》等法律、行政法规的规定处罚：一是在法定的会计账簿以外另立会计账簿；二是提供存在虚假记载或者隐瞒重要事实的财务会计报告。

（4）公司在合并、分立、减少注册资本或者进行清算时，不依照《公司法》规定通知或者公告债权人的，由公司登记机关责令改正，对公司处以 1 万元以上 10 万元以下的罚款。

（5）公司在进行清算时，隐匿财产，对资产负债表或者财产清单作虚假记载，或者在未清偿债务前分配公司财产的，由公司登记机关责令改正，对公司处以隐匿财产或者未清偿债务前分配公司财产金额 5% 以上 10% 以下的罚款；对直接负责的主管人员和其他直接责任人员处以 1 万元以上 10 万元以下的罚款。

（6）公司成立后无正当理由超过6个月未开业的，或者开业后自行停业连续6个月以上的，公司登记机关可以吊销营业执照，但公司依法办理歇业的除外。公司登记事项发生变更时，未依照《公司法》规定办理有关变更登记的，由公司登记机关责令限期登记；逾期不登记的，处以 1 万元以上 10 万元以下的罚款。

（7）外国公司违反《公司法》规定，擅自在中华人民共和国境内设立分支机构的，由公司登记机关责令改正或者关闭，可以并处 5 万元以上 20 万元以下的罚款。

（8）利用公司名义从事危害国家安全、社会公共利益的严重违法行为的，吊销营业执照。

3. 有关主管部门和机构的行政法律责任

（1）公司登记机关违反法律、行政法规规定，未履行职责或者履行职责不当的，对负有责任的领导人员和直接责任人员依法给予政务处分。

（2）承担资产评估、验资或者验证的机构提供虚假材料或者提供有重大遗漏的报告的，由有关部门依照《中华人民共和国资产评估法》《中华人民共和国注册会计师法》等法律、行政法规的规定处罚。

（3）承担资产评估、验资或者验证的机构因其出具的评估结果、验资或者验证证明不实，给公司债权人造成损失的，除能够证明自己没有过错的外，在其评估或者证明不实的金额范围内承担赔偿责任。

（二）刑事法律责任

无论是公司、公司发起人或股东，还是有关主管部门及其工作人员，只要其违反《公司法》规定，构成犯罪的，则由国家有关部门依法追究刑事责任。

第四模块 公平竞争法

学习目标 >>

【知识目标】

了解欧美各国对产品质量责任问题的规定；掌握我国对规制不正当竞争行为、对产品质量与责任及对消费者权益保护的规定；理解并能分辨各种不正当竞争行为、产品质量违法行为、侵害消费者权益行为在现实经济生活中的表现。

【能力目标】

能根据反不正当竞争法、产品质量法、消费者权益保护法等法规，结合案例或经济生活中的实例，进行分析、应用所学的法律知识。

【思政要求】

养成在社会主义市场经济条件下合法争胜，保证商品质量，保护消费者合法权益的经营意识。

引例 >>

甲前往北京旅游时，欲购买“全聚德”牌的真空包装烤鸭，临上火车前误购了商标不同而外包装十分近似的标明名称为“仝聚德”的烤鸭，直到回到目的地才发现上当了，遂向“全聚德”公司投诉。“全聚德”公司经调查，发现“仝聚德”烤鸭的价格仅为“全聚德”的三分之一，口感和“全聚德”的也大不相同，有相当多的消费者不能立刻辨认出两种烤鸭在包装上的区别，在客观上影响了“全聚德”烤鸭的美誉度。“全聚德”公司遂向人民法院提起诉讼，代理律师认为“仝聚德”公司利用相似字的行为属于不正当竞争，同时，将售价定为“全聚德”产品的三分之一，属于低价倾销，损害了自己的利益。法院受理后，被告“仝聚德”公司认为“仝聚德”与“全聚德”在字体上有差别，不应属于假冒知名商品的行为，而“仝聚德”的价格低廉，是属于市场行为，况且并未低于成本价，不应构成不正当竞争行为。

那么，在这种情况下，被告“仝聚德”公司认为“仝聚德”与“全聚德”在字体上有差别，不应属于假冒知名商品的行为对吗？为什么？

通过对本模块的学习，你将找到这些问题的答案。

项目1 不正当竞争行为与其规制分析训练

任务1 不正当竞争行为分析

任务案例一：

某地有一家大型超级市场生意非常火爆，由于这家超市进货的商品都是自行采购的，因此许多供应商都想将自己生产或经销的商品放在这家超市销售。但由于同类型的供应商很多，要想成为该超市的供应商实在不容易。甲公司也生产此超市销售的商品种类，为了使自己的产品能够顺利进入该超市，公司想到了自己有一员工有亲戚在此超市担任采购员，于是就通过此员工联络上了该名采购员，并许诺如果公司的商品进入超市，公司将向超市供货额的百分之二拿出来支付给该名采购员，该名采购员合计了一下，此种商品在超市的一年的采购额大概在200万元左右，百分之二也不少了，于是就欣然同意，想办法让超市采购了这种商品。

请问：甲公司的行为是否是不正当竞争行为？为什么？

知识链接（一）

一、反不正当竞争法律制度概述

（一）不正当竞争行为的概念和特征

不正当竞争行为是指经营者违反《反不正当竞争法》规定，损害其他经营者的合法权益，扰乱社会经济秩序的行为。正当竞争则是经营者遵循自愿、平等、公平、诚实信用原则，遵守公认的商业道德而进行的合法争胜行为。

根据不正当竞争的定义，我国法律上规定的不正当竞争行为具有以下特征：

（1）行为的主体是经营者。即从事商品经营或者营利性服务的法人、其他经济组织和个人。但经营者之外的组织和个人，从事与市场竞争有关的活动，也要遵守有关法律规范。

（2）行为的性质具有违法性。即行为在本质上违反了竞争原则，违反了《反不正当竞争法》，同时有的还违反了相关的其他法律。

（3）行为的结果具有损害性。即损害了其他经营者的合法权益，扰乱了社会经济秩序。行为主体的极端利己或损人利己的违法行为，必然损害他人的合法利益，冲击正常的经济秩序，造成市场交易的混乱。

> 【资料卡】
>
> 1896年德国制定了世界上第一部《反不正当竞争法》，标志着系统的反不正当竞争法的开端，它对许多国家的反不正当竞争立法都有很大的影响。之后，奥地利、瑞士、匈牙利、日本等国相继制定了具有自身特点的反不正当竞争法，对各自的经济均起到了积极的作用。

（二）我国的反不正当竞争法现状

反不正当竞争法是指调整和规制不正当竞争过程中所产生的经济关系的法律规范的总称。

目前我国调整不正当竞争行为的法律主要是《中华人民共和国反不正当竞争法》，此外，在我国的其他许多法律法规中也有反不正当竞争的规定，如《价格法》中对联合限价行为的规定、《对外贸易法》中对外贸业务经营者以不正当竞争手段排挤竞争对手的规定等。

任务案例二：

A公司生产的“旺旺饲料”是获金奖的畅销商品。曾为A公司代销过此种饲料的B公司制作一批“旺旺饲料”编织袋，编织袋上印有虚构的S市A公司名称、电话及电报挂号，其颜色、图案、设计、名称与A公司生产的“旺旺饲料”包装袋雷同。B公司将此种编织袋用于自己产品的生产、销售和宣传，造成A公司产品销售量大幅度下降。为了维护自己的合法权益，A公司向法院提起了诉讼。

请问：本案中，B公司的行为构成不正当竞争行为吗？为什么？

任务案例三：

东风本田汽车公司为了促进本田汽车在无锡地区的销售，对无锡地区的东鑫本田4S店表示，如果2018年其汽车销售能达到5000辆，公司将按销售额的1%比例给予其回扣，并给予该公司总经理5万元奖金。

请问：东风本田汽车公司这一做法是否是不正当竞争？为什么？

知识链接（二）

二、不正当竞争行为的类型

我国《反不正当竞争法》规定的不正当竞争行为的种类有：

1. 混淆行为

混淆行为是指行为人擅自使用与他人相同或近似且有一定影响的商品名称、包装、装潢，企业名称（包括简称、字号等）、社会组织名称（包括简称等）、姓名（包括笔名、艺名、译名等），域名主体部分、网站名称、网页等，引人误认为是他人商品或者与他人存在特定联系，或有其他足以引人误认为是他人商品或者与他人存在特定联系的行为。

根据我国《反不正当竞争法》第六条规定，属于这类不正当竞争行为的有：

（1）擅自使用与他人有一定影响的商品名称、包装、装潢等相同或者近似的标识；

（2）擅自使用他人有一定影响的企业名称（包括简称、字号等）、社会组织名称（包括简称等）、姓名（包括笔名、艺名、译名等）；

（3）擅自使用他人有一定影响的域名主体部分、网站名称、网页等；

（4）其他足以引人误认为是他人商品或者与他人存在特定联系的混淆行为。

2. 商业贿赂行为

商业贿赂行为是指经营者在经营活动中为销售或购买商品，采取秘密手段，向交易相对方的工作人员、受交易相对方委托办理相关事务的单位或者个人、能利用职权或者影响力影响交易的单位或者个人给付财物或其他利益，以谋取交易机会或者竞争优势。

我国《反不正当竞争法》规定，经营者不得采用财物或者其他手段进行贿赂以销售或者购买商品。在账外暗中给予对方单位或者个人回扣的，以行贿论处。对方单位或者个人在账外暗中收受回扣的，以受贿论处。经营者的工作人员进行贿赂的，应当认定为经营者的行为；但是，经营者有证据证明该工作人员的行为与为经营者谋取交易机会或者竞争优势无关的除外。

另外,《反不正当竞争法》还规定了回扣与折扣、佣金的区别。即经营者销售或者购买商品,可以以明示方式给对方折扣,可以给中间人佣金。经营者给对方折扣,给中间人佣金的,必须如实入账,接受折扣、佣金的经营者也必须如实入账。

任务案例四:

A公司在宣传本公司生产的保健品——某口服液产品时,大量粘贴海报和散发宣传材料,称该口服液可以替代B公司生产销售并畅销的"红桃K"口服液,并在广告中借助某权威机构某专家之名声称能预防和治疗多种血液疾病,实际该机构和该专家未对其产品作出过任何评价。作了如此广告宣传以后,果然A公司的这一保健产品销量一路看涨。

请问:A公司的行为是否构成不正当竞争行为?为什么?

任务案例五:

A市消防药剂厂生产的磷酸铵盐干粉质量稳定、价格低廉。而某省反光材料厂因配方不尽完善,生产的同类产品成本较高。2016年10月31日,反光材料厂厂长彭某等人密谋商定,由张某等两人携款至A市,引诱消防药剂厂职工窃取干粉配方。张某等人到达A市后得知A市消防药剂厂药剂师江某,刚从该厂辞职了两个月,于是张某等人找到江某许以重金购买其原厂的配方,江某犹豫半天,因为其与原厂订有保密协议,但原厂一直未能按约支付保密费用,最后其决定将其掌握的另一公布在技术杂志上的配方(药剂厂的配方即在此基础上稍做改进)卖给张某等人。于是反光材料厂用此配方生产出了梦寐以求的产品。

请问:反光材料厂的行为是否构成了侵犯商业秘密的行为?为什么?

知识链接(三)

3. 引人误解的虚假宣传行为

我国的《反不正当竞争法》具体规定了两种情形:

一是经营者对其商品的性能、功能、质量、销售状况、用户评价、曾获荣誉等作虚假或者引人误解的商业宣传,以欺骗、误导消费者的虚假宣传行为。

二是经营者通过组织虚假交易等方式,帮助其他经营者进行虚假或者引人误解的商业宣传的行为。

4. 侵犯商业秘密的行为

商业秘密是指不为公众所知悉、具有商业价值并经权利人采取相应保密措施的技术信息、经营信息等商业信息。在实际中,技术信息包括工艺流程、技术秘诀、设计图纸、化学配方等;经营信息如管理方法、产销策略、货源情报、客户名单等。

根据《反不正当竞争法》的规定,侵犯商业秘密的行为具体包括以下几种:

(1)以盗窃、贿赂、欺诈、胁迫、电子侵入或者其他不正当手段获取权利人的商业秘密;

(2)披露、使用或者允许他人使用以前项手段获取的权利人的商业秘密;

(3)违反保密义务或者违反权利人有关保守商业秘密的要求,披露、使用或者允许他人使用其所掌握的商业秘密;

(4)教唆、引诱、帮助他人违反保密义务或者违反权利人有关保守商业秘密的要求,获取、披露、使用或者允许他人使用权利人的商业秘密。

经营者以外的其他自然人、法人和非法人组织实施上述所列违法行为的，视为侵犯商业秘密。

第三人明知或者应知商业秘密权利人的员工、前员工或者其他单位、个人实施《反不正当竞争法》第九条第一款所列违法行为，仍获取、披露、使用或者允许他人使用该商业秘密的，视为侵犯商业秘密。

任务案例六：

某市酿酒总厂为了促进产品销售，于2019年11月开展了“99新款有奖型酒”的有奖销售活动，在电视、报刊等新闻媒体上发布了“2000万元有奖大行动”的广告。设置一、二、三等奖和普通奖四类。其中设定一等奖5名，免费到欧洲旅游或得奖金6万元；二等奖150名，免费到东南亚旅游或得奖金2万元；普通奖为200元。兑奖方式为开盒即奖。此项活动开展后，仅该厂驻济南办事处就销售“99新款有奖型酒”2790箱，已开奖6次。

请问：酿酒总厂从事的有奖销售行为有没有问题？为什么？

任务案例七：

A公司生产的冷冻牌电冰箱样式好、质量高，很受消费者的欢迎，很快占了市场大部分份额。B公司生产的海鸥牌电冰箱由于质量存在问题，销售很差。为了打开销路开拓市场，B公司在当地报纸上发表了一篇“郑重声明”。该声明称：“最近市场上出现的冷冻牌电冰箱由于存在质量问题受到很多消费者的投诉，不少消费者找到我厂要求退换。我厂郑重声明，此种电冰箱不是我厂产品，请消费者认准我厂海鸥牌商标，以免误购而遭受损失。”此声明刊登后，A公司电冰箱销售量直线下降，同时很多已购买的消费者也纷纷要求退货。为了维护自己的权益，A公司向法院提起了诉讼。

请问：B公司的这种行为属于什么行为？为什么？

知识链接（四）

5. 不正当有奖销售行为

有奖销售是指经营者以提供奖品或奖金的手段进行销售，主要包括附赠品式有奖销售和抽奖式有奖销售。有奖销售作为一种促销手段，可以提高产品销售量，给经营者带来经济利益，但若超过一定限度滥用有奖销售，不仅会损害消费者利益，还会扰乱市场秩序，破坏公平竞争。因此，我国《反不正当竞争法》禁止三种不正当有奖销售：

（1）所设奖的种类、兑奖条件、奖金金额或者奖品等有奖销售信息不明确，影响兑奖；

（2）采用谎称有奖或者故意让内定人员中奖的欺骗方式进行有奖销售；

（3）抽奖式的有奖销售，最高奖的金额超过五万元。

【想一想】

抽奖式有奖销售行为与附赠品式有奖销售行为有什么区别？

6. 商业诽谤行为

商业诽谤是指经营者捏造、散布虚假事实，损害竞争对手的商业信誉、商品声誉的行为。商业信誉、商品声誉是经营者的无形资产，是长期努力经营和活动得来的，能为经营者带来经济利益和市场竞争中的优势地位。为此，法律禁止损害他人商业信誉、商品声誉的不正当竞争行为。

任务案例八：

2016年农历新年阿里系下的淘宝和天猫开发出了一键向微信分发商品链接和阿里红包的功能，当微信用户看到红包进行点击，其浏览窗口跳转到淘宝或天猫的商品链接上去，这样就为在淘宝和天猫上作广告的网上商店进行了引流，使得这些商店商品的销售量大幅上升。腾讯公司看到这种情况，非常生气，因为阿里公司的这一行为，并未知会腾讯公司。于是腾讯公司就在微信上，采取技术手段屏蔽商品链接和红包，阿里则采取链接和口令等设计反规制，同时，两家公司在互联网上打起了口水仗。

请问：根据最新《反不正当竞争法》，阿里公司的行为是否是违法行为？为什么？

任务案例九：

小明下载了一款影音软件，这款软件可以播放所有的视频类文件，因此看视频比较方便，不会出现有些视频在播放器里放不出来的现象，但在安装过程中却出现了提示，即小明如果要安装这款软件的话，这款软件就会将其电脑上安装的其他视频软件全部卸载掉，否则就无法进行软件的安装。由于小明有一个重要视频要看，因此无法，只能让该软件将其已有的所有视频软件卸载后再安装了该软件。后另一款知名的影音软件知道了此事，觉得这款影音软件公司的行为属于不正当竞争行为，因此要求国家市场监督机构对这种行为进行处理。

请问：这款影音软件公司的行为是否是不正当竞争行为？为什么？

任务案例十：

某年甲网络安全公司与乙聊天软件公司因为软件安全问题引起来纠纷，具体情况如下：甲公司首先在相关网站上宣传“卡卡保镖”保护隐私让乙公司的聊天安全、快速、好用，引导用户安装“卡卡保镖”；在用户安装运行“卡卡保镖”后，以红色警示用户的聊天软件存在严重的健康问题，并将没有安装甲公司的安全卫士的电脑，识别为处于危险之中；查杀乙公司聊天软件木马时，显示“如果您不安装甲公司安全卫士，将无法使用木马查杀功能”，并以绿色功能键提供甲公司安全卫士的安装及下载服务；经过一键修复，“卡卡保镖”将乙公司聊天软件的安全沟通界面替换成“卡卡保镖”界面。乙公司见状，与甲公司进行交涉，认为甲公司的行为是不正当竞争行为，要求其停止侵权、赔礼道歉，并赔偿损失。甲公司认为自己的做法合理合法，不属于不正当竞争行为。

请问：甲公司的行为是否是不正当竞争行为？为什么？

知识链接（五）

7. 妨碍、破坏经营者利用网络进行合法生产经营活动

经营者利用网络从事生产经营活动，应当遵守《反不正当竞争法》的各项规定。经营者利用技术手段，通过影响用户选择或者其他方式，实施下列妨碍、破坏其他经营者合法提供的网络产品或者服务正常运行的行为主要有：

（1）未经其他经营者同意，在其合法提供的网络产品或者服务中，插入链接、强制进行目标跳转；

（2）误导、欺骗、强迫用户修改、关闭、卸载其他经营者合法提供的网络产品或者服务；

（3）恶意对其他经营者合法提供的网络产品或者服务实施不兼容；

（4）其他妨碍、破坏其他经营者合法提供的网络产品或者服务正常运行的行为。

任务2 不正当竞争行为的规制分析

任务案例一：

甲商户假冒乙公司商品商标的行为给乙公司造成了较大的损失，乙公司向法院提起诉讼，要求甲赔偿损失，但乙公司无法提供其损失的具体数额。而甲商户在被发现假冒商品后就把自己假冒商品的销售资料和会计资料销毁了。

请问：在这种情况下，如何确定甲商户对乙公司的赔偿数额？

任务案例二：

A 市的甲公司与乙公司是竞争对手，甲公司为了使自己的产品能够取得更多的市场份额，散发小广告描述乙公司产品质量如何不好，甚至不惜雇用“托儿”诬蔑乙公司产品信誉。A 市技术监督局见状，即展开执法活动，按规定程序进行了询问、查询、检查等工作，最后对甲公司作出了相应的行政处罚。但甲公司不服，遂向法院提起行政诉讼。

请问：法院会支持甲公司的主张吗？为什么？

任务案例三：

甲县市场监督管理局对采取假冒商标行为进行不正当竞争的 A 公司作出了行政处罚决定，A 公司不服向县法院提起诉讼，县法院不予受理，理由是当事人对市场监督管理机关的行政处罚决定不服，首先应向上级市场监督管理机关申请复议，如果复议机关作出了复议决定，当事人对复议决定仍然不服的，才可以向法院提起诉讼。

请问：甲县法院的做法是否正确？为什么？

知识链接

一、不正当竞争行为的监督检查

（一）不正当竞争行为的监督检查机关

根据我国《反不正当竞争法》第四条的规定，我国对不正当竞争行为的监督检查机关有：

（1）县级以上人民政府履行工商行政管理职责的部门对不正当竞争行为进行查处。目前，我国履行工商行政管理职责的部门为市场监督管理部门，因此县级以上市场监督管理部门对不正当竞争行为进行查处。

（2）法律、行政法规规定由其他部门查处的，依照其规定。

（二）监督检查机关对涉嫌不正当竞争行为的调查

1. 监督检查部门可采取的措施

监督检查部门调查涉嫌不正当竞争行为，可以采取下列措施：

（1）进入涉嫌不正当竞争行为的经营场所进行检查；

（2）询问被调查的经营者、利害关系人及其他有关单位、个人，要求其说明有关情况或者提供与被调查行为有关的其他资料；

（3）查询、复制与涉嫌不正当竞争行为有关的协议、账簿、单据、文件、记录、业务函电和其他资料；

（4）查封、扣押与涉嫌不正当竞争行为有关的财物；

（5）查询涉嫌不正当竞争行为的经营者的银行账户。

采取上述规定的措施，应当向监督检查部门主要负责人书面报告，并经批准。采取上述第四项、第五项规定的措施，应当向设区的市级以上人民政府监督检查部门主要负责人书面报告，并经批准。

监督检查部门调查涉嫌不正当竞争行为，被调查的经营者、利害关系人及其他有关单位、个人应当如实提供有关资料或者情况。

2. 监督检查部门在调查涉嫌不正当竞争行为过程中的注意事项

（1）监督检查部门调查涉嫌不正当竞争行为，应当遵守《中华人民共和国行政强制法》和其他有关法律、行政法规的规定，并应当将查处结果及时向社会公开。

（2）监督检查部门及其工作人员对调查过程中知悉的商业秘密负有保密义务。

（3）对涉嫌不正当竞争行为，任何单位和个人有权向监督检查部门举报，监督检查部门接到举报后应当依法及时处理。

（4）监督检查部门应当向社会公开受理举报的电话、信箱或者电子邮件地址，并为举报人保密。对实名举报并提供相关事实和证据的，监督检查部门应当将处理结果告知举报人。

二、不正当竞争行为的法律责任

《反不正当竞争法》主要规定了民事责任、行政责任，也涉及了刑事责任。

1. 民事责任

（1）承担民事责任的方式。承担民事责任方式主要有停止侵害、赔偿损失等。被侵害的经营者的合法权益受到不正当竞争行为损害的，可以向人民法院提出诉讼，法院可责令侵害人停止侵害、赔偿损失。

（2）赔偿损失责任中损失赔偿额的计算方法及惩罚性赔偿的规定。因不正当竞争行为受到损害的经营者的赔偿数额，按照其因被侵权所受到的实际损失确定；实际损失难以计算的，按照侵权人因侵权所获得的利益确定。经营者恶意实施侵犯商业秘密行为，情节严重的，可以在按照上述方法确定数额的一倍以上五倍以下确定赔偿数额。赔偿数额还应当包括经营者为制止侵权行为所支付的合理开支。

经营者违反《反不正当竞争法》的规定，实施“混淆行为”“侵犯商业秘密的行为”这两种不正当竞争行为的，权利人因被侵权所受到的实际损失、侵权人因侵权所获得的利益难以确定的，由人民法院根据侵权行为的情节判决给予权利人五百万元以下的赔偿。

（3）侵犯商业秘密行为案件中涉嫌侵权人如何洗脱嫌疑的特殊规定。具体如下：

一是在侵犯商业秘密的民事审判程序中，商业秘密权利人提供初步证据，证明其已经对所主张的商业秘密采取保密措施，且合理表明商业秘密被侵犯，涉嫌侵权人应当证明权利人所主张的商业秘密不属于《反不正当竞争法》规定的商业秘密。

二是商业秘密权利人提供初步证据合理表明商业秘密被侵犯，且提供以下证据之一的，涉嫌侵权人应当证明其不存在侵犯商业秘密的行为：①有证据表明涉嫌侵权人有渠道或者机会获取商业秘密，且其使用的信息与该商业秘密实质上相同；②有证据表明商业秘密已经被涉嫌侵权人披露、使用或者有被披露、使用的风险；③有其他证据表明商业秘密被涉嫌侵权人侵犯。

2. 行政责任

针对不同的不正当竞争行为，《反不正当竞争法》规定了不同的行政处罚，具体规定如下：

（1）对混淆行为的行政处理。具体规定有：

一是经营者实施混淆行为的，由监督检查部门责令停止违法行为，没收违法商品。违法经营额5万元以上的，可以并处违法经营额五倍以下的罚款；没有违法经营额或者违法经营额不足5万元的，可以并处25万元以下的罚款。情节严重的，吊销营业执照。

二是经营者登记的企业名称违反《反不正当竞争法》关于企业名称使用的规定的，应当及时办理名称变更登记；名称变更前，由原企业登记机关以统一社会信用代码代替其名称。

（2）对商业贿赂行为的行政处理。具体规定有：经营者实施商业贿赂行为，贿赂他人的，由监督检查部门没收违法所得，处10万元以上300万元以下的罚款。情节严重的，吊销营业执照。

（3）对引人误解的虚假宣传的行政处理。具体规定有：

一是经营者对其商品作虚假或者引人误解的商业宣传，或者通过组织虚假交易等方式帮助其他经营者进行虚假或者引人误解的商业宣传的，由监督检查部门责令停止违法行为，处20万元以上100万元以下的罚款；情节严重的，处100万元以上200万元以下的罚款，可以吊销营业执照。

二是经营者违反《反不正当竞争法》关于虚假宣传的规定，属于发布虚假广告的，依照《中华人民共和国广告法》的规定处罚。

（4）对侵犯商业秘密行为的行政处理。具体规定有：经营者以及其他自然人、法人和非法人组织侵犯其他经营者的商业秘密的，由监督检查部门责令停止违法行为，没收违法所得，处10万元以上100万元以下的罚款；情节严重的，处50万元以上500万元以下的罚款。

（5）对不正当有奖销售行为的行政处理。具体规定有：经营者进行不正当有奖销售的，由监督检查部门责令停止违法行为，处5万元以上50万元以下的罚款。

（6）对商业诽谤行为的行政处理。具体规定有：经营者损害竞争对手商业信誉、商品声誉的，由监督检查部门责令停止违法行为、消除影响，处10万元以上50万元以下的罚款；情节严重的，处50万元以上300万元以下的罚款。

（7）对妨碍、破坏经营者利用网络进行合法生产经营活动的行政处理。具体规定有：经营者妨碍、破坏其他经营者合法提供的网络产品或者服务正常运行的，由监督检查部门责令停止违法行为，处10万元以上50万元以下的罚款；情节严重的，处50万元以上300万元以下的罚款。

经营者违反《反不正当竞争法》的规定从事不正当竞争，有主动消除或者减轻违法行为危害后果等法定情形的，依法从轻或者减轻行政处罚；违法行为轻微并及时纠正，没有造成危害后果的，不予行政处罚。

经营者违反本法规定从事不正当竞争，受到行政处罚的，由监督检查部门记入信用记录，并依照有关法律、行政法规的规定予以公示。

3. 刑事责任

对于商业贿赂、侵害他人商业秘密等行为构成犯罪的，还要追究刑事责任。

项目2 产品质量与责任分析训练

任务1 产品质量责任分析

任务案例一：

A超市从B公司购进一批香蕉，但货运到后，A超市发现这批香蕉的表面看起来没有什么问题，非常新鲜，但内里却发生了腐烂，于是A超市向B公司提出产品的质量问题，但B公司不承认，认为货物是由A超市自己来提运的，且提运之前已由A超市做过检验，因此自己所交货品没有质量问题。于是A超市以产品质量问题向法院提起诉讼，要求法院依产品质量法判决由B公司承担赔偿责任。

请问：A超市的主张能否得到法院的支持？为什么？

任务案例二：

张三从甲房地产开发公司购买了一套住房，装修期间就发现房间客厅和主卧室的墙上有细小的裂缝，当时向开发商反映了，开发商则认为这是灰墙干燥时出现的，对住房没有影响。但张三住进去后，刚一个月，这些裂缝越来越大，而且整个墙体都开裂了。张三向开发商反映之后，开发商维修了一次，但丝毫没有效果，之后张三再反映，开发商就推三阻四，不予处理。于是张三就将开发商甲公司告上法院，要求法院依产品质量法追求开发商的责任。

请问：张三的主张能否得到法院的支持？为什么？

知识链接（一）

一、产品质量法概述

（一）产品质量法的概念

产品质量法是指调整国家在产品质量管理过程中形成的产品质量监督管理关系，以及因产品缺陷而引起的生产者、销售者与消费者之间侵权损害赔偿关系（即产品责任关系）的法律规范的总称。

（二）产品质量法的基本原则

（1）“质量第一”的原则。严格保证产品质量，保证产品的安全性、可靠性和适用性。国家采取各种措施贯彻这一原则：其一，加强对产品质量的行政监督管理；其二，推行先进的企业质量体系认证制度和产品质量认证制度：其三，全面具体地规定生产者、销售者在保证产品质量方面所承担的义务；其四，对不履行产品质量义务的责任人予以法律制裁。

（2）保护消费者合法权益原则。在我国，生产的目的是最大限度地满足人们日益增长的物质和文化生活的需要，即要不断满足广大消费者的要求。要实现这一目的，首先必须使消费者的合法权益得以保障。对此，我国《产品质量法》也有明确的规定。

（3）统一立法、区别管理原则。这是指对可能危及人体健康和人身、财产安全的产品，政府市场监督管理部门实施强制性管理；对其他产品则通过市场竞争优胜劣汰。

（4）奖优罚劣原则。国家鼓励推行科学的质量管理方法，采用先进的科学技术，鼓励企业产品质量达到并且超过行业标准、国家标准和国际标准。对产品质量管理先进和产品质量达到国际先进水平、成绩显著的单位和个人，给予奖励。同时，禁止伪造或者冒用认证标志等质量标志；禁止伪造产品的产地，伪造或者冒用他人的厂名、厂址；禁止在生产、销售的产品中掺杂、掺假，以假充真，以次充好。

（5）有限范围原则。即主要调整产品在生产、销售以及监管活动中发生的权利、义务、责任关系。

（三）产品概念与产品质量构成要素

根据我国《产品质量法》的规定，产品是指经过加工、制作，用于销售的产品。

根据我国《产品质量法》，不适用该法的产品主要有：①未经过加工、制作而自然形成的产品，如初级农产品；②建筑工程，但是建设工程使用的建筑材料、建筑构配件和设备，属于《产品质量法》规定的产品范围的，适用该法规定；③军工产品，其质量监督管理办法由国务院中央军事委员会另行制定。另外，核设施、核产品造成损害的赔偿责任，法律、行政法规另有规定的，依照其规定。

产品质量由下列要素构成：①产品外观，包括产品的包装；②产品的原材料品质；③产品的适用性能、适用范围；④产品的安全性能；⑤产品的经济性能，即不会给使用者造成不应有的浪费。

任务案例三：

小李在A商场买了台由B公司生产的燃气热水器，其将这台热水器装在了浴室中。一次在洗澡过程中，由于使用时间过长，从热水器内漏出的液化气在浴室中积聚过多，造成小李缺氧晕倒，后虽其家人及时发现送医院抢救而无大碍，但共花去5000多元医疗费。事后，小李向法院提起诉讼，要求B公司予以赔偿。但B公司认为自己的产品符合国家质量标准，是小李自己将热水器装在浴室内才导致事故发生，因此不应由自己赔偿。后法院查明，小李买的热水器确实符合国家规定的安全标准，不过其包装、说明书和机器上没有说明安装方式。

请问：B公司要不要承担产品责任？为什么？

任务案例四：

2016年7月末，李某在某商场购买了一台冰箱，冰箱附有产品合格证。李某买回冰箱后6天，发现冰箱噪声太大，就去找商场交涉，商场说冰箱一开始使用时有些噪声是正常的，过一段时间就会好。没过多长时间，冰箱的制冷器又出了问题，到后来完全丧失了冷冻功能，成了一个食品储藏柜。李某再去找商场，商场说冰箱不是他们生产的，冰箱不制冷属技术问题，只有生产厂家才能解决，因此让李某找生产厂家。李某觉得生产厂家太远，况且冰箱又不是小件物品，只有先找商场，让商场再去找生产厂家。李某遭到商场拒绝，于是李某于10月20日向法院起诉，要求商场对冰箱进行修理，如修理不好，应负责退货。

请问：法院能否主持李某的主张？为什么？

任务案例五：

李某到A鞋店买鞋子，看中了某品牌其中的一款，该店在标示该款鞋子的标牌上注明了“处理品”字样，其价格仅为该品牌其他款式鞋子的1/2。李某购买了该款鞋穿了两个星期后，鞋子边缘就开始大范围脱胶。于是李某找到商店，要求A鞋店承担产品质量不合格的责任。

请问：A鞋店需不需要承担产品质量责任？为什么？

知识链接（二）

二、生产者、销售者的产品质量义务

（一）生产者对产品质量的义务

生产者的产品质量义务主要包括以下内容：

（1）保证产品内在质量。《产品质量法》规定：生产者应当对其生产的产品质量负责。

产品质量应当符合下列要求：①不存在危及人身、财产安全的不合理的危险，有保障人体健康和人身、财产安全的国家标准、行业标准的，应当符合该标准；②具备产品应当具备的使用性能，但是，对产品存在使用性能的瑕疵作出说明的除外；③符合在产品或者其包装上注明采用的产品标准，符合以产品说明、实物样品等方式表明的质量状况。

（2）产品包装标识应当符合法律的规定。产品标识是表明产品的名称、产地、质量状况等信息的表述和标示。产品标识可以标注在产品上，也可以标注在产品的包装上。

【资料卡】

警示标志是指用文字、数字、图形、符号等形式组合而成的，代表着特定含义的标记，如剧毒、易碎、怕压、需要防潮、不准倒置等要求，并有对应的图形标志表示上述含义。如：画一个黑三角，内有一个火焰图形，表示易燃；画一个三角，里面有一个爆炸图形，表示危险易爆等。

警示说明是指一种明确告知的注意事项，一般标注在产品包装上，或者在产品说明书中，例如，在产品外包装上标注的“吸烟有害健康”“小心轻放”“避光”“放置阴凉处”“请在医生指导下服用”等。

《产品质量法》规定，产品或者其包装上的标识必须真实，并符合下列要求：①有产品质量检验合格证明；②有中文标明的产品名称、生产厂厂名和厂址；③根据产品的特点和使用要求，需要标明产品规格、等级、所含主要成分的名称和含量，用中文予以标明；④需要事先让消费者知晓的，应当在外包装上标明，或者预先向消费者提供有关资料；⑤限期使用的产品，应当在显著位置清晰地标明生产日期和安全使用期或者失效日期；⑥使用不当，容易造成产品本身损坏或者可能危及人身、财产安全的产品，应当有警示标志或者中文警示说明。裸装的食品和其他根据产品的特点难以附加标识的裸装产品，可以不附加产品标识。

《产品质量法》规定：易碎、易燃、易爆、有毒、有腐蚀性、有放射性等危险物品以及储运中不能倒置和其他有特殊要求的产品，其包装质量必须符合相应要求，依照国家有关规定做出警示标志或者中文警示说明，标明储运注意事项。

（3）生产者的禁止性义务。根据《产品质量法》的规定，产品生产者的禁止性义务主要有：①不得生产国家明令淘汰的产品；②不得伪造产地、不得伪造或者冒用他人的厂名、厂址；③不得伪造或者冒用认证标志、名优标志等质量标志；④生产产品，不得掺杂、掺假，不得以假充真、以次充好，不得以不合格产品冒充合格产品。

（二）销售者的产品质量义务

产品质量法对销售者的产品质量义务作了专门规定。这些义务有：

（1）销售者应当建立并执行进货检查验收制度，验明产品合格证明和其他标识。

（2）销售者应当采取措施，保持销售产品的质量。

（3）销售者不得销售国家明令淘汰并停止销售的产品和失效、变质的产品。

（4）销售者销售的产品的标识应当符合《产品质量法》关于标识的规定。

（5）销售者不得伪造产地，不得伪造或冒用他人的厂名、厂址。

（6）销售者不得伪造或者冒用认证标志等质量标志。

（7）销售者销售产品，不得掺杂、掺假、不得以假充真、以次充好，不得以不合格产品冒充合格产品。

三、产品质量监督管理

（一）产品质量管理体制

各级人民政府应当把提高产品质量纳入国民经济和社会发展规划，加强对产品质量工作的统筹规划和组织领导，引导、督促生产者、销售者加强产品质量管理，提高产品质量，组织各有关部门依法采取措施，制止产品生产、销售中违反《产品质量法》规定的行为，保障《产品质量法》的施行。

国务院市场监督管理部门主管全国产品质量监督工作。国务院有关部门在各自的职责范围内负责产品质量监督工作。县级以上地方市场监督管理部门主管本行政区域内的产品质量监督工作。县级以上地方人民政府有关部门在各自的职责范围内负责产品质量监督工作。

法律对产品质量的监督部门另有规定的依照有关法律的规定执行。

（二）产品质量的宏观管理

1. 企业质量体系认证制度

国家根据国际通用的质量管理标准，推行企业质量体系认证制度。企业根据自愿原则可以向国务院市场监督管理部门认可的或者国务院市场监督管理部门授权的部门认可的认证机构申请企业质量体系认证。经认证合格的，由认证机构颁发企业质量体系认证证书。

2. 产品质量认证制度

国家参照国际先进的产品标准和技术要求，推行产品质量认证制度。企业根据自愿原则可以向国务院市场监督管理部门认可的或者国务院市场监督管理部门授权的部门认可的认证机构申请产品质量认证。经认证合格的，由认证机构颁发产品质量认证证书，准许企业在产品或者其包装上使用产品质量认证标志。

产品质量认证标准的种类按照层级不同可以分为：国际标准、区域性或国家集团标准、国家标准、行业标准、地方标准、企业标准。按照实施强制的程度不同可以分为强制性标准和推荐性标准。

产品质量认证种类有：安全认证和合格认证。根据我国产品质量法规定，产品质量认证标志有：①方圆标志分为合格认证标志和安全认证标志；②长城标志为电工产品专用认证标志；③ PRC 标志为电子元器件专用认证标志。

产品质量认证制度采取强制和自愿相结合的原则。对于涉及人体健康和人身、财产安全的工业产品，以及重要的工业产品实行强制认证，未经认证的产品不能销售。

3. 工业产品许可证制度

国家对于具备生产条件并且产品检验合格的工业企业，发给其许可生产该项产品的凭证。其适用范围是重要的工业产品，特别是可能危及人体健康，人身、财产安全和公共利益的工业产品。

（三）产品质量的微观管理

1. 产品质量的监督检查

（1）产品质量的监督检查。对依法进行的产品质量监督检查，生产者、销售者不得拒绝。

（2）产品质量抽查制度。国家对产品质量实行以抽查为主要方式的监督检查制度，对可能危及人体健康和人身、财产安全的产品，影响国计民生的重要工业产品以及消费者、有关组织反映有质量问题的产品进行抽查。抽查的样品应当在市场上或者企业成品仓库内的待销产品中随机抽取。监督抽查工作由国务院市场监督管理部门规划和组织。县级以上地方市场监督管理部门在本行政区域内也可以组织监督抽查。法律对产品质量的监督检查另有规定的，依照有关法律的规定执行。

国家监督抽查的产品，地方不得另行重复抽查；上级监督抽查的产品，下级不得另行重复抽查。

根据监督抽查的需要，可以对产品进行检验。检验抽取样品的数量不得超过检验的合理需要，并不得向被检查人收取检验费用。监督抽查所需检验费用按照国务院规定列支。

2. 对产品质量抽查不合格的行政处理

（1）抽查质量不合格产品的行政处理。具体规定如下：一是依照本法规定进行监督抽查的产品质量不合格的，由实施监督抽查的市场监督管理部门责令其生产者、销售者限期改正。逾期不改正的，由省级以上人民政府市场监督管理部门予以公告；公告后经复查仍不合格的，责令停业，限期整顿；整顿期满后经复查产品质量仍不合格的，吊销营业执照。二是监督抽查的产品有严重质量问题的，依照《产品质量法》“第五章罚则”的有关规定处罚。

（2）市场监督管理部门处理违法行为时能行使的职权。县级以上市场监督管理部门根据已经取得的违法嫌疑证据或者举报，对涉嫌违反《产品质量法》规定的行为进行查处时，可以行使下列职权：一是对当事人涉嫌从事违反本法的生产、销售活动的场所实施现场检查；二是向当事人的法定代表人、主要负责人和其他有关人员调查、了解与涉嫌从事违反《产品质量法》的生产、销售活动有关的情况；三是查阅、复制当事人有关的合同、发票、账簿以及其他有关资料；四是对有根据认为不符合保障人体健康和人身、财产安全的国家标准、行业标准的产品或者有其他严重质量问题的产品，以及直接用于生产、销售该项产品的原辅材料、包装物、生产工具，予以查封或者扣押。

3. 对产品质量检验机构、认证机构的规定

产品质量检验机构必须具备相应的检测条件和能力，经省级以上人民政府市场监督管理部门或者其授权的部门考核合格后，方可承担产品质量检验工作。法律、行政法规对产品质量检验机构另有规定的，依照有关法律、行政法规的规定执行。

从事产品质量检验、认证的社会中介机构必须依法设立，不得与行政机关和其他国家机关存在隶属关系或者其他利益关系。

产品质量检验机构、认证机构必须依法按照有关标准，客观、公正地出具检验结果或者认证证明。

产品质量认证机构应当依照国家规定对准许使用认证标志的产品进行认证后的跟踪检查；对不符合认证标准而使用认证标志的，要求其改正；情节严重的，取消其使用认证标志的资格。

4. 对消费者权益的保护

消费者有权就产品质量问题，向产品的生产者、销售者查询；向市场监督管理部门及有关部门申诉，接受申诉的部门应当负责处理。

保护消费者权益的社会组织可以就消费者反映的产品质量问题建议有关部门负责处理，支持消费者对因产品质量造成的损害向人民法院起诉。

5. 市场监督管理机构在质量微观管理中的职责

（1）定期公告抽查的产品质量状况。国务院和省、自治区、直辖市人民政府的市场监督管理部门应当定期发布其监督抽查的产品的质量状况公告。

（2）不得推荐产品或参与产品经营活动。市场监督管理部门或者其他国家机关以及产品质量检验机构不得向社会推荐生产者的产品；不得以对产品进行监制、监销等方式参与产品经营活动。

【资料卡】

条形码

条形码也称为国际物品编码，是一种将表示商品信息的数字代码转换成由一组黑白相间的平行线条构成的特殊符号。它由一组粗细不同的线条和线条下13位阿拉伯数字组成，因此又称为“13位条形码”。中国的条形码分为4个编码段：第一段3位数“690”代表中国；第二段4位数代表生产厂家，也叫厂商代码；第三段5位数表示商品品种；第四段1位数是电脑校检码，它的作用是方便扫描器核对13位数码。几个主要国家和地区的国别编码如下：英国为50，美国为00-09，德国为40-44，法国为30-37，日本为49，意大利为80-83，韩国为88，新加坡为888。

任务案例六：

老张是A电器公司的门卫，最近A公司新近研制了一种电磁炉，制作了少量样品，还处于进一步测试阶段。老张见其挺好用，就向研究部门要了一个在门房使用。一天，老张的好朋友老李去他那儿串门，发现了这个好东西，缠着要老张送给他。老张无法，只得送给了他。不巧，第二天，老李在家使用时该电磁炉发生爆炸，将老李炸伤。

请问：A公司对此要不要承担产品质量责任？为什么？

任务案例七：

丁某于2019年6月从市场买回一只高压锅，一开始高压锅能正常使用，未见异常。2020年9月6日，当丁某做饭时，高压锅发生爆炸，锅盖飞起，煤气灶被损坏，天花板被冲裂。发生事故后，丁某找高压锅的生产厂家某日用品厂要求赔偿。日用品厂提出，丁某是于2019年买的锅，已经过去一年多了，早已过了规定的保修期，因此对发生的损害不负责任。丁某与日用品厂进行多次交涉后没有结果，因此向人民法院起诉，要求某日用品厂赔偿高压锅爆炸给其造成的一切经济损失。

请问：某日用品厂的理由能否成立？为什么？

任务案例八：

大学生小李买了一台手提电脑，于是宿舍里的其他三个舍友与小李凑在一起用电脑看最近才上映的电影。正在观看过程中，邻舍的小吴过来借某课程的笔记本，经过手提电脑时电脑爆炸了，将小吴的手臂炸伤，其他看电影的人则没有受伤。

请问：小吴的人身伤害能否要求生产厂商或销售商承担产品质量责任？为什么？

任务案例九：

李四从某商场购买了一台笔记本电脑，但在使用过程中该电脑经常出现死机现象，李四觉得这台电脑的质量肯定有问题，于是和商场联系，商场要求其带着电脑到商场去检测一下，如果真的是质量问题，商场就给予调换。李四带着电脑兴冲冲地赶往商场，由于其一方面性子比较急；另一方面新买的电脑没几天就出了这样的问题，心里很郁闷，因此骑自行车时没看清路边有坑，一不小心摔了一跤，腿、手、脸都受了伤，经医院治疗共花去费用200余元。于是李四到商场之后，一方面要求其检测自己的电脑；另一方面要求其赔偿自己的医疗费用。

请问：商场需不需要赔偿李四的医疗费用？为什么？

知识链接（三）

四、产品质量责任

（一）产品合同责任

产品合同责任是指销售者售出的产品违反合同明示或默示约定的质量要求，还没有造成人身、财产损害时，而应当承担的法律责任。

（二）产品质量责任

1. 产品质量责任的概念及其特点

产品质量责任是指产品存在缺陷而造成消费者或用户人身或财产损害时，产品的生产者、销售者应承担的赔偿责任。其特征如下：

（1）产品责任所承担的是缺陷产品所引起的损害后果，不仅仅是缺陷产品本身的损失赔偿。

（2）产品责任是一种侵权责任，不以合同关系为前提。

（3）产品责任原则上实行严格责任。严格责任即无过错责任，产品责任的成立不以主观过错为条件，无论产品提供者有无过错，只要缺陷产品造成了消费者的人身及产品以外的财产损失，产品提供者就应承担责任。尽管我国《产品质量法》对销售者实行过错责任，但销售者不能以此对抗消费者。

2. 产品质量责任的构成要件

（1）产品质量存在缺陷。产品缺陷是指产品存在危及人身、他人财产安全的不合理的危险；产品有保障人体健康，人身、财产安全的国家标准和行业标准，不符合该标准就是产品缺陷。产品的缺陷不仅指产品大小、轻重、精度、性能、品质等不合格，还包括产品设计、装配、装潢、文字说明与警示标志欠缺等缺陷。

（2）有损害事实发生是产品责任成立的事实依据。对受害人而言，只要有损害即可请求赔偿，至于损害的大小、轻重，并不影响产品责任的成立。

（3）产品缺陷与损害事实之间有因果关系。指消费者或用户的损害事实是直接由缺陷产品造成的。如果损害事实不是由缺陷产品造成的，则生产者或销售者都不承担责任。

3. 产品质量责任的限制条件

生产者能够证明致人损害产品有下列情形之一的，不承担赔偿责任：

（1）未将产品投入流通的。

（2）产品投入流通时，引起损害的缺陷不存在的。

（3）将产品投入流通时的科学技术水平尚不能发现缺陷的存在的。

4. 损害赔偿责任的适用

（1）生产者承担损害赔偿责任的情形。除生产者具备上述产品质量责任的限制条件外，因产品存在缺陷造成人身、缺陷产品以外的其他财产损害的，生产者应当承担赔偿责任。

（2）销售者承担损害赔偿责任的情况。具体规定如下：一是由于销售者的过错使产品存在缺陷，造成人身、他人财产损害的，销售者应当承担赔偿责任；二是销售者不能指明缺陷产品的生产者也不能指明缺陷产品的供货者的，销售者应当承担赔偿责任。

（3）受害者请求赔偿的选择权及追偿权的规定。因产品存在缺陷造成人身、他人财产损害的，受害人可以向产品的生产者要求赔偿，也可以向产品的销售者要求赔偿。属于产品的生产者的责任，产品的销售者赔偿后，产品的销售者有权向产品的生产者追偿；属于产品的销售者的责任，产品的生产者赔偿后，产品的生产者有权向产品的销售者追偿。

（4）损害赔偿责任的赔偿范围。在产品侵权责任中，因产品存在缺陷导致受害人人身伤害的，侵害人应当赔偿其医疗费、治疗期间的护理费、因误工减少的收入等费用；造成残疾的，还应当支付残疾者生活自助具费、生活补助费、残疾赔偿金以及其扶养的人所必需的生活费等费用；造成受害人死亡的，应当支付丧葬费、死亡赔偿金、死者生前抚养的人必需的生活费等费用。因产品存在缺陷造成受害人财产损失的，侵害人应当恢复原状或者折价赔偿。受害人因此遭受其他重大损失的，侵害人应当赔偿损失。

5. 销售者承担产品责任的规定

售出的产品有下列情形之一的，销售者应当负责修理、更换、退货；给购买产品的消费者造成损失的，销售者应当赔偿损失：一是不具备产品应当具备的使用性能而事先未作说明的；二是不符合在产品或者其包装上注明采用的产品标准的；三是不符合以产品说明、实物样品等方式表明的质量状况的。

销售者依照上述规定负责修理、更换、退货、赔偿损失后，属于生产者的责任或者属于向销售者提供产品的其他销售者（以下简称供货者）的责任的，销售者有权向生产者、供货者追偿。

销售者未按照上述规定给予修理、更换、退货或者赔偿损失的，由市场监督管理部门责令改正。

生产者之间，销售者之间，生产者与销售者之间订立的买卖合同、承揽合同有不同约定的，合同当事人按照合同约定执行。

6. 产品责任诉讼

因产品质量发生民事纠纷时，当事人可以通过协商或者调解解决。当事人不愿通过协商、调解解决或者协商、调解不成的，可以根据当事人各方的协议向仲裁机构申请仲裁；当事人各方没有达成仲裁协议或者仲裁协议无效的，可以直接向人民法院起诉。

在产品责任诉讼中，原告应是因缺陷产品的使用或消费而遭受人身伤害或财产损失的人，被告应是产品的生产者或销售者。到底起诉谁，由消费者自己决定，消费者可以选择对自己方便的生产者或销售者作为被告。原告应对缺陷产品给自己造成的人身伤害或财产损失承担举证责任。

仲裁机构或者人民法院可以委托《产品质量法》规定的产品质量检验机构，对有关产品质量进行检验。

受害人因产品存在缺陷造成损害，要求赔偿的诉讼时效为 2 年，自当事人知道或者应当知道其权益受到损害时起计算。因产品存在缺陷造成损害要求赔偿的请求权，在造成损害的产品交付于最初用户、消费者满 10 年丧失，但尚未超过明示的安全使用期的除外。

任务2 欧美对产品质量责任的规制分析

任务案例一：

甲国 A 公司生产的 C 产品出售给了美国的 B 先生，B 先生将 C 产品放在家中一直未曾使用。一次，家里被人闯入偷盗，C 产品被盗。后偷盗人找到 B 先生，原来其是 B 先生的侄子，B 先生的侄子把 C 产品拿回家后，不知如何使用，在胡乱摆弄过程中被产品割断了手指，于是要求 B 先生以担保责任为由追究 A 公司的责任。

请问：根据美国产品质量法的规定，A 公司要不要承担责任？为什么？

任务案例二：

一位美国老太 A 的儿子因肺癌去世，因其儿子生前常抽固定牌子的香烟，于是该老太状告烟草公司，要求其赔偿 1.2 亿美元，其中大部分是因“白发人送黑发人”使老太精神上备受痛苦而要求的赔偿。

请问：根据美国法律，A 老太的这一赔偿请求有没有法律依据？为什么？

任务案例三：

美国 A 先生是一位赛车爱好者，最近其买了一辆小轿车，买回来后其对车进行了大幅度的改装，使得车子的动力性能得到了很大的提升。三个月后的一天，A 先生在与他人飙车过程中，因车速过快撞上路边的大树，车祸造成 A 先生下身瘫痪。于是其以汽车生产厂商为被告提起产品责任诉讼，要求厂商赔偿其 358 万美元。

请问：汽车厂商需要承担产品责任吗？为什么？

知识链接（一）

产品责任的国际立法

（一）美国的产品责任法

美国的产品责任法主要是州法，而不是联邦统一的立法，虽然其商务部于 1979 年 1 月提出了一项《统一产品责任法（草案）》供各州使用，但至今尚未被各州采纳。美国的产品责任法除了可适用于本国，也可适用于对外贸易，美国法院通常可依据其“长臂法”对涉外产品责任案件进行管辖，即国外的被告同法院所在的州有某种接触，法院就对该被告有属人管辖权。

> 【资料卡】
>
> 美国法院依其“长臂法”行使涉外案件的管辖权时，一般要求凡是非居民的被告都必须与该州有某种“最低限度的接触”，即被告经常直接或通过代理人在该州境内从事商业活动，或因其行为或不行为在该州境内造成了损害，符合这一标准，法院就有管辖权，就可传唤国外的被告，就可做出有效的判决。

1. 产品责任的归责原则

美国产品责任的归责原则大体经历了合同责任、疏忽责任、担保责任和严格责任 4 个阶段。

（1）合同责任。合同责任要求对产品承担责任的产品提供方与受损失人之间存在合同关系时，提供方才对因产品责任所导致的受损失人的损失承担赔偿责任。

（2）疏忽责任。这是制造商或中间商因疏忽而造成其生产或销售的产品有缺陷，致使消费者遭受人身伤亡或财产损害应承担的赔偿责任。虽然这一责任不再要求制造商或中间商与受损失人之间存在合同关系，但受损失人要求制造商或中间商承担责任时要证明其存在疏忽，因而受损失人的举证责任较重。

（3）担保责任。这是制造商或销售商违反对货物的明示或默示担保，致使消费者由于产品缺陷遭受损害而应负的法律责任。这一责任在美国法中本属合同法范畴，以合同为基础，但在产品责任中，美国的司法判例将受害方扩大到买受人的家属、亲友、客人等；将加害方扩大到生产商、制造商、批发商、供应商、零售商等。原告若以此为理由提起产品责任诉讼，则其不必证明被告有疏忽，只需证明产品确有缺陷，其是因这种缺陷而致损失即可。

（4）严格责任。这是只要产品有缺陷，对消费者具有不合理危险，且造成其人身伤亡或财产损害时，该产品的生产者与销售者均需对此承担赔偿责任。目前这一原则已成为美国产品责任案件的主要诉讼依据。

【想一想】

美国产品责任法中的严格责任原则与我国的规定有什么不同？

但美国法中规定产品责任中的严格责任并非绝对责任，原告仍须证明被告的产品中存在缺陷或产品处于不合理危险状态，此缺陷在投放市场时就已存在，产品缺陷直接造成受害人的人身伤害或财产损失。

2. 产品责任的赔偿范围

根据美国产品责任法，因产品责任问题而提起诉讼的原告可以索赔的范围主要有：

（1）对人身伤害的赔偿。其又可以分为：①痛苦与疼痛；②精神上的痛苦与苦恼；③收入的减少与挣钱能力的减弱；④合理的医疗费用；⑤身体残疾。美国法律允许受损失人索赔肉体和精神上的痛苦，而且其在全部赔偿额中占很大的比重。

（2）对财产损失的赔偿。通常包括替换受损坏的财产或修复受损财产所支出的合理费用。

（3）商业上的损害赔偿。通常是指有缺陷的产品的价值与完好、合格的产品的价值（合同价金）之间的差价。

（4）惩罚性的损害赔偿。如果有过错的被告全然置公共政策于不顾，受损害的原告可要求法院给予惩罚性的损害赔偿，其金额一般很高，由陪审员根据案情事实酌情而定。

3. 产品责任的抗辩

根据美国产品责任法，产品责任诉讼中的被告可以提出某些抗辩以减轻或免除责任。具体为：

（1）根据不同起诉理由寻找抗辩事由，如在以担保责任为原则的产品责任诉讼中，被告可以合同中排除了各种明示或默示担保为抗辩；在侵权之诉中可以原告在使用中也有疏忽为由，要求原告承担全部或部分责任为抗辩；在消费者已发现产品有缺陷，并明知危险存在仍不合理地使用该产品，以致损害时，被告可要求其自担风险。

（2）凡原告非正常使用或误用、滥用产品而致自己遭受损害的，被告可以此为抗辩理由。

（3）凡原告擅自改动产品，改变了产品的状态或条件而致其损害的，被告可以此要求免责。

（4）如果某产品是带有不可避免的不安全因素（如药品，其有治疗作用，同时也有毒副作用）的产品，被告可要求免责。

任务案例四：

欧洲人 B 先生 20 世纪 60 年代买了一辆汽车，当时出售的汽车都没有安全带，由于其车子保养得好，到了20世纪80年代还可以在路上开。但80年代出售的汽车都要求带有安全带，若没有则被认为是有缺陷产品。B先生在80年代初出了一场车祸，因没有安全带而受重伤。

请问：根据《指令》，B先生能不能要求汽车生产厂商承担产品责任？为什么？

任务案例五：

甲国A公司将一批产品出口给属于欧盟的乙国B公司，双方在合同中约定，A公司提供的是一批处理品，因此对因产品缺陷所致的损失不承担任何责任。后B公司将产品销售给了本国的C先生，C先生在使用时发生爆炸，造成人身伤害和财产损失。

请问：根据《指令》，A公司应不应该承担这一产品质量责任？为什么？

知识链接（二）

（二）欧洲的产品责任法

欧洲法国、德国、英国等国的产品责任法各有特色。随着1985年7月25日欧洲共同体（今为欧盟）通过的《关于对有缺陷的产品的指令》（以下简称《指令》）的施行，欧洲的产品责任法渐趋一致。

《指令》共二十二条，其主要内容包括：

（1）采取无过错责任原则。

（2）对生产者的定义。《指令》所指的生产者包括：①制成品的制造者；②任何原材料的生产者；③零部件的制造者；④任何将其名称、商标或其他识别标志置于产品之上的人；⑤任何进口某种产品在共同体内销售、出租、租赁或在共同体内以任何形式经销该产品的人；⑥不能确认谁是生产者，则提供该产品的供应者为生产者，除非受损害的消费者在合理时间内获得查出谁是生产者的通知。

（3）对缺陷的定义。《指令》认为产品如不能提供一般消费者有权期望得到的安全，即被认为有缺陷，认定缺陷时应考虑的主要有：产品状况、对产品的合理预期的使用、产品投入流通的时间。

（4）损害赔偿的范围。根据《指令》，其包括人身伤害和死亡。但对有缺陷的产品自身的损失一般不予考虑，对不超过500欧元的损害亦不予考虑。《指令》对“痛苦”的补偿有所保留，规定由有关国家国内法来处理。

（5）对产品责任的抗辩。根据《指令》，产品责任诉讼中的被告可以提出以下三种抗辩：①无罪责。其规定与我国《产品质量法》中对产品质量责任的限制条件大体相同，不过规定得更为详细，除了我国产品质量法罗列的三种限制条件外，还包括：生产者制造该产品并非用于经济目的的销售或经销，亦非在其营业中制造或经销；该缺陷是由于遵守公共当局发布的有关产品的强制性规章而引起；零件制造者如能证明该缺陷是由于该产品的设计所致，而非零件本身的缺陷，则不必承担责任。②时效。其诉讼时效为3年，从原告知道或应当知道受到损害、产品有缺陷及谁是生产者之日起开始计算。受损害者的权利自生产者将引起损害的产品投入市场之日起满10年消灭，除非受害者已在此期间对生产者提起诉讼。③赔偿限额。生产者的责任原则上应无限制，《指令》允许成员国在立法中规定，生产者对由于同一产品、同一缺陷所引起的人身伤害或死亡的总赔偿责任不得少于7000万欧元。

（6）其他规定。根据《指令》，生产者不得以合同或其他办法来限制或排除其对产品的责任。即对产品责任的规定属于强制性法律规定，不能由当事人以合同任意予以排除或限制。

项目3　消费者权益及其保护分析训练

任务　消费者权益及其保护分析

任务案例一：

某市财政局员工年前聚餐，费用由财政局支付。聚餐后不少员工回家后出现了食物中毒的症状，后经送医院救治都无大碍。事后，这些员工将就餐的饭店告上法院，主张消费者权利，但饭店认为这些人不能视为消费者，因为付餐费的是财政局，财政局不是消费者。

请问：这些人员是否是消费者权益保护法所称的消费者？为什么？

任务案例二：

晓庄镇农民甲承包了100亩农地种植草莓，为了种好草莓，他在当地的农业物资商店购买了一批塑料地膜覆盖在农地上，以增强土地的保温性。哪知，这是一批劣质有毒地膜，栽种下的草莓苗大部分都被毒死。于是甲找到农资商店，要求其按照消费者权益保护法的规定返还货款并按货款的三倍给予赔偿。但农资店不同意，认为甲购买地膜不是为了消费，而是为了生产，因此甲不是消费者，不能给予三倍赔偿。

请问：甲是不是消费者权益保护法所称的消费者？为什么？

知识链接（一）

一、消费者的概念及消费的特征

（一）消费者的概念

消费者是指为了满足生活消费需要购买、使用商品或者接受服务的个人。国际标准化组织把消费者定义为以个人消费为目的而购买或使用商品和服务的个体社会成员。

（二）消费的特征

（1）消费者的消费性质属于生活消费，不包括生产消费；消费的方式包括购买、使用商品和接受服务。

（2）生活消费的客体是商品和服务。

（3）消费者对商品和服务的消费既包括自己出钱获得的消费，也包括他人出钱获得的消费。

（4）消费的主体只能是个人，即自然人。法人或其他任何组织、团体均不属于消费者的范畴，不受《消费者权益保护法》保护。

（5）农民购买、使用直接用于农业生产的生产资料虽不属于生活消费的范围，但《消费者权益保护法》将其作为一种特殊情况列入，也适用该法。

（三）消费者权益保护法的概念

消费者权益保护法是调整在保护消费者权益过程中发生的经济关系的法律规范的总称。

1993年10月31日，第八届全国人民代表大会常务委员会第四次会议审议通过的《消费者权益保护法》（2009年8月27日第十一届全国人民代表大会常务委员会第十次会议进行了第一次修订、2013年10月25日第十二届全国人民代表大会常务委员会第五次会议进行了第二次修订）是一部保护消费者合法权益的专门法律。这部法律对于保护消费者的合法权益，规范经营者的经营行为，维护市场经济秩序，都具有重要意义。

【资料卡】

最早提出消费者权利的人

世界上最早提出消费者权利的人是美国总统肯尼迪，时间是1962年3月15日。他在向国会提交的（消费者权利咨文）中提出了消费者的四大权利：①消费者有获得安全的权利；②消费者有获得真实情况的权利；③消费者有选择商品的权利；④消费者有自由发表意见并要求政府予以参酌的权利。1969年，尼克松总统又提出第五项权利，即消费者有求偿权。国际消费者联盟在1983年根据美国总统肯尼迪首次提出消费者权利之日，确定3月15日为国际消费者权益日。

（四）消费者权益保护法的原则

（1）经营者应当依法提供商品或者服务。

（2）经营者与消费者进行交易，应当遵循自愿、平等、公平、诚实、信用的原则。

（3）国家保护消费者合法权益不受侵犯。

（4）一切组织和个人对损害消费者合法权益的行为进行社会监督。

任务案例三：

原告消费者常某，2015年10月28日在被告靖江苏中家私广场业主陆某处以3920元的价格购买了一套沙发及一套电视柜。被告出具的送货单上载明出售的是“花梨沙发、花梨低柜”，购买后原告才知悉此家具为普通材质而并非花梨木，遂诉至法院，请求法院判令被告按《消费者权益保护法》的有关规定退货、返还价款，并增加三倍赔偿。

被告辩称，该家具从厂家进货时厂家即标注为“花梨沙发”，此处的花梨并非指材质，而是用来区分不同花纹的沙发而以产品的外观所作的命名，因沙发上的花纹像“花”“梨”形而得名。事实上该套家具的价格也非花梨木家具的价格。故原告以被告欺诈为由要求退货并请求一倍赔偿不能成立。

请问：被告在经营过程中是否存在故意欺诈的行为？原告要求被告退货、返还价款，并增加赔偿三倍价款的诉讼请求能成立吗？为什么？

任务案例四：

某市农民姚某到本市金丝家具公司购买家具，他在一套标价25万元的红木家具中的一把椅子上坐了一下，不料，椅子背忽然向后掉落到地上，上半截处断裂。此时，这家公司涌出来多人将姚围住。公司一位负责人先是要求他出25万元把全套家具拿走，在姚某连声哀求下，这家公司便提出要他赔1万元。经姚某一再喊冤叫屈，最后以赔付5000元了结此事。

请问：姚某是否应承担损坏赔偿责任？为什么？

任务案例五：

小李到一家超市去购物，转了一圈过后没有找到自己想要的东西，于是准备出去。但在出口处，超市工作人员将她拦下，要求她将外衣拉链拉开，以检查其里面是否藏有商品。小李当即予以拒绝，而超市保安却坚决要求检查，双方发生争执。

请问：小李对超市的这一检查要求可否予以拒绝？为什么？

知识链接（二）

二、消费者的权利和经营者的义务

（一）消费者的权利

在消费者权益保护制度中，消费者的权利作为消费者权益在法律上的体现，是各国消费者权益保护法的核心。我国《消费者权益保护法》第二章专门规定了消费者有以下权利：

（1）安全保障权。即消费者在购买、使用商品和接受服务时所享有的保障其人身、财产安全不受损害的权利。这是消费者最基本的权利。消费者依法有权要求经营者提供的商品和服务必须符合保障人身、财产安全的要求。

（2）知悉真情权。即消费者享有知悉其购买、使用的商品或者接受服务的真实情况的权利。具体地说，消费者有权根据商品或服务的不同情况，要求经营者提供商品的价格、产地、生产者、用途、性能、规格等级、主要成分、生产日期、有效期限、检验合格证明、使用方法说明书、售后服务，或者服务的内容、规格、费用等有关情况。

（3）自主选择权。即消费者享有自主选择商品或者服务的权利。该权利包括以下几个方面：①自主选择经营者；②自主选择商品品种或服务方式；③自主决定是否购买商品和接受服务；④在选择商品和服务时，有权进行比较、鉴别和挑选。

（4）公平交易权。即消费者购买商品或者接受服务时享有获得质量保障、价格合理和计量准确等公平交易条件的权利。

（5）依法求偿权。即消费者因购买、使用商品或者接受服务而受到人身、财产损害时，依法享有请求并获得赔偿的权利。

（6）依法结社权。即消费者依法享有成立维护自身合法权益的社会团体的权利。从法律上看，经营者和消费者是平等的，但在实践中，消费者始终处于弱者地位。消费者依法结社可以使消费者从分散、弱小走向集中、强大，通过集体的力量来改变自己的弱者地位，从而能够与实力雄厚的经营者相抗衡。

【资料卡】

1984年12月26日，作为全国性消费者组织，中国消费者协会成立。

到2016年9月为止，全国已建立省级消协组织31个、地市级消协组织351个、县级消协组织2852个。

（7）获取知识权。即消费者享有获得有关消费和消费者权益保护方面知识的权利。其目的是使消费者更好地掌握所需商品、服务的知识和使用技能，使消费者正确使用商品，提高自我保护意识。

（8）受尊重权。即消费者在购买、使用商品和接受服务时，享有人格尊严、民族风俗习惯得到尊重的权利，内容为：人格尊严不允许别人侮辱、诽谤；民族风俗习惯应得到尊重。

（9）监督权。即消费者享有对商品和服务，以及保护消费者权益工作进行监督的权利。监督权行使的方式有检举、控告、批评、建议和投诉5种。

任务案例六：

小张特别喜欢旅游，这次她和自己的闺蜜小李一起报了一条非常实惠的旅游线路——四川九寨沟的旅游行程。在旅途中小张与小李领略了祖国的大好河山，非常高兴，但在旅游最后一天的下午，他们一行人被导游带到了一家卖玉石的商店，导游将他们放下后人就不见了，过了2个小时也不见导游前来，打电话导游也不接，后来店里的员工告诉他们，他们必须每个人都购买一件物品，否则导游不会来带他们离开。由于这个团内只有小张与小李没有买东西，在这种情况下，小张与小李没法，只得违心地各自花了2千多元买了一个玉吊坠。回到家后，她们请珠宝店的员工看一下，才得知这个东西是人造的，价值不会超过500元。

请问：如果你是小张或小李，你准备怎么维护你的合法权益？

任务案例七：

小赵非常喜欢看电影。一次，国外的一部大片在当地影院上映了，小赵就约了几个好友前去观影。看电影那天，很巧，当地发生了一次小的地震，引起了房屋的晃动，不过还好，震度不大，但小赵在电影内所坐的位置上方一块天花板却掉了下来，将小赵砸破了头。为此小赵花去了800元医疗费，还在家休息了一周。因此小赵要求电影院承担赔偿责任，但电影院认为这是不可抗力，自己不需要承担责任。

请问：电影院是否应承担责任？为什么？

任务案例八：

赵小姐在淘宝网的一家销售连衣裙的商家那儿买了一件特价促销的连衣裙，货到后，赵小姐发现产品与网上的图片差别较大，而且做工较差，穿起来效果不佳，但由于价格较低，赵小姐想想也就不准备退货了，但给了商家一个差评。哪知道从此后，该商家就缠上了她，刚开始是要求她改评价，被她拒绝后，就开始发骚扰和谩骂短信，再后来赵小姐手机上居然出现了一些莫名其妙的男人找小姐询价的信息，赵小姐无奈之下报了警，经调查原来是该店主将赵小姐描绘成卖淫女，并在网上发布招嫖信息，因此赵小姐才会收到那些不三不四的信息。

请问：该淘宝网店店主的行为违反了经营者的哪些义务？请说明理由。

任务案例九：

小李在自己家附近的鞋店花了258元买了一双皮鞋。第二天他穿了一天后，觉得鞋有点挤脚，嫌小，同时又觉得款式有些难看。于是第三天他就找鞋店要求退货，但鞋店的工作人员在仔细询问后发现鞋子没有质量问题，是小李自己的两只脚有大小，买鞋时他试了一个较小的脚，鞋子正好，而没有试另一只脚，因此鞋店不愿意退货。小李很纳闷，新消费者权益保障法不是规定了7天无理由退换货的吗？怎么到这儿，就不行了呢？

请问：小李的想法有道理吗？请说明理由。

任务案例十：

小苗家不大，只有60多平方米。今年三月，她买了一台知名品牌的电冰箱，但用了一个月后发现该冰箱的噪声有些大，尤其是晚上夜深人静时更为明显。于是她到购买的商店进行协商，看商店能否给她换一台噪声小一点的，但商店认为电冰箱质量没有问题，至于噪声大的问题，没有证据不能确定，因此不能换货。小苗一气之下，就将商店告上了法庭，要求法庭支持自己的换货要求。

请问：你觉得法庭会如何处理这一案件？请说明理由。

知识链接（三）

（二）经营者的义务

（1）遵守法律，履行合同。经营者向消费者提供商品或服务，应当依照《消费者权益保护法》和其他有关法律、法规的规定履行义务。经营者和消费者有约定的，应当按照约定履行义务，但双方的约定不得违背法律、法规的规定。

经营者向消费者提供商品或者服务，应当恪守社会公德，诚信经营，保障消费者的合法权益；不得设定不公平、不合理的交易条件，不得强制交易。

（2）听取意见，接受监督。经营者应当听取消费者对其提供的商品或服务的意见，接受消费者的监督。

（3）保障人身和财产安全。经营者应当保证其提供的商品或者服务符合保障人身、财产安全的要求。对可能危及人身、财产安全的商品和服务，应当向消费者作出真实的说明和明确的警示，并说明和标明正确使用商品或者接受服务的方法以及防止危害发生的方法。

宾馆、商场、餐馆、银行、机场、车站、港口、影剧院等经营场所的经营者，应当对消费者尽到安全保障义务。

（4）经营商品或服务存在缺陷的报告与告知。经营者发现其提供的商品或者服务存在缺陷，有危及人身、财产安全危险的，应当立即向有关行政部门报告和告知消费者，并采取停止销售、警示、召回、无害化处理、销毁、停止生产或者服务等措施。采取召回措施的，经营者应当承担消费者因商品被召回支出的必要费用。

（5）提供真实全面的信息。经营者向消费者提供有关商品或者服务的质量、性能、用途、有效期限等信息，应当真实、全面，不得作虚假或者引人误解的宣传。经营者对消费者就其提供的商品或者服务的质量和使用方法等问题提出的询问，应当作出真实、明确的答复。

经营者提供商品或者服务应当明码标价。

（6）标明真实名称与标记。经营者应当标明其真实名称和标记。租赁他人柜台或者场地的经营者，更应当标明其真实名称和标记。

（7）出具购物凭证或服务单据。经营者提供商品或者服务，应当按照国家有关规定或者商业惯例向消费者出具发票等购货凭证或者服务单据；消费者索要发票等购货凭证或者服务单据的，经营者必须出具。

（8）保证商品或服务的质量。经营者应当保证在正常使用商品或者接受服务的情况下其提供的商品或者服务应当具有的质量、性能、用途和有效期限；但消费者在购买该商品或者接受该服务前已经知道其存在瑕疵，且存在该瑕疵不违反法律强制性规定的除外。

经营者以广告、产品说明、实物样品或者其他方式表明商品或者服务的质量状况的，应当保证其提供的商品或者服务的实际质量与表明的质量状况相符。

经营者提供的机动车、计算机、电视机、电冰箱、空调器、洗衣机等耐用商品或者装饰装修等服务，消费者自接受商品或者服务之日起六个月内发现瑕疵，发生争议的，由经营者承担有关瑕疵的举证责任。

（9）履行更换、修理、退货义务且承担运输等必要费用。经营者提供的商品或者服务不符合质量要求的，消费者可以依照国家规定、当事人约定退货，或者要求经营者履行更换、修理等义务。没有国家规定和当事人约定的，消费者可以自收到商品之日起七日内退货；七日后符合法定解除合同条件的，消费者可以及时退货，不符合法定解除合同条件的，可以要求经营者履行更换、修理等义务。

消费者依上述规定进行退货、更换、修理的，经营者应当承担运输等必要费用。

（10）采用网络、电视、电话、邮购等方式销售商品时须承担的退货义务。经营者采用网络、电视、电话、邮购等方式销售商品，消费者有权自收到商品之日起七日内退货，且无须说明理由。但下列商品除外：①消费者定作的；②鲜活易腐的；③在线下载或者消费者拆封的音像制品、计算机软件等数字化商品；④交付的报纸、期刊；⑤其他根据商品性质并经消费者在购买时确认不宜退货的商品。

消费者退货的商品应当完好。经营者应当自收到退回商品之日起七日内返还消费者支付的商品价款。退回商品的运费由消费者承担；经营者和消费者另有约定的，按照约定。

（11）不得以格式合同等方式作出对消费者不公平、不合理的规定。经营者在经营活动中使用格式条款的，应当以显著方式提请消费者注意商品或者服务的数量和质量、价款或者费用、履行期限和方式、安全注意事项和风险警示、售后服务、民事责任等与消费者有重大利害关系的内容，并按照消费者的要求予以说明。

经营者不得以格式条款、通知、声明、店堂告示等方式，作出排除或者限制消费者权利、减轻或者免除经营者责任、加重消费者责任等对消费者不公平、不合理的规定，不得利用格式条款并借助技术手段强制交易。格式条款、通知、声明、店堂告示等含有上述所列内容的，其内容无效。

（12）不得侵犯消费者的人身权。经营者不得对消费者进行侮辱、诽谤，不得搜查消费者的身体及其携带的物品，不得侵犯消费者的人身自由。

（13）提供相关经营信息。采用网络、电视、电话、邮购等方式提供商品或者服务的经营者，以及提供证券、保险、银行等金融服务的经营者，应当向消费者提供经营地址、联系方式、商品或者服务的数量和质量、价款或者费用、履行期限和方式、安全注意事项和风险警示、售后服务、民事责任等信息。

（14）合法收集、使用消费者个人信息并对其严格保密。经营者收集、使用消费者个人信息，应当遵循合法、正当、必要的原则，明示收集、使用信息的目的、方式和范围，并经消费者同意。经营者收集、使用消费者个人信息，应当公开其收集、使用规则，不得违反法律、法规的规定和双方的约定收集、使用信息。

经营者及其工作人员对收集的消费者个人信息必须严格保密，不得泄露、出售或者非法向他人提供。经营者应当采取技术措施和其他必要措施，确保信息安全，防止消费者个人信息泄露、丢失。在发生或者可能发生信息泄露、丢失的情况时，应当立即采取补救措施。

经营者未经消费者同意或者请求，或者消费者明确表示拒绝的，不得向其发送商业性信息。

任务案例十一：

吴某一家于2017年12月1日到某商场购物，见商场一皮衣柜台推出“买一赠一”促销活动，遂购买了一件皮衣，挑选了一件赠品“纯羊毛衫”。吴某当时对挂有纯羊毛标志的毛衣是否为纯羊毛表示怀疑，售货员明确回答是纯羊毛，并说作为本商场出售的商品，绝无假冒。吴某回家穿后，发觉羊毛衫不是纯羊毛的，于是10天后到商场要求退货或更换一件纯羊毛的。到商场找到出售皮衣的柜台时，发现经营者已经换了人，原来出售皮衣搞“买一赠一”活动的是承租柜台的个体户，该个体户已在三天前因租赁期满离开商场。吴某向商场提出退货或更换要求，商场提出对出租柜台商场有内部规定，即因购买出租柜台的商品出现纠纷，商场概不负责，并向吴某出示了这一规定。后经检测，赠品羊毛衫的羊毛含量仅为10%。

请问：

（1）本案中承租柜台个体户与商场是否有违反法律规定的行为？

（2）赠品的质量问题是否应由经营者承担责任？为什么？

（3）可否认定以挂纯羊毛标志销售非纯羊毛羊毛衫的行为为欺诈？对欺诈行为应适用什么规定？

任务案例十二：

某知名电影明星在电视和网络代言了一种保健瘦身食品，不少消费者因为信赖该明星，购买了这款保健瘦身食品，但发现该保健瘦身食品根本没有广告中所声称的效果，甚至还有些人因为食用该食品产生了不小的副作用。于是一些消费者组团将代言的明星告上法庭，要求其对消费者承担损害赔偿责任，但该明星也声称自己是受害者，根本不知道这种食品没有效果，因此觉得自己不应该承担损害赔偿责任，而应由生产者或销售者承担赔偿责任。

请问：该明星是否应承担损害赔偿责任？为什么？

任务案例十三：

上海某大学的女大学生小乔周日时到学校附近的一家商场买东西，但逛了一圈后没有找到自己心仪的商品，于是准备离店回校，但在店门口被商场的保安拦了下来，声称怀疑其有偷盗行为要求对其搜身，小乔不同意，保安们于是强行将其带至商店办公室拘禁了起来。三小时后，商场经理派了一个女店员过来，仍然要求对小乔进行搜身，小乔为了脱身，只得让其进行了搜身，但未发现任何商店的被盗物品。于是商场经理只得让小乔离开，并未做任何解释和说明。

请问：小乔应如何保护自己的合法权益？

任务案例十四：

小罗在河南新乡的一家宝马汽车4S店购买了一辆宝马530Li轿车，裸车价为48万元，比厂商指导价（52.49万元）低4万多元，当时该4S店的解释是该车属于他们店里用来出展的展车，出厂已经8个多月了，因此特价优惠促销。小罗很高兴以便宜4万多元的价格买了一辆自己心仪的汽车，但提车回去使用了一个多月就发现汽车在行驶过程中有异响，于是他找自己会修车的朋友看了一下。哪知其朋友一看，发现车子的尾部和右后侧都做过修理，是一辆事故车。于是小罗与4S店联系，要求退车。但4S店不同意退车，提出如果小罗再多付4万多元就可以换一辆同型号的车子。然而小罗非常气愤，坚决要求退车。最终，双方都不肯让步，闹上了法庭。

请问：法院应如何判决？为什么？

知识链接（四）

三、消费者合法权益的保护

（一）保护消费者合法权益的手段

（1）消费者权益的国家保护主要包括：通过立法及行政手段和司法手段来保护消费者的合法权益。

（2）消费者权益的社会保护主要包括：社会舆论监督以及消费者协会的监督。

（3）消费者权益的自我保护。自我保护是消费者依法维护自身合法权益的活动。作为消费者，要切实保护自己的合法权益，必须做到两点：一是要深入学习和了

> 【资料卡】
>
> 新消费者权益保护法第三十三条规定：有关行政部门在各自的职责范围内，应当定期或者不定期对经营者提供的商品和服务进行抽查检验，并及时向社会公布抽查检验结果。
>
> 有关行政部门发现并认定经营者提供的商品或者服务存在缺陷，有危及人身、财产安全危险的，应当立即责令经营者采取停止销售、警示、召回、无害化处理、销毁、停止生产或者服务等措施。

解消费者有哪些权利；二是在合法权益受到侵害后要正确、及时地保全证据，并向消费者协会或相关国家机关进行申诉。

（二）消费争议的解决

1. 消费争议的解决方式

消费者和经营者发生消费者权益争议的，可以通过下列途径解决：

（1）与经营者协商和解；

（2）请求消费者协会或者依法成立的其他调解组织调解；

（3）向有关行政部门投诉；

（4）根据与经营者达成的仲裁协议提请仲裁机构仲裁；

（5）向人民法院提起诉讼。

2. 消费者合法权益受到损害的解决途径

（1）消费者在购买、使用商品或接受服务时，其合法权益受到损害的，可以向销售者或服务提供者要求赔偿。在消费者购买、使用商品的场合，销售者赔偿后，属于生产者的责任或者属于向销售者提供商品的其他销售者的责任的，销售者有权向生产者或者其他销售者追偿。

消费者或者其他受害人因商品缺陷造成人身、财产损害的，可以向销售者要求赔偿，也可以向生产者要求赔偿。属于生产者责任的，销售者赔偿后，有权向生产者追偿。属于销售者责任的，生产者赔偿后，有权向销售者追偿。

（2）消费者在购买、使用商品或者接受服务时，其合法权益受到损害，因原企业分立、合并的，可以向变更后承受其权利义务的企业要求赔偿。

（3）使用他人营业执照的违法经营者提供商品或者服务，损害消费者合法权益的，消费者可以向其要求赔偿，也可以向营业执照的持有人要求赔偿。

（4）消费者在展销会、租赁柜台购买商品或者接受服务，其合法权益受到损害的，可以向销售者或者服务者要求赔偿。展销会结束或者柜台租赁期满后，也可以向展销会的举办者、柜台的出租者要求赔偿。展销会的举办者、柜台的出租者赔偿后，有权向销售者或者服务者追偿。

（5）消费者通过网络交易平台购买商品或者接受服务，其合法权益受到损害的，可以向销售者或者服务者要求赔偿。网络交易平台提供者不能提供销售者或者服务者的真实名称、地址和有效联系方式的，消费者也可以向网络交易平台提供者要求赔偿；网络交易平台提供者作出更有利于消费者的承诺的，应当履行承诺。网络交易平台提供者赔偿后，有权向销售者或者服务者追偿。

网络交易平台提供者明知或者应知销售者或者服务者利用其平台侵害消费者合法权益，未采取必要措施的，依法与该销售者或者服务者承担连带责任。

（6）消费者因经营者利用虚假广告或者其他虚假宣传方式提供商品或者服务，其合法权益受到损害的，可以向经营者要求赔偿。广告经营者、发布者发布虚假广告的，消费者可以请求行政主管部门予以惩处。广告经营者、发布者不能提供经营者的真实名称、地址和有效联系方式的，应当承担赔偿责任。

【资料卡】

新消费者权益保护法第四十六条规定：消费者向有关行政部门投诉的，该部门应当自收到投诉之日起七个工作日内，予以处理并告知消费者。

第四十七条规定：对侵害众多消费者合法权益的行为，中国消费者协会以及在省、自治区、直辖市设立的消费者协会，可以向人民法院提起诉讼。

广告经营者、发布者设计、制作、发布关系消费者生命健康商品或者服务的虚假广告，造成消费者损害的，应当与提供该商品或者服务的经营者承担连带责任。

社会团体或者其他组织、个人在关系消费者生命健康商品或者服务的虚假广告或者其他虚假宣传中向消费者推荐商品或者服务，造成消费者损害的，应当与提供该商品或者服务的经营者承担连带责任。

（三）侵犯消费者合法权益的法律责任

1. 经营者应承担的民事责任

（1）经营者应承担的侵权责任。经营者对消费者未尽到安全保障义务，造成消费者损害的，应当承担侵权责任。

（2）经营者造成消费者或其他受害人人身伤害的赔偿责任。经营者提供商品或者服务，造成消费者或者其他受害人人身伤害的，应当赔偿医疗费、护理费、交通费等为治疗和康复支出的合理费用，以及因误工减少的收入。造成残疾的，还应当赔偿残疾生活辅助具费和残疾赔偿金。造成死亡的，还应当赔偿丧葬费和死亡赔偿金。

（3）经营者侵犯消费者的人身权应承担的法律责任。①经营者侵害消费者的人格尊严、侵犯消费者人身自由或者侵害消费者个人信息依法得到保护的权利的，应当停止侵害、恢复名誉、消除影响、赔礼道歉，并赔偿损失。②经营者有侮辱诽谤、搜查身体、侵犯人身自由等侵害消费者或者其他受害人人身权益的行为，造成严重精神损害的，受害人可以要求精神损害赔偿。

（4）经营者造成消费者财产损害的法律责任。经营者提供商品或者服务，造成消费者财产损害的，应当依照法律规定或者当事人约定承担修理、重作、更换、退货、补足商品数量、退还货款和服务费用或者赔偿损失等民事责任。

（5）经营者违反与消费者的约定的法律责任。经营者以预收款方式提供商品或者服务的，但事后未按照约定提供的，应当按照消费者的要求履行约定或者退回预付款；并应当承担预付款的利息、消费者必须支付的合理费用。

（6）经营者的退货责任。依法经有关行政部门认定为不合格的商品，消费者要求退货的，经营者应当负责退货。

（7）经营者有欺诈性销售行为的民事法律责任。①经营者提供商品或者服务有欺诈行为的，应当按照消费者的要求增加赔偿其受到的损失，增加赔偿的金额为消费者购买商品的价款或者接受服务的费用的三倍；增加赔偿的金额不足500元的，为500元。法律另有规定的，依照其规定。②经营者明知商品或者服务存在缺陷，仍然向消费者提供，造成消费者或者其他受害人死亡或者健康严重损害的，受害人有权要求经营者依照《消费者权益保护法》中关于造成消费者或其他受害人人身伤害的赔偿责任等的法律规定赔偿损失，并有权要求所受损失两倍以下的惩罚性赔偿。

（8）经营者的民事赔偿责任优先原则。经营者违反《消费者权益保护法》的规定，应当承担民事赔偿责任和缴纳罚款、罚金，其财产不足以同时支付的，先承担民事赔偿责任。

2. 经营者应承担的行政责任

经营者有下列情形之一，除承担相应的民事责任外，其他有关法律、法规对处罚机关和处罚方式有规定的，依照法律、法规的规定执行；法律、法规未作规定的，由市场监督管理部门或者其他有关行政部门责令改正，可以根据情节单处或者并处警告、没收违法所得、处以违法所得一倍以上十倍以下的罚款，没有违法所得的，处以 50 万元以下的罚款；情节严重的，责令停业整顿、吊销营业执照：

（1）提供的商品或者服务不符合保障人身、财产安全要求的；

（2）在商品中掺杂、掺假，以假充真，以次充好，或者以不合格商品冒充合格商品的；

（3）生产国家明令淘汰的商品或者销售失效、变质的商品的；

（4）伪造商品的产地，伪造或者冒用他人的厂名、厂址，篡改生产日期，伪造或者冒用认证标志等质量标志的；

（5）销售的商品应当检验、检疫而未检验、检疫或者伪造检验、检疫结果的；

（6）对商品或者服务做虚假或者引人误解的宣传的；

（7）拒绝或者拖延有关行政部门责令对缺陷商品或者服务采取停止销售、警示、召回、无害化处理、销毁、停止生产或者服务等措施的；

（8）对消费者提出的修理、重作、更换、退货、补足商品数量、退还货款和服务费用或者赔偿损失的要求，故意拖延或者无理拒绝的；

（9）侵害消费者人格尊严、侵犯消费者人身自由或者侵害消费者个人信息依法得到保护的权利的；

（10）法律、法规规定的对损害消费者权益应当予以处罚的其他情形。

经营者有前款规定情形的，除依照法律、法规规定予以处罚外，处罚机关应当记入其信用档案，向社会公布。

3. 经营者应承担的刑事责任

经营者违反本法规定提供商品或者服务，侵害消费者合法权益，构成犯罪的，依法追究刑事责任。

第五模块 工业产权法

学习目标 »

【知识目标】

了解专利法与商标法的保护对象，授予专利权与商标权应当具备的条件，专利与商标的申请和审批，专利权人与专利权、商标权人与商标权的内容，专利权与商标权的保护范围；掌握专利权、商标权取得过程中相关法律文书的制作。

【能力目标】

能分析与解决专利与商标的简单法律纠纷，能分析与判断专利与商标申请文件中存在的问题并加以解决。

【思政要求】

建立合法获取、使用、转让、许可专利权与商标权，尊重与保护工业产权的法律意识。

引例 »

2002 年 10 月研究人员吴某向某电器陶瓷厂领导提出“关于计划用铝片代替纯银片制作熔断器而达到快速熔断性能的几点说明”的报告。2004 年某电路科研所与陶瓷厂商定共同开展快速熔断器用铝代银的研究，陶瓷厂为此派吴某去科研所参加这项工作。2005 年吴某回到陶瓷厂后，为了继续这一项目的研究，经厂方同意领取各种材料用于试制，并利用陶瓷厂和科研所的设备进行试验，还多次持陶瓷厂介绍信到外单位联系外协作加工、试验等。吴某于 2006 年 9 月以陶瓷厂“以铝代银快速铝熔断器”项目负责人的身份编制计划任务书。厂设计科也曾向吴某下达了“以铝代银”研究工作的任务书。吴某试制出“铝熔断器”样品后，于 2007 年 8 月，向专利局申请非职务发明创造，获得专利权。陶瓷厂和科研所得知后，立即向专利管理机关提出该发明创造应为职务发明创造，应归单位所有。

那么，什么是职务发明创造和非职务发明创造？本案中的专利权应该归谁所有？为什么？

通过对本模块的学习你将找到这些问题的答案。

项目1 专利及其使用分析训练

任务1 专利法律关系分析

任务案例一：

张三是一个电脑迷，而且他还非常喜欢用电脑进行绘画创作，为此他试用了许多电脑绘画软件，并最终选择了某软件，其在长期使用该软件过程中获得了许多经验，形成了一套独特的电脑绘画方法。张三将方法向国家专利局申请“方法发明专利”。

请问：该方法是否能获得发明专利？为什么？

任务案例二：

花旗银行的“电子货币系统”是一个关于电子货币的发行、支付、转账与管理的系统，是20世纪90年代后期出现的一种新型支付工具。电子货币是电子媒介手段，是一种特殊的“货币”。电子货币是同时兼有“货币”和“电子支付工具”两者属性的混合物，是计算机技术和网络经济发展的产物。

请问：美国花旗银行“电子货币系统”是否属于专利技术？能否在我国获得专利？

任务案例三：

李兰利用工作之余搞出一项发明创造，并获得了发明专利权，该技术刊登在专利公告杂志上，并由另外一份技术杂志进行了转载。一次偶然的机会，赵宏读到了这份技术杂志，并用该技术进行试验，通过多次试验后解决了其开办企业在生产产品质量方面的问题，于是赵宏就用试验的方法、技术和经验，再结合李兰的技术进行了产品的生产和销售。李兰得知，将赵宏及其企业告上法院，要求其承担侵权责任。赵宏则认为李兰的技术是公开在杂志上的，是公开技术，另外，自己生产产品的方法和技术主要来自自己的研究，李兰的技术只是一个基础而已，因此不承认侵权。

请问：公开刊登在杂志上的专利技术能否由他人自由使用？为什么？赵宏的行为是否是侵权行为？为什么？

任务案例四：

美国人约翰（John）发明了一项X技术，并在美国获得了专利权。一次，其到中国来旅游，发现中国的甲企业正在利用这项技术生产销售X产品。约翰很生气，于是向中国专利局提出请求，要求中国专利部门制止这种行为，并要求侵权人向自己赔偿损失。

请问：美国人约翰的要求有没有法律依据？为什么？

知识链接（一）

一、专利及专利法的概念

（一）专利的概念与法律特征

1. 专利的概念

现代意义上的专利有三层含义：

（1）专利是专利权的简称，即专利机关代表国家依法授予发明人、设计人或其所属单位对某项发明创造在法律规定的期限内享有的专有权。

（2）专利是指受国家专利法保护、获得专利权的发明创造本身，包括发明、实用新型和外观设计。

（3）专利是指记载发明创造内容的专利文献。

其中最基本、最能反映专利本质属性的是指法律授予的专利权。

2. 专利的法律特征

专利作为无形财产权，属于工业产权的一种，其具有以下法律特征：

（1）专有性。即法律规定这种无形财产权归权利人专有，其他人不经权利人同意不得使用。

（2）地域性。即一国法律确认和保护的专利权仅在该国范围内有效，在其他国家没有效力。

（3）时间性。即专利权具有一定的有效期限，当法律规定的期限届满后，专利权即自行终止，不再受法律保护，任何人均可自由使用这一作为专利权客体的无形财产。

（4）国家确认性。即专利权不能自动获得，需要经过申请、审查批准、登记注册等程序才能获得一国法律的承认和保护。

（二）专利法的概念

专利法是指确认和保护发明创造的专有权以及规范在利用专有的发明创造过程中产生的社会关系的法律规范的总称。

1984 年 3 月 12 日，第六届全国人民代表大会常务委员会第四次会议通过了《中华人民共和国专利法》（简称专利法），自 1985 年 4 月 1 日起实施。1992 年 9 月 4 日第七届全国人民代表大会常务委员会第二十七次会议、2000 年 8 月 25 日第九届全国人民代表大会常务委员会第十七次会议、2008 年 12 月 27 日第十一届全国人民代表大会常务委员会第六次会议、2020 年 10 月 17 日第十三届全国人民代表大会常务委员会第二十二次会议对原《专利法》分别做了四次修正，现在施行的是第四次修正本。《中华人民共和国专利法实施细则》也分别于 2002 年 12 月 28 日、2010 年 1 月 9 日由国务院作了二次修订，现在施行的是第二次修订本。

《专利法》及《专利法实施细则》的颁布和实施，标志着我国保护发明创造的法律制度进入了一个新的历史时期，也是我国经济和科学技术体制的一项重大改革。

任务案例五：

某研究所所长甲某认为，随着人民生活水平的不断提高，保健器械会越来越受到消费者的青睐，于是向研究所的科研人员下达了一项研究开发某种“保健仪器”的任务，并向科研小组拨发了经费，对科研人员进行调配，指定由乙、丙、丁三人组成科研小组，负责产品的开发工作。同时甲某又派了两名进行基础试验、分析化验和数据处理工作的人员 A 和 B。经过大家的分工协作，共同努力，产品终于研制成功并取得了专利权，投入市场后受到欢迎。

请问：该专利的发明人或设计人是谁？为什么？

任务案例六：

某大学外语教师李某被借调到某印刷厂担任资料翻译工作，他在工作中接触到了该厂的技术资料，发现了一种用水印刷工艺的润湿片剂，用这种片剂代替以往的水剂，具有安全、无毒、携带方便等特点。于是李某主动提出搞润湿片剂和粉剂的试验，在试验过程中得到了该厂在人力、物力上的支持和协助。该新产品于2006年试制成功，同年通过技术鉴定并获得市科技成果奖。2007年，由于工资、待遇等问题未解决，李某从借调单位回到原单位。不久后，他辞职自己办厂，生产上述同类产品，产品因质优价廉畅销国内外市场。在此之前，李某以非职务发明向专利局申请专利。印刷厂知晓后，认为该发明是李某在印刷厂时搞出来的，应属于印刷厂的职务发明。

请问：李某发明创造的专利权应归谁所有？为什么？

任务案例七：

2010年年初，某环境科研所环境化学研究室主任甲某应某市环保局邀请，同意帮助其研究有关印染污水处理技术。甲某一直从事微量元素与健康研究工作，当时分管后勤工作。同年暑假，甲在环境研究所一实验室内利用废旧原料、工具及试纸，对有关厂家提供的印染污水进行试验和测试，完成了“印染污水处理方法工艺”的发明创造。此后，环境科研所就该发明创造向专利局申请并获得了专利权。该市环保局认为该专利权的归属有误，因为甲是受其所托进行研究的，因此专利权应由环保局与科研所共有。

请问：该专利权的归属应如何处理？为什么？

任务案例八：

某研究所科研人员周某长期从事节能设施方面的研究。2015年4月，由于工作需要，单位内部调动其走上了行政管理工作岗位，他被调入研究所从事人事管理工作。周某在工作之余，继续从事节能设施方面的研究。2016年5月，周某终于研制出一种“节能锅炉”。这种锅炉不仅可以节约能源，而且可减少污染，有利于环境保护。周某通过申请并获得了实用新型专利。研究所得知后，认为其专利应是职务发明创造，专利权人应是单位，于是向专利局提出异议。

请问：研究所的异议是否有合法的理由？为什么？

任务案例九：

A企业科研人员陈某长期从事与饮水处理技术及设备有关的科研项目研究，曾于2013～2014年间参加“仿矿泉装置”的研制。陈某自2015年4月9日提出辞职申请，因其合同尚未到期，所以A企业决定让其支付违约金后同意其辞职。陈某未做答复并于4月12日不辞而别，直至10月24日才与A企业协商解除劳动合同。2016年6月29日，陈某以个人名义向专利局提出“矿泉水制造方法及其装置”的专利申请。A企业得知后，认为该申请专利的技术应是职务发明创造，应由其原单位A企业所有，A企业才是该技术的专利申请人，于是其向专利管理机关要求调查处理。

请问：A企业的要求有无合法理由？为什么？

任务案例十：

某医疗器械研究院研究员甲某经过多年的潜心研究发明了一种医疗仪器，该医疗仪器可给病人带来福音。为了检验该仪器的临床效果，甲请了三位医生乙、丙、丁帮助其做临床试验，试验获得成功。在试验过程中，乙医生根据临床经验发现了该仪器存在重大缺陷，并提出了改进方案，被甲所采纳，使试验获得了更大的成功。该仪器最终获得了发明专利。

请问：甲、乙、丙、丁是该专利技术的共同发明人吗？为什么？

知识链接（二）

二、专利法律关系

与其他法律法系相同，专利法律关系亦由专利法律关系的主体、客体和内容构成，其主体主要有权利主体（专利权的主体）和义务主体，由于其义务主体指的是专利权人以外的不特定的社会公众，本书阐述专利法律关系的主体时只阐释专利权的主体；其客体是专利法律关系主体权利义务所指向的对象，即获得专利的发明创造，也即被授予专利权的客体；其内容是专利法律关系主体的权利与义务，由于其义务主体是不特定的社会公众，因此本书只阐释专利权人的权利与义务。

（一）专利权的主体

专利权的主体，是指有权提出专利申请和获得专利权并承担相应义务的单位和个人，享有专利权的单位和个人统称为专利权人。根据我国专利法的规定，其通常包括发明人或设计人、职务发明创造的单位、共同发明创造的发明人或设计人和单位、外国人。

1. 发明人或设计人

发明人是指对某一产品、某一方法或其改进提出新的技术方案的人。设计人则是指对产品的形状、图案、色彩或其结合作出富有美感并适于在工业上应用的新设计的人。

发明人或设计人的本质属性在于其是对发明创造的实质性特点作出创造性贡献的人。那些仅在完成发明创造过程中负责组织工作的人、给予某种物质条件方便的人、从事辅助工作的人，都不能认为是发明人或设计人。

并非发明创造的发明人或设计人都能成为专利申请权和专利权的主体，根据我国专利法，只有非职务发明创造，其申请专利的权利属于发明人或设计人；申请被批准后，专利权归发明人或设计人所有。

2. 职务发明创造的单位

即发明人、设计人所在的单位。职务发明创造是发明人或设计人执行本单位的任务或者主要是利用本单位的物质技术条件所完成的发明创造。具体主要有以下两种情形：

（1）发明人或设计人执行本单位（包括临时工作单位）的任务所完成的职务发明创造。具体又可以分为以下三类：①在从事本职工作时做出的发明创造；②履行本单位交付的本职工作之外的任务所做出的发明创造；③退休、调离原单位后或者劳动人事关系终止后一年内作出的，与其在原单位承担的本职工作或者分配的任务有关的发明创造。

（2）发明人或设计人主要利用本单位的物质条件所完成的发明创造。主要利用本单位的物质技术条件是指利用本单位的资金、设备、零部件、原材料或者不对外公开的技术资料等，并且这些物质条件在其发明创造中起了主要的决定性作用。

以上两个条件只需具备其一，即是职务发明创造。职务发明创造申请专利的权利属于该单位。申请被批准后，该单位为专利权人。该单位可以依法处置其职务发明创造申请专利的权利和专利权，促进相关发明创造的实施和运用。但利用本单位的物质技术条件所完成的发明创造，单位与发明人或者设计人订有合同，对申请专利的权利和专利权的归属作出约定的，从其约定。

对于职务发明创造，专利权的所有单位或持有单位应根据发明创造的意义和实施后的经济效益，对发明人或设计人按其贡献的大小，给予奖金和报酬。

3. 共同发明创造的发明人或设计人和单位

由两人或两人以上共同完成的发明创造，称为共同发明创造。完成该项发明创造的人，称为共同发明人或共同设计人。

两个以上单位或者个人合作完成的发明创造、一个单位或者个人接受其他单位或者个人委托所完成的发明创造，除另有协议的以外，申请专利的权利属于完成或者共同完成的单位或者个人；申请被批准后，申请的单位或者个人为专利权人。

4. 外国人

外国人是不具有中国国籍的自然人、法人或非法人组织。我国专利法对外国人在中国申请获得专利权的规定主要有：

（1）在我国有经常居所的外国人、在我国设立营业场所的外商投资企业，享有与中国公民与组织同等待遇。

（2）在中国没有经常居所或者营业场所的外国人、外国企业或者外国其他组织依照其所属国同中国签订的协议或者共同参加的国际条约，或者依照互惠原则来具体办理。

【资料卡】

目前国务院指定的涉外专利代理机构有中国国际贸易促进委员会专利代理部、中国专利代理（香港）有限公司和上海专利事务所。

任务案例十一：

甲公司是一家生产化学试剂的企业。公司通过3年的努力，改进了一种粉状化学制剂，使这种试剂在性能、稳定性、效率等方面都比原有试剂有了很大的改进。于是公司向国家专利局提出了实用新型专利申请。

请问：你认为公司的这一申请能获得专利权吗？为什么？

任务案例十二：

某科技大学研制了一种带有转轴的千斤顶，并获得了专利权。某重型机器厂在其基础上又研制出一种千斤顶，其在原有千斤顶转轴上加上定位锁和方向球，使千斤顶的主轴杆既可以灵活转动，又可以任意方向偏斜角度。如果把两个对称偏斜角度的千斤顶合在一起使用，并用锁将它们固定，就相当于一辆起重吊车。于是该机器厂向专利局申请发明专利。

请问：该重型机器厂的这一申请能获得专利权吗？为什么？

任务案例十三：

北京某电镀厂完成了一项“微裂纹铬电镀方法”发明创造。使用该方法可以降低成本，减少污染，增强性能。电镀厂向我国专利局提出了实用新型专利申请。

北京某科学研究院发明了一种“健身抗衰老饮料”。其能明显改善老年人的一些衰老指标，显示出良好的生理活性。研究院也向我国专利局提出了实用新型专利申请。

请问：这两个实用新型专利申请能否获得批准？为什么？

任务案例十四：

北京某饮料厂为了突出自己的产品，对生产的饮料瓶的外包装进行了新的设计：将饮料瓶设计成葫芦形状，并将百岁老人图绘制于瓶体上，色彩方面也做了独具匠心的设计。该产品上市后，很受消费者的欢迎。于是饮料厂将该设计向专利局申请专利。

请问：该设计能否获得专利权？为什么？

知识链接（三）

（二）专利权的客体

专利权的客体，是指专利法保护的对象，即依法可以获得专利法保护的发明创造。我国《专利法》所称的发明创造，是指发明、实用新型和外观设计。

1. 发明

发明是指对产品、方法或者其改进所提出的新的技术方案。

发明可分为产品发明、方法发明和改进发明。产品发明是经过人们智力劳动所创造出来的各种制成品或产品；方法发明是人们利用自然规律使某一物品或物质发生新的质变，或成为另一种新的物品或物质；改进发明是人们对已有的产品发明和方法发明提出实质性革新的技术方案。

发明具有如下两个特征：①技术特性，即其是利用自然规律在技术应用上的创造和革新，而不是认识自然规律的理论创新；②法律特性，即其应经过我国专利主管机构的审查批准，才能成为专利法保护的对象。

【资料卡】

发明和发现是两个截然不同的概念。发明是指所创造的产品或提出的生产方法是前所未有的；发现则是指揭示自然界已经存在但尚未被人们所认识的事物。

2. 实用新型

实用新型是指对产品的形状、构造或者两者的结合所提出的、适于实用的新的技术方案。

实用新型具有如下特征：①实用新型是一种新的技术方案；②实用新型仅限于产品，不包括方法；③实用新型要求产品必须具有固定的形状、构造。

实用新型在一些国家被称为小发明。它与发明的主要区别在于：①两者保护的范围不同。发明专利保护的范围宽于实用新型专利。发明既包括产品发明也包括方法发明，而实用新型是指具有一定形状的物品创新。②两者对创造性要求不同。实用新型同发明相比，对产品创造性要求较低。③两者的审查程序不同。发明专利既要求对发明专利申请进行形式审查，还要对发明专利的内容进行实质审查；而实用新型专利采用形式审查，即只审查形式而不审查实质内容。④两者的保护期限不同。发明专利的保护期限为 20 年，而实用新型专利的保护期限为 10 年。

3. 外观设计

外观设计是指对产品的整体或者局部的形状、图案或者其结合以及色彩与形状、图案的结合所作出的富有美感并适于工业应用的新设计。

外观设计具有如下特征：①外观设计必须与产品相结合；②外观设计必须能在产业上应用；③外观设计富有美感。

任务案例十五：

我国的甲公司董事长李某在国外考察期间，发现日本的一种产品很新颖，如果将其引入中国肯定会有很大的市场。于是甲公司即与日本生产该产品的公司签订了销售合同，甲公司购进货物后在中国市场销售，果然销路很好。但不久，我国的乙公司向法院提起诉讼要求甲公司承担专利侵权责任，因为其对该产品的生产方法有专利权。而甲公司则认为自己又没有使用乙公司的专利方法生产这种产品，因而不承认侵权。

请问：甲公司的行为有没有侵犯乙公司的专利权？为什么？

任务案例十六：

美国甲公司将某一专利技术转让给中国的乙公司，合同约定在中国境内只能由乙公司使用这种专利技术，期限为5年。2年后，甲公司应中国丙公司的邀请将该专利生产的产品的独家代理权给了丙公司，丙公司在中国境内代理销售该专利产品。

请问：乙公司应如何保护自己的权利？为什么？

任务案例十七：

王某等6位昆明大学教授在2000年完成了"全形汉字编码系统"这一科研项目，两年后又在此成果上研究完成了"全形（边道）汉字编码系统"，分别于2004年和2007年获得了中国专利局的授权，而两项目的专利权皆因原告没有交专利年费而终止。

2013年8月，原告王某等人在昆明举办的"中国国际专利与名牌博览会"上购买了由三维天然数码公司、天码公司研制，武汉大学出版社出版，成都大恒公司出售的《三维天然码》和《语音天然码》各一套，每套均有光盘、软件和《打字当日通》说明书。原告认为，《三维天然码》的成码依据和方法与"全形汉字编码系统"和"全形（边道）汉字编码系统"具有完全一致性，故以被告侵害了其发现权、发明权、科技成果权和著作权为由诉至昆明中院，要求四被告承担侵权责任。

请问：原告的请求是否能得到法院的支持？为什么？

知识链接（四）

（三）专利权人的权利和义务

1. 专利权的概念

专利权是指专利权人在法定期限内对发明创造成果享有的专有权利，是国家专利机关授予发明人、设计人使用其发明创造并禁止他人以生产经营为目的使用其发明创造的权利，即独占权。

2. 专利权人的权利

根据《专利法》的有关规定，专利权人的权利主要有两类：一类是人身权利，这是发明人或设计人在有关专利文件中写明自己是发明人或设计人的权利；另一类是财产权利。专利权人对专利的财产权利具体有：

（1）独占实施其专利的权利。专利权人在专利有效期限内享有为生产经营目的专有制造、使用和销售其专利产品或专有使用其专利方法的权利。除法律另有规定外，任何单位或个人未经专利权人许可，都不得实施其专利，即不得以生产经营为目的制作、使用、许诺销售、销售、进口其专利产品，或者使用专利方法以及使用、许诺销售、销售、进口依照该专利方法直接获得的产品。

外观设计专利权被授予后，任何单位和个人未经专利权人许可，都不得实施其专利，即不得为生产经营目的制造、许诺销售、销售、进口其外观设计专利产品。

（2）许可他人实施其专利的权利。专利权有权许可他人使用其专利权，并收取专利使用费。任何单位或者个人实施他人专利的，除《专利法》另有规定的以外，都应当与专利权人订立书面使用许可合同，向专利权人支付专利使用费。被许可人无权允许合同规定以外的任何单位或者个人实施该专利。

（3）转让专利权的权利。专利申请和专利权可以转让。转让专利申请权或者专利权的，当事人应当订立书面合同，并向专利局登记，由国务院专利行政部门予以公告。专利申请权或者专利权的转让自登记之日起生效。

（4）标明专利标记和专利号的权利。专利权人有权在其专利产品或该产品的包装上标明专利标记和专利号。

（5）对侵权人提起诉讼的权利。专利权人对未经其许可而实施其专利的侵权行为，可以向人民法院起诉，也可以请求专利管理机关进行处理。

3. 专利权人的义务

专利权人在享有上述权利的同时，应当履行下列义务：

（1）按期缴纳专利年费的义务。专利权应当自被授予专利权的当年开始缴纳年费。年费缴纳方式为一年一次，在前一年度期满前一个月缴纳。专利权人希望维持专利权就必须缴纳年费。

（2）向发明人或设计人发放奖金、报酬的义务。被授予专利权的职务发明创造的单位应当对职务发明创造的发明人或者设计人给予奖励；发明创造专利实施后，根据其推广应用的范围和取得的经济效益，对发明人或者设计人给予合理的报酬。

国家鼓励被授予专利权的单位实行产权激励，采取股权、期权、分红等方式，使发明人或者设计人合理分享创新收益。

任务2　专利权的取得分析

任务案例一：

天津某日用品厂研制出一种“太阳能多功能电动牙刷”产品。这种产品的特征是：既可作微型手电筒，又可作牙刷，该产品设计独特，结构良好。日用品厂向专利局提出实用新型专利申请。专利局经过审查发现：该产品在国内虽属首创，但是在天津日用品厂申请专利以前，该产品在美国、日本等地已经生产、销售，深受消费者青睐。

请问：天津日用品厂的发明创造能否获得专利权？为什么？

任务案例二：

科研人员李某研究出一种新型的圆珠笔，即“带有电子表的圆珠笔”，使用者可一物两用。这种笔的特征是将电子表同圆珠笔组合后，二者各自以其常规的方式工作即电子表计时，圆珠笔写字。在功能上没有相互支持，是一种简单的叠加，总的技术效果是各组合部分效果之总和。

请问：李某的发明创造能否获得专利权？为什么？

任务案例三：

发明人刘某研制出一种铸铁、铸铜新方法。这种方法的使用可以加速铸铁、铸铜的速度，所铸铁、铜的质地也比较好，但是在铸造过程中需要的资源是一般方法的3倍，还会造成严重污染，损害人身健康。

请问：李某和刘某的发明创造能否获得专利权？为什么？

任务案例四：

小李发明了一种眼镜，只要戴上这副眼镜，赌博时就能清楚地看清对方手上拿的什么牌。

于是，小李将这种产品向专利局申请了专利。

请问：小李的这一发明能否取得专利权？为什么？

任务案例五：

A公司是一家医药公司，最近公司通过技术攻关，提出了一种治疗肺癌的新思路，并利用这种思路搞出了一种新的医疗器械和新药品。公司附属医院的医生还用这种思路给病人开处方。

请问：这种治疗肺癌的新思路能否申请专利权？为什么？新的医疗器械和新药品能否申请专利权？为什么？医生开的处方能否申请专利权？为什么？

任务案例六：

科研人员周某是研究动物品种的专家。他历经多年潜心研究，研制出一种瘦肉型猪。同时，其还研制出一种采用辐照饲养法生产高产牛奶的乳牛的方法，该方法可以提高高产牛奶的乳牛产量，从而提高牛奶产量。

请问：周某的这两项发明创造能否获得专利权？为什么？

任务案例七：

甲公司生产的A产品是利用自己的实用新型专利技术生产的，由于该产品技术比较先进，甲公司想在产品包装上也申请一个外观设计专利，就请一家设计公司按自己的意图进行产品包装的设计。最终在10份设计图纸中，甲公司选中了一款并将其用在A产品的包装上。但A产品上市没多久，甲公司就收到了乙公司的律师函，要求其停止使用A产品的包装，因为其中有一图案与乙公司注册商标中使用的图案相似。

请问：甲公司对于此事应该如何处理？为什么？

任务案例八：

中国的某科研机构采集了一批（近1万名）中国某型疾病病人的治疗信息及其遗传基因等信息后，对该型疾病的治疗药物展开了攻关，但经过五年的攻关几乎没有什么进展。后因该项目研究的主要负责人和主要研究人员纷纷出国、转行，该项目研究就暂停了下来。某国正在研究该型疾病治疗方案的某公司得知此事后委托某一黑客集团通过入侵该研究所的电脑获得了该批病人的相关信息，遂即结合自己的前期工作展开研究，没过多久，就研究出了一型治疗该疾病的特效药，其在本国申请并获得了专利权后，又在中国专利局提出了专利申请。

请问：中国专利局是否应给予该公司专利权？为什么？

任务案例九：

科研人员李中锐在工作之余喜欢利用自家在农村的一间闲置住房搞一些发明创造，由于其从事的主要是航空航天的工作，在长期接触过程中对于非其本职工作范围内的某一航空装置有了一些新想法，因此他就在自己农村的闲置房中展开了研究。一年多之后，居然取得了成功，其在美国的一个表哥得知了此事，立即怂恿他到美国来申请专利，并为他联系了中国香港的一家国际专利代理机构。李中锐得知获得美国专利后，在美国转让技术获利颇丰，非常心动，于是就按表哥说的将此技术在美国申请了专利。三个月后，李中锐又将此技术向中国专利局申请专利，并要求国际优先权，但被中国专利局驳回申请。

请问：中国专利局为什么要驳回李中锐的专利申请？

知识链接（一）

一、取得专利权的条件

（一）取得发明、实用新型专利的实质条件

根据我国专利法的规定，其主要有：

1. 新颖性

新颖性是指该发明或者实用新型不属于申请日以前在国内外为公众所知的技术；也没有任何单位或者个人就同样的发明或者实用新型在申请日以前向国务院专利行政部门提出过申请，并记载在申请日以后公布的专利申请文件或者公告的专利文件中。

（1）确定一项目发明或实用新型是否具备新颖性，必须明确三个标准：①时间标准，我国专利法规定以申请日作为判断技术是否具备新颖性的时间标准。申请日是申请人向专利局递交专利申请文件、提出专利申请的日期。②地域标准，我国专利法采用混合地域标准，即在出版物上的公开，以申请日以前国外有没有公开发表过为标准；其他方式的公开则以申请日以前在我国国内有没有公知公用为标准。③公开标准，新颖性的要求是技术未被公开过。所谓公开，就是发明创造内容已为公众所知所用。其中必须明确公开的对象、程度和方式：公开的对象泛指任何人，但不包括因工作关系而了解到发明创造内容但负有保密义务的人和没有能力理解发明创造内容的人；公开的程度是以公开的内容是否能使本行业普通专业人员理解并能实施该发明创造为标准；公开的方式主要有书面公开、使用公开和其他方式的公开。

（2）优惠期的规定。根据我国专利法，申请专利的发明创造在申请日以前 6 个月内有下列情形之一的不丧失新颖性：①在国家出现紧急状态或者非常情况时，为公共利益目的首次公开的。②在中国政府主办或者承认的国际展览会上首次展出的。③在规定的学术会议或技术会议上首次发表的。④他人未经申请人同意而泄露其内容的。

2. 创造性

创造性是指与申请日以前在国内外为公众所知的技术相比，该发明具有突出的实质性特点和显著的进步；该实用新型有实质性特点和进步。

发明专利要求的突出的实质性特点，要求新技术与原技术相比有本质性的突破；其要求的显著进步，要求新技术与原技术相比产生了新的技术效果。证明新技术是否具备发明的创造性的客观标志可有：①新技术是开拓性发明，是全新的技术解决方案，开辟了一个新的领域；②发明解决了长期以来渴望解决的问题；③发明克服了技术偏见；④发明取得预料不到的效果。

3. 实用性

实用性是指该发明或实用新型能制造或使用，并且能够产生积极效果。

（二）取得外观设计专利权的实质条件

我国《专利法》规定，授予专利权的外观设计，应当不属于申请日以前在国内外为公众所知的设计；也没有任何单位或者个人就同样的外观设计在申请日以前向国务院专利行政部门提出过申请，并记载在申请日以后公告的专利文件中。

授予专利权的外观设计与现有设计或者现有设计特征的组合相比，应当具有明显区别。

授予专利权的外观设计不得与他人在申请日以前已经取得的合法权利相冲突。

（三）专利申请日的确定

国务院专利行政部门收到专利申请文件之日为申请日。如果申请文件是邮寄的，以寄出的邮戳日为申请日；邮戳日不清晰的，除当事人能够提出证明外，以国务院专利行政部门收到日为递交日。

（四）不能授予专利权的智力成果

我国《专利法》规定，下列各项不授予专利权：①科学发现；②智力活动的规则和方法；③疾病的诊断和治疗方法；④动物和植物品种；⑤原子核变换方法以及用原子核变换方法获得的物质；⑥对平面印刷品的图案、色彩或者两者的结合作出的主要起标识作用的设计。

其中第④项动物和植物产品的生产方法，可以依照《专利法》的规定授予专利权。另外，我国《专利法》对存在以下情况的发明创造不授予专利权：一是对违反国家法律、社会公德或者妨碍公共利益的发明创造，不授予专利权；二是对违反法律、行政法规的规定获取或者利用遗传资源，并依赖该遗传资源完成的发明创造，不授予专利权。

（五）申请专利权的特殊规定

1. 专利代理

（1）必须由专利代理机构办理的专利事务。在中国没有经常居所或者营业所的外国人、外国企业或者外国其他组织在中国申请专利和办理其他专利事务的，应当委托依法设立的专利代理机构办理。

（2）可以由专利代理机构办理的专利事务。中国单位或者个人在国内申请专利和办理其他专利事务的，可以委托依法设立的专利代理机构办理。

（3）专利代理机构的义务。具体有：一是专利代理机构应当遵守法律、行政法规，按照被代理人的委托办理专利申请或者其他专利事务；二是对被代理人发明创造的内容，除专利申请已经公布或者公告的以外，负有保密责任。

2. 中国主体向外国申请专利或提出专利国际申请的规定

（1）中国主体向外国申请专利的规定。任何单位或者个人将在中国完成的发明或者实用新型向外国申请专利的，应当事先报经国务院专利行政部门进行保密审查。保密审查的程序、期限等按照国务院的规定执行。

（2）中国主体提出专利国际申请的规定。我国单位或者个人可以根据中华人民共和国参加的有关国际条约提出专利国际申请。申请人提出专利国际申请的，应当遵守上述向外国申请专利的规定。

（3）不按规定向外国申请专利的法律后果。对违反《专利法》规定向外国申请专利的发明或者实用新型，在中国申请专利的，不授予专利权。

3. 申请专利及专利行使的基本原则

（1）申请专利和行使专利权应当遵循诚实信用原则。

（2）不得滥用专利权损害公共利益或者他人合法权益。

（3）滥用专利权，排除或者限制竞争，构成垄断行为的，依照《中华人民共和国反垄断法》处理。

任务案例十：

张三和李四都于某年的 9 月 15 日向国家专利局提出了 A 技术的发明专利申请。张三于上午10点将申请文件提交给专利局工作人员并办好手续，李四于下午2点办好申请手续。经查，张三于当年5月4日完成A技术的攻关工作，李四于当年5月3日完成A技术的攻关工作。

请问：专利局应如何处理这种情况？请说明理由。

任务案例十一：

中国的甲先生于某年4月5日发明了一项专利A，并于同年5月8日中国政府举办的一次国际展览会上首次展出。同时，乙先生也于同年4月15日发明了同样的技术，并于7月15日向专利局申请专利，而甲先生则于8月18日申请专利。而大洋彼岸美国的丙先生于同年4月3日发明了该技术，并于5月15日向美国专利局申请专利，后又于10月25日向中国专利局申请专利，并要求了优先权。

请问：中国专利局应如何处理？为什么？

任务案例十二：

美籍华人张天翼有一项发明创造A技术，2019年4月在美国获得了专利权，他想回中国来申请专利，并想依托专利技术在国内创业，因此咨询了一下自己还生活在中国的亲戚，该名亲戚恰好是一名公务员，在中国H市财政局工作，该亲戚查了一下我国关于专利申请的规定后，告诉他可以回国申请专利，也可以用专利技术来创业。因此张天翼就于2019年6月向中国专利局提出了专利申请并主张了国际优先权，但此专利申请被专利局驳回了。

请问：中国专利局为什么要驳回张天翼的专利申请？

任务案例十三：

美国甲先生的某项技术已经于某年4月5日向美国专利局提出了专利申请，其又于第二年5月12日向中国专利局提出发明专利申请并要求了优先权，专利局受理后要求其提供美国为审查其申请进行检索的资料，甲先生一直未能提供。第二年8月7日中国的乙先生以与甲先生相同的技术向专利局提出了申请，专利局受理了。甲先生知道后很生气，认为专利局不应受理乙先生的申请。

请问：专利局能不能受理乙先生的申请？为什么？

任务案例十四：

甲先生在业余时间发明了一项新技术，于是其于某年4月5日向我国专利局提出发明专利申请，在其发明专利申请被早期公开后的第三个月，即第二年2月，甲先生觉得自己的这项技术由三个部分构成，其中的第三部分可以单独再申请一个发明专利，于是他向专利局提出要求将原先的申请分解，变成两个发明专利申请。

请问：甲先生能不能这样做？为什么？如果可以分解的话，那甲先生提出的第二个发明专利申请的申请日应是哪天？

知识链接（二）

二、取得专利权的程序

（一）专利申请

1. 专利申请应遵循的原则

（1）一件发明创造一份申请原则。一件发明或者实用新型专利申请应当限于一项发明或者实用新型。属于一个总的发明构思的两个以上的发明或者实用新型，可以作为一件申请提出。

一件外观设计专利申请应当限于一种产品所使用的一项外观设计。用于同一类别并且成套出售或者使用的产品的两项以上的外观设计，可以作为一件申请提出。

（2）申请在先原则。在两个以上的申请人分别就同样的发明创造申请专利的情况下，专利权授予最先提出申请的申请人。

（3）优先权原则。具体规定如下：

一是国际优先权。申请人自发明或者实用新型在外国第一次提出专利申请之日起 12 个月内，或者自外观设计在外国第一次提出专利申请之日起 6 个月内，又在中国就相同主题提出专利申请的，依照该外国同中国签订的协议或者共同参加的国际条约，或者依照相互承认优先权的原则，可以享有优先权。

申请人要求发明、实用新型专利优先权的，应当在申请的时候提出书面声明，并且在第一次提出申请之日起 16 个月内，提交第一次提出的专利申请文件的副本。

二是国内优先权。申请人自发明或者实用新型在中国第一次提出专利申请之日起 12 个月内，或者自外观设计在中国第一次提出专利申请之日起 6 个月内，又向国务院专利行政部门就相同主题提出专利申请的，可以享有优先权。

申请人要求外观设计专利优先权的，应当在申请的时候提出书面声明，并且在 3 个月内提交第一次提出的专利申请文件的副本。

三是申请人未提出书面声明或者逾期未提交专利申请文件副本的，视为未要求优先权。

2. 专利申请文件

申请发明或实用新型的，应当提交请求书、说明书及其摘要、权利要求书等文件。具体要求如下：一是请求书应当写明发明或者实用新型的名称，发明人或者设计人的姓名，申请人姓名或者名称、地址以及其他事项。二是说明书应当对发明或者实用新型作出清楚、完整的说明，以所属技术领域的技术人员能够实现为准；必要的时候应当有附图。三是摘要应当简明扼要说明发明或者实用新型的技术特点。四是权利要求书以说明书为依据，说明要求专利保护的范围。五是依赖遗传资源完成的发明创造，申请人应当在专利申请文件中说明该遗传资源的直接来源和原始来源；申请人无法说明原始来源的，应当陈述理由。

申请外观设计专利的，应当提交请求书、该外观设计的图片或者照片以及对该外观设计的简要说明等文件。申请人提交的有关图片或者照片应当清楚地显示要求专利保护的产品的外观设计。

3. 专利申请的撤回

申请人可以在被授予专利权之前随时撤回其专利申请。

4. 专利申请文件的修改

申请人可以对其专利申请文件进行修改，但是，对发明和实用新型专利申请文件的修改不得超出原说明书和权利要求书记载的范围，对外观设计专利申请文件的修改不得超出原图片或者照片表示的范围。

（二）专利的审查和批准

专利局对发明专利采取早期公开、迟延审查制度，对实用新型和外观设计采取登记制度。

1. 发明专利的审查、批准程序

（1）初审和早期公开。专利局收到发明专利申请后，经初步审查认为符合《专利法》要求的，自申请之日起满 18 个月，即行公布。专利局可以根据申请人的请求提前早日公布其申请。

（2）实质审查。实质审查是对发明专利的新颖性、创造性、实用性的全面审查。发明专利申请自申请之日起 3 年内，国务院专利行政部门可以根据申请人随时提出的请求，对其进行实质审查；申请人无正当理由逾期未请求实质审查的，该发明专利的申请被视为撤回。国务院专利行政部门认为有必要时，也可以自行对发明专利申请进行实质审查。

发明专利的申请人请求实质审查的时候，应当提交在申请日前与其发明有关的参考资料。发明专利已经在外国提出过申请的，申请人应当提交该国为审查其申请进行检索的资料或者审查结果的资料；无正当理由逾期不提交的，该申请即被视为撤回。

国务院专利行政部门对发明申请进行实质审查后，认为不符合《专利法》规定的，应当通知申请人，要求其在指定的期限内陈述意见或者修改，无正当理由逾期不答复的，该申请即被视为撤回。经申请人陈述意见或进行修改后，国务院专利行政部门仍然认为不符合《专利法》规定的，应当予以驳回。

（3）审定公告。发明专利申请，经实质审查没有发现驳回理由的，由国务院专利行政部门作出授予发明专利权的决定，发给发明专利证书，并予以登记和公告。发明专利权自公告之日起生效。

（4）复审制度。专利申请人对国务院专利行政部门驳回申请的决定不服的，可以自收到通知之日起 3 个月内，向国务院专利行政部门请求复审。国务院专利行政部门复审后，作出决定，并通知专利申请人。专利申请人对国务院专利行政部门的复审决定不服的，可以自收到通知之日起 3 个月内向人民法院起诉。

2. 实用新型和外观设计的审查、批准程序

实用新型和外观设计的审查、批准程序较为简便。根据《专利法》规定，实用新型和外观设计专利申请经初步审查没有发现驳回理由的，专利局应当作出授予实用新型或者外观设计专利权的决定，发给相应的专利证书，并予以登记和公告。实用新型和外观设计的专利权自公告之日起生效。

实用新型、外观设计专利申请被驳回的，其复审制度与发明专利的复审制度相同。

任务3 专利权的使用分析

任务案例一：

百合花纺织品公司某年 4 月成功设计一种五彩床单用花布图案，同月向专利局递交外观设计专利申请，第二年获此项专利权。为了扩大生产，该公司与金花服装公司签订合同，许可金花公司实施该项专利生产床单。金花公司生产一年后，认为自己也是专利权人，又许可四芳纺织厂实施该项专利。华丽床上用品商店一向与四芳有业务关系，不知此事实真相，替四芳公司销售了大量床单。半年后，百合花纺织品公司发现了上述情况，以金花、四芳和华丽公司为共同被告向法院起诉，要求他们承担赔偿损失的责任。

请问：百合花公司为什么能起诉金花公司？

任务案例二：

某无线电器材厂某年申请了“遥控转向卫星电视天线”实用新型专利，并获批准授权。丹阳市某天线厂及时引进了这项专利技术，签订了技术实施许可合同，合同规定入门费 2 万元，专利许可使用费按销售额 2% 计算。合同为镇江地区独家经营许可，合同签订后，该天线厂取得了较好的经济效益，但该产品较易仿制，省内外出现了许多仿造厂家，仿制品大量投放市场后，大大损害了该天线厂的利益，因此天线厂以此为由拒绝支付专利使用费，引起合同纠纷。

请问：天线厂能否以专利产品被大量仿制而不支付专利使用费？为什么？

任务案例三：

某大学的王教授获得了 A 技术的发明专利权，但由于其没有合作企业，因此该技术取得专利权后两年都未能产业化，因此王教授以书面声明的方式向专利局提出愿意让任何想使用此专利的单位只要肯按书面声明中所说的方式支付专利使用费，就可以使用该专利。后甲公司得知后，就直接使用 A 技术生产了专利产品，并获得了良好的经济效益，但觉得声明中的使用费有点贵，就按自己的理解打了七折，按声明中所说的方式向王教授支付了使用费。

请问：甲公司使用 A 专利技术的行为有没有问题？为什么？

任务案例四：

甲公司开发完成了一项移动互联微处理器芯片方面的技术，其于 2011 年 3 月提出专利申请并于 2013 年 3 月取得了发明专利权。2014 年 6 月乙公司与甲公司就该项专利技术的许可使用事宜展开了洽谈，但未能达成交易，事后乙公司又多次与甲公司联络，并给予了高于市场价 20% 的专利许可费的条件，但甲公司仍未答应。2015 年 6 月乙公司遂以“该发明专利在专利申请之日起已满三年无正当理由仍未实施该专利”向国家专利局提出实施该专利的强制许可申请。后经专利局查明，自 2011 年起至 2015 年该专利技术确实未实施。

请问：乙公司能否获得该专利的强制许可？为什么？

任务案例五：

某市的 A 公司有一项 X 技术获得了专利权，但此项专利的实施必须以获得实施该市另一家 B 公司所有的另一项 Y 专利为前提，因此 A、B 公司曾为此事协商良久，但因许可费一事一直未能谈拢。后 A 公司为能尽快实现自己的专利，就向国家专利局申请了实施 Y 专利的强制许可，获得强制许可后在专利局的协调下也与 B 公司确定了使用费。在使用了 X 专利一年后，邻市的一家 C 公司要求获得实施 A 公司 X 专利的许可，A 公司同意了，同时在合同中将 Y 专利也许可了 C 公司使用，C 公司支付的使用费包括了 X、Y 两项专利的使用费。后 B 公司得知此事，非常不满，向人民法院提起诉讼要求 A、C 公司停止侵权行为，并赔偿损失。

请问：A 公司的行为有没有问题？为什么？

知识链接（一）

一、专利的实施

专利实施，是指专利权人或者他人为了生产经营目的制造、使用和销售专利产品或使用专利方法。国务院专利行政部门、地方人民政府管理专利工作的部门应当会同同级相关部门采取措施，加强专利公共服务，促进专利实施和运用，专利的实施有以下几种情况：

1. 专利权人的实施

专利权人取得专利后，依照专利的性能，制造其产品，使用其方法，以取得最大的经济效益。

2. 许可他人实施

专利权人通过订立专利许可合同的方式，许可他人实施其专利，获得使用费。专利许可协议主要可以分为以下几类：

（1）独占许可，即在指定地区内受许可人在协议规定的有效期间对许可协议项下的专利技术享有使用、制造或销售的独占权，许可方不得再把同样内容的使用许可协议授予该地区内的任何第三人，许可方本人也不得在该地区内使用专利技术和销售专利产品。

（2）排他许可，即在指定地区内，受许可方在协议有效期间对许可协议项下的专利技术享有排他使用权，许可人不得把同一许可授予协议地区内的任务第三方，但许可人保留自己在该地区内使用该专利技术和销售专利产品的权利。

（3）普通许可，即许可方允许受许可方在指定地区内使用许可协议项下的专利技术，但与此同时，许可方保留自己在该地区使用该项技术，或将同一技术再授予第三人以使用许可的权利。

还有一种分许可协议，是指许可协议的受许可人经许可人的同意，并在许可协议允许的条件下，以自己的名义把协议项下的专利技术提供给第三者使用的一种许可协议。分出去的许可协议是普通许可协议，一般不能再分许可。

3. 专利的指定许可

这是指国有企业事业单位的发明专利，对国家利益或者公共利益具有重大意义的，国务院有关主管部门和省、自治区、直辖市人民政府报经国务院批准，可以决定在批准的范围内推广应用，允许指定的单位实施，由实施单位按照国家规定向专利权人支付使用费。

4. 专利的开放许可

这是指专利权人自愿以书面方式向国务院专利行政部门声明愿意许可任何单位或者个人实施其专利，并明确许可使用费支付方式、标准的，由国务院专利行政部门予以公告，实行开放许可的一种许可他人使用专利权人专利的方式。

实施开放许可的条件：①专利权人自愿以书面方式向专利局作出声明，并明确许可使用费支付方式与标准，由专利局予以公告；②专利权人就实用新型、外观设计专利提出开放许可声明的，应当提供专利权评价报告；③任何单位或者个人有意愿实施开放许可的专利的，以书面方式通知专利权人，并依照公告的许可使用费支付方式、标准支付许可使用费后，即获得专利实施许可。

实施开放许可的法律效力：①开放许可实施期间，对专利权人应缴纳的专利年费相应给予减免。②实行开放许可的专利权人可以与被许可人就许可使用费进行协商后给予普通许可，但不得就该专利给予独占或者排他许可。

专利开放许可的撤回：①专利权人撤回开放许可声明的，应当以书面方式提出，并由国务院专利行政部门予以公告。②开放许可声明被公告撤回的，不影响在先给予的开放许可的效力。

专利开放许可纠纷的解决：①当事人就实施开放许可发生纠纷的，由当事人协商解决；②当事人不愿协商或者协商不成的，可以请求国务院专利行政部门进行调解，也可以向人民法院起诉。

5. 专利的强制许可

这是指专利局在一定条件下，不需要经过专利权人的同意，准许其他单位和个人实施专利权人的专利的一种强制性法律手段。

在以下情况出现时才给予强制许可：

（1）有下列情形之一的，国务院专利行政部门根据具备实施条件的单位或者个人的申请，可以给予实施发明专利或者实用新型专利的强制许可：①专利未得实施或未得充分实施的情形。专利权人自专利权被授予之日起满三年，且自提出专利申请之日起满四年，无正当理由未实施或者未充分实施其专利的。②专利权行使涉嫌垄断行为的情形。专利权人行使专利权的行为被依法认定为垄断行为，为消除或者减少该行为对竞争产生的不利影响的。

（2）国家出现紧急状态或非常情况时的强制许可。即在国家出现紧急状态或者非常情况时，或者为了公共利益的目的，国务院专利行政部门可以给予实施发明专利或者实用新型专利的强制许可。

（3）出于公共健康目的的强制许可。即为了公共健康目的，对取得专利权的药品，国务院专利行政部门可以给予制造并将其出口到符合中华人民共和国参加的有关国际条约规定的国家或者地区的强制许可。

（4）前后项关联专利之间的强制许可。即一项取得专利权的发明或者实用新型比前已经取得专利权的发明或者实用新型具有显著经济意义的重大技术进步，其实施又有赖于前一发明或者实用新型的实施的，国务院专利行政部门根据后一专利权人的申请，可以给予实施前一发明或者实用新型的强制许可。当然在前述给予强制许可的情况下，国务院专利行政部门根据前一专利权人的申请，也可以给予实施后一发明或者实用新型的强制许可。

此外，专利法也规定专利强制许可的相应限制：

（1）强制许可涉及的发明创造为半导体技术的，其实施限于公共利益的目的和“专利权行使涉嫌垄断行为的情形”。

（2）除依照专利法关于“专利权行使涉嫌垄断行为的情形”“出于公共健康目的的强制许可”规定给予的强制许可外，强制许可的实施应当主要为了供应国内市场。

（3）依照专利法关于“专利未得实施或未得充分实施的情形”“前后项关联专利之间的强制许可”规定申请强制许可的单位或者个人应当提供证据，证明其以合理的条件请求专利权人许可其实施专利，但未能在合理的时间内获得许可。

（4）取得实施强制许可的单位或者个人不享有独占的实施权，并且无权允许他人实施。

（5）取得实施强制许可的单位或者个人应当付给专利权人合理的使用费，或者依照中华人民共和国参加的有关国际条约的规定处理使用费问题。付给使用费的，其数额由双方协商；双方不能达成协议的，由国务院专利行政部门裁决。

国务院专利行政部门作出的给予实施强制许可的决定，应当及时通知专利权人，并予以登记和公告。

给予实施强制许可的决定，应当根据强制许可的理由规定实施的范围和时间。强制许可的理由消除并不再发生时，国务院专利行政部门应当根据专利权人的请求，经审查后作出终止实施强制许可的决定。

专利权人对国务院专利行政部门关于实施强制许可的决定不服的，专利权人和取得实施强制许可的单位或者个人对国务院专利行政部门关于实施强制许可的使用费的裁决不服的，可以自收到通知之日起 3 个月内向人民法院起诉。

任务案例六：

某制药企业新开发了一种治疗高血压的新药，于是向国家专利局申请发明专利，由于药品关乎消费者人身健康，因此审查过程非常严格，导致这一款自申请日起第 9 年才获得专利权，于是该企业要求国家专利局按专利法的规定延长其专利的保护期限为自申请日起 25 年。

请问：该企业的主张有没有问题？为什么？

任务案例七：

吴某发明了一种“自行车笔式充气装置”，并获得专利。某年 10 月吴某与某配件厂签订专利许可使用合同。合同约定：由吴某提供技术至配件厂生产出合格产品后，配件厂支付使用费 80000 元。合同签订后配件厂于第二年 4 月试制成功，并已批量生产了该装置。配件厂向吴某支付了部分使用费 32000 元。此后配件厂以该产品销路不好，工厂亏损大为理由，不再继续支付技术使用费。吴某多次催要无效，于当年 8 月向法院提起诉讼。被告则以该产品销路不好，工厂亏损为由，请求法院判决吴某的专利无效。

请问：本案中配件厂能否请求法院判决专利无效？为什么？

任务案例八：

张三的一项技术获得了实用新型专利半年后，其将这项技术转让给李四，李四向其支付了 10 万元的转让费用。李四正在做实施该专利技术的准备时，该技术被专利复审委员会宣告无效。得知此事后，李四很气愤，于是要求张三退还专利转让费，张三则以专利宣告无效的决定不具有溯及力为由不肯返还专利转让费。

请问：张三需不需要返还专利转让费？为什么？如果李四已经通过销售专利产品获利 20 万元，该专利被宣告无效后本案的处理和前一种情况会不会有不同？为什么？

知识链接（二）

二、专利权的期限、终止和无效

1. 专利权的期限

专利权的期限即专利权有效期间。发明专利权的期限为 20 年，实用新型专利权的期限为 10 年，外观设计专利权的期限为 15 年，均自申请日起计算。

自发明专利申请日起满 4 年，且自实质审查请求之日起满 3 年后授予发明专利权的，国务院专利行政部门应专利权人的请求，就发明专利在授权过程中的不合理延迟给予专利权期限补偿，但由申请人引起的不合理延迟除外。

为补偿新药上市审评审批占用的时间，对在中国获得上市许可的新药相关发明专利，国务院专利行政部门应专利权人的请求给予专利权期限补偿。补偿期限不超过 5 年，新药批准上市后总有效专利权期限不超过 14 年。

2. 专利权的终止

有下列情形之一的，专利权在期限届满前终止：

（1）没有按照规定缴纳年费的；

（2）专利权人以书面声明放弃其专利权的。

专利权在期限届满前终止，由国务院专利行政部门登记和公告。

3. 专利权的无效

我国《专利法》对专利权宣告无效的主要规定如下：

（1）自国务院专利行政部门公告授予专利权之日起，任何单位或者个人认为该专利权的授予不符合《专利法》的有关规定，都可以请求国务院专利行政部门宣告该专利权无效。

（2）国务院专利行政部门对宣告专利权无效的请求进行审查，作出决定，并通知请求人和专利权人。宣告专利权无效的决定，由国务院专利行政部门登记和公告。宣告无效的专利权视为自始即不存在。

（3）对国务院专利行政部门宣告发明专利权无效或者维持发明专利权的决定不服的，可以在收到通知之日起3个月内向人民法院起诉。

（4）宣告专利权无效的决定，对在宣告专利权无效前人民法院作出并已执行的专利侵权的判决、裁定，已经履行或者强制执行的专利侵权纠纷处理决定，以及已经履行的专利实施许可合同和专利权转让合同，不具有追溯力。但是因专利权人的恶意给他人造成的损失，应当给予赔偿。此外，如果依照上述规定不返还专利侵权赔偿金、专利使用费、专利权转让费，明显违反公平原则的，应当全部或者部分返还。

> 【资料卡】
>
> 专利权被宣告无效的，如果专利权人或者专利权转让人不向被许可实施专利人或者专利权受让人返还专利使用费或者专利权转让费，明显违反公平原则，专利权人或者专利权转让人应当向被许可实施专利人或者专利权受让人返还全部或者部分专利使用费或者专利权转让费。

任务案例九：

W公司未经许可擅自使用H公司专利技术生产并销售了变频家用空调器5000台。G家电销售公司在明知W公司侵犯H公司专利权的情况下，从W公司进货2000台，并已实际售出1600台。M宾馆在不知W公司侵犯H公司专利权的情况下，也从W公司购入200台并已安装使用。H公司发现W公司、G公司和M宾馆的上述生产、销售和使用行为后，向法院起诉，状告W公司、G公司和M宾馆侵犯其专利权。

请问：W公司、G公司与M宾馆的行为是否是专利侵权行为？为什么？

任务案例十：

甲企业为自己的A发明申请了专利，但乙企业在甲企业搞出A发明之前一星期也搞出了A发明，但没有申请专利，只是做了积极的准备，准备实施该技术。在甲企业申请专利后三个月左右，乙企业已经开始试生产A技术生产的产品。在甲企业获得专利技术时，其已正式投产，每天生产800件产品。半年后，由于这种产品销售看好，于是乙企业扩大生产，开始每天生产1500件产品。

请问：乙企业的行为是不是专利侵权行为？为什么？

任务案例十一：

美国游轮T号航行至中国上海港进行给养补充时，发现轮船上的一个零件损坏，于是就用船上备用的零件换了上去。事后，这件事让小李得知了，小李认为这种零件是自己已获得专利的专利产品，而该游轮未经自己同意就将其装上轮船，是专利侵权行为，因此向法院提起诉讼。

请问：游轮的这种行为是专利侵权行为吗？为什么？如果T是美国货轮，其出口一船该种零件来中国的话，其结果是否会有所不同？为什么？

任务案例十二：

甲公司搞出一种新技术并为其申请了专利，生产了专利产品A，由于该公司的销售范围主要在中国南方，因此中国北方的乙公司发现这种产品在北方也有一定的市场，于是就于2014年3月偷偷地开始生产和销售A产品，但数量不大且仅限于公司周边地区。2017年5月甲公司销售人员一次到北京开会的过程中偶然发现了这一情况，于是回来后公司即向法院提起诉讼，要求乙公司承担侵权责任。但乙公司辩称自侵权行为发生之日起到现在已有三年多时间，因此法院不应受理该案。

请问：法院能否受理这一案件？为什么？

任务案例十三：

某市甲公司的一项技术获得了发明专利，这项专利解决了行业内X产品上的一个大问题，使X产品的耐用性、精密度、可靠性得到了极大提高。邻省同行乙公司对此很是羡慕，但其又无法获得该专利的使用许可，于是乙公司就暗中偷偷地使用该技术生产自己的产品，并将产品销往边远省份，并在达到一定销量后保持不扩大。如此过了三年，第四年甲公司销售员出差时偶然得知此事，于是甲公司向乙公司提起诉讼要求其停止侵权行为并赔偿损失。乙公司知道自己无理，于是就将自己的所有生产、销售记录全部销毁，以期将赔偿数额降到最低。

请问：在这种情况下，法院应该怎么办？

知识链接（三）

三、专利权的保护

1. 专利权保护的范围

发明或者实用新型专利的保护范围以其权利要求书的内容为准，说明书及附图可以用于解释权利要求；外观设计专利权的保护范围以表示在图片或者照片中的该外观设计专利产品为准。

2. 专利侵权

专利侵权，是指受《专利法》保护的有效专利权遭到侵害的行为。我国《专利法》规定的专利侵权行为主要是假冒他人专利行为，表现为：

（1）发明和实用新型专利权被授予后，除《专利法》另有规定的外，任何单位或者个人未经专利权人许可，实施其专利，即为生产经营目的制造、使用、许诺销售、销售、进口其专利产品，或者使用其专利方法以及使用、许诺销售、销售、进口依照该专利方法直接获得的产品。

（2）外观设计专利权被授予后，任何单位或者个人未经专利权人许可，实施其专利，即为生产经营目的制造、许诺销售、销售、进口其外观设计专利产品。

3. 不视为侵权的实施专利的行为

为社会整体利益，需对专利权作出适当限制。《专利法》规定，有下列情形之一的，不视为侵犯专利权：

（1）专利产品或者依照专利方法直接获得的产品，由专利权人或者经其许可的单位、个人售出后，使用、许诺销售、销售、进口该产品的；

（2）在专利申请日以前已经制造相同产品、使用相同方法或已经做好制造、使用的必要准备，并且仅在原有范围内继续制造、使用的；

（3）临时通过中国领陆、领水、领空的外国运输工具，依照其所属国同中国签订的协议或者共同参加的国际条约，或者依照互惠原则，为运输工具自身需要而在其装置和设备中使用有关专利的；

（4）专为科学研究和实验而使用有关专利的；

（5）为提供行政审批所需要的信息，制造、使用、进口专利药品或者专利医疗器械的，以及专门为其制造、进口专利药品或者专利医疗器械的。

另外，我国《专利法》还规定两种不承担专利侵权责任的情形：一是为生产经营目的使用、许诺销售或者销售不知道是未经专利权人许可制造并售出的专利侵权产品，能证明其产品合法来源的，不承担赔偿责任。二是在专利侵权纠纷中，被控侵权人有证据证明其实施的技术或者设计属于现有技术或者现有设计的，不构成侵犯专利权。

4. 专利权的保护

（1）专利权的保护措施。具体规定如下：

一是未经专利权人许可，实施其专利，即侵犯其专利权，引起纠纷的，由当事人协商解决；不愿协商或者协商不成的，专利权人或者利害关系人可以向人民法院起诉，也可以请求管理专利工作的部门处理。管理专利工作的部门处理时，认定侵权行为成立的，可以责令侵权人立即停止侵权行为，当事人不服的，可以自收到处理通知之日起 15 日内依照《中华人民共和国行政诉讼法》向人民法院起诉；侵权人期满不起诉又不停止侵权行为的，管理专利工作的部门可以申请人民法院强制执行。进行处理的管理专利工作的部门应当事人的请求，可以就侵犯专利权的赔偿数额进行调解；调解不成的，当事人可以依照《中华人民共和国民事诉讼法》向人民法院起诉。

二是专利权人或者利害关系人有证据证明他人正在实施或者即将实施侵犯专利权、妨碍其实现权利的行为，如不及时制止将会使其合法权益受到难以弥补的损害的，可以在起诉前依法向人民法院申请采取财产保全、责令作出一定行为或者禁止作出一定行为的措施。

三是为了制止专利侵权行为，在证据可能灭失或者以后难以取得的情况下，专利权人或者利害关系人可以在起诉前依法向人民法院申请保全证据。

（2）侵犯专利权的赔偿数额的确定。具体规定如下：

一是侵犯专利权的赔偿数额按照权利人因被侵权所受到的实际损失或者侵权人因侵权所获得的利益确定；权利人的损失或者侵权人获得的利益难以确定的，参照该专利许可使用费的倍数合理确定。对故意侵犯专利权，情节严重的，可以在按照上述方法确定数额的 1 倍以上 5 倍以下确定赔偿数额。

二是权利人的损失、侵权人获得的利益和专利许可使用费均难以确定的，人民法院可以根据专利权的类型、侵权行为的性质和情节等因素，确定给予 3 万元以上 500 万元以下的赔偿。

三是赔偿数额还应当包括权利人为制止侵权行为所支付的合理开支。

四是人民法院为确定赔偿数额，在权利人已经尽力举证，而与侵权行为相关的账簿、资料主要由侵权人掌握的情况下，可以责令侵权人提供与侵权行为相关的账簿、资料；侵权人不提供或者提供虚假的账簿、资料的，人民法院可以参考权利人的主张和提供的证据判定赔偿数额。

（3）关于药品专利权纠纷的特殊规定。具体规定如下：

一是药品上市审评审批过程中，药品上市许可申请人与有关专利权人或者利害关系人，因申请注册的药品相关的专利权产生纠纷的，相关当事人可以向人民法院起诉，请求就申请注册的药品相关技术方案是否落入他人药品专利权保护范围作出判决。国务院药品监督管理部门在规定的期限内，可以根据人民法院生效裁判作出是否暂停批准相关药品上市的决定。

二是药品上市许可申请人与有关专利权人或者利害关系人也可以就申请注册的药品相关的专利权纠纷，向国务院专利行政部门请求行政裁决。

三是国务院药品监督管理部门会同国务院专利行政部门制定药品上市许可审批与药品上市许可申请阶段专利权纠纷解决的具体衔接办法，报国务院同意后实施。

（4）专利权纠纷的诉讼时效。侵犯专利权的诉讼时效为 3 年，自专利权人或者利害关系人知道或者应当知道侵权行为以及侵权人之日起计算。

发明专利申请公布后至专利权授予前使用该发明未支付适当使用费的，专利权人要求支付使用费的诉讼时效为 3 年，自专利权人知道或者应当知道他人使用其发明之日起计算，但是，专利权人于专利权授予之日前即已知道或者应当知道的，自专利权授予之日起计算。

（5）假冒专利的行政责任和刑事责任。假冒他人专利的，除依法承担民事责任外，由负责专利执法的部门责令改正并予以公告，没收违法所得，可以处违法所得 5 倍以下的罚款；没有违法所得或违法所得在 5 万元以下的，可以处 25 万元以下的罚款；构成犯罪的，依法追究刑事责任。

项目2 ➡ 商标及其使用分析训练

任务1　商标法律关系分析

任务案例一：

美国甲公司在其本国申请获得 A 牌小轿车的注册商标专用权（产品未投放中国，也未在中国申请注册）。我国的乙厂生产的小轿车也使用 A 牌商标，并在我国市场上销售。

请问：我国乙厂的做法是否合法？为什么？

任务案例二：

某市水果罐头甲厂，生产菠萝罐头使用“常乐”牌未注册商标。没过多久，本市的另一家水果罐头乙厂派人找到甲厂领导，指责甲厂使用“常乐”商标与他们厂使用的“长乐”商标发音相同，要求甲厂停止使用，否则就构成侵权，要到法院起诉。后经了解，乙厂使用的“长乐”商标也是未经注册的商标。

请问：乙厂对甲厂提出的要求是否合法？为什么？

任务案例三：

我国的甲公司是一家主要生产饮料的企业，其为自己生产的饮料设计了一种独特的包装盒，并将这个包装盒作为商标向我国商标局提出注册申请并获得了商标权。无独有偶，其生产的这一饮料由于符合绿色食品标准，又获得了“绿色食品”标志商标。

请问：这两种商标分别是什么商标？为什么？

任务案例四：

甲厂生产的机电产品A产品质量好、信誉高，该产品使用的“翔宇”商标市场知名度高。于是甲厂委托自己的法律顾问在当地报纸上声明，自己的商标是驰名商标，如有他人使用，将追究其侵权责任。后乙厂在自己生产的服装上使用了“翔宇”商标，甲厂认为其侵权要追究其法律责任，因为商标法规定他人使用的商标与驰名商标相同，即使商品类别完全不同也算作侵权。

请问：乙厂行为是否侵权？为什么？

任务案例五：

甲公司是一家文化娱乐公司，它想注册一个比较特别的商标，于是就将自己公司开发一款新香水的香气和自己公司创作的一段30秒的音乐，向国家商标局申请注册商标。

请问：甲公司的这两个商标注册申请能获得批准吗？为什么？

知识链接（一）

一、商标概述

（一）商标的概念

商标是指商品的生产者、经营者或服务的提供者为使自己生产经营的商品、提供的服务与市场上其他同行生产经营的商品或提供的服务相区别而使用的文字、图形、字母、数字、三维标志、颜色组合和声音等以及前述要素的组合的标记。简言之，商标就是商品的标志。

1. 商标的特征

商标与相邻标记相比，其具有以下主要特征：

（1）商标具有依附商品与服务的从属性。商标是商品与服务的标志，商标的生存发展依附于商品与服务的生存和发展，对商品、服务有明显的从属性。

（2）商标具有市场竞争的排他性。商标是商品生产者、经营者或服务提供者的标志，是企业名声、信誉和评价的象征，不允许别人侵犯或损害，不允许出现混淆和误认，因此商标具有市场竞争的排他性。

（3）商标具有工业产权的有价性。在现代商品经济社会中，商品交换对商标的依赖性越来越大，商标在促进生产、繁荣市场、开展国际贸易、维护生产者和消费者利益方面都发挥着重要作用，其是工业产权的重要组成部分，具有工业产权的有价性。

2. 商标的作用

其具体表现为：

（1）表明商品来源。商标可以表明使用该商标的商品来源于哪个企业。企业可以通过商标把自己的商品与他人的商品相区别，从而引导消费，促进市场竞争。

（2）便于质量监督。经注册的商标受国家法律保护，但以次充好、粗制滥造、质量没有保证者，也会受到相应的处罚，严重者将被注销注册商标。转让注册商标、

【资料卡】

原始的商标符号远在古代就已经出现，即使图案粗糙，文字残缺，但是仍然在市场上发挥了其作用。我国是世界上使用商标最早的国家之一，国外使用商标的历史也非常久远。根据国外资料显示，在古代文化中，商标是由砖瓦、皮革的制作者作为产品的标记印刷在产品上。标记的符号通常是字的第一个字母的大写，或者是一些象征性的符号。而到了16、17世纪，英国开始在金属制品上打上英国制造的标记，在银质茶器上打上商标，由行业统一质量要求，控制生产。而19世纪以后，商标在现代商品流通中被大量使用，商标制度真正得以发展起来。

许可使用注册商标，按规定要求受让方、被许可方应当保证商品质量，许可方有权监督商品质量。

（3）促进市场交易。商场上许多驰名商标往往代表名牌商品，具有很强的市场竞争力。一个好的商品，配之以好的商标，有利于商品生产者、经营者开拓市场，提高商品知名度，从而赢得市场经济效益。

（二）商标的分类

1. 平面商标和立体商标

按照商标的具体形态划分，有平面商标和立体商标。

平面商标指以文字、图形、字母、数字、颜色组合或者前述要素的组合而成的标志。文字商标是最为常见的平面商标类型。

立体商标指以商品形状或者其容器、包装的形状构成的三维标志。

2. 注册商标和未注册商标

按照商标的法律状态划分，有注册商标和未注册商标。注册商标是指由当事人申请，经国家主管机关审查核准，予以注册的商标。注册商标是商标法保护的对象，其所有人享有商标专用权。

未注册商标是指其使用人未申请注册或者注册申请未被核准、未给予注册的商标。未注册商标可以自行在商品上使用，但其使用人不享有商标专用权，一般情况下，无权禁止他人使用相同商标，也无权阻止他人就相同商标提出注册申请。

3. 商品商标和服务商标

按照商标的识别对象划分，有商品商标和服务商标。商品商标是商品生产者或者经营者在生产、制造、加工、拣选或经销的有形商品上使用的标记。

服务商标是提供服务的经营者在其向社会提供的服务项目上使用的标记。服务商标用以标示和区别无形商品即服务、劳务，它的使用者是从事宾馆、餐饮、旅游、运输、广告、娱乐、金融、保险等服务的经营者。

4. 集体商标和证明商标

商标按其特殊性质可以分为集体商标和证明商标。集体商标是指以团体、协会或者其他组织名义注册、供该组织成员在商事活动中使用，以表明使用者在该组织中的成员资格的标志。

证明商标是指由对某种商品或者服务具有监督能力的组织所控制，而由该组织以外的单位或者个人使用于其商品或者服务，用以证明该商品或者服务的原产地、原料、制造方法、质量或者其他特定品质的标志。证明商标的使用具有开放性，凡是其商品或者服务的质量达到规定标准的任何人都可以申请使用。

5. 驰名商标和一般商标

根据我国《商标法》，驰名商标是指享有较高声誉，为公众所知并由商标主管机关加以认定的商标。我国商标局、商标评审机构、人民法院根据当事人的请求，在查明事实的基础上，认定其商标是否构成驰名商标时主要考虑下列因素：①相关公众对该商标的知晓程度；②该商标使用的持续时间；③该商标的任何宣传工作的持续时间、程度和地理范围；④该商标作为驰名商标受保护的记录；⑤该商标驰名的其他因素。

一般作为处理涉及商标案件需要认定的事实来认定驰名商标的情形主要有三种：一是在商

标注册审查、市场监督管理部门查处商标违法案件过程中，当事人依照《商标法》第十三条规定主张驰名商标权利的，商标局根据审查、处理案件的需要，可以对商标驰名情况作出认定。二是在商标争议处理过程中，当事人依照《商标法》第十三条规定主张驰名商标权利的，商标评审机构根据处理案件的需要，可以对商标驰名情况作出认定。三是在商标民事、行政案件审理过程中，当事人依照《商标法》第十三条规定主张驰名商标权利的，最高人民法院指定的人民法院根据审理案件的需要，可以对商标驰名情况作出认定。

与驰名商标相对的是一般注册商标。一般商标则是指在市场中使用的未被认定为驰名商标的商标。相对于一般商标而言，驰名商标不仅具有区别来源的基本功能，更重要的是它具有品质担保和信誉标示的作用。《巴黎公约》要求成员国给予驰名商标特别保护，即任何与驰名商标相混淆的商标应被拒绝或取消注册，并禁止使用。

同时，我国《商标法》也规定了“驰名商标”字样使用的限制，即：生产、经营者不得将“驰名商标”字样用于商品、商品包装或者容器上，或者用于广告宣传、展览以及其他商业活动中。

6. 形象商标与非形象商标

形象商标是指以文字、图形、字母、数字、三维标志和颜色组合，以及前述要素的组合而形成的可以通过视觉感知的标志作为商品或服务的商标。非形象商标是指以音响、气味、电子数据传输标记等通过听觉、嗅觉等感官才能感知的标志作为商品或服务的商标。在非形象商标中，我国《商标法》目前仅保护声音商标。声音商标是指以独特的、能起到标志性作用的一段声音作为商品或服务的商标。但一般为达到该商品使用目的所需的声音，或为达到某种技术效果所需的声音不得注册，另外不具有标识性的通用声音也不得注册为商标。

二、商标法概述

商标法是指确认商标专用权，规定商标注册、使用、转让、保护和管理的法律规范的总称。目前调整商标关系的法律主要有两部：一是《中华人民共和国商标法》（以下简称《商标法》），现行的是 2019 年 4 月全国人大常委会对其进行修订后的修订本；二是《中华人民共和国商标法实施条例》（以下简称《实施条例》），现行的是 2014 年 4 月国务院对其进行修订后的修订本。

任务案例六：

无锡市健康路上有一家“阿兴”酸辣汤店，在无锡非常有名。一次店主阿兴的朋友建议其将自己的店名“阿兴”去注册商标。但阿兴不知道，这符不符合商标法的规定，能不能获得商标注册。

请问：你能帮他分析一下吗？

任务案例七：

张三发现当地有一家企业生产的“五福”牌菜刀很好销，质量也很不错，而且这个“五福”标记还未申请注册。于是张三决定自己去注册这个“五福”商标，他想等到自己注册成功之后，就禁止这个企业用这个商标，如果这个企业想用，就得向自己买这个商标，到时自己就能赚一笔钱。于是张三向商标局提出注册申请。

请问：张三能否获得商标注册？为什么？

任务案例八：

A 公司拥有一个“好梦”牌席梦思床垫的注册商标，该商标有较高的知名度和美誉度，B

公司也是一个生产席梦思床垫的企业，其非常想贴上A公司的“好梦”商标来销售自己的席梦思，于是两个公司经过协商，A公司同意将商标转让给B公司，双方签好协议之后，B公司即向市场生产和销售标有该商标的床垫。三个月后，市场监督管理机关发现了这一情况，对两公司分别作出了行政处罚，两公司很不服气，觉得市场监督管理机关的行政执法活动不合法。

请问：市场监督管理机关的行政执法活动有没有问题？为什么？

知识链接（二）

三、商标法律关系概述

商标法律关系是商标法在调整市场主体的商标行为过程中所产生的法律上的权利和义务关系，其与其他法律关系一样，亦由主体、客体和内容构成。

其主体构成中由于义务主体为不特定的社会公众，因此这里只讨论其权利主体，即商标权的主体；其客体构成中主要有注册商标和未注册商标，未注册商标不能获得商标法对商标专用权的保护，因此这里也不作讨论；其内容构成中一方主体的权利即为另一方主体的义务，反之亦然，由于义务主体的不特定性，因此这里主要讨论权利主体的权利和义务。

四、商标法律关系的构成

（一）商标权的主体

1. 商标权的概念

商标权是商标所有人对法律确认并给予保护的商标所享有的权利。经商标局核准注册的商标为注册商标。在我国，商标注册人对其注册商标享有的商标专有权，受法律保护。

商标权是工业产权的一种，其与专利权一样，同样具有专有性、时间性、地域性和国家确认性的特点。

2. 商标权的主体

商标权的主体是指有权申请商标注册并依法取得商标所有权的自然人、法人或非法人组织（包括外国人、外国企业）。

（二）商标权的客体

商标权的客体，在我国是指经过国家商标局核准注册的商标，即注册商标。

（三）商标权的内容

1. 商标权人的主要权利

根据《商标法》的有关规定，商标权人享有以下权利：

（1）商标专用权。商标权人享有商标专用权，可以将其注册商标在核准的商品上使用，并因此获得合法利益。其他人未经商标权人许可，不得使用其注册商标。

（2）商标转让权。商标权人有权将其注册商标转让给其他单位或者个人。商标转让是商标所有权的转移。我国《商标法》对商标转让的具体规定如下：一是转让注册商标的，转让人和受让人应当共同向商标局提出申请。受让人应当保证使用该注册商标的商品质量；二是转让注册商标的，商标注册人对其在同一种商品上注册的近似的商标，或者在类似商品上注册的相同或者近似的商标，应当一并转让；三是对容易导致混淆或者有其他不良影响的转让，商标

【资料卡】

商标代表了产品的质量和信誉，所以国外法律一般要求商标转让时连同商标所在的企业一同转让。

局不予核准，书面通知申请人并说明理由；四是转让注册商标经核准后，予以公告。受让人自公告之日起享有商标专用权。

（3）商标许可权。商标注册人可以通过签订商标使用许可合同，许可他人使用其注册商标。许可人应当监督被许可人使用其注册商标的商品质量，被许可人应当保证使用该注册商标的商品质量。经许可使用他人注册商标的，必须在使用该注册商标的商品上标明被许可人的名称和商品产地。许可他人使用其注册商标的，许可人应当将其商标使用许可报商标局备案，由商标局公告。商标使用许可未经备案不得对抗善意第三人。

（4）商标续展权。注册商标有效期满，商标权人需要继续使用的，应当在期满前 12 个月内申请续展注册；在此期间未能提出申请的，可以给予 6 个月的宽展期。经过续展后的商标能继续享有商标专用权。

（5）商标诉讼权。他人侵犯商标权人的注册商标权的，商标权人可以向法院提起诉讼，追究侵犯人的法律责任。

2. 商标权人的主要义务

（1）使用注册商标的义务。商标注册后必须使用，即注册商标可用于商品、商品的包装或容器以及商品交易文书上或将商标用于广告宣传、展览及其他业务活动。

（2）确保商品质量的义务。商标注册人、受让人、被许可使用人应当保证注册商标的商品质量，不得粗制滥造，以次充好、欺骗消费者。商标使用许可人对被许可人使用其注册商标的商品质量负有监督义务。

（3）交纳费用的义务。商标权按规定在申请商标注册和办理其他商标事宜时缴纳费用，否则，商标局不予注册。

（4）其他义务。商标权人负有遵守商标管理规定的义务，如不得自行改变注册商标、注册事项，不得自行转让注册商标的义务等。

任务2 商标权的取得分析

任务案例一：

L 市卷烟厂（以下简称卷烟厂）向国家商标局申请注册“花王”商标，经商标局批准取得了“花王”商标专用权，核定使用的商品为该厂生产的甲、乙、丙三级卷烟。一次，该厂从某县购进的烟叶质量较差，经加工处理仍达不到卷烟丙级的质量标准，经厂务会会议研究，决定在这批低质卷烟上临时使用“经济”牌商标，并标上卷烟厂的厂名和地址，这批烟进入市场流通后，按丙级烟定价。

请问：L 市卷烟厂使用“经济”牌商标的行为是否违反了商标法的规定？为什么？

任务案例二：

甲公司于 2014 年 6 月 5 日为自己生产的蜂王浆申请“卡夫”牌商标，无独有偶，乙公司也为自己的蜂王浆在同一天申请这一商标。经查，甲公司于 2013 年 1 月 5 日开始使用这一商标，乙公司则还未使用过。

请问：商标局应将商标权授予谁？为什么？如果两个公司都未使用或都在同一天使用，该怎么办？

任务案例三：

海南省某公司于2006年在其乳制品上使用“花花妞”商标，该产品在当地有一定知名度。三亚市某牛奶公司于2011年将“花花妞”申请注册为该公司所产的牛奶的商标，2012年由国家商标局核准注册。2013年三亚市某牛奶公司向法院起诉，状告海南省某公司使用的“花花妞”商标侵犯了其注册商标权，请求法院判令被告停止侵权、赔偿损失。被告抗辩声称自己是“花花妞”商标的最先使用人，有权利继续使用自己的商标。

请问：被告的抗辩是否有道理？为什么？

任务案例四：

A公司是一家专业生产汽车轮胎的企业，它准备为自己企业生产的汽车轮胎按不同的规格和质量，申请三个商标，分别是“天地”“广域”和“神行”。于是其向商标局提出了一份商标注册申请。

请问：A公司能否获得商标注册？为什么？

任务案例五：

美国的A公司参加了中国政府于2008年5月15日在广州开办的广交会，在会上展出了其新产品和新产品使用的“安琪尔”商标。2008年11月12日该公司将“安琪尔”商标向中国商标局提出注册申请并要求优先权，但该年8月25日有一家中国的B公司已向商标局在同一类商品上申请注册了“安琪尔”商标。后商标局查明，中国B公司的这一商标于2006年就开始使用，而美国A公司的这一商标于2007年8月才开始使用。

请问：我国商标局应将这一商标的专用权授予哪个公司？为什么？

任务案例六：

甲食品厂为自己生产的饼干和糕点申请注册了“人间一品”商标，后其又开始生产面食和糖果，由于饼干、糕点、面食、糖果属于商品分类表上的同一类商品，于是甲厂在面食和糖果上也使用了“人间一品”商标。后被市场监督管理部门查处，并处以行政处罚。

请问：市场监督管理部门为什么可以查处甲厂？如果甲厂想避免这种情况应怎么办？如果甲厂一开始就为这四种产品申请注册这一商标，应如何申请？为什么？

任务案例七：

甲公司有一个“雅居乐”注册商标，用自己生产的A类商品上，用了十多年后这一商标成了驰名商标，于是甲公司就想将这个商标注册到其他类别的商品上去，于是公司就向国家商标局提起了一份商标注册申请，在申请中其表明要将这个商标注册到B类、C类、D类、E类、F类这五类商品上去。

请问：国家商标局会驳回该公司的商标注册申请吗？为什么？

知识链接（一）

一、商标权取得概述

（一）商标权取得的方式

商标权取得方式分为原始取得和继受取得。

1. 原始取得

原始取得又称直接取得。凡商标所有人取得其商标专用权不是以原来的商标所有人的商标权及其意志为依据，即为原始取得。在我国通过向商标局申请注册而取得商标专用权的，即为原始取得（本教材主要阐述这一取得方式）。

商标所有人可以委托商标代理机构向商标局申请注册商标，但商标代理机构知道或者应当知道委托人申请注册的商标属于违反了《商标法》第四条关于“不以使用为目的的恶意商标注册申请不予注册”的规定、第十五条关于“代理人或代表人以自己名义注册被代理人或被代表人商标的禁止使用与注册”的规定和“明知而注册他人使用的未注册商标”的禁止性规定、第三十二条关于“申请商标注册不得损害他人现有的在先权利，也不得以不正当手段抢先注册他人已经使用并有一定影响的商标”的规定的情形的，不得接受其委托。

2. 继受取得

继受取得是指商标所有人享有商标权是以原商标所有人的商标权及其意志为依据产生的。其主要是有两种情况：

（1）根据转让合同，由受让人从出让人处有偿或无偿地取得出让人的商标权。

（2）根据继承程序，由继承人继承被继承人的商标权。商标权中的财产权可以通过继承而取得。

（二）商标注册的原则

1. 诚实信用原则

申请注册和使用商标，应当遵循诚实信用原则。商标使用人应当对其使用商标的商品质量负责。各级市场监督管理部门应当通过商标管理，制止欺骗消费者的行为。

2. 自愿注册与强制注册相结合的原则

根据我国《商标法》，绝大多数商品采用自愿注册原则，商标是否注册，由当事人自行决定。同时，《商标法》规定了法律、行政法规规定必须使用注册商标的商品（即强制注册，如烟草制品等），必须申请商标注册，未经核准注册的，不得在市场销售。

3. 申请在先与使用在先相结合的原则

两个以上的申请人先后就同一种类的商品以相同或相似的商标申请注册的，商标局对申请在先者予以审核和注册，并驳回其他人的申请；同一天申请的，商标局对使用在先者予以审核和注册，驳回其他人的申请。

申请先后的确定以申请日为准。申请日的确定以商标局收到申请书和有关文件为准。当事人向商标局提交文件或者材料的日期，直接递交的，以递交日为准；邮寄的，以寄出的邮戳日为准；邮戳日不清晰或者没有邮戳的，以商标局实际收到日为准，但是当事人能够提出实际邮戳日证据的除外。通过邮政企业以外的快递企业递交的，以快递企业收寄日为准；收寄日不明确的，以商标局实际收到日为准，但是当事人能够提出实际收寄日证据的除外。以数据电文方式提交的，以进入商标局电子系统的日期为准。

4. 优先权原则

根据我国《商标法》，其主要可分为两种情况：

（1）商标注册申请人自其商标在外国第一次提出商标注册申请之日起 6 个月内，又在中国就相同商品以同一商标提出商标注册申请的，依照该外国同中国签订的协议或者共同参加的国际条约，或者按照相互承认优先权的原则，可以享有优先权。

依照上述规定要求优先权的，申请人应当在提出商标注册申请的时候提出书面声明，并且在3个月内提交第一次提出的商标注册申请文件的副本；未提出书面声明或者逾期未提交商标注册申请文件副本的，视为未要求优先权。

（2）商标在中国政府主办的或者承认的国际展览会展出的商品上首次使用的，自该商品展出之日起6个月内，该商标的注册申请人可以享有优先权。

依照上述规定要求优先权的，当事人应当在提出商标注册申请的时候提出书面声明，并且在3个月内提交展出其商品的展览会名称、在展出商品上使用该商标的证据、展出日期等证明文件；未提出书面声明或者逾期未提交证明文件的，视为未要求优先权。

5. 商标注册申请的单一性原则

即一份申请只能申请注册一件商标。根据我国《商标法》，其具体规定如下：

（1）申请商标注册的，应当按照规定的商品分类表填报使用商标的商品类别和商品名称。

（2）商标注册申请人可以通过一份申请就多个类别的商品申请注册同一商标。

6. 商标注册申请的书面形式原则

商标注册申请等有关文件，可以以纸质的书面方式或者电子化的数据电文方式提出。当事人向商标局提交文件，以书面方式提交的，以商标局所存档案记录为准；以数据电文方式提交的，以商标局数据库记录为准，但是当事人确有证据证明商标局档案、数据库记录有错误的除外。

任务案例八：

志伦贸易公司向商标局申请使用在洗衣粉上的“好媳妇”商标，被商标局驳回。驳回理由为：“媳妇”是人们对妻子的常用称谓，用于商标则缺乏显著性，故不予审定。志伦贸易公司不服，提请复审，申请复审的主要理由：该商标早已在台湾地区获得注册，尽管“媳妇”是个常用词，但并不违反商标法的条款，应予以审定并公告。

请问：“好媳妇”商标是否具有显著特征？商标评审机构应如何处理本案？

任务案例九：

甲公司准备将自己生产的一种卷烟申请“健康”商标。乙企业准备为自己生产的纤维套衫申请以“绵羊”图案为标记的商标。丙工厂准备为自己生产的以橘子汁为原料的橘子糖申请“橘子”商标。

请问：这些商标申请能否获得注册？为什么？

任务案例十：

国家商标局在这个月收到以下商标注册申请，其中哪些允许注册，哪些不允许？

（1）中联公司申请注册的“香脆”牌方便面商标；

（2）三笑纸巾公司申请注册以蒙娜丽莎的微笑为图像的微笑纸巾；

（3）一明茶叶公司申请注册“优质”牌茶叶商标；

（4）用粮食做的白酒申请注册“粮食”商标；

（5）江阴小月服装厂申请注册“haier”服装商标；

（6）开泰公司生产的拳击手套申请注册“他妈的”商标。

任务案例十一：

美国Tadia公司生产的“Tadia”牌汽车引擎清洗剂在世界上非常有名，是国际上的知名品牌，但该产品尚未进入中国，也未曾在中国进行过商标注册。国内有一家汽车引擎清洗剂生产企业甲公司生产的产品质量非常好，他们使用了“Tadla”作为自己产品的商标。后来美国

Tadia 公司发现了这一情况，认为甲公司侵权，要求赔偿损失。

请问：根据中国商标法规定，甲公司有没有侵犯美国 Tadia 公司的商标权？为什么？

任务案例十二：

无锡宜兴的 A 公司是生产咸鸭蛋的企业，其生产的咸鸭蛋口味非常好，由于其生产咸鸭蛋的鸭蛋都是由宜兴本地农户饲养的高邮麻鸭生产的，于是 A 公司在为自己的产品申请商标的图案中加上了“高邮”两字。商标注册获准后其产品的销路更好了。

请问：A 公司申请注册的商标有没有什么问题？

知识链接（二）

二、申请商标注册的条件

（一）积极注册条件

商标注册的积极条件是申请注册的商标必须具备的条件。具体有：

（1）商标必须具备法定构成要素。根据我国《商标法》的规定，任何能够将自然人、法人或者非法人组织的商品与他人的商品区别开的标志，包括文字、图形、字母、数字、三维标志、颜色组合和声音，以及上述要素的组合，均可以作为商标申请注册。

（2）商标必须具备显著特征且不与他人的在先权利相冲突。申请注册的商标，应当有显著特征，便于识别，并不得与他人在先取得的合法权利相冲突。商标的显著特征即商标的独特性或可识别性，立意新颖、独具风格，具有借以和其他同类商品和服务加以区别的特点的标志，才能取得商标注册。不与他人在先取得的合法权利相冲突，则是要求商标使用的标识不得侵犯他人已取得的合法权利，如：商标使用的图案已为他人的外观设计专利所使用，则不能再申请商标注册。

（二）消极注册条件

1. 不得作为商标使用的标志

（1）同中华人民共和国的国家名称、国旗、国徽、军旗、勋章相同或者近似的，以及中央国家机关所在地特定地点的名称或者标志性建筑物的名称、图形相同的；

（2）同外国的国家名称、国旗、国徽、军旗相同或者近似的，但该国政府同意的除外；

（3）同政府间国际组织的名称、旗帜、徽记相同或者近似的，但经该组织同意或者不易误导公众的除外；

（4）与表明实施控制、予以保证的官方标志、检验印记相同或者近似的，但经授权的除外；

（5）同“红十字”“红新月”的名称、标志相同或者近似的；

（6）带有民族歧视性的；

（7）带有欺骗性，容易使公众对商品的质量等特点或者产地产生误认的；

（8）有害于社会主义道德风尚或者有其他不良影响的。

县级以上行政区划的地名或者公众知晓的外国地名，不得作为商标。但是，地名具有其他含义或者作为集体商标、证明商标组成部分的除外；已经注册的使用地名的商标继续有效。

2. 不得作为商标注册的标志

（1）仅有本商品的通用名称、图形、型号的；

（2）仅直接表示商品的质量、主要原料、功能、用途、重量、数量及其他特点的；

（3）缺乏显著特征的。

上述所列标志经过使用取得显著特征的并便于识别的，可以作为商标注册。

3. 不得作为商标注册的三维标志

以三维标志申请注册商标的，仅由商品自身的性质产生的形状、为获得技术效果而需有的商品形状或者使商品具有实质性价值的形状，不得注册。

4. 与国外驰名商标相同或近似的标志禁止使用与注册的规定

（1）就相同或者类似商品申请注册的商标是复制、摹仿或者翻译他人未在中国注册的驰名商标，容易导致混淆的，不予注册并禁止使用。

（2）就不相同或者不相类似商品申请注册的商标是复制、摹仿或者翻译他人已经在中国注册的驰名商标，误导公众，致使该驰名商标注册人的利益可能受到损害的，不予注册并禁止使用。

5. 代理人或代表人以自己名义注册被代理人或被代表人商标的禁止使用与注册规定

未经授权，代理人或者代表人以自己的名义将被代理人或者被代表人的商标进行注册，被代理人或者被代表人提出异议的，不予注册并禁止使用。

6. 明知而注册他人使用的未注册商标的禁止性规定

就同一种商品或者类似商品申请注册的商标与他人在先使用的未注册商标相同或者近似，申请人与该他人具有“委托代理、委托代表”以外的合同、业务往来关系或者其他关系而明知该他人商标存在，该他人提出异议的，不予注册。

7. 地理标志在商标中的禁止使用与注册规定

地理标志是指标示某商品来源于某地区，该商品的特定质量、信誉或者其他特征，主要由该地区的自然因素或者人文因素所决定的标志。

商标中有商品的地理标志，而该商品并非来源于该标志所标示的地区，误导公众的，不予注册并禁止使用；但是，已经善意取得注册的继续有效。

8. 在限期内不得注册的标志

注册商标被撤销、被宣告无效或者期满不再续展的，自撤销、宣告无效或者注销之日起1年内，商标局对与该商标相同或者近似的商标注册申请，不予核准。

9. 申请注册的商标不得与他人的在先权利相冲突

如：他人已为某产品的包装图案申请了外观设计专利，商标申请人在商品上申请的注册商标就不得与其图案相同或相似。

10. 不以使用为目的的恶意商标注册申请不予注册

即对于为牟取不正当利益，不以使用为目的的恶意商标注册申请，商标局不予注册。

11. 与他人在同一种商品或类似商品上已注册或初步审定商标相同或近似的标志不予注册

申请注册的商标，凡同他人在同一种商品或者类似商品上已经注册的或者初步审定的商标相同或者近似的，由商标局驳回申请，不予公告。

12. 抢注他人已使用并有一定影响商标的禁止性规定

以不正当手段抢先申请注册他人已经使用并有一定影响的商标的，商标局不予注册。

13. 商标代理机构不得注册其代理服务项目以外的其他商标

商标代理机构除对其代理服务申请商标注册外，不得申请注册其他商标。

任务案例十三：

张三是一名大学教师，2009 年他发现网络上一直流行着“猪坚强”“范跑跑”这样的字眼，这使他敏锐地感觉到这些字眼可能是一个很好的商标题材，于是他向商标局提出了商标注册申请，其中“猪坚强”用于肉松、肉糜等猪肉制品上，“范跑跑”用于运动鞋这类商品上。

请问：张三的商标注册申请能否获得批准？为什么？

任务案例十四：

甲公司为自己生产的服装于2017年9月21日申请注册“迪卡尔”商标，无独有偶，乙公司也为自己生产的服装于同一天向商标局申请注册这一商标。据查，两个公司在申请商标注册前均未使用过这一商标，甲公司的注册申请是21日上午9点提出的，而乙公司的注册申请是21日下午2点提出的。

请问：商标局应如何处理这种情况？为什么？

任务案例十五：

甲企业向商标局注册了一个“九昊”商标，商标局于2006年8月5日进行了商标公告。全国性大公司九昊公司总经理在商标公告杂志上看到这种情况，于是在2006年9月15日向商标局提出了异议。

请问：九昊公司能不能提出商标异议？为什么？

任务案例十六：

A公司申请注册“蓝莓”商标，在初步审定公告后B公司提出了异议，商标评审机构对异议进行审理后作出了异议成立的裁定，A公司不服气，于是就以B公司为被告，在收到裁定书之日起的第15天向法院提起诉讼。

请问：法院是否会受理？为什么？

知识链接（三）

三、商标注册程序

（一）商标注册申请

1. 商标注册申请人

根据我国《商标法》，对商标注册申请人的具体规定有：

（1）自然人、法人或者非法人组织在生产经营活动中，对其商品或者服务需要取得商标专用权的，应当向商标局申请商标注册。

（2）两个以上的自然人、法人或者其他组织可以共同向商标局申请注册同一商标，共同享有和行使该商标专用权。

（3）外国人或者外国企业在中国申请商标注册的，应当按其所属国和中华人民共和国签订的协议或者共同参加的国际条约办理，或者按对等原则办理。其在中国申请商标注册和办理其他商标事宜的，应当委托国家认可的具有商标代理资格的组织代理。

2. 商标注册申请文件

每一件商标注册申请应当向商标局提交《商标注册申请书》1份、商标图样1份；以颜色组合或者着色图样申请商标注册的，应当提交着色图样，并提交黑白稿1份；不指定颜色的，应当提交黑白图样。

我国《商标法》对商标注册申请文件格式规范的规定主要有：

（1）商标图样应当清晰，便于粘贴，用光洁耐用的纸张印制或者用照片代替，长和宽应当不大于 10 厘米，不小于 5 厘米。

（2）以三维标志申请商标注册的，应当在申请书中予以声明，说明商标的使用方式，并提交能够确定三维形状的图样，提交的商标图样应当至少包含三面视图。

（3）以颜色组合申请商标注册的，应当在申请书中予以声明，说明商标的使用方式。

（4）以声音标志申请商标注册的，应当在申请书中予以声明，提交符合要求的声音样本，对申请注册的声音商标进行描述，说明商标的使用方式。对声音商标进行描述，应当以五线谱或者简谱对申请用作商标的声音加以描述并附加文字说明；无法以五线谱或者简谱描述的，应当以文字加以描述；商标描述与声音样本应当一致。

（5）申请注册集体商标、证明商标的，应当在申请书中予以声明，并提交主体资格证明文件和使用管理规则。

（6）商标为外文或者包含外文的，应当说明含义。

（二）商标注册申请的审查与核准

商标局接到商标注册申请后，应依《商标法》第二十八条规定进行初步审查，包括形式审查和实质审查。对申请注册的商标，商标局应当自收到商标注册申请文件之日起 9 个月内审查完毕，符合规定的，予以初步审定公告。

1. 形式审查

其审查的内容主要包括申请人资格，申请文件是否齐全、手续是否完备、费用是否已缴纳，填写内容是否符合要求，有无跨类或多报商标，商标申请日期是否在先等。

2. 实质审查

其审查的内容主要包括申请的商标是否违反禁用条款的规定，是否具备显著性，申请的商标是否在相同或类似商品上与他人已注册商标或已初步审定的商标相同或近似，是否与他人在先取得的合法权利相冲突等。

3. 商标公告

商标局对商标注册申请经过上述初步审查，认为符合《商标法》规定条件的，予以公告；认为不符合法定条件的，则驳回申请，不予公告。

对驳回申请、不予公告的商标，商标局应当书面通知商标注册申请人。商标注册申请人不服的，可以自收到通知之日起 15 日内向商标评审机构申请复审，商标评审机构应当自收到申请之日起 9 个月内做出决定，并书面通知申请人。当事人对商标评审机构的决定不服的，可以自收到通知之日起 30 日内向人民法院起诉。

4. 商标核准注册，授予商标专用权

对初步审定的商标，自公告之日起 3 个月内，无人提出异议或经裁定异议不能成立的，商标局即予核准注册，授予商标专用权和商标注册证，并予以公告。

（三）商标异议

对初步审定的商标，自公告之日起 3 个月内，在先权利人、利害关系人认为违反《商标法》第十三条第二款和第三款“与国外驰名商标相同或近似的标志禁止使用与注册的规定”、第十五条“代理人或代表人以自己名义注册被代理人或被代表人商标的禁止使用与注册规定”、第十六条第一款“地理标志在商标中的禁止使用与注册规定”、第三十条“与他人在同一种商品或类似商品上已注册或初步审定商标相同或近似的标志不予注册”、第三十一条“关于商标注册申请在先与使用在先的规定”、第三十二条规定“抢注他人已使用并有一定影响商标的禁止性规定”的，或者任何人认为违反《商标法》第四条“不以使用为目的的恶意商标注册申请不予注册”、第十条“不得作为商标使用的标志”、第十一条“不得作为商标注册的标志”、第十二条“不得作为商标注册的三维标志”、第十九条第四款“商标代理机构不得注册其代理服务项目以外的其他商标”规定的，可以向商标局提出异议。

对初步审定、予以公告的商标提出异议的，商标局应当听取异议人和被异议人陈述事实和理由，经调查核实后，自公告期满之日起 12 个月内做出是否准予注册的决定，并书面通知异议人和被异议人。有特殊情况需要延长的，经国务院市场监督管理部门批准，可以延长 6 个月。

商标局做出准予注册决定的，发给商标注册证，并予公告。异议人不服的，可以依照《商标法》关于“注册商标的无效宣告”的规定向商标评审机构请求宣告该注册商标无效。

商标局做出不予注册决定，被异议人不服的，可以自收到通知之日起 15 日内向商标评审机构申请复审。商标评审机构应当自收到申请之日起 12 个月内做出复审决定，并书面通知异议人和被异议人。有特殊情况需要延长的，经国务院市场监督管理部门批准，可以延长 6 个月。被异议人对商标评审机构的决定不服的，可以自收到通知之日起 30 日内向人民法院起诉。人民法院应当通知异议人作为第三人参加诉讼。

商标评审机构在依照上述规定进行复审的过程中，所涉及的在先权利的确定必须以人民法院正在审理或者行政机关正在处理的另一案件的结果为依据的，可以中止审查。中止原因消除后，应当恢复审查程序。

经审查异议不成立而准予注册的商标，商标注册申请人取得商标专用权的时间自初步审定公告 3 个月期满之日起计算。自该商标公告期满之日起至准予注册决定做出前，对他人在同一种或者类似商品上使用与该商标相同或者近似的标志的行为不具有追溯力；但是，因该使用人的恶意给商标注册人造成的损失，应当给予赔偿。

任务3 商标的使用分析

任务案例一：

山东省博兴县酒厂于 1988 年 6 月向国家商标局申请“董公”商标并获得核准注册，使用范围为酒类商品。1991 年 6 月，博兴县锦秋湖酒厂在同类商品上注册了“董乡”商标。但该厂在实际使用中擅自将繁体“乡”字改为简体的“乡”，而改简后的“乡”字写法又与“公”字极为相似。为此，山东省博兴县酒厂将博兴县锦秋湖酒厂告上法庭，起诉其侵犯了自己的注册商标权。

请问：被告的行为是否违法？为什么？

任务案例二：

A 公司为甲产品申请了两个商标：“晶晶亮”和“透心凉”商标，其产品主要用前一商标，而后一商标基本不用，偶尔在平面广告中会在不起眼的角落用一下。商标获准注册三年后，B 公司生产了一款甲产品的竞争产品乙产品，其非常想用“透心凉”商标，但由于该商标已被 A 公司注册，因此 B 公司向商标局提出 A 公司对该商标已连续三年停止使用，因而要求商标局撤销该商标。

请问：商标局是否应支持 B 公司的主张？为什么？

任务案例三：

张某开办了一家雪糕厂，生产各种雪糕，为了扩大产品的销量，张某决定在本厂的产品中使用一个别致的商标。考虑到本厂的主打产品是一种双棒雪糕，张某遂在雪糕的外包装上使用了“小蜜伴大款”这一商标，但未就该商标申请注册。该产品销向市场后受到了市场监督管理部门的查处。

请问：张某使用的商标是否一定要申请注册？为什么？张某的商标是否合法？为什么？

知识链接（一）

一、商标的使用管理

（一）注册商标的使用管理

1. 注册商标的使用情形

注册商标的使用有两种情形：

（1）注册商标所有人自己使用该注册商标。

（2）许可他人使用。根据许可权限的不同，其与专利许可一样，可有独占许可、排他许可、普通许可和分许可之分。

2. 注册商标的使用方式

（1）直接将注册商标用于自己的商品、商品包装或者容器以及商品交易文书上。

（2）将注册商标用于广告宣传、展览以及商业活动中，用于识别商品来源。

3. 注册商标的使用标记

使用注册商标，可以在商品、商品包装、说明书或者其他附着物上标明“注册商标”或者注册标记。注册标记包括（㊟）和（®）。使用注册标记，应当标注在商标的右上角或者右下角。

4. 注册商标使用中的禁止行为和可以申请撤销注册商标的行为

（1）注册商标使用中的禁止行为。商标注册人在使用注册商标的过程中，自行改变注册商标、注册人名义、地址或者其他注册事项的，由地方市场监督管理部门责令限期改正；期满不改正的，由商标局撤销其注册商标。

（2）注册商标使用中出现的可以由他人申请撤销注册商标的行为。注册商标成为其核定使用的商品的通用名称或者没有正当理由连续 3 年不使用的，任何单位或者个人可以向商标局申请撤销该注册商标。商标局应当自收到申请之日起 9 个月内做出决定。有特殊情况需要延长的，经国务院市场监督管理部门批准，可以延长 3 个月。

对商标局撤销或者不予撤销注册商标的决定，当事人不服的，可以自收到通知之日起 15 日内向商标评审机构申请复审。商标评审机构应当自收到申请之日起 9 个月内做出决定，并书面通知当事人。有特殊情况需要延长的，经国务院市场监督管理部门批准，可以延长 3 个月。当事人对商标评审机构的决定不服的，可以自收到通知之日起 30 日内向人民法院起诉。

（二）未注册商标的使用管理

使用未注册商标，有下列行为之一的，由地方市场监督管理部门予以制止，限期改正，并可以予以通报，违法经营额 5 万元以上的，可以处违法经营额 20% 以下的罚款，没有违法经营额或者违法经营额不足 5 万元的，可以处 1 万元以下的罚款：

（1）将未注册商标冒充注册商标使用的；

（2）使用未注册商标违反了《商标法》第十条关于“不得作为商标使用的标志”的规定的。

任务案例四：

甲公司申请注册了一个“夜莺”商标用在A商品上，商标于2005年6月18日获准注册。2015年8月20日乙公司在其生产的A商品上也用了“夜莺”商标。于是甲公司于9月1日向法院提起诉讼，追究其侵权责任。在法院审理过程中，乙公司辩称，甲公司商标权的有效期已满而未续展，商标应失效，因此其可以在自己的商品上使用这一商标。

请问：此时甲公司应怎么解决这一问题?

任务案例五：

A公司有一“海狮”图案的商标是驰名商标，其用“海狮”商标标注的商品十分好销。B公司生产的产品与A公司的相近，其为了促进销售，为自己的商品向商标局申请了一个“海豹”图案的商标。果然，用了这一商标后，其产品销路一路看好。由于A、B两公司一个在南方，一个在北方，双方的主力市场不同，因此直到6年后A公司才发现这一情况。

请问：A公司可否请求商标评审机构宣告B公司的商标权无效？为什么？

任务案例六：

甲公司向商标局申请注册了“明辉”商标，在商标局对此商标进行初步审定公告时，甲公司的竞争对手乙公司为了取得竞争优势，向商标局提出了该商标不具备显著性的异议，但最终被商标局认定异议不成立。甲公司取得注册商标后，使用该商标的产品销售一路看好，乙公司的市场份额不断萎缩，于是乙公司又以该商标不具备显著性申请宣告该注册商标无效。

请问：乙公司申请宣告注册商标无效的请求能否得到商标评审机构的支持？为什么？

知识链接（二）

二、注册商标的有效期限、续展与宽展

注册商标的有效期为10年，自核准注册之日起计算。

注册商标有效期满，需要继续使用的，应当在期满前12个月内申请续展注册；在此期间未能提出申请的，可以给予6个月的宽展期。宽展期满仍未提出申请的，注销其注册商标。

每次续展注册的有效期为10年，自该商标上一届有效期满次日起计算。续展注册经核准后予以公告。

三、注册商标的无效宣告、注销

（一）注册商标的无效宣告

1. 注册商标宣告无效的情形

（1）已经注册的商标，违反《商标法》第四、十、十一、十二条关于商标禁用性条款以及第十九条第四款关于商标代理机构申请注册商标的禁止性规定，或者是以欺骗手段或者其他不正当手段取得注册的，由商标局宣告该注册商标无效；其他单位或者个人可以请求商标评审机构宣告该注册商标无效。

商标局做出宣告注册商标无效的决定，应当书面通知当事人。当事人对商标局的决定不服的，可以自收到通知之日起15日内向商标评审机构申请复审。商标评审机构应当自收到申请之日起9个月内做出决定，并书面通知当事人。有特殊情况需要延长的，经国务院市场监督管理部门批准，可以延长3个月。当事人对商标评审机构的决定不服的，可以自收到通知之日起

30 日内向人民法院起诉。

其他单位或者个人请求商标评审机构宣告注册商标无效的，商标评审机构收到申请后，应当书面通知有关当事人，并限期提出答辩。商标评审机构应当自收到申请之日起 9 个月内做出维持注册商标或者宣告注册商标无效的裁定，并书面通知当事人。有特殊情况需要延长的，经国务院市场监督管理部门批准，可以延长 3 个月。当事人对商标评审机构的裁定不服的，可以自收到通知之日起 30 日内向人民法院起诉。人民法院应当通知商标裁定程序的对方当事人作为第三人参加诉讼。

（2）已经注册的商标，违反《商标法》第十三条第二款和第三款关于“与国外驰名商标相同或近似的标志禁止使用与注册的规定”、第十五条关于“代理人或代表人以自己名义注册被代理人或被代表人商标的禁止使用与注册的规定”、第十六条第一款关于“地理标志在商标中的禁止使用与注册的规定”、第三十条关于“在同一种商品或者类似商品上注册与他人已注册的商标相同或近似商标而不予公告的规定”、第三十一条关于“两个以上申请人在同一种商品或者类似商品上申请注册相同或者近似商标的处理原则的规定”、第三十二条关于“申请商标注册损害他人在先权利的规定”，自商标注册之日起五年内，在先权利人或者利害关系人可以请求商标评审机构宣告该注册商标无效。对恶意注册的，驰名商标所有人不受 5 年的时间限制。

商标评审机构收到宣告注册商标无效的申请后，应当书面通知有关当事人，并限期提出答辩。商标评审机构应当自收到申请之日起 12 个月内做出维持注册商标或者宣告注册商标无效的裁定，并书面通知当事人。有特殊情况需要延长的，经国务院市场监督管理部门批准，可以延长 6 个月。当事人对商标评审机构的裁定不服的，可以自收到通知之日起 30 日内向人民法院起诉。人民法院应当通知商标裁定程序的对方当事人作为第三人参加诉讼。

商标评审机构在依照前款规定对无效宣告请求进行审查的过程中，所涉及的在先权利的确定必须以人民法院正在审理或者行政机关正在处理的另一案件的结果为依据的，可以中止审查。中止原因消除后，应当恢复审查程序。

2. 注册商标宣告无效的法律后果

（1）宣告无效的注册商标，由商标局予以公告，该注册商标专用权视为自始即不存在。

（2）宣告注册商标无效的决定或者裁定，对宣告无效前人民法院做出并已执行的商标侵权案件的判决、裁定、调解书和市场监督管理部门做出并已执行的商标侵权案件的处理决定以及已经履行的商标转让或者使用许可合同不具有追溯力。但是，因商标注册人的恶意给他人造成的损失，应当给予赔偿。另外，依照前述规定不返还商标侵权赔偿金、商标转让费、商标使用费，明显违反公平原则的，应当全部或者部分返还。

（二）注册商标的注销

注册商标的注销主要有两种情形：

（1）注册商标所有人主动放弃商标专用权，报请商标局取消其注册商标。

（2）注册商标所有人在商标有效期限届满前的续展期内和届满后的宽展期内均未申请续展而被商标局注销该商标。

任务案例七：

北京某酒厂是“华灯”注册商标的商标权人，该商标使用在白酒商品上，河北某酒厂亦在白酒商品上使用未注册商标“华表”牌，且其酒瓶包装使用与“华灯”注册商标图样相似的装潢，北京某仓储运输公司帮助河北某酒厂运输，存储“华表”牌白酒并在北京某商场销售。北京某酒厂曾发函给河北某酒厂、北京某仓储运输公司及北京某商场，要求停止侵权，但这三家单位均未理睬。现北京某酒厂诉河北某酒厂、北京某仓储公司及北京某商场侵犯其“华灯”商标权。

请问：河北某酒厂、北京某仓储公司、北京某商场的行为是否是商标侵权行为？为什么？

任务案例八：

日用百货店店主张三从某市宝洁公司的代理商甲公司那儿购进了一批“飘柔”洗发水用于销售。一个月后宝洁公司将该店主告上了法院，起诉其商标侵权，原来他从宝洁公司代理商手中购进的是一批假冒商品。

请问：张三需不需要承担商标侵权的赔偿责任？为什么？

任务案例九：

原告南京某物业发展有限公司将位于南京市江宁区某镇内的千家湖申请为注册商标，核定使用范围为第36类。被告南京某房地产开发公司将其新开盘的高层住宅冠名为“千家湖•枫情国度”，并以该名在各大报纸上进行售楼宣传，其展出的样本房上使用的广告语为“千家湖畔•枫情国度”，其中“畔”字明显小于其他字体，故此原告诉诸法院，声称侵犯其商标权。

请问：被告的行为是否侵犯原告的商标权？为什么？

任务案例十：

苏州的某公司自2008年起就将“千颂依”这一商标用在自己定制生产的女装上，但一直未进行商标注册，不过由于该公司定制服装的质量、款项都非常好，因此在当地很有名气。2015年有一家生产服装的上海某公司将“千颂依”申请并获得了注册商标，于是该上海公司即要求苏州公司不得使用“千颂依”这一商标，但苏州的这家公司不予理睬，继续使用该商标。于是上海的这家公司就将苏州的这家公司告上法院，要求其停止侵权行为并赔偿损失。

请问：法院会支持上海公司的主张吗？为什么？如果法院查明，苏州的这家公司不仅在定制女装上使用了这一商标，还将这一商标用在批量生产的女装上，其处理结果会怎样？为什么？

知识链接（三）

四、注册商标专用权的保护

（一）注册商标的保护范围

注册商标的专用权，以核准注册的商标和核定使用的商品为限。

（二）商标侵权行为

1.商标侵权行为的具体情形

根据《商标法》第五十七条规定，有下列行为之一的，均属侵犯注册商标专用权：

（1）未经商标注册人的许可，在同一种商品上使用与其注册商标相同的商标的；

（2）未经商标注册人的许可，在同一种商品上使用与其注册商标近似的商标，或者在类似商品上使用与其注册商标相同或者近似的商标，容易导致混淆的；

（3）销售侵犯注册商标专用权的商品的；

（4）伪造、擅自制造他人注册商标标识或者销售伪造、擅自制造的注册商标标识的；

（5）未经商标注册人同意，更换其注册商标并将该更换商标的商品又投入市场的；

（6）故意为侵犯他人商标专用权行为提供便利条件，帮助他人实施侵犯商标专用权行为的；

（7）给他人的注册商标专用权造成其他损害的。

2. 按不正当竞争行为处理的商标侵权行为

将他人注册商标、未注册的驰名商标作为企业名称中的字号使用，误导公众，构成不正当竞争行为的，依照《中华人民共和国反不正当竞争法》处理。

3. 商标侵权行为的例外情形

（1）注册商标中含有的本商品的通用名称、图形、型号，或者直接表示商品的质量、主要原料、功能、用途、重量、数量及其他特点，或者含有的地名，注册商标专用权人无权禁止他人正当使用。

（2）三维标志注册商标中含有的商品自身的性质产生的形状、为获得技术效果而需有的商品形状或者使商品具有实质性价值的形状，注册商标专用权人无权禁止他人正当使用。

（3）商标注册人申请商标注册前，他人已经在同一种商品或者类似商品上先于商标注册人使用与注册商标相同或者近似并有一定影响的商标的，注册商标专用权人无权禁止该使用人在原使用范围内继续使用该商标，但可以要求其附加适当区别标识。

（三）对商标侵权行为的处理

对侵犯注册商标专用权行为，商标注册人或利害关系人可以通过以下途径解决：①因商标侵权行为引起纠纷的，由当事人协商解决；②当事人不愿协商或者协商不成的，商标注册人或利害关系人可以请求市场监督管理部门处理，对处理决定不服的，可再向法院起诉；③对于商标侵权行为，当事人不愿协商或协商不成的，商标注册人或者利害关系人也可以直接向人民法院起诉；④商标侵权行为涉嫌犯罪的，应当及时移送司法机关依法处理。

具体而言，对商标侵权行为可采取三种制裁措施：

1. 行政制裁

市场监督管理部门处理商标侵权案件时，在查清事实的基础上认定侵权行为成立的，有权采取以下处理措施：

（1）责令立即停止侵权行为；

（2）没收、销毁侵权商品和主要用于制造侵权商品、伪造注册商标标识的工具；

（3）违法经营额 5 万元以上的，可以处违法经营额 5 倍以下的罚款，没有违法经营额或者违法经营额不足 5 万元的，可以处 25 万元以下的罚款。

对五年内实施两次以上商标侵权行为或者有其他严重情节的，应当从重处罚。销售不知道是侵犯注册商标专用权的商品，能证明该商品是自己合法取得并说明提供者的，由市场监督管理部门责令停止销售。

在查处商标侵权案件过程中，对商标权属存在争议或者权利人同时向人民法院提起商标侵权诉讼的，市场监督管理部门可以中止案件的查处。中止原因消除后，应当恢复或者终结案件查处程序。

对恶意申请商标注册的，根据情节给予警告、罚款等行政处罚；对恶意提起商标诉讼的，由人民法院依法给予处罚。

2. 民事制裁

人民法院对受理的商标侵权案件，可以依法作如下处理：

（1）依当事人申请采取责令停止侵权行为和财产保全措施。商标注册人或者利害关系人有证据证明他人正在实施或者即将实施侵犯其注册商标专用权的行为，如不及时制止将会使其合法权益受到难以弥补的损害的，可以依法在起诉前向人民法院申请采取责令停止有关行为和财产保全的措施。

（2）依当事人申请进行证据保全。为制止侵权行为，在证据可能灭失或者以后难以取得的情况下，商标注册人或者利害关系人可以依法在起诉前向人民法院申请保全证据。

（3）责令侵权人赔偿损失。《商标法》对法院判令当事人赔偿损失作了以下规定：①侵犯商标专用权的赔偿数额的确定：一是按照权利人因被侵权所受到的实际损失确定；二是实际损失难以确定的，可以按照侵权人因侵权所获得的利益确定；三是权利人的损失或者侵权人获得的利益难以确定的，参照该商标许可使用费的倍数合理确定；四是对恶意侵犯商标专用权，情节严重的，可以在按照上述方法确定数额的 1 倍以上 5 倍以下确定赔偿数额；五是赔偿数额应当包括权利人为制止侵权行为所支付的合理开支。②为明确赔偿数额而对证据获取的相关规定：一是人民法院为确定赔偿数额，在权利人已经尽力举证，而与侵权行为相关的账簿、资料主要由侵权人掌握的情况下，可以责令侵权人提供与侵权行为相关的账簿、资料；二是侵权人不提供或者提供虚假的账簿、资料的，人民法院可以参考权利人的主张和提供的证据判定赔偿数额。③赔偿数额无法确定时的解决方法：权利人因被侵权所受到的实际损失、侵权人因侵权所获得的利益、注册商标许可使用费难以确定的，由人民法院根据侵权行为的情节判决给予 500 万元以下的赔偿。④侵权人无须承担赔偿损失责任的例外情形：一是注册商标专用权人请求赔偿，被控侵权人以注册商标专用权人未使用注册商标提出抗辩的，人民法院可以要求注册商标专用权人提供此前三年内实际使用该注册商标的证据。注册商标专用权人不能证明此前三年内实际使用过该注册商标，也不能证明因侵权行为受到其他损失的，被控侵权人不承担赔偿责任。二是销售不知道是侵犯注册商标专用权的商品，能证明该商品是自己合法取得并说明提供者的，不承担赔偿责任。

（4）侵权材料、工具及假冒注册商标商品的处理：一是人民法院审理商标纠纷案件，应权利人请求，对属于假冒注册商标的商品，除特殊情况外，责令销毁；对主要用于制造假冒注册商标的商品的材料、工具，责令销毁，且不予补偿；或者在特殊情况下，责令禁止前述材料、工具进入商业渠道，且不予补偿。二是假冒注册商标的商品不得在仅去除假冒注册商标后进入商业渠道。

3. 刑事制裁

根据我国《商标法》的规定，下列商标侵权行为应承担刑事责任：

（1）未经商标注册人许可，在同一种商品上使用与其注册商标相同的商标，构成犯罪的，除赔偿被侵权人的损失外，依法追究刑事责任。

（2）伪造、擅自制造他人注册商标标识或者销售伪造、擅自制造的注册商标标识，构成犯罪的，除赔偿被侵权人的损失外，依法追究刑事责任。

（3）销售明知是假冒注册商标的商品，构成犯罪的，除赔偿被侵权人的损失外，依法追究刑事责任。

第六模块 劳动与社会保障法

学习目标

【知识目标】

了解劳动法的概念和调整对象、我国劳动法现状、劳动法的基本原则、劳动争议的解决；理解并掌握劳动者的基本权益、劳动合同的订立和履行的各项法律规定。

【能力目标】

能够运用所学的劳动法律知识和方法分析解决实际劳动争议案例问题，能用所学劳动法律知识保护自己的合法劳动权益。

【思政要求】

养成积极参与劳动，依法遵守用人单位的规章制度，保护自己合法劳动权益的劳动观念。

引例

李某是某企业一名坐在流水线旁安装零部件的操作工，由于其为残疾人（腿部残疾），该企业在计付李某工资时只给了同岗位健康职工 80% 的工资，理由是残疾人上厕所比较慢，会影响工作进度，但实际上李某干的活一点都不比健康职工少。由于企业订单非常多，在李某进厂工作半年中基本上每月要加班 14 天，每天 4 小时，加班工资标准为正常上班日的工资除以 8 再乘以 4。李某在企业试用期两个月满后转为正式职工，与企业签订了劳动合同，但企业不愿意为其缴纳社保，只是同意每月多付李某 300 元钱。李某好不容易找到工作，无奈只得同意。半年后母亲过世，李某向单位请了 3 天事假，单位因此扣他 3 天的工资。事假过后的一个星期的星期三，李某在上班途中被一辆小车撞倒，造成肋骨骨折和手臂骨折。李某在医院治疗结束回企业上班时，其所在企业便宣告与李某的劳动关系终止，要求李某与企业结清工资后另谋出路。

此案例中李某所在企业有哪些违反劳动法的行为？

通过对本章的学习，你将找到这些问题的答案。

项目1 ➡ 劳动者基本权益分析训练

任务 劳动者基本权益分析

任务案例一：

大学生张三毕业后被某市市场监督管理局招收为临时工，在那儿工作了一年半，后因市场监督管理局机构改革，市场监督管理局辞退了他，但在结算收入时没有付给其经济补偿金，市场监督管理局的理由是自己是国家机关，国家机关用人不适用劳动法而适用公务员条例的规定，因此不必按劳动法的规定给予经济补偿金。另查，张三在该局上班期间未办任何用工录用手续。

请问：劳动法对张三与市场监督管理局之间存在的社会关系是否适用？为什么？

任务案例二：

下列哪些社会关系由劳动法调整？

（1）劳务派遣公司A公司因派遣劳工与接受派遣的B公司之间因派遣劳工工资问题所发生的争议。

（2）某航空公司因本公司的机长辞职到其他航空公司去而与该机长发生赔偿培养费诉讼。

（3）A公司因B公司员工张三、李四的服务质量问题而要求B公司退费赔偿。

（4）甲公司的供销员对外经营过程中被骗了10万元人民币，甲公司对其进行罚款1000元的处罚。

任务案例三：

近年来，有一些年轻人成了“啃老族”，即不愿去参加工作，成天只想玩电脑游戏，平时的生活所需还需其父母接济。而还有一些大学生毕业后努力找工作，但由于劳动力市场不景气，一连几个月甚至一年半载都找不到工作，也只能赋闲在家。

请用劳动法的基本原则分析这两种情形。

知识链接（一）

一、劳动法的概念和调整对象

劳动法是调整劳动者与各种企业、事业单位、国家机关、社会团体及其他社会组织之间因劳动而发生的社会关系及与此密切相关的其他社会关系的法律规范的总称。

劳动法的调整对象主要有：

1. 劳动关系

这是劳动力所有者（劳动者）与劳动力使用者（用人单位）之间实现劳动过程中的社会关系，其具体包括：

（1）劳动者与我国境内各企业间形成的劳动关系；

（2）劳动者与我国境内的个体经济组织间形成的劳动关系；

（3）劳动者与国家机关、事业组织、社会团体间通过建立劳动合同关系而形成的劳动关系。

2. 与劳动关系密切相关的其他社会关系

（1）劳动力管理方面的关系，即国家劳动行政机关、其他业务主管部门与用人单位之间因职工的招收、录用、调配、培训等方面发生的关系。

（2）劳动力配置服务方面的关系，即劳动服务公司、职业介绍机构、职业培训机构为劳动力的配置与流动提供服务过程中与用人单位、劳动者之间发生的关系。

（3）社会保障方面的关系，即国家社会保险机构与用人单位及劳动者之间因执行社会保险制度而发生的关系。

（4）工会活动方面的关系，即工会代表职工整体利益在开展各种活动中与用人单位之间发生的关系。

（5）监督劳动执法方面的关系，即国家劳动行政机关、卫生部门等与用人单位之间因监督、检查劳动法律、法规执行情况而产生的关系。

（6）处理劳动争议方面的关系，即国家劳动争议仲裁机构、人民法院与用人单位、职工之间因调解和审理劳动争议而产生的关系。

二、我国劳动法的现状

目前我国调整劳动关系及其相关关系的法律主要有三部。

1.《中华人民共和国劳动法》

其于1994年7月经全国人民代表大会常务委员会通过并颁布，1995年1月1日起施行，2009年、2018年经过两次修订，目前施行的是2018年修订的版本，是我国调整劳动关系的基本法律。

2.《中华人民共和国劳动合同法》

其于2007年6月29日第十届全国人民代表大会常务委员会第28次会议通过并颁布，从2008年1月1日起施行，2012年经过一次修订，目前施行的是2012年修订后的版本，是调整我国劳动合同关系的基本法律。为了配套这部法律，我国国务院于2008年9月3日第25次常务会议通过了《中华人民共和国劳动合同法实施条例》，并于9月18日颁布施行。

3.《中华人民共和国劳动争议调解仲裁法》

其于2007年12月29日第十届全国人民代表大会常务委员会第31次会议通过并颁布，并于2008年5月1日起施行，是我国劳动争议参与方如何在劳动调解与仲裁过程中解决劳动争议的基本法律。

除了上述三部法律外，我国还出台了一些相关的配套法律法规，如《工会法》《就业促进法》《社会保险法》《妇女权益保护法》《禁止使用童工规定》《工伤保险条例》等，构成了我国的劳动法律体系。

三、劳动法的基本原则

1. 劳动权利义务相一致原则

根据我国《宪法》的规定，有劳动能力的公民从事劳动，既是行使法律赋予的权利，又是履行对国家和社会所承担的义务。每一个有劳动能力的劳动者都享有平等的就业机会和职业选择权，同时都应在劳动岗位上认真履行劳动义务，按时保质保量完成劳动任务。

2. 保护劳动者合法权益的原则

首先体现为对劳动者的平等保护，即对于不同性别、民族、职业、职务的劳动者，他们在劳动法上的法律地位一律平等，禁止对劳动者有任何歧视；其次对特殊劳动群体，如妇女、未成年人、残疾人、少数民族劳动者等，应给予特殊保护。

3. 劳动法主体利益平等原则

劳动法主体利益包括国家、用人单位与劳动者利益。只有通过保障和促进劳动关系的健康、稳定发展，实现国家政治稳定、社会和谐和经济增长，才能使劳动者更好地实现自己的劳动权，用人单位获得更多的发展机会，从而促进三者利益协调平衡发展，实现三者利益的最大化。

任务案例四：

甲今年28周岁，其文化程度较低且又多病，因此多次寻找工作都没有着落。有一次其远房表哥介绍了一个工作给他，让他经常到广西南宁去取一些包裹回来，里面是摇头丸，每次其表哥都给他500元钱。

请问：甲是否已经就业？为什么？

任务案例五：

前些年，甲大学毕业后参加公务员录用考试，因成绩优异被某国家行政机关录取，但在体检时被查出是乙肝病毒携带者，于是该机关遂决定不予录取甲，甲不服向法院提起诉讼。

请问：根据我国现行劳动法的规定，该机关能否不录用甲？为什么？

任务案例六：

张小红是某私营企业的员工，该企业规定的工作时间是上午8：00至下午5：00，中午休息1小时，但该企业员工大都工作到下午6：00才下班，原因是如果员工不这样做，下月发工资时工资数额就会减少。张小红有一段时间由于家中有事，有几次准时回家了。到了发工资时，其工资被扣了150元。

请问：该私营企业的做法合法吗？为什么？

任务案例七：

申罗软件设计公司未明确规定从事软件设计的员工每天上下班的时间，因此有的员工下午上班半夜回家，有的则半夜上班早上回家，有的甚至一连几天都不上班，而这些员工领取工资的依据是准时交出所布置项目的软件设计稿即可。

请问：这是一种什么工作日种类？为什么？

知识链接（二）

四、就业促进制度

（一）促进就业

1. 就业与就业权利

就业是具有劳动能力的公民从事有劳动报酬或经营性收入的社会劳动。凡年满16周岁，具有劳动权利能力和劳动行为能力的公民都享有就业权利。

2. 促进就业的途径

国家促进就业的途径主要有：

（1）国家通过促进经济和社会发展，创造就业条件，扩大就业机会。

（2）国家鼓励企业、事业组织、社会团体在法律、行政法规规定的范围内兴办产业或者拓展经营，增加就业。

（3）国家支持劳动者自愿组织起来就业和从事个体经营实现就业。

3. 保障公平就业

国家保障公平就业的规定主要有：

（1）用人单位录用人员、职业中介机构从事职业中介工作，应向劳动者提供平等的就业机会和公平的就业条件，不得有就业歧视。

（2）国家保障妇女享有与男子平等的劳动权利。用人单位招用人员，除国家规定的不适合妇女的工种或者岗位外，不得以性别为由拒绝录用妇女或者提高对妇女的录用标准，在录用女职工时，不得在劳动合同中规定限制女职工结婚、生育的内容。

（3）各民族劳动者享有平等的劳动权利。用人单位招用人员，应当依法对少数民族劳动者给予适当照顾。

（4）国家保障残疾人的劳动权利。各级人民政府应当对残疾人就业统筹规划，为残疾人创造就业条件。用人单位招用人员，不得歧视残疾人。

（5）用人单位招用人员，不得以是传染病病原携带者为由拒绝录用。但是，经医学鉴定传染病病原携带者在治愈前或者排除传染嫌疑前，不得从事法律、行政法规和国务院卫生行政部门规定禁止从事的易使传染病扩散的工作。

（6）农村劳动者进城就业享有与城镇劳动者平等的劳动权利，不得对农村劳动者进城就业设置歧视性限制。

（二）就业服务

就业服务是政府职能部门对于求职人员提供的各项帮助和服务。

1. 就业服务机构

我国目前最主要的就业服务机构主要有：

（1）公共就业服务机构。主要可分为两类：一是市、区、县、镇（街道）各级人才交流服务中心；二是市、区、县、镇（街道）各级劳动就业服务中心；三是市、区、县、镇（街道）各级职业介绍服务中心；四是社区劳动服务站。公共就业服务机构不得从事经营性活动。公共就业服务机构举办的招聘会，不得向劳动者收取费用。

（2）职业中介机构。职业中介机构是指由法人、非法人组织和公民个人举办，为用人单位招用人员和劳动者求职提供中介服务以及其他相关服务的经营性组织。政府部门不得举办或者与他人联合举办经营性的职业中介机构。

职业中介实行行政许可制度。设立职业中介机构或其他机构开展职业中介活动，须经劳动保障行政部门批准，并获得职业中介许可证。未经依法许可和登记的机构，不得从事职业中介活动。职业中介许可证由人力资源和社会保障部统一印制并由当地劳动保障部门审核发放。

职业中介机构从事职业中介活动，应当遵循合法、诚实信用、公平、公开的原则。禁止任何组织或者个人利用职业中介活动侵害劳动者和用人单位的合法权益。

2. 就业服务内容

（1）职业介绍。即为劳动供求双方相互选择、实现就业而提供的各类职业介绍服务。

（2）转业训练。即为提高劳动者职业技术和就业能力的多层次、多形式的就业训练和转业训练服务。

（3）生产自救。即组织劳动者开展生产自救和创业的劳动就业服务企业。

（4）失业救济。即为保障失业者基本生活和帮助其再就业的失业保险服务。

五、工作时间与休息休假

（一）工时制度

工时制度是劳动者根据法律规定，在一昼夜（工作日）或一周（工作周）之内用于完成本职工作的时间。国家实行劳动者每日工作时间不超过 8 小时、平均每周工作时间不超过 44 小时的工时制度。我国的工作日种类主要有：

（1）标准工作日。根据《国务院关于修改〈国务院关于职工工作时间的规定〉的决定》的规定，职工每日工作 8 小时，每周工作 40 小时；国家机关、事业单位实行统一的工作时间，星期六和星期日为周休息日。企业和不能实行上述规定的事业单位可根据实际情况灵活安排周休日。

（2）缩短工作日。我国实际缩短工作日的有：①夜班工作时间缩短 1 小时；②从事矿山、井下、高山、低温、高温、严重有毒有害，特别繁重或过度紧张的劳动的，缩短为每天工作 6 或 7 小时；③哺乳未满 12 个月婴儿的女职工，每日可哺乳 1 小时；④未满 18 岁的未成年工实行低于 8 小时工作日。

（3）延长工作日。用人单位由于生产经营需要，经与工会和劳动者协商后可以延长工作时间，一般每日不得超过 1 小时；因特殊原因需要延长工作时间的，在保障劳动者身体健康的条件下延长工作时间每日不得超过 3 小时，但是每月不得超过 36 小时。

有下列情形之一的，延长工作时间不受上述规定限制：①发生自然灾害、事故或者因其他原因，威胁劳动者生命健康和财产安全，需要紧急处理的；②生产设备、交通运输线路、公共设施发生故障，影响生产和公众利益，必须及时抢修的；③法律、行政法规规定的其他情形。

（4）无定时工作日。即每天没有固定工作时数的工作日，如汽车司机、铁路道口看守人员、记者、森林巡查人员等工作的工作日即是这种。

（5）非全时工作日。即每日或每周工作时间少于标准工作日，由劳动者自由决定的工作时间，多适用于旅馆、饭店、商店或个体经营等服务性工作，劳动者多为学生、残疾人、老年人等，如肯德基快餐店实行的小时工作制即是这种方式。

（二）休息休假

（1）工作日内的休息时间。即工作日内的间歇时间，一般在工作 4 小时后，应给予半小时的休息时间。

（2）两个工作日间的休息时间。一般 8 小时工作时间以外的时间均为休息时间，不得低于 16 小时。无特殊情况时应保证劳动者能连续使用。

（3）每周公休日。即劳动者工作满一个工作周一般可休息 2 天。用人单位应当保证劳动者每周至少休息 1 日。从事特殊工种（如冶金、化工有毒有害工种等）的劳动者，可享有比普通职工更多的每周公休日。

（4）每年法定节假日。根据国务院 2024 年 11 月 10 日修订的《全国年节及纪念日放假办法》的规定，我国全体公民的法定节假日为：①元旦，放假 1 天（1 月 1 日）；②春节，放假 4 天（农历除夕、正月初一至初三）；③清明节，放假 1 天（农历清明当日）；④劳动节，放假 2 天（5 月 1 日、2 日）；⑤端午节，放假 1 天（农历端午当日）；⑥中秋节，放假 1 天（农历中秋当日）；⑦国庆节，放假3天（10月1日、2日、3日）。

部分公民放假的节日及纪念日：①妇女节（3月8日），妇女放假半天；②青年节（5月4日），14周岁以上的青年放假半天；③儿童节（6月1日），不满14周岁的少年儿童放假1天；④中国人民解放军建军纪念日（8月1日），现役军人放假半天。

（5）探亲假。具体规定有：①劳动者探望配偶，每年给假一次，假期为30天；②未婚职工探望父母的，原则上每年给假一次，假期20天。如因工作需要，当年不便休假或职工自愿的，可两年给假一次，假期为45天；③已婚职工探望父母，每四年给假一次，假期20天；④实行休假制度的职工（如学校教师），原则上不另行安排探亲假，但如果假期较短，则可由本单位适当安排，补足其探亲假的天数。

（6）带薪年休假。机关、团体、企业、事业单位、民办非企业单位、有雇工的个体工商户等单位的职工连续工作1年以上的，享受带薪年休假。单位应当保证职工享受年休假。职工在年休假期间享受与正常工作期间相同的工资收入。职工累计工作已满1年不满10年的，年休假5天；已满10年不满20年的，年休假10天；已满20年的，年休假15天。国家法定休假日、休息日不计入年休假的假期。

职工有下列情形之一的，不享受当年的年休假：①职工依法享受寒暑假，其休假天数多于年休假天数的；②职工请事假累计20天以上且单位按照规定不扣工资的；③累计工作满1年不满10年的职工，请病假累计2个月以上的；④累计工作满10年不满20年的职工，请病假累计3个月以上的；⑤累计工作满20年以上的职工，请病假累计4个月以上的。

年休假在1个年度内可以集中安排，也可以分段安排，一般不跨年度安排。单位因生产、工作特点确有必要跨年度安排职工年休假的，可以跨1个年度安排。

单位确因工作需要不能安排职工休年休假的，经职工本人同意，可以不安排职工休年休假。对职工应休未休的年休假天数，单位应当按照该职工日工资收入的300%支付年休假工资报酬。

任务案例八：

李雪因单位经营困难而被公司辞退了，但其公司在计算经济补偿金时只按她以前每月领取的基本工资给付，李雪认为这样计算不对，应按其被辞退前一个月公司给付的基本工资、奖金、津贴、计划生育补贴、清凉饮料费来计算其经济补偿金。

请问：李雪的说法有没有道理？为什么？

任务案例九：

2020年9月30日，某公司生产部发出通知，要求所有职工国庆节期间加班，理由是黄金周产品好销，节后补休。当马某提出加班应按规定支付加班费时，遭到了生产部经理的拒绝。十一期间，马某未去上班。节后，公司即以马某违反劳动纪律为由，宣布解除了公司与其的劳动合同，马某不服而向劳动仲裁机构提起仲裁。

请问：国庆节加班，节后补休是否应给付加班工资？加班工资应如何计算？为什么？

任务案例十：

王某（女，27岁）与某服装公司于2013年1月签订劳动合同，合同期限为三年，约定王某职务为公关部经理，月薪为8800元。2014年1月公司得知王某已怀孕五个月，即以其不能胜任工作为由将其辞退。王某不服，向劳动争议仲裁委员会申请仲裁。

请问：公司能否辞退王某？为什么？

任务案例十一：

无为县是某省的一个贫困县，有一家公司在该县投资了一个上亿元的煤矿项目，招收了一大批工人。县城中一些家境较困难的家庭纷纷将自己的孩子送到工厂中工作，有一些家长将自己家只有 15～17 周岁的孩子谎称 18 周岁都送去工作了。这家工厂的负责人见这样能帮助当地人，于是就将来报名的工人都收了下来，并安排了矿井下工作。

请问：这家企业的做法有没有什么问题？

知识链接（三）

六、工资

（一）工资概念、形式及其分配原则

1. 工资的概念、形式

工资是用人单位根据国家有关规定或劳动合同的约定，以货币形式直接支付给本单位劳动者的劳动报酬。工资应当以货币形式按月支付给劳动者本人。不得克扣或者无故拖欠劳动者的工资。

我国的工资形式主要有：①计时工资。即按单位时间工资率（计时工资标准）和工作时间支付给劳动者个人工资的一种形式，主要有月工资制、日工资制和小时工资制三种。②计件工资。即按劳动者完成的合格产品数量和预先规定的计件单位计算工资的形式。③奖金。即支付给劳动者的超额劳动报酬和增收节支的劳动报酬，有月奖、季度奖和年度奖，经济性奖金和一次性奖金，综合奖和单项奖等。④津贴。即对劳动者在特殊条件下的额外劳动消耗或额外费用支出给予物质补偿的一种工资形式。主要有岗位津贴、保健性津贴、技术性津贴等。

2. 工资的分配原则

（1）按劳分配原则。即多劳多得，少劳少得，等量劳动获取等量报酬，不劳动者不得。

（2）同工同酬原则。即用人单位对所有劳动者提供同等价值的劳动支付同等的劳动报酬。

（3）在经济发展的基础上逐步提高工资水平的原则。

（4）工资总量宏观调控原则。即国家对工资分配中的不合理因素进行国家干预的法律调控。

（二）工资总额的组成

根据国家统计局公布的《关于工资总额组成的规定》，工资总额包括：计时工资、计件工资、奖金、津贴和补贴、加班加点工资、特殊情况下支付的工资。

（三）企业工资制度

用人单位根据本单位的生产经营特点和经济效益，依法自主确定本单位的工资分配方式和工资水平。工资应当以货币形式按月支付给劳动者本人。不得克扣或者无故拖欠劳动者的工资。

（1）等级工资制。即根据劳动者的技术等级或职务等级划分工资级别，按等级发放工资的制度。

（2）效益工资制。即企业的工资总额同企业经济效益挂钩的制度。

（3）岗位技能工资制。岗位技能工资制包括岗位工资制和技能工资制。岗位工资制实行一岗一薪，易岗易薪。岗位工资由某一岗位的劳动繁重程度、劳动环境、工作责任大小等因素决定。技能工资是根据劳动者的劳动技能和工作业绩来考核决定。

（四）特殊情况下的工资

（1）依法参加社会活动期间的工资。劳动者在法定工作时间内参加社会活动，如参加人大代表选举、担任陪审员等，应视为提供了正当劳动，用人单位应向劳动者支付工资。

（2）加班加点的工资。劳动者加班加点的，用人单位应按下列标准支付工资：①安排劳动者延长工作时间的，支付不低于工资的 150% 的工资报酬；②休息日（周六、日）安排劳动者工作的，支付不低于工资的 200% 的工资报酬；③法定休假日安排劳动者工作的，支付不低于工资的 300% 的工资报酬。

（3）婚丧假期间的工资。劳动者本人结婚或其直系亲属死亡的婚丧假期间（包括路程假）用人单位应向劳动者支付工资。

（4）年休假、探亲假的工资。劳动者依法享受年休假、探亲假的，用人单位应按劳动合同规定的标准支付工资。

（5）停工期间的工资。非劳动者原因造成停工、停产在一个工资支付周期内的，用人单位应当按劳动合同规定的标准支付工资；超过一个工资支付周期的，若劳动者提供了正常劳动，则支付劳动者的报酬不得低于当地的最低工资标准；若劳动者没有提供正常劳动，则应按国家有关规定办理。

（五）最低工资保障制度

国家实行最低工资保障制度。用人单位支付劳动者的工资不得低于当地最低工资标准。最低工资的具体标准由省、自治区、直辖市人民政府规定，报国务院备案。

确定和调整最低工资标准应当综合参考下列因素：①劳动者本人及平均赡养人口的最低生活费用；②社会平均工资水平；③劳动生产率；④就业状况；⑤地区之间经济发展水平的差异。

七、劳动保护

劳动保护是改善劳动条件，保护劳动者在劳动过程中的安全与健康的劳动法律制度。用人单位必须建立、健全劳动安全卫生制度，严格执行国家劳动安全卫生规程和标准，对劳动者进行劳动安全卫生教育，防止劳动过程中的事故，减少职业危害。

劳动安全卫生设施必须符合国家规定的标准。新建、改建、扩建工程的劳动安全卫生设施必须与主体工程同时设计、同时施工、同时投入生产和使用。

用人单位必须为劳动者提供符合国家规定的劳动安全卫生条件和必要的劳动防护用品，对从事有职业危害作业的劳动者应当定期进行健康检查。

劳动者在劳动过程中必须严格遵守安全操作规程。劳动者对用人单位管理人员违章指挥、强令冒险作业，有权拒绝执行；对危害生命安全和身体健康的行为，有权提出批评、检举和控告。

劳动保护法律制度主要可分为劳动安全技术规程、劳动卫生规程和对女工与未成年工的特殊保护三个方面。

（一）劳动安全技术规程

劳动安全技术规程是劳动法规定的，防止劳动者在生产和工作过程中的伤亡事故，保障劳动者的安全和防止生产设备遭到破坏的各种技术要求和操作程序。其内容主要有：

（1）工厂安全技术规程。主要包括机器设备、电气设备、动力锅炉、压力容器和建筑物与通道的安全。

（2）矿山安全技术规程。主要包括建立、健全矿山安全生产责任制、矿山安全管理机构，加强安全教育和技术培训等方面。

（3）建筑安装工程安全技术规程。主要包括施工现场、脚手架、土石方工程、机电设备与安装、拆除工程。

（二）劳动卫生规程

劳动卫生规程是劳动法规定的，防止、消除生产过程中的职业危害，保障劳动者的身体健康的各种措施和办法。

劳动卫生规程的主要内容涉及防止粉尘、有害气体或液体的危害，防止噪声、强光的刺激和防暑防冻，个人防护用品的供应及职业病的防治等方面。其中职业病的防治是其重要内容。

（三）女职工与未成年工的特殊保护

1. 对女职工的特殊保护

其主要内容有：

（1）在从事工种方面，《女职工劳动保护特别规定》中规定了女工禁忌劳动范围：一是矿山井下作业；二是体力劳动强度分级标准中规定的第四级体力劳动强度的作业；三是每小时负重6次以上、每次负重超过20公斤的作业，或者间断负重、每次负重超过25公斤的作业。

（2）对女职工生理机能变化特殊过程中的保护，主要包括：①经期、孕期、哺乳期的保护，如：不得安排女职工在经期、孕期和哺乳期从事体力劳动强度分级标准中规定的第三级、第四级体力劳动强度的作业；不得安排女职工在怀孕期间从事高处作业、冷水作业、低温作业分级标准中规定的高处、冷水、低温作业；对怀孕7个月以上的女职工，用人单位不得延长劳动时间或者安排夜班劳动，并应当在劳动时间内安排一定的休息时间；女职工生育享受98天产假；对哺乳未满1周岁婴儿的女职工，用人单位不得延长劳动时间或者安排夜班劳动，女职工生育多胞胎的，每多哺乳1个婴儿每天增加1小时哺乳时间。②解决女职工生理卫生与哺乳方面特殊需求的措施。女职工比较多的用人单位应当根据女职工的需要，建立女职工卫生室、孕妇休息室、哺乳室等设施，妥善解决女职工在生理卫生、哺乳方面的困难。③预防和制止性骚扰的规定。在劳动场所，用人单位应当预防和制止对女职工的性骚扰。

（3）用人单位不得因女职工怀孕、生育、哺乳降低其工资、予以辞退、与其解除劳动或者聘用合同。

2. 对未成年工的特殊保护

未成年工在我国是指年满16周岁、未满18周岁的少年工人。对其的特殊保护主要包括：

（1）在从事的工种方面，不得安排其从事以下劳动：矿山井下劳动，有毒有害作业，国家规定的第四级体力劳动强度的劳动，其他禁忌从事的劳动。

（2）用人单位应对未成年工定期体检，预防和避免未成年人患职业病或职业中毒。

（3）法律禁止招用未满16周岁的儿童、少年做工、经商、当学徒。但文艺、体育和特种工艺单位确需招用的，必须遵守国家有关规定，并保障其接受义务教育的权利。

任务案例十二：

丁某是一国有企业B公司的员工，其与单位签有劳动合同，2013年因家里母亲生病向单位借了2万元钱，2015年公司因经济效益不好要裁掉丁某，但丁某的合同还未到期，于是B

公司就向丁某追讨债务，而丁某此时因为母亲看病早已负债累累，基本还不出钱。B公司就提出如果丁某能辞职，则自行免除其债务。丁某被迫主动辞职，后其到社保机构去领取失业金，被告知其是主动辞职的，因此不符合领取条件。

请问：丁某能否领取失业金？为什么？

任务案例十三：

李某2006年大学毕业后进入国有企业A公司工作，A公司为所有新进员工均办理了养老保险、医疗保险等社会保险项目，后李某于2014年3月初突发一场大病而住院治疗。住院期间，A公司以已为李某足额缴纳社保金为由停发了其工资，并要求其向社保机构申请有关医疗待遇。后A公司又于同年6月中旬解除与李某的劳动合同。

请问：A公司的做法正确吗？为什么？

任务案例十四：

小李是某职业技术学院化学制药系的学生，2014年2月16日，她被学校推荐到A药业公司实习，从事药品包装工作。实习单位未告知其该项工作有毒，也未为她们采取任何防护措施。2014年5月，小李感到身体不适，后经该省职业病医院诊断，发现是汞中毒。她遂要求A公司承担相应责任，但A公司以小李是实习生，且一起实习的学生中只有其中毒，不能排除是其他原因导致的为由，不愿意承担责任。

请问：A公司的做法正确吗？为什么？

任务案例十五：

司某是一外资企业的办公室文员，2016年5月其休完产假后上班，因公司订单过多，每人都超负荷工作。但由于其小孩才3个月，因此每天都提前1小时下班，公司经理发现后，要求其每天准时上下班，否则要扣发其工资。但司某为了保证小孩吃奶，仍然提前1小时下班。后在下月发工资时，公司以她早退为由，每天扣发其30元工资。

请问：公司的做法正确吗？为什么？

知识链接（四）

八、社会保险与福利

（一）社会保险

社会保险是劳动者因年老、患病、工伤、失业、生育等情况，丧失或暂时丧失劳动能力，或失去职业岗位时，国家和社会给予物质帮助和补偿的制度。

我国社会保险的险种主要有：退休保险、疾病或负伤保险、工伤或职业病保险、待业保险、生育保险。我国《劳动法》没有规定死亡保险，但规定：劳动者死亡后，其遗属依法享受遗属津贴。

1. 养老保险

这是劳动者在退休、离休后，根据其年龄条件、劳动条件、工龄（或工作年限）条件和有关规定而获得物质帮助的一种社会保险制度。我国目前实行的是国家基本养老保险、企业补充养老保险和个人储蓄性养老保险相结合的制度。

（1）国家基本养老保险的内容。目前我国主要采用了社会统筹与个人账户相结合的养老保险制度。企业与个人分别按法定比例缴纳养老保险费用，个人所缴费用进入其个人账户；企业缴费部分进入基本养老统筹基金，部分进入个人账户。个人账户储存额只用于职工养老，不得提前支取，职工调动时，可随之转移；职工死亡的，则可由其继承人继承。

（2）国家基本养老保险金的给付。其内容主要有：①我国享受养老金的年龄，一般情况下，男性干部、工人为年满 60 周岁，女性工人为年满 50 周岁、干部为年满 55 周岁。②在国家实施基本养老保险制度后参加工作的职工，个人缴费年限累计满 15 年的，退休后发给基本养老金；不满 15 年的，则不能享受基本养老金待遇，其个人账户储存额一次性支付给本人。

2. 失业保险

这是对失业人员失业期间的基本生活给予保障的一种社会保险制度。

（1）失业保险待遇的享受条件。具体有：①按照规定参加失业保险，所在单位和本人已按照规定履行缴费义务满 1 年；②非因本人意愿中断就业的；③已办理失业登记，并有求职要求的。

失业人员领取失业金期间有下列情形的，停止领取：①重新就业的；②应征服兵役的；③移居境外的；④享受基本养老保险待遇的；⑤被判刑收监执行的；⑥无正当理由拒不接受当地政府指定的部门或机构介绍的工作的；⑦有法律、行政法规规定的其他情况的。

（2）失业保险金的领取。失业人员失业前所在单位和本人按照规定累计缴费时间满 1 年不足 5 年的，领取失业保险金的期限最长为 12 个月；累计缴费时间满 5 年不足 10 年的，领取失业保险金的期限最长为 18 个月；累计缴费时间 10 年以上的，领取失业保险金的期限最长为 24 个月。重新就业后，再次失业的，缴费时间重新计算，领取失业保险金的期限可以与前次失业应领取而尚未领取的失业保险金的期限合并计算，但是最长不得超过 24 个月。

失业保险金的标准，按照低于当地最低工资标准、高于城市居民最低生活保障标准的水平，由省、自治区、直辖市人民政府确定。

3. 医疗、疾病保险

这是劳动者非因工引起的患病、负伤并暂时丧失劳动能力而获得必要的医疗服务和物质保障的一种社会保险制度。它包括医疗保险和病假待遇两项内容。

（1）医疗保险。我国目前实行的是基本医疗保险统筹基金和个人账户相结合的制度。用人单位缴纳的基本医疗费用分为两部分：一部分建立统筹基金，另一部分划入个人账户。个人缴纳的，则全部计入个人账户。

统筹基金和个人账户都有各自划定的支付范围，分别核算，不得相互挤占。同时，统筹基金有起付标准和最高支付限额的规定，起付标准原则上控制在当地从业人员上年度年平均工资的 9% ～ 11%，最高支付限额一般控制在当地从业人员上年度年平均工资的 3 ～ 5 倍。未到起付标准的医疗费用，由个人从个人账户中支付或自付。

（2）病假待遇。职工生病医疗期的长短与职工工龄长短有关，其规定有：①实际工作年限 10 年以下，在本单位工作年限 5 年以下的，为 3 个月；5 年以上的为 6 个月。②实际工作年限 10 年以上，在本单位工作 5 年以下的，为 6 个月；5 年以上 10 年以下的为 9 个月；10 年以上 15 年以下的为 12 个月；15 年以上 20 年以下的为 18 个月；20 年以上的为 24 个月。

在医疗期间，用人单位不得解除劳动合同，职工的病假工资、医疗救济费等按国家有关规定执行。

4. 工伤保险

这是职工因工致伤、病残、死亡，依法获得经济赔偿和物质帮助的一种社会保险制度。

（1）工伤范围。根据我国《工伤保险条例》的规定，职工有下列情形之一的，应当认定为工伤：①在工作时间和工作场所内，因工作原因受事故伤害的；②工作时间前后在工作场所内，从事与工作有关的预备性或收尾性工作受到事故伤害的；③在工作时间和工作场所内，因履行工作职能受到暴力等意外伤害的；④患职业病的；⑤因工外出期间，由于工作原因受到伤害或发生事故下落不明的；⑥在上下班途中，受到机动车事故伤害的；⑦法律、行政法规规定应认定为工伤的其他情形。

职工有下列情形的，视同工伤：①在工作时间和工作岗位，突发疾病死亡或在 48 小时内经抢救无效死亡的；②在抢险救灾等维护国家利益、公共利益活动中受到伤害的；③职工原在军队服役，因战、因公负伤致残，已取得革命伤残军人证，到用人单位后旧伤复发的。职工有①、②项情形的，享受工伤待遇；有③项情形的，享受除一次性伤残补助金以外的工伤保险待遇。

职工符合上述工伤范围的规定，但是有下列情形之一的，不得认定为工伤或者视同工伤：一是故意犯罪的；二是醉酒或者吸毒的；三是自残或者自杀的。

（2）工伤待遇。伤残待遇的确定和工伤职工的安置以评定劳动功能障碍程度、生活自理障碍程度为主要依据。因此职工发生工伤后，应进行劳动能力鉴定，其中劳动能力障碍分为 10 个等级（最重 1 级、最轻 10 级），生活自理能力障碍分为 3 个等级（生活完全、大部分、部分不能自理）。

工伤保险具有赔偿性质，待遇标准较高，工伤保险费由用人单位按照职工工资总额的一定比例缴纳，职工个人不需缴纳工伤保险费。

5. 生育保险

这是女职工在生育期间获得必要的经济补偿和医疗保健的一种社会保险制度。

（1）生育保险待遇的内容。其主要有：①产假。根据《女职工劳动保护特别规定》的规定，女职工生育享受 98 天产假，其中产前可以休假 15 天；难产的，增加产假 15 天；生育多胞胎的，每多生育 1 个婴儿，增加产假 15 天。女职工怀孕未满 4 个月流产的，享受 15 天产假；怀孕满 4 个月流产的，享受 42 天产假。②生育津贴。女职工产假期间的生育津贴，对已经参加生育保险的，按照用人单位上年度职工月平均工资的标准由生育保险基金支付；对未参加生育保险的，按照女职工产假前工资的标准由用人单位支付。③生育医疗待遇。女职工生育或者流产的医疗费用，按照生育保险规定的项目和标准，对已经参加生育保险的，由生育保险基金支付；对未参加生育保险的，由用人单位支付。

（2）生育保险金的支付。女职工的生育医疗费用和生育津贴，在其用人单位已参加生育保险基金统筹的，由社会保险机构生育保险基金中支付；否则，由用人单位支付。

（二）社会福利

这是基于业缘关系，行业或单位为满足职工物质文化生活，保证职工及其亲属的一定生活质量而提供的工资收入以外的津贴、设施和服务的社会福利项目。其具体可分为社会福利和集体福利。

社会福利是由国家和社会团体兴办公益性事业来体现，如各居民小区内设的健身设施；集体福利是由企业按工资总额和利润的一定比例来提取，用于医药费、集体福利设施、困难补助、福利性补贴等支出。

项目2 劳动合同订立和履行分析训练

任务1 劳动合同订立分析

任务案例一：

某灯箱广告有限公司系由两自然人甲和乙投资设立，业务范围为灯箱广告设计、制作和安装。平时，甲和乙负责拉订单和设计灯箱，灯箱的制作和安装则委托甲的表弟丙采购原材料制作并按要求安装，按件计价，每月结一次。一日，丙在安装过程中，不慎从梯上摔下，造成重伤。丙与甲、乙之间就丙的受伤是否构成工伤发生了争议。

请问：丙的受伤是否构成工伤？为什么？

任务案例二：

甲公司是一家大型企业，经济效益十分好，员工待遇很高。公司为了拓展业务，准备从应届大学生中招聘一批人员作为公司的储备干部。后公司总共招了40人，其中18人为女性，公司在与女性签订劳动合同时，要求女性承诺三年内不生育，才与她们签订合同，女性们为了获得这份工作，只得同意在劳动合同中增加承诺三年不生育的条款。

请问：甲公司能否这样做？为什么？

任务案例三：

2018年5月李四被甲公司聘为技术员，由于李四与甲公司总经理是哥们，关系很好，因此李四的薪水定得比较高。但过了5个月，该总经理被甲公司的上级母公司给撤换了，新来的总经理发现李四的工资有些高，就削减了30%。李四得知后非常不满意，于是就与新任总经理交涉。新任总经理告诉他，因为他与公司未签订劳动合同，因此总经理这样做已经很客气了。

请问：李四对此还可以怎么办？

知识链接（一）

一、劳动合同的概念和种类

（一）劳动合同的概念

劳动合同是指劳动者与用人单位（包括国家机关、企业事业单位、社会团体和私人雇主等）之间为确立劳动关系，明确双方权利和义务而达成的书面协议，是劳动关系产生的根据。

我国目前调整劳动合同的法律除了《劳动法》外，主要是《劳动合同法》，其调整的对象包括企业、个体经济组织、民办非企业单位与劳动者订立、履行、变更、解除或终止劳动合同过程中所产生的各种劳动合同关系，也包括国家机关、事业单位、社会团体和与其建立劳动关系的劳动者之间因订立、履行、变更、解除或终止劳动合同过程中所产生的劳动关系。

> 【想一想】
>
> 请谈一谈劳动合同与劳务合同、承揽合同的区别。

（二）劳动合同的种类

1. 固定期限劳动合同

这是指用人单位与劳动者约定合同终止时间的劳动合同。

2. 无固定期限劳动合同

这是指用人单位与劳动者约定无确定合同终止时间的劳动合同。

3. 以完成一定工作任务为期限的劳动合同

这是指用人单位与劳动者约定以某项工作的完成为合同期限的劳动合同。

二、劳动合同的订立

（一）劳动合同的订立原则

1. 合法原则

劳动合同在内容上不得违反国家法律的有关规定，在程序上必须符合《劳动法》和《劳动合同法》规定的签订程序，合同的形式必须符合法律规定。

2. 公平原则

劳动合同的内容应当公平合理，应公平、合理地确定双方的权利义务。

3. 平等自愿原则

劳动者与用人单位订立合同时的法律地位平等，是否订立合同由双方当事人自主决定。

4. 协商一致原则

用人单位和劳动者要对合同的内容达成一致意见。

5. 诚实信用原则

双方签订劳动合同时要诚实守信，不得有欺诈行为。

（二）劳动合同的形式

根据《劳动法》与《劳动合同法》的规定，劳动合同应当以书面形式订立。其具体规定如下：

（1）自建立劳动关系时起就应当订立书面劳动合同。

（2）已建立劳动关系，未同时订立书面劳动合同的，应当自用工之日起 1 个月内订立书面劳动合同。

如果用人单位自用工之日起超过 1 个月不满 1 年未与劳动者订立书面劳动合同的，应当向劳动者每月支付两倍的工资。

任务案例四：

张三被乙公司于某年 3 月聘为高级技术员，工资 5000 元 / 月，但乙公司未与其签订合同，由于工资都按月发放，因此张三对签不签合同也没在意。一年后张三升任技术经理，月薪为 8000 元 / 月。但其担任这一职务三个月后，乙公司以生产经营发生严重困难为由辞退了张三。

请问：张三被辞退时可获得哪些补偿?

任务案例五：

李小阳于今年 3 月被甲公司录用，成为其员工，被派往甲公司的 A 分公司工作，在劳动合同中约定合同期限为两年，试用期两个月。但两个月后，A 分公司的负责人对李小阳不太满意，于是甲公司又将其调至 B 分公司，但要求再试用一个月。李小阳对此表示十分感激，公司又给他一次机会，其愿意再试用一个月。

请问：甲公司这样的做法合法吗？为什么？

任务案例六：

小张是一家外资企业（甲公司）的高级技术员，公司在与其签订劳动合同时，又与其签订了一份保密协议，要求其在离职后的两年内，不得到与本公司生产或经营同类产品、从事同类业务的有竞争关系的单位中从事同类工作，并约定了违约金5万元。两年后，合同到期，小张离开了该公司，过了三个月他入职了另一家与原公司存在竞争关系的外资公司（乙公司），担任高级技术员。于是甲公司要求小张支付违约金，小张不服，向劳动仲裁机构提出申请，经查甲公司在小张离职后未向其支付任何经济补偿。

请问：甲公司的要求符不符合法律规定？为什么？

任务案例七：

赵天是A公司的技术人员，为了提高公司的科研攻关能力，A公司决定让赵天到某大学读硕士研究生，费用2.5万元由公司承担，但要求赵天与公司签订培养协议，约定赵天毕业后必须在A公司服务5年，否则应支付2万元违约金。毕业后赵天在A公司工作了3年，但此后其跳槽去了B公司。A公司遂要求其支付2万元违约金。

请问：赵天需不需要支付违约金？为什么？

任务案例八：

明石公司是一家小型民营企业，其主要员工为外来农民工。2008年1月1日以后，企业必须与所用员工订立劳动合同，并缴纳相关社会保险费用，而明石公司由于属于微利企业，根本就无法负担社保费用这块成本，于是其与员工签订劳动合同时，与员工商量：其愿意每月给员工加100元工资，但要求员工在劳动合同中书面要求企业不必为其上社保。外来农民工也愿意，于是双方就这样签订了劳动合同。

请问：劳动合同对社保费用的规定是否适当？为什么？

知识链接（二）

（三）劳动合同的内容

1. 劳动合同应当具备的条款

（1）用人单位的名称、住所和法定代表人或者主要负责人；

（2）劳动者的姓名、住址和居民身份证或者其他有效身份证件号码；

（3）劳动合同期限；

（4）工作内容和工作地点；

（5）工作时间和休息休假；

（6）劳动报酬；

（7）社会保险；

（8）劳动保护、劳动条件和职业危害防护；

（9）法律、法规规定应当纳入劳动合同的其他事项。

劳动合同除前款规定的必备条款外，用人单位与劳动者可以约定试用期、培训、保守秘密、补充保险和福利待遇等其他事项。

2. 劳动合同期限的规定

劳动者与用人单位协商一致，可以订立有固定期限、无固定期限和以完成一定工作为期限的劳动合同。

有下列情形之一，劳动者提出或者同意续订、订立劳动合同的，除劳动者提出订立固定期限劳动合同外，应当订立无固定期限劳动合同：

（1）劳动者在该用人单位连续工作满十年的。

（2）用人单位初次实行劳动合同制度或者国有企业改制重新订立劳动合同时，劳动者在该用人单位连续工作满十年且距法定退休年龄不足十年的。

（3）连续订立二次固定期限劳动合同，且劳动者没有《劳动合同法》所规定的用人单位可以解除劳动合同的情形和用人单位在提前 30 日通知劳动者或额外支付 1 个月工资后可以解除劳动合同的情形，续订劳动合同的。

（4）用人单位自用工之日起满一年不与劳动者订立书面劳动合同的，视为用人单位与劳动者已订立无固定期限劳动合同。

用人单位违反本法规定不与劳动者订立无固定期限劳动合同的，自应当订立无固定期限劳动合同之日起向劳动者每月支付两倍的工资。

3. 劳动报酬的规定

劳动合同对劳动报酬和劳动条件等标准约定不明确，引发争议的，用人单位与劳动者可以重新协商；协商不成的，适用集体合同规定；没有集体合同或者集体合同未规定劳动报酬的，实行同工同酬；没有集体合同或者集体合同未规定劳动条件等标准的，适用国家有关规定。

用人单位未在用工的同时订立书面劳动合同，与劳动者约定的劳动报酬不明确的，新招用的劳动者的劳动报酬按照集体合同规定的标准执行；没有集体合同或者集体合同未规定的，实行同工同酬。

4. 试用期的规定

（1）劳动合同期限三个月以上不满一年的，试用期不得超过一个月；劳动合同期限一年以上不满三年的，试用期不得超过两个月；三年以上固定期限和无固定期限的劳动合同，试用期不得超过六个月。

（2）同一用人单位与同一劳动者只能约定一次试用期。

（3）以完成一定工作任务为期限的劳动合同或者劳动合同期限不满三个月的，不得约定试用期。

（4）试用期包含在劳动合同期限内。劳动合同仅约定试用期的，试用期不成立，该期限为劳动合同期限。

（5）劳动者在试用期的工资不得低于本单位相同岗位最低档工资或者劳动合同约定工资的 80%，并不得低于用人单位所在地的最低工资标准。

（6）在试用期中，除劳动者有《劳动合同法》所规定的用人单位可以解除劳动合同和用人单位在提前 30 日通知劳动者或额外支付 1 个月工资后可以解除劳动合同的情形外，用人单位不得解除劳动合同。用人单位在试用期解除劳动合同的，应当向劳动者说明理由。

用人单位违反《劳动合同法》的规定与劳动者约定试用期的，由劳动行政部门责令改正；违法约定的试用期已经履行的，由用人单位以劳动者试用期满月工资为标准，按已经履行的超过法定试用期的区间向劳动者支付赔偿金。

5. 竞业限制的规定

（1）用人单位与劳动者可以在劳动合同中约定保守用人单位的商业秘密和与知识产权相关

的保密事项。对负有保密义务的劳动者，用人单位可以在劳动合同或者保密协议中与劳动者约定竞业限制条款，并约定在解除或者终止劳动合同后，在竞业限制期限内按月给予劳动者经济补偿。劳动者违反竞业限制约定的，应当按照约定向用人单位支付违约金。

（2）竞业限制的人员限于用人单位的高级管理人员、高级技术人员和其他负有保密义务的人员。竞业限制的范围、地域、期限由用人单位与劳动者约定，竞业限制的约定不得违反法律、法规的规定。

（3）在解除或者终止劳动合同后，竞业限制人员到与本单位生产或者经营同类产品、从事同类业务的有竞争关系的其他用人单位，或者自己开业生产或者经营同类产品、从事同类业务的竞业限制期限，不得超过两年。

6. 服务期的规定

（1）用人单位为劳动者提供专项培训费用，对其进行专业技术培训的，可以与该劳动者订立协议，约定服务期。

（2）劳动者违反服务期约定的，应当按照约定向用人单位支付违约金。违约金的数额不得超过用人单位提供的培训费用。用人单位要求劳动者支付的违约金不得超过服务期尚未履行部分所应分摊的培训费用。

（3）用人单位与劳动者约定服务期的，不影响按照正常的工资调整机制提高劳动者在服务期期间的劳动报酬。

7. 违约金的规定

用人单位与劳动者在订立劳动合同中除因服务期与竞业限制问题可以约定由劳动者对用人单位承担违约金责任外，其他情形一律不得约定劳动者的违约金责任。

三、劳动合同的效力

（一）劳动合同的生效

1. 劳动合同的生效时间

劳动合同由用人单位与劳动者协商一致，并经用人单位与劳动者在劳动合同文本上签字或者盖章生效。

劳动合同的生效与劳动关系的建立是不同的。劳动关系的建立是以实际用工为标志，如果劳动合同生效后未发生实际用工，则劳动关系没有建立。

2. 劳动合同的生效要件

劳动合同的生效要件与普通民事合同的生效要件相同，但其缔约主体要求稍有不同，即作为用人单位一方的必须是企业、个体经济组织、民办非企业单位、国家机关、事业单位、社会团体组织；作为劳动者一方的必须是年满 16 周岁、具有劳动能力的公民。

（二）无效劳动合同

存在下列情形时，劳动合同无效或部分无效：

（1）以欺诈、胁迫的手段或者乘人之危，使对方在违背真实意思的情况下订立或者变更劳动合同的；

（2）用人单位免除自己的法定责任、排除劳动者权利的；

（3）违反法律、行政法规强制性规定的。

对劳动合同的无效或者部分无效有争议的，由劳动争议仲裁机构或者人民法院确认。劳动合同部分无效，不影响其他部分效力的，其他部分仍然有效。

劳动合同被确认无效，劳动者已付出劳动的，用人单位应当向劳动者支付劳动报酬。劳动报酬的数额，参照本单位相同或者相近岗位劳动者的劳动报酬确定。

任务2 劳动合同履行分析

任务案例一：

小兰是一家私营企业A公司的员工，其与企业签订了为期三年的劳动合同，合同履行一年半后，A公司被老板卖给了B公司，后来B公司又与外国企业C公司合资，更名为D公司。由于公司更迭频繁，小兰已有三个月只领到了其全额工资的一半，现在新成立的D公司把原来A公司中80%的员工都辞退了（其中包括小兰），让他们自寻出路，并表示不会补发以前公司所欠的工资。

请问：D公司的做法正确吗？为什么？

任务案例二：

小李是A公司甲车间的一名技术员，劳动合同期为三年。工作了一年后，由于该公司调整人员配备，使得小李的岗位被其他人占据，于是公司就与小李商量，将其调到乙车间，同时保留其工资和福利待遇，小李同意。但自其到乙车间上班之后，发现乙车间环境非常艰苦，而且其以前每月晚于工资发放的500元奖金也没有了。于是小李向人事科询问，公司答复是当时说好工资不减，但没有说奖金不减，因此工资以外的奖金没有了。小李不服，向劳动仲裁机构提起仲裁，要求返还原岗位，恢复原有待遇。

请问：小李的主张能不能得到劳动仲裁庭的支持？为什么？

知识链接（一）

一、劳动合同的履行和变更

（一）劳动合同的履行

劳动合同的履行是劳动合同双方当事人按照劳动合同约定，履行各自义务，享有各自权利的行为。

1. 劳动合同履行的一般原则

（1）全面履行原则。即双方当事人必须完全按照约定的内容、方式、期限等，全面、正确地履行合同义务，不得部分履行或不按合同约定内容、方式、期限等履行义务。

（2）合法原则。

其主要体现在以下三个方面：①用人单位应当按照劳动合同约定和国家规定，向劳动者及时足额支付劳动报酬。用人单位拖欠或者未足额支付劳动报酬的，劳动者可以依法向当地人民法院申请支付令，人民法院应当依法发出支付令。②用人单位应当严格执行劳动定额标准，不得强迫或者变相强迫劳动者加班。用人单位安排加班的，应当按照国家有关规定向劳动者支付加班费。③劳动者拒绝用人单位管理人员违章指挥、强令冒险作业的，不视为违反劳动合同。劳动者对危害生命安全和身体健康的劳动条件，有权对用人单位提出批评、检举和控告。

2. 特殊情形下劳动合同的履行

（1）用人单位变更名称、法定代表人、主要负责人或者投资人等事项，不影响劳动合同的履行。

（2）用人单位发生合并或者分立等情况，原劳动合同继续有效，劳动合同由承继其权利和义务的用人单位继续履行。

（二）劳动合同的变更

用人单位与劳动者协商一致，可以变更劳动合同约定的内容。变更劳动合同，应当采用书面形式。变更后的劳动合同文本由用人单位和劳动者各执一份。

任务案例三：

张小娟是无锡一家服装加工企业的外来员工，签订有两年期的劳动合同，企业的外业工都居住在企业内的员工宿舍。一天张小娟获得了一份收入更高的工作，于是第二天其便到新企业上班了。原企业要求其回来，但其坚决不愿意，于是原企业向劳动仲裁机构提起申请，要求张小娟与新单位赔偿损失。但张小娟却声称原企业非法限制其人身自由，因此其可以立即解除劳动合同，所以不存在对原企业的赔偿问题。据查，服装企业确实规定每天下班晚上 10 点后一般不允许外来员工离厂，主要是为保护她们的人身安全。

请问：张小娟能否立即解除劳动合同？为什么？

任务案例四：

甲公司员工小马与公司有五年的劳动合同，小马从事的是机修工作。一年后其生重病住院治疗，痊愈后无法再担任原岗位工作，于是公司安排他做门卫工作，其工资也随之急剧下降。小马对这样的安排非常不满意，有一天晚上其值班时听见厂区内有异响，也没去察看，导致公司的半吨废铜料被偷。后来公司辞退了小马。

请问：甲公司的做法合不合法？为什么？

任务案例五：

甲公司是一家外贸公司，受到 2008 年以来全球性金融危机的影响，其经营非常困难，于是 11 月公司决定将负责出口欧美的部门与负责出口日、韩的部门合并，从而裁减了 8 名员工，其中一名被裁员工 A 先生不服，认为公司裁员程序不合法。经查，该公司裁员前员工为 66 名。

请问：该公司裁员的程序合不合法？为什么？

任务案例六：

小赵是 A 公司的一名员工，自 2004 年 3 月起至今其已在这家公司服务了 13 年，2017 年 4 月劳动合同到期后，A 公司决定不与小赵续订合同。小赵离职时向公司提出了给付经济补偿金的要求，但公司认为这是劳动合同自然到期而合同终止，自己不必付经济补偿金。经查，小赵 2016 年的月平均工资水平为 6800 元，当地职工月平均工资为 2000 元。

请问：A 公司需不需向小赵付经补偿金？为什么？如果需付，要付多少？为什么？

知识链接（二）

二、劳动合同的解除和终止

（一）劳动合同的解除

劳动合同的解除是劳动合同在订立以后，尚未履行或未全部履行之前，因合同双方或单方的法律行为导致提前消灭劳动关系的法律行为。

劳动合同的解除分为协商解除和法定解除。协商解除是双方当事人协商一致、合意解除劳动合同，提前终止劳动合同的效力。法定解除则是出现国家法律规定可以解除劳动合同的情形，不需双方当事人一致同意，合同效力即可以自然或单方提前终止。

1. 劳动者单方面解除劳动合同

（1）劳动者解除劳动合同的程序。劳动者提前三十日以书面形式通知用人单位，可以解除劳动合同。劳动者在试用期内提前三日通知用人单位，可以解除劳动合同。

（2）劳动者可以解除劳动合同的情形。用人单位有下列情形之一的，劳动者可以解除劳动合同：①未按照劳动合同约定提供劳动保护或者劳动条件的；②未及时足额支付劳动报酬的；③未依法为劳动者缴纳社会保险费的；④用人单位的规章制度违反法律、法规的规定，损害劳动者权益的；⑤因《劳动合同法》规定的情形致使劳动合同无效的；⑥法律、行政法规规定劳动者可以解除劳动合同的其他情形。

（3）劳动者可以立即解除劳动合同且不需事先告知用人单位的情形。其主要有：①用人单位以暴力、威胁或者非法限制人身自由的手段强迫劳动者劳动的；②用人单位违章指挥、强令冒险作业危及劳动者人身安全的。

2. 用人单位单方面解除劳动合同

（1）用人单位可以单方面解除劳动合同的情形。劳动者有下列情形之一的，用人单位可以解除劳动合同：①在试用期间被证明不符合录用条件的；②严重违反用人单位的规章制度的；③严重失职，营私舞弊，给用人单位造成重大损害的；④劳动者同时与其他用人单位建立劳动关系，对完成本单位的工作任务造成严重影响，或者经用人单位提出，拒不改正的；⑤符合劳动合同无效的情形，用人单位解除合同；⑥被依法追究刑事责任的。

（2）用人单位须履行法定手续后可以单方面解除合同的情形。有下列情形之一的，用人单位提前三十日以书面形式通知劳动者本人或者额外支付劳动者一个月工资后，可以解除劳动合同：①劳动者患病或者非因工负伤，在规定的医疗期满后不能从事原工作，也不能从事由用人单位另行安排的工作的；②劳动者不能胜任工作，经过培训或者调整工作岗位，仍不能胜任工作的；③劳动合同订立时所依据的客观情况发生重大变化，致使劳动合同无法履行，经用人单位与劳动者协商，未能就变更劳动合同内容达成协议的。

（3）用人单位的经济性裁员。经济性裁员作为用人单位单方面解除劳动合同的一种形式，必须满足法定条件。①实体性条件。主要有：一是依照企业破产法规定进行重整的；二是生产经营发生严重困难的；三是企业转产、重大技术革新或者经营方式调整，经变更劳动合同后，仍需裁减人员的；四是其他因劳动合同订立时所依据的客观经济情况发生重大变化，致使劳动合同无法履行的。②程序性条件。主要有：一是裁减人员为 20 人以下且占企业职工总数 10% 以下的，除事先应当将理由通知工会外，企业可以自主进行，不需要履行特定程序；二是需要裁减人员 20 人以上或者裁减不足 20 人但占企业职工总数 10% 以上的，用人单位应提前三十日向工会或者全体职工说明情况，听取工会或者职工的意见，再将裁减人员方案经向劳动行政部门报告后，方可裁员。

用人单位进行经济性裁员应当优先留用下列人员：一是与本单位订立较长期限的固定期限劳动合同的；二是与本单位订立无固定期限劳动合同的；三是家庭无其他就业人员，有需要扶养的老人或者未成年人的。用人单位在经济性裁员后六个月内重新录用人员，应当通知被裁减的人员，并在同等条件下优先招用被裁减的人员。

（4）工会对用人单位单方解除合同的干预。用人单位单方解除劳动合同，应当事先将理由通知工会。用人单位违反法律、行政法规规定或者劳动合同约定的，工会有权要求用人单位纠正。用人单位应当研究工会的意见，并将处理结果书面通知工会。

3. 用人单位不得单方解除劳动合同的情形

劳动者有下列情形之一的，用人单位不得单方解除劳动合同：

（1）从事接触职业病危害作业的劳动者未进行离岗前职业健康检查，或者疑似职业病病人在诊断或者医学观察期间的；

（2）在本单位患职业病或者因工负伤并被确认丧失或者部分丧失劳动能力的；

（3）患病或者非因工负伤，在规定的医疗期内的；

（4）女职工在孕期、产期、哺乳期的；

（5）在本单位连续工作满十五年，且距法定退休年龄不足五年的；

（6）法律、行政法规规定的其他情形。

（二）劳动合同的终止

有下列情形之一的，劳动合同终止：

（1）劳动合同期满的；

（2）劳动者开始依法享受基本养老保险待遇的；

（3）劳动者死亡，或者被人民法院宣告死亡或者宣告失踪的；

（4）用人单位被依法宣告破产的；

（5）用人单位被吊销营业执照、责令关闭、撤销或者用人单位决定提前解散的；

（6）法律、行政法规规定的其他情形。

（三）劳动合同解除或终止后的限制性规定

1. 解除和终止劳动合同的经济补偿

经济补偿金是指在劳动合同解除或终止后，用人单位依法一次性支付给劳动者的经济上的补偿。其一般由法律规定按照劳动者的工作年限加以发放。

（1）用人单位应当向劳动者支付经济补偿金的情形。有下列情形之一的，用人单位应当向劳动者支付经济补偿：①出现《劳动合同法》规定的劳动者可以单方解除劳动合同的情形的；②用人单位依法向劳动者提出解除劳动合同并与劳动者协商一致解除劳动合同的；③出现《劳动合同法》规定的用人单位可以提前三十日以书面形式通知劳动者本人或者额外支付劳动者一个月工资后解除劳动合同的情形的；④用人单位因经济性裁员而解除与劳动者的劳动合同的；⑤除用人单位维持或者提高劳动合同约定条件续订劳动合同，劳动者不同意续订的情形外，用人单位在劳动合同期满后终止固定期限劳动合同的；⑥用人单位被依法宣告破产、被吊销营业执照、责令关闭、撤销或其决定提前解散而终止劳动合同的；⑦法律、行政法规规定的其他情形。

（2）经济补偿金的计算。计算经济补偿金的普通模式是：工作年限 × 每工作 1 年应得的经济补偿。①计算经济补偿金的工作年限。劳动者在本单位的工作年限，应从劳动者向该用人单位提供劳动之日起计算，因用人单位合并、分立、改变性质、改变名称的，劳动者在改变前的工作时间，应计算为在本单位的工作时间。②计算标准。经济补偿按劳动者在本单位工作的年限，每满1年支付1个月工资的标准向劳动者支付。6个月以上不满1年的，按1年计算；不满6个月的，向劳动者支付半个月工资的经济补偿。③计算基数。用人单位支付给劳动者的经济补偿金，以劳动者的月工资为基础，该月工资指的是劳动者在劳动合同解除或者终止前十二个月的平均工资。④计算封顶。劳动者月工资高于用人单位所在直辖市、设区的市级人民政府公布的本地区上年度职工月平均工资三倍的，向其支付经济补偿的标准按职工月平均工资三倍的数额支付，向其支付经济补偿的年限最高不超过十二年。

2. 劳动合同解除或终止后双方的义务

其具体规定如下：

（1）用人单位的义务。其主要有：①用人单位应当在解除或者终止劳动合同时出具解除或者终止劳动合同的证明的义务；②用人单位应在15日内为劳动者办理档案和社会保险关系转移手续的义务；③用人单位应当在办结工作交接时向劳动者支付经济补偿的义务；④用人单位对已经解除或者终止的劳动合同的文本，至少保存2年备查的义务。

（2）劳动者的义务。劳动者应当按照双方约定办理工作交接，主要包括公司财产物品的返还、资料的交接等。

任务案例七：

2016年7月某市政公司与公司工会签订了一份集体合同，合同约定：公司所有职工月工资不得低于1800元。该合同经过在有关部门登记、审查、备案后，于2016年8月16日生效。同年12月，公司录用了水暖工余某为临时工，工资为1650元。后来余某得知了集体合同一事，要求公司加工资，但公司认为其是临时工，不适用集体合同的规定，遂不加。

请问：余某的主张有法律依据吗？请说明理由。

任务案例八：

2017年年底，甲市的天一有限公司将所有合同到期且公司有意留用的员工转成劳务派遣形式，且承诺有愿意的员工能获加10%的工资，并选择了乙县的良文公司作为劳务派遣公司，同时天一有限公司提出，由于派遣公司位于乙地，因此以后被派遣员工的社会保险费支出将按照乙县标准交纳。

请问：天一公司的做法正确吗？为什么？

任务案例九：

小王是某国有药厂的技术骨干，后药厂与韩国一企业成立了某合资公司，小王被药厂派到该公司工作。小王到该公司后要求与公司签订劳动合同，该公司人事经理未理睬。拿到第一个月工资后，小王又向人事经理提及此事并要求转档案关系。经理告知小王，其劳动关系在原单位，是作为中方人员劳务输出合同方式来公司并由公司支付其工资的，因此小王不具备与合资公司订劳动合同的资格。

请问：人事经理的说法是否正确？为什么？

任务案例十：

小明是甲公司聘用的电工，合同期为三年，后小明为了补贴家用，又与乙企业订立了非全日制用工合同。可是由于其业余时间干了非全日制工之后，休息时间太少，于是经常出现上班睡觉、出差错等现象，领导多次警告他，但其还是没有多少改进，于是甲公司解除了与其的劳动合同，并未提前通知也未付经济补偿金。

请问：甲公司有没有权这样做？为什么？

知识链接（三）

三、劳动合同的特殊规定

（一）集体合同

集体合同是用人单位与本单位职工根据法律规定，就劳动报酬、工作时间、休息休假、劳动安全卫生、职业培训、保险福利等事项，通过集体协商签订的书面协议。

其具体可分为：一是专项集体合同，一般由企业职工一方与用人单位就劳动安全卫生、女职工权益保护、工资调整机制等方面订立；二是行业性或区域性集体合同，在县级以下区域内，建筑业、采矿业、餐饮服务业等行业可以由工会与企业方面订立这类合同。

我国《劳动合同法》对集体合同的具体规定主要有：

（1）集体合同由工会代表企业职工一方与用人单位订立；尚未建立工会的用人单位，由上级工会指导劳动者推举的代表与用人单位订立。

（2）集体合同草案应当提交职工代表大会或者全体职工讨论通过。

（3）集体合同订立后，应当报送劳动行政部门；劳动行政部门自收到集体合同文本之日起十五日内未提出异议的，集体合同即行生效。

（4）依法订立的集体合同对用人单位和劳动者具有约束力。行业性、区域性集体合同对当地本行业、本区域的用人单位和劳动者具有约束力。

（5）集体合同中劳动报酬和劳动条件等标准不得低于当地人民政府规定的最低标准；用人单位与劳动者订立的劳动合同中劳动报酬和劳动条件等标准不得低于集体合同规定的标准。

（二）劳务派遣

劳务派遣是劳务派遣单位与被派遣的劳动者签订劳动合同，劳动者则接受派遣单位派遣到实际用工单位参加劳动，而实际用工单位则与派遣单位订立劳务派遣协议明确双方之间的权利义务，并对劳动者进行实际使用管理，但由劳务派遣单位负责劳动者的日常管理并支付工资及负责各种社会保险等用人单位义务的一种新型用工方式。

劳务派遣一般在临时性、辅助性或者替代性的工作岗位上实施。

1. 劳务派遣单位的义务

劳务派遣单位应当依照公司法的有关规定设立，注册资本不得少于50万元。其义务主要有：

（1）与派遣员工签订劳动合同、派遣和支付报酬的义务。其具体规定为：①劳务派遣单位应当与被派遣劳动者订立两年以上的固定期限劳动合同，合同除了具备一般劳动合同应具备的内容外，还应当载明被派遣劳动者的用工单位以及派遣期限、工作岗位等情况，并按月支付劳动报酬。②被派遣劳动者在无工作期间，劳务派遣单位应当按照所在地人民政府规定的最低工资标准，向其按月支付报酬。③劳务派遣单位不得克扣用工单位按照劳务派遣协议支付给被派遣劳动者的劳动报酬。④劳务派遣单位不得向被派遣劳动者收取费用。⑤劳务派遣单位跨地区派遣劳动者的，被派遣劳动者享有的劳动报酬和劳动条件，按照用工单位所在地的标准执行。

（2）告知的义务。劳务派遣单位应当将劳务派遣协议的内容告知被派遣劳动者。其中包括用工单位的基本情况、岗位安排、劳动规章制度、劳动安全卫生、工作时间、休息休假、工资福利及劳动权益维护和相关事务办理等内容。

（3）提供建立和管理人事档案服务的义务。

（4）代缴社会保险费的义务。

2. 用工单位的责任、义务和费用

（1）用工单位的责任和义务。其主要有：①执行国家劳动标准，提供相应的劳动条件和劳动保护；②告知被派遣劳动者的工作要求和劳动报酬；③支付加班费、绩效奖金，提供与工作岗位相关的福利待遇；④对在岗被派遣劳动者进行工作岗位所必需的培训；⑤连续用工的，实行正常的工资调整机制；⑥用工单位不得将被派遣劳动者再派遣到其他用人单位；⑦用工单位应当根据工作岗位的实际需要与劳务派遣单位确定派遣期限，不得将连续用工期限分割订立数个短期劳务派遣协议；⑧用工单位不得向被派遣劳动者收取费用；⑨用工单位不得设立劳务派遣单位向本单位或者所属单位派遣劳动者。

（2）用工单位的费用。用工单位的开支项目具体有：被派遣劳动者的工资、各项社会保险费、劳务派遣服务费和劳务派遣协议中双方协商认可的费用。

3. 被派遣劳动者的权利和义务

被派遣劳动者享有与普通劳动者一样的权利；在义务方面，被派遣劳动者应遵守用工单位的各项规章制度、安全操作规程，服从其日常管理，完成工作任务及国家法律法规规定的各项义务。

（三）非全日制用工

非全日制用工是指以小时计酬为主，劳动者在同一用人单位一般平均每日工作时间不超过 4 小时，每周工作时间累计不超过 24 小时的用工形式。

非全日制用工的特点主要有：

（1）劳动者在同一用人单位一般平均每日工作时间不超过 4 小时，每周工作时间累计不超过 24 小时。

（2）非全日制用工双方当事人可以订立口头协议。从事非全日制用工的劳动者可以与一个或者一个以上用人单位订立劳动合同；但是，后订立的劳动合同不得影响先订立的劳动合同的履行。

（3）非全日制用工双方当事人不得约定试用期。

（4）非全日制用工双方当事人任何一方都可以随时通知对方终止用工。终止用工，用人单位不向劳动者支付经济补偿。

（5）非全日制用工小时计酬标准不得低于用人单位所在地人民政府规定的最低小时工资标准，且其劳动报酬结算支付周期最长不得超过十五日。

任务案例十一：

A 公司的员工洪某已在本公司工作了 10 年，还有两年其劳动合同即将到期，但就在这一年洪某得了重病，病愈后也无法从事原来的工作，于是 A 公司人事经理与洪某商量，提出由公司支付 3 个月工资给洪某后公司与洪某解除劳动合同，否则停发其工资，洪某无法只得同意。事后，洪某得知《劳动合同法》还规定了经济补偿金，于是向公司提出要求。据查洪某上年度的月平均工资为 2500 元，当地职工月平均工资为 1800 元。

请问：根据《劳动合同法》的规定，洪某能得多少补偿？为什么？

任务案例十二：

温州一家私营制鞋公司在招录一批农民工时，要求打工者上缴身份证并提供服装费押金300元，这些证费在员工被辞退或自己辞职时退给职工。另外，每年到年终的时候，年终奖只发一半，另一半要第二年员工仍旧到工厂上班时才发给，如果第二年不来上班则拿不到这一半奖金。

请问：温州这家制鞋公司的做法有没有问题？为什么？

知识链接（四）

四、劳动合同的法律责任

（一）用人单位的法律责任

（1）用人单位直接涉及劳动者切身利益的规章制度违反法律、法规规定的，由劳动行政部门责令改正，给予警告；给劳动者造成损害的，应当承担赔偿责任。

（2）用人单位提供的劳动合同文本未载明本法规定的劳动合同必备条款或者用人单位未将劳动合同文本交付劳动者的，由劳动行政部门责令改正；给劳动者造成损害的，应当承担赔偿责任。

（3）用人单位规定，扣押劳动者居民身份证等证件的，由劳动行政部门责令限期退还劳动者本人，并依照有关法律规定给予处罚。

（4）用人单位违反规定，以担保或者其他名义向劳动者收取财物的，由劳动行政部门责令限期退还劳动者本人，并以每人500元以上2000元以下的标准处以罚款；给劳动者造成损害的，应当承担赔偿责任。

（5）劳动者依法解除或者终止劳动合同，用人单位扣押劳动者档案或者其他物品的，依照前款规定处罚。

（6）劳动合同因用人单位的过错被确认无效，给对方造成损害的，用人单位应当承担对劳动者的赔偿责任。

（7）用人单位违反《劳动合同法》的规定解除或者终止劳动合同的，应当依照经济补偿标准的二倍向劳动者支付赔偿金。

（8）用人单位有下列情形之一的，依法给予行政处罚；构成犯罪的，依法追究刑事责任；给劳动者造成损害的，应当承担赔偿责任：①以暴力、威胁或者非法限制人身自由的手段强迫劳动的；②违章指挥或者强令冒险作业危及劳动者人身安全的；③侮辱、体罚、殴打、非法搜查或者拘禁劳动者的；④劳动条件恶劣、环境污染严重，给劳动者身心健康造成严重损害的。

（9）用人单位违反本法规定未向劳动者出具解除或者终止劳动合同的书面证明，由劳动行政部门责令改正；给劳动者造成损害的，应当承担赔偿责任。

（10）用人单位招用与其他用人单位尚未解除或者终止劳动合同的劳动者，给其他用人单位造成损失的，应当承担连带赔偿责任。

（11）个人承包经营者违反《劳动合同法》的规定招用劳动者，给劳动者造成损害的，发包的组织与个人承包经营者承担连带赔偿责任。

（12）对不具备合法经营资格的用人单位的违法犯罪行为，依法追究法律责任；劳动者已经付出劳动的，该单位或者其出资人应当依照本法有关规定向劳动者支付劳动报酬、经济补偿、赔偿金；给劳动者造成损害的，应当承担赔偿责任。

（13）劳务派遣单位违反《劳动合同法》规定的，由劳动行政部门和其他有关主管部门责令改正；情节严重的，以每人1000元以上5000元以下的标准处以罚款，并由市场监督管理部门吊销营业执照；给被派遣劳动者造成损害的，劳务派遣单位与用工单位承担连带赔偿责任。

（二）劳动者的法律责任

（1）劳动合同因劳动者的原因被确认无效，给用人单位造成损害的，有过错的劳动者一方应当承担赔偿责任。

（2）劳动者违反《劳动合同法》的规定解除劳动合同，或者违反劳动合同中约定的保密义务或者竞业限制，给用人单位造成损失的，应当承担赔偿责任。

（3）劳动者在尚未与原用人单位解除或终止劳动合同前与新用人单位订立劳动合同，使原用人单位遭受损失的，劳动者应与新用人单位一起对此承担连带赔偿责任。

（三）劳动行政部门的法律责任

劳动行政部门和其他有关主管部门及其工作人员玩忽职守、不履行法定职责，或者违法行使职权，给劳动者或者用人单位造成损害的，应当承担赔偿责任；对直接负责的主管人员和其他直接责任人员，依法给予行政处分；构成犯罪的，依法追究刑事责任。

项目3 劳动争议解决分析训练

任务1 劳动争议调解分析

任务案例一：

龙某于2008年7月因公司经济困难被裁员，后双方因拖欠6个月劳动报酬和经济补偿金发生争议，于7月18日在企业劳动争议调解委员会主持下对劳动报酬达成了调解协议，但对于经济补偿金问题双方还有争议，到8月15日时仍未达成一致意见。于是龙某向当地劳动争议仲裁机构提出仲裁。

请问：当地劳动争议仲裁机构能否受理正在调解的劳动争议？为什么？

任务案例二：

某市A区下辖的一个派出所有一名辅警张某，因在执勤过程中出了好几次差错，被派出所辞退了，但张某不服气，认为自己不应该被辞退，因为同派出所另一名辅警李某也曾多次犯错，但并未被辞退，因此他向派出所所在地的街道劳动争议调解组织申请调解，但该派出所认为，当地街道劳动争议调解组织无权调解。

请问：该派出所的说法有无道理？为什么？

知识链接

一、劳动争议处理概述

（一）劳动争议的概念和范围

劳动争议是指劳动关系双方当事人或其团体之间关于劳动权利和劳动义务的争议。目前我国规范劳动争议处理的法律主要是 2007 年 12 月 29 日第十届全国人民代表大会常务委员会第三十一次会议通过，2008 年 5 月 1 日施行的《劳动争议调解仲裁法》。

根据这部法律，在我国境内的用人单位与劳动者发生的下列劳动争议适用该法：

（1）因确认劳动关系发生的争议；

（2）因订立、履行、变更、解除和终止劳动合同发生的争议；

（3）因除名、辞退和辞职、离职发生的争议；

（4）因工作时间、休息休假、社会保险、福利、培训以及劳动保护发生的争议；

（5）因劳动报酬、工伤医疗费、经济补偿或者赔偿金等发生的争议；

（6）法律、法规规定的其他劳动争议。

（二）劳动争议的处理原则

劳动争议的处理应遵循以下原则：①着重调解原则；②及时处理原则；③依法处理原则；④适用法律平等原则。

（三）劳动争议的解决方式

（1）协商。发生劳动争议，劳动者可以与用人单位协商，也可以请工会或者第三方共同与用人单位协商，达成和解协议。

（2）调解。发生劳动争议，当事人不愿协商、协商不成或者达成和解协议后不履行的，可以向调解组织申请调解。

（3）仲裁。发生劳动争议，当事人不愿协商、协商不成或者达成和解协议后不履行的，且又不愿调解、调解不成或者达成调解协议后不履行的，可向劳动争议仲裁委员会申请仲裁。

（4）诉讼。当事人对仲裁裁决不服的，可自收到仲裁裁决书之日起 15 日内向人民法院提起诉讼。

二、劳动争议的调解

（一）劳动争议调解组织

发生劳动争议，当事人可以到下列调解组织申请调解：①企业劳动争议调解委员会。②依法设立的基层人民调解组织。③在乡镇、街道设立的具有劳动争议调解职能的组织。

企业劳动争议调解委员会由职工代表和企业代表组成。职工代表由工会成员担任或者由全体职工推举产生，企业代表由企业负责人指定。企业劳动争议调解委员会主任由工会成员或者双方推举的人员担任。

（二）劳动争议调解程序

（1）申请。当事人申请劳动争议调解可以书面申请，也可以口头申请。口头申请的，调解组织应当当场记录申请人基本情况、申请调解的争议事项、理由和时间。

（2）调解。调解劳动争议，应当充分听取双方当事人对事实和理由的陈述，耐心疏导，帮助其达成协议。

（3）达成协议与履行。经调解达成协议的，应当制作调解协议书。调解协议书由双方当事人签名或者盖章，经调解员签名并加盖调解组织印章后生效，对双方当事人具有约束力，当事人应当履行。

因支付拖欠的劳动报酬、工伤医疗费、经济补偿或者赔偿金事项达成调解协议，用人单位在协议约定期限内不履行的，劳动者可以持调解协议书依法向人民法院申请支付令。人民法院应当依法发出支付令。

（4）未达成协议或未履行的救济措施。自劳动争议调解组织收到调解申请之日起15日内未达成调解协议的，当事人可以依法申请仲裁。

达成调解协议后，一方当事人在协议约定期限内不履行调解协议的，另一方当事人可以依法申请仲裁。

【想一想】

劳动争议调解完成后所达成的调解协议与支付令有什么区别？

任务2　劳动争议仲裁分析

任务案例一：

董某于2014年8月受聘于某装修公司，从事施工管理，双方签订了5年劳动合同。2016年8月，董某承包了公司的装修工程。在承包合同中双方约定：董某仍按月领取工资，承包款则在装修完工后另行结算。2017年6月装修工程完工，但公司未按约定结算工程款，并拖欠董某6个月工资。董某多次催讨未果，遂向当地劳动争议仲裁委员会提起仲裁。

请问：该劳动争议仲裁委员会能否受理该申请？为什么？

任务案例二：

梁某由甲市A劳务派遣公司派至乙市B公司工作，后梁某在工作中与B公司因工资报酬、社会保险及劳动保护问题发生纠纷。于是梁某向甲市劳动局劳动争议仲裁委员会提起仲裁，而B公司因劳务派遣协议纠纷向乙市劳动争议仲裁委员会提起仲裁。

请问：甲市劳动局劳动争议仲裁委员会能否受理梁某的申请？为什么？如果能，被告是谁？乙市劳动争议仲裁委员会能否受理B公司的申请？为什么？

任务案例三：

张某是A公司的员工，在A公司工作了10年，2015年1月其劳动合同到期后，公司未与其续订合同。到了2016年3月，张某偶然听人说起，自己这种情况离职，单位应付10个月经济补偿金，于是他向当地的劳动争议仲裁委员会提起仲裁。

请问：该地劳动争议仲裁委员会是否应受理其申请？为什么？

任务案例四：

小李是甲公司的员工，因工资问题其与甲公司到劳动争议仲裁委员会进行了仲裁，在仲裁过程中小李提出了要求公司支付拖欠的加班工资共计5800元整，但公司却认为公司并未要求小李加过班，小李无法对加班情况提供证据，因此公司不能提供加班工资。仲裁庭遂要求公司提供在小李声称加班的时期内小李未加班的证据。甲公司认为仲裁庭的要求无理而不提供。于是仲裁庭支持了小李的主张，要求公司付加班费。

请问：劳动争议仲裁庭的判决正确吗？为什么？

任务案例五：

小刘与乙公司的工资与经济补偿金争议，经当地劳动争议仲裁委员会审理，判决由乙公司支付其拖欠及少付的5个月工资为12800元，支付5个月经济补偿金为5000元（按当地上年度职工平均工资1000元/月计算）。但小刘不服，认为经济补偿金应为15000元（以自己月平均工资3000元/月计算），于是小刘向当地人民法院提起诉讼。

请问：当地人民法院能否受理他的诉讼？为什么？

知识链接

一、劳动争议的仲裁

（一）劳动争议仲裁机构

（1）劳动争议仲裁委员会的设立。对于劳动争议仲裁委员会，省、自治区人民政府可以决定在市、县设立；直辖市人民政府可以决定在区、县设立。直辖市、设区的市也可以设立一个或者若干个劳动争议仲裁委员会。劳动争议仲裁委员会不按行政区划层层设立。

>【想一想】
>
>在我国，市县劳动局都需设立劳动争议仲裁委员会吗？

（2）劳动争议仲裁委员会的组成。其由劳动行政部门代表、工会代表和企业方面代表组成。劳动争议仲裁委员会组成人员应当是单数。

（3）劳动争议仲裁委员会的职责。其主要有：①聘任、解聘专职或者兼职仲裁员；②受理劳动争议案件；③讨论重大或者疑难的劳动争议案件；④对仲裁活动进行监督。

（二）劳动争议仲裁案件的管辖

（1）劳动争议仲裁委员会负责管辖本区域内发生的劳动争议。

（2）劳动争议由劳动合同履行地或者用人单位所在地的劳动争议仲裁委员会管辖。双方当事人分别向劳动合同履行地和用人单位所在地的劳动争议仲裁委员会申请仲裁的，由劳动合同履行地的劳动争议仲裁委员会管辖。

（三）仲裁员

劳动争议仲裁委员会应当设仲裁员名册。仲裁员应当公道正派并符合下列条件之一：①曾任审判员的；②从事法律研究、教学工作并具有中级以上职称的；③具有法律知识、从事人力资源管理或者工会等专业工作满五年的；④律师执业满三年的。

（四）仲裁庭

（1）合议制仲裁庭。即劳动争议案件由三名仲裁员组成，设首席仲裁员。

（2）独任制仲裁庭。即简单劳动争议案件由一名仲裁员独任仲裁。

（五）劳动争议仲裁参与人

（1）当事人。发生劳动争议的劳动者和用人单位为劳动争议仲裁案件的双方当事人。劳务派遣单位或者用工单位与劳动者发生劳动争议的，劳务派遣单位和用工单位为共同当事人。

（2）第三人。与劳动争议案件的处理结果有利害关系的第三人，可以申请参加仲裁活动或者由劳动争议仲裁委员会通知其参加仲裁活动。

（3）代表人。发生劳动争议的劳动者一方在十人以上，并有共同请求的，可以推举代表参加仲裁活动。

（4）代理人。当事人可以委托代理人参加仲裁活动。丧失或者部分丧失民事行为能力的劳动者，由其法定代理人代为参加仲裁活动；无法定代理人的，由劳动争议仲裁委员会为其指定代理人。劳动者死亡的，由其近亲属或者代理人参加仲裁活动。

（六）劳动争议仲裁程序

1. 申请和受理

申请时，劳动争议仲裁委员会对劳动争议仲裁案件不收费，其经费由财政予以保障。《劳动争议调解仲裁法》对申请与受理的具体规定有：

（1）申请期限。劳动争议申请仲裁的时效期间为 1 年。仲裁时效期间从当事人知道或者应当知道其权利被侵害之日起计算。这一期限适用时效中断和中止的规定。

劳动关系存续期间因拖欠劳动报酬发生争议的，劳动者申请仲裁不受上述仲裁时效期间的限制；但是，劳动关系终止的，应当自劳动关系终止之日起 1 年内提出。

（2）申请。申请人申请仲裁应当提交书面仲裁申请，并按照被申请人人数提交副本。书写仲裁申请确有困难的，可以口头申请，由劳动争议仲裁委员会记入笔录，并告知对方当事人。

仲裁申请书应当载明下列事项：①劳动者的姓名、性别、年龄、职业、工作单位和住所，用人单位的名称、住所和法定代表人或者主要负责人的姓名、职务；②仲裁请求和所根据的事实、理由；③证据和证据来源、证人姓名和住所。

【资料卡】

仲裁时效因当事人一方向对方当事人主张权利，或者向有关部门请求权利救济，或者对方当事人同意履行义务而中断。从中断事由结束时起，仲裁时效期间重新计算。

因不可抗力或者有其他正当理由，当事人不能在规定的仲裁时效期间申请仲裁的，仲裁时效中止。从中止时效的原因消除之日起，仲裁时效期间继续计算。

（3）受理。劳动争议仲裁委员会收到仲裁申请之日起 5 日内，认为符合受理条件的，应当受理，并通知申请人；认为不符合受理条件的，应当书面通知申请人不予受理，并说明理由。对劳动争议仲裁委员会不予受理或者逾期未作出决定的，申请人可以就该劳动争议事项向人民法院提起诉讼。

劳动争议仲裁委员会受理仲裁申请后，应当在 5 日内将仲裁申请书副本送达被申请人。

被申请人收到仲裁申请书副本后，应当在 10 日内向劳动争议仲裁委员会提交答辩书。劳动争议仲裁委员会收到答辩书后，应当在 5 日内将答辩书副本送达申请人。被申请人未提交答辩书的，不影响仲裁程序的进行。

2. 开庭和裁决

劳动争议仲裁审理应公开进行，但当事人协议不公开或者涉及国家秘密、商业秘密和个人隐私的除外。劳动争议仲裁委员会应当在受理仲裁申请之日起 5 日内将仲裁庭的组成情况书面通知当事人。

（1）仲裁员的回避。仲裁员有下列情形之一，应当回避，当事人也有权以口头或者书面方式提出回避申请：①本案当事人或者当事人、代理人的近亲属的；②与本案有利害关系的；③与本案当事人、代理人有其他关系，可能影响公正裁决的；④私自会见当事人、代理人，或者接受当事人、代理人请客送礼的。

劳动争议仲裁委员会对回避申请应当及时作出决定，并以口头或者书面方式通知当事人。

（2）开庭通知。仲裁庭应当在开庭 5 日前，将开庭日期、地点书面通知双方当事人。当事人有正当理由的，可以在开庭 3 日前请求延期开庭。是否延期，由劳动争议仲裁委员会决定。

（3）开庭审理。申请人收到书面通知，无正当理由拒不到庭或者未经仲裁庭同意中途退庭的，可以视为撤回仲裁申请。被申请人收到书面通知，无正当理由拒不到庭或者未经仲裁庭同意中途退庭的，可以缺席裁决。①质证和辩论。当事人在仲裁过程中有权进行质证和辩论。质证和辩论终结时，首席仲裁员或者独任仲裁员应当征询当事人的最后意见。②证据规则。其主要有：一是发生劳动争议，当事人对自己提出的主张，有责任提供证据。当事人提供的证据经查证属实的，仲裁庭应当将其作为认定事实的根据。二是与争议事项有关的证据属于用人单位掌握管理的，用人单位应当提供；用人单位不提供的，应当承担不利后果。三是劳动者无法提供由用人单位掌握管理的与仲裁请求有关的证据，仲裁庭可以要求用人单位在指定期限内提供。用人单位在指定期限内不提供的，应当承担不利后果。③自行和解。当事人申请劳动争议仲裁后，可以自行和解。达成和解协议的，可以撤回仲裁申请。④调解。仲裁庭在作出裁决前，应当先行调解。调解达成协议的，仲裁庭应当制作调解书。调解书应当写明仲裁请求和当事人协议的结果。调解书由仲裁员签名，加盖劳动争议仲裁委员会印章，送达双方当事人。调解书经双方当事人签收后，发生法律效力。

调解不成或者调解书送达前，一方当事人反悔的，仲裁庭应当及时作出裁决。

（4）仲裁裁决。其具体规定为：①仲裁期限。仲裁庭裁决劳动争议案件，应当自劳动争议仲裁委员会受理仲裁申请之日起 45 日内结束。案情复杂需要延期的，经劳动争议仲裁委员会主任批准，可以延期并书面通知当事人，但是延长期限不得超过 15 日。逾期未作出仲裁裁决的，当事人可以就该劳动争议事项向人民法院提起诉讼。②仲裁裁决的作出。裁决应当按照多数仲裁员的意见作出，少数仲裁员的不同意见应当记入笔录。仲裁庭不能形成多数意见时，裁决应当按照首席仲裁员的意见作出。裁决书由仲裁员签名，加盖劳动争议仲裁委员会印章。对裁决持不同意见的仲裁员，可以签名，也可以不签名。③特殊事项的仲裁裁决。下列劳动争议，仲裁裁决为终局裁决，裁决书自作出之日起发生法律效力：一是追索劳动报酬、工伤医疗费、经济补偿或者赔偿金，不超过当地月最低工资标准 12 个月金额的争议；二是因执行国家的劳动标准在工作时间、休息休假、社会保险等方面发生的争议。但劳动者对上述事项的仲裁裁决不服的，可以自收到仲裁裁决书之日起 15 日内向人民法院提起诉讼。用人单位有证据证明劳动争议仲裁庭对上述事项的仲裁裁决有下列情形之一，可以自收到仲裁裁决书之日起 30 日内向劳动争议仲裁委员会所在地的中级人民法院申请撤销裁决：一是适用法律、法规确有错误的；二是劳动争议仲裁委员会无管辖权的；三是违反法定程序的；四是裁决所根据的证据是伪造的；五是对方当事人隐瞒了足以影响公正裁决的证据的；六是仲裁员在仲裁该案时有索贿受贿、徇私舞弊、枉法裁决行为的。仲裁裁决被人民法院裁定撤销的，当事人可以自收到裁定书之日起 15 日内就该劳动争议事项向人民法院提起诉讼。④仲裁裁决的生效与诉讼。当事人对上述以外的其他劳动争议案件的仲裁裁决不服的，可以自收到仲裁裁决书之日起 15 日内向人民法院提起诉讼；期满不起诉的，裁决书发生法律效力。

二、劳动争议的诉讼

劳动争议双方当事人对劳动争议仲裁裁决不服的，双方当事人可以向人民法院提起诉讼。我国法律对劳动争议采取了仲裁前置的原则，非经劳动争议仲裁，不得向人民法院提起诉讼。

第七模块 商贸争议解决法

学习目标 »

【知识目标】

了解仲裁裁决的撤销与不予执行、涉外商事仲裁、民事诉讼程序与执行程序以及涉外民事诉讼的特殊规定；理解并掌握我国的仲裁法基本制度、仲裁协议与仲裁程序的规定、我国民事诉讼中审判组织与诉讼管辖以及诉讼参加人与诉讼证据的有关规定。

【能力目标】

能运用所学的仲裁与诉讼法律知识解决民商事领域的仲裁与诉讼案例，能分析判断仲裁与诉讼进行中的程序问题，并能提出相应的法律建议。

【思政要求】

建立爱法、信法、用法，愿意用社会主义法律手段来解决各类纠纷和矛盾的法制观念。

引例 »

飞达汽车配件商店（以下简称“飞达商店”）与珠海恒昌汽车配件有限公司（以下简称“恒昌公司”）在飞达商店处签订购销汽车配件合同，约定由恒昌公司供给飞达商店16万元的汽车配件；在本合同订立之日起1个月内由恒昌公司负责将全部货物运至北京广安门车站；由飞达商店预付恒昌公司定金5万元，在合同约定的全部汽车配件交付后，飞达商店将剩余货款付给恒昌公司。但在合同签订后，恒昌公司并未按期发运汽车配件，双方的购销合同没有履行，因此产生纠纷。飞达商店为维护自己的合法权益，便向其住所地北京市东城区人民法院提起诉讼，要求恒昌公司双倍返还定金。后恒昌公司对法院管辖权提出了异议。

那么，北京东城区人民法院是否有权受理该案？为什么？我国民事诉讼法对合同纠纷案件诉讼管辖是怎样规定的？如果这个合同订立后恒昌公司履行了一部分义务，该案件的处理结果会有什么不同？为什么？

通过对本模块的学习，你将找到这些问题的答案。

项目1 运用仲裁解决国内商贸纠纷的分析训练

任务1 仲裁基本制度分析

任务案例一：

下列争议可以适用仲裁方式解决的有哪些？并说明理由。

（1）张小三与李小玉之间于婚前订的婚前财产协议，后在离婚时对此发生了争议。

（2）交警小张对违章司机小赵出具了罚款1000元的处罚决定书，小赵不服气，觉得自己即便违章也不应罚1000元而产生纠纷。

（3）小明不小心把停在路边的小强的一辆电动车碰倒了，双方对小明应赔偿的数额发生了争议。

（4）在无锡某一外资企业工作的美国人约翰在莲花商场买了一台咖啡炉，在使用过程中咖啡炉爆炸，将约翰家厨房内的吸排油烟机及其他一些厨房用具炸坏了，双方对赔偿责任发生了争议。

任务案例二：

张三与李四之间发生了一起合同纠纷，双方根据合同规定将该争议提交无锡市仲裁委员会处理。在作出仲裁裁决之后，张三得知该案仲裁过程中仲裁员李某收了李四的贿赂，所以自己才输掉了官司，于是张三在一气之下将无锡市仲裁委员会告上了无锡市崇安区法院，法院对此予以立案受理。

请问：张三的做法对不对？为什么？法院的做法对不对？为什么？张三应该怎么办？

任务案例三：

名人张某与赵某因财产上的原因产生了经济纠纷，于是双方约定到北京市仲裁委员会申请仲裁。后这一消息被赵某的朋友——某报社的记者洪某得知，于是在仲裁庭开庭审理的当天，其跑到仲裁庭开庭的处所想旁听这次仲裁审理活动。但现场保安及有关人员不允许其入场。洪某很不服气，他认为自己是记者，国家的宪法和法律赋予了其采访报道的权利，竟然不让其入场，于是其与相关人员争吵起来。

请问：仲裁庭外的相关人员不让记者洪某入场的行为对不对？为什么？

知识链接（一）

一、仲裁的概念及特征

（一）仲裁的概念

仲裁（亦称公断）是解决争议的一种方式，即由双方当事人将发生的争议交付第三者居中评断是非，并作出裁决，该裁决对双方当事人均具有约束力。按仲裁制度适用领域的不同，可将仲裁分为三种不同性质的仲裁：国际仲裁、国内民商事仲裁、国际商事仲裁。本章主要阐述的是国内民商事仲裁与国际商事仲裁。

（二）仲裁的特征

（1）专业性。仲裁案件大多是国际或国内民商事纠纷，往往涉及复杂的法律和技术问题，各仲裁机构的仲裁员也多来自法律或经济领域有实际工作经验的专家，因此仲裁活动具有很强的专业性。

（2）灵活性。仲裁活动不像诉讼活动那样程序要求非常严格，其许多环节都可以简化，灵活选择适用。

（3）保密性。仲裁案件以不公开审理为原则，除非当事人同意，案件内容一般不对外公开，不同于诉讼中的公开审理原则。

（4）快捷性。仲裁实行一裁终局制度，较之诉讼节省了许多时间，有利于迅速解决纠纷。

（5）经济性。其主要体现在：①仲裁费用较为低廉；②解决纠纷迅速，有助于降低当事人的仲裁成本；③以仲裁方式解决争议，当事人之间往往较为平和，商业秘密不会被公开，对当事人往后的商业发展影响较小。

二、我国仲裁法概述

我国目前有关仲裁的法律主要有：《中华人民共和国仲裁法》（1994 年 8 月 31 日通过，1995 年 1 月 1 日起施行，分别于 2009 年 8 月、2017 年 9 月经过二次修订，最新修订的版本于 2018 年 1 月 1 日起施行，以下简称《仲裁法》）、《中华人民共和国劳动争议仲裁法》（2007 年 12 月 29 日通过，2008 年 5 月 1 日起施行）、《中华人民共和国民事诉讼法》（1991 年 4 月 9 日颁布施行，经过 2007 年 10 月 28 日、2012 年 8 月 31 日、2017 年 6 月 27 日三次修订，最新修订的版本于 2017 年 7 月 1 日起施行）中第二十六章仲裁的有关规定。本项目不涉及劳动争议仲裁。

我国的仲裁法是调解仲裁机构、当事人及其他仲裁参与人在仲裁活动中所形成的各种法律关系的法律规范的总称。

> 【资料卡】
>
> 目前我国国内由各不同法律法规规定的仲裁主要有民商事仲裁、劳动争议仲裁、人事争议仲裁（由各地出台地方规章来加以规范，主要适用解决行政机关、事业单位、社会团体的公务员和在编人员与其任职单位之间的争议）、农村承包合同纠纷仲裁。

（一）我国仲裁法的适用范围

1. 对人的适用范围

其要求主要有：

（1）申请仲裁的当事人必须在法律关系中享有平等的法律地位。

（2）可以是公民、法人和依法取得法定资格的其他组织。

（3）可以是中国公民、法人和非法人组织，也可以是外国公民、法人、非法人组织和无国籍人。

2. 对事的适用范围

根据我国《仲裁法》的规定，可以适用仲裁方式解决的民商事纠纷主要有：

（1）各种民商事合同纠纷。

（2）其他财产权益纠纷，主要指由侵权行为引发的损害赔偿等财产权益纠纷。

3. 不适用的范围

（1）婚姻、收养、监护、扶养、继承纠纷。

（2）依法应当由行政机关处理的行政争议。

4. 可适用仲裁，但另有其他法律规定的纠纷

主要有：劳动争议和农村承包合同纠纷。前者由《中华人民共和国劳动争议仲裁法》规范，后者由《中华人民共和国农村土地承包法》规范。

（二）仲裁法的基本原则

（1）公正及时原则。公正要求仲裁机关以事实为依据，严格依法公平合理地解决纠纷；及时要求仲裁机关迅速地解决争议，同时也要求当事人及时行使权利，促进市场经济有序运行。

（2）自愿原则。主要体现在：①是否适用仲裁方式解决争议由当事人自愿选择；②仲裁事项与仲裁程序由当事人自愿选择；③仲裁机构与仲裁员由当事人自愿选择；④仲裁程序进行过程中，是否和解或与对方达成调解协议由当事人自愿选择。

（3）依法独立仲裁原则。仲裁机构依法仲裁，不受行政机关、社会团体和个人的干涉。

（4）法院监督原则。法院主要对仲裁活动进行事后监督，主要表现为：①法院有权依当事人申请，对仲裁裁决进行审查后依法作出撤销仲裁裁决的决定；②法院有权依当事人申请，对仲裁裁决进行审查后依法作出不予执行仲裁裁决的决定。

（三）仲裁的基本制度

（1）或裁或审制度。即当事人在选择解决争议的方式时，只能在诉讼或仲裁中选择一种，选择了诉讼就不能仲裁，反之亦然。

【想一想】

仲裁的不公开审理制度对当事人来说有什么好处？

（2）不公开审理制度。即仲裁庭审理案件以不公开审理为原则。当事人对仲裁案件是否公开审理可通过协议进行选择，但涉及国家秘密的案件一律不公开审理。

（3）一裁终局制度。即仲裁案件经仲裁机构审理完结后的一次裁决即告终结，其裁决即发生法律效力，当事人不得再申请仲裁或提起诉讼。但当事人在仲裁庭作出裁决后可以申请人民法院撤销或不予执行仲裁裁决，如果裁决被撤销或不予执行，则允许当事人重新申请仲裁或起诉。

任务案例四：

南京市的朱某与梁某因履行双方签订的合同而发生了纠纷，于是双方选择到无锡市仲裁委员会申请仲裁。在仲裁庭开庭前，南京市仲裁委员会得知这一情况，即发函给双方当事人要求他们到南京市仲裁委员会去仲裁，并通过江苏省司法厅发行政公函给无锡市仲裁委员会，要求他们不得受理此案。

请问：南京市仲裁委员会的做法对不对？为什么？

任务案例五：

A 省一个经济较发达的县级市 B 市司法局决定组建本市的仲裁委员会，于是其筹集了资金，在市司法局大楼中腾出一层楼面给 B 市仲裁委员会。仲裁委员会的主任由司法局局长兼任，副主任为 8 人，委员 3 人，其中副主任分别由当地某小学的校长、某街道妇女主任、某公司董事长、某法院院长、某律师事务所主任及司法局法制科的科长、教育科的科长、局长秘书等兼任，3 名委员为刚从某政法学院毕业的大学生。

请问：B 市该仲裁委员会成立过程中有什么不合法之处？

任务案例六：

某省会城市成立了自己的仲裁委员会，他们选择了下列人员作为其仲裁员：①现任 X 律师事务所主任张某，已做律师11年；②某仲裁委员会主任李健，其大学毕业后任职于某中学任英语教师，后调任团市委，主抓共青团工作；③曾做过四年法官后在Y律师事务所担任律师工作两年的赵律师；④某大型进出口贸易公司董事长邵某；⑤某大学法学院教授吴某。

请问：这些人员担任仲裁员有没有问题？为什么？

知识链接（二）

三、仲裁机构

（一）仲裁委员会

根据我国《仲裁法》的规定，我国国内民商事争议的仲裁采用机构仲裁形式，即设立专门的仲裁委员会来审理当事人之间的民商事争议。

仲裁委员会是指依法设立，有权根据仲裁协议受理一定范围的合同或其他财产权益纠纷，进行裁决的机构。

1. 仲裁委员会的设立

仲裁委员会设置和组建由人民政府组织有关部门和商会统一进行。其设置方法如下：

（1）在直辖市和省、自治区人民政府所在地的市设立，也可以根据需要在其他设区的市设立。

（2）不按行政区划层层设立，即各仲裁委员会相互独立，没有行政隶属关系，并独立于行政机关，其受理案件也没有地域管辖和级别管辖的规定。

（3）仲裁委员会设立后，应当经省、自治区、直辖市的司法行政部门登记。

2. 仲裁委员会的设立条件

（1）有自己的名称、住所和章程。

（2）有必要的财产。

（3）有该委员会的组成人员。

（4）有聘任的仲裁员。

3. 仲裁委员会的组成人员

（1）主任一人、副主任二至四人和委员七至十一人。

（2）仲裁委员会的主任、副主任和委员由法律、经济贸易专家和有实际工作经验的人员担任。

（3）仲裁委员会的组成人员中，法律、经济贸易专家不得少于三分之二。

（二）仲裁协会

仲裁协会是由各仲裁机构为共同发展和维护仲裁事业而组建的自我管理、自我教育和自我服务的社会团体，为社会团体法人，是仲裁委员会的自律性组织。

其具体职责是：①依法制订仲裁规则、协会章程；②依据协会章程对会员和仲裁员的违纪行为进行监督；③培训仲裁员，提高仲裁员素质及业务能力；④开展对外交流等。

（三）仲裁员

仲裁委员会应从公道正派的人员中选聘仲裁员，其应当符合下列条件之一：

（1）通过国家统一法律职业资格考试取得法律职业资格，从事仲裁工作满八年的。

（2）从事律师工作满八年的。

（3）曾任法官满八年的。

【想一想】

任职八年以上的现任法院法官能否兼任仲裁员？为什么？

（4）从事法律研究、教学工作并且有高级职称的。

（5）具有法律知识、从事经济贸易等专业工作并具有高级职称或具有同等专业水平的。

仲裁员有专职和兼职之分，专职人员是被聘为仲裁员的仲裁委员会的工作人员，仲裁员大部分是兼职的。仲裁委员会应按不同专业确定仲裁员名册，供当事人选择。

（四）仲裁规则

根据《仲裁法》，目前我国仲裁委员会仲裁规则的制定分两种情况：国内仲裁机构的仲裁规则由仲裁协会统一制定，在我国仲裁协会制定仲裁规则前，各仲裁委员会可以依照仲裁法和民事诉讼法的有关规定制定仲裁暂行规则；涉外仲裁规则由中国国际商会制定。

> 【想一想】
>
> 有人说，仲裁规则在有些仲裁活动中可以由当事人自行拟定，你认为这种说法对吗？为什么？

仲裁规则的主要内容一般应包括：仲裁管辖，仲裁组织，仲裁申请和答辩，反请求程序，仲裁庭组成程序，审理程序，裁决程序，以及在相应程序中仲裁委员会、仲裁员和当事人的权利义务等。

任务2 仲裁协议分析

任务案例一：

哈尔滨市A区的甲公司（卖方）与沈阳市B区的乙公司（买方）在哈尔滨市签订了货物买卖合同，他们在合同中约定的仲裁条款是“本合同履行过程中所发生的一切争议，均须提交仲裁委员会解决。”后双方在履行合同过程中发生了关于货物质量与货款的争议，乙公司即向沈阳市仲裁委员会申请仲裁，而甲公司则向哈尔滨市A区法院提起诉讼。

请问：哈尔滨市A区法院可否受理甲公司的起诉？为什么？

任务案例二：

A市L区的甲公司与B市M区的乙公司签订了一份货物买卖合同，后合同在履行过程中发生了争议，双方当事人约定将争议提交给无锡市仲裁委员会解决，为此双方签订了仲裁协议，但在请求人甲公司将仲裁申请提交给仲裁委员会后，乙公司提出这一仲裁协议是由甲公司胁迫订立的，因而协议无效，为此其向当地M区人民法院提出请求确认协议无效。而甲公司则认为这根本就是乙公司的无稽之谈，想推卸责任，于是其向该仲裁委员会提出，请求确认仲裁协议效力。

请问：该协议效力应由哪个机构确认？为什么？如果在仲裁庭第一次开庭审理后，乙公司向法院提出这一确认请求，其结果会如何？

任务案例三：

买方甲与卖方乙订立了一份货物买卖合同，合同约定乙应向丙交付货物，并约定合同在履行过程中如果有争议的应向A市仲裁委员会申请仲裁。后合同在履行过程中，乙未能向丙交付所有货物，只交付了60%，还有100万元的货物未曾交付。于是丙向A市仲裁委员会提请仲裁。

请问：A市仲裁委员会能否受理该案？为什么？

知识链接

仲裁协议

仲裁协议是双方当事人自愿将其间可能发生或已经发生的争议提交仲裁机构裁决解决的协议。

（一）仲裁协议的形式

根据《仲裁法》，当事人订立仲裁协议必须采用书面形式，不承认口头和默示仲裁协议。当事人可以在纠纷发生前或在纠纷发生后达成这一协议。其具体形式有：

（1）仲裁条款。即当事人在订立合同时，在合同中写明将来发生的哪些争议可由哪个仲裁机构解决，它是合同的组成部分，属于解决争议的条款。其效力独立于合同其他条款，当合同无效时，不影响这一条款的效力。

（2）仲裁协议书。当事人在合同外另行订立的愿意将争议提交仲裁的书面协议。

（3）其他补充文件中载明的仲裁协议。如在民商事往来中的信函、电传、电报及其他书面材料中载明的有关仲裁的内容。

（二）仲裁协议的内容

根据《仲裁法》，仲裁协议应当具备的内容有：

（1）请求仲裁的意思表示。即当事人愿意将纠纷提交仲裁解决的明确表示。

（2）仲裁事项。即当事人约定仲裁解决的纠纷范围，可以是全部争议，也可以是部分争议。

（3）选定的仲裁委员会。即当事人应在仲裁协议中明确解决争议的仲裁机构，这一选择权不受地域、级别的限制。

（三）仲裁协议的成立生效与效力

1. 仲裁协议的成立生效

其成立生效与其他合同大致相同，要求当事人具有缔约能力、意思表示真实及协议必须具有合法形式，还要求协议仲裁的内容必须具有可仲裁性，即必须是《仲裁法》规定的可以用仲裁方式解决的纠纷，才可约定仲裁。

无效的仲裁协议是欠缺仲裁协议生效要件的协议，其主要有：

（1）约定的仲裁事项超出法律规定的仲裁范围的。

（2）无民事行为能力人或者限制民事行为能力人订立的仲裁协议。

（3）一方采取胁迫手段，迫使对方订立仲裁协议的。

【想一想】

因胁迫而成立的仲裁协议的效力与普通因胁迫而成立的合同的效力有什么不同？

2. 仲裁协议的效力

其主要体现在：

（1）对当事人的约束力。即当事人约定了仲裁协议后，就丧失了将这些仲裁解决的争议向法院提起诉讼的权利。另外，由于其选择了仲裁解决争议，因此其必须接受仲裁裁决的约束和自觉履行仲裁裁决的义务。

（2）对仲裁机构的效力。仲裁机构因仲裁协议而取得了对当事人之间争议进行裁决的权利，有效的仲裁协议是当事人授予仲裁机构仲裁权的法定文件。

（3）对人民法院的效力。仲裁协议具有排除人民法院对约定仲裁事项管辖权的效力，同时有效的仲裁协议还赋予一方当事人在对方当事人不履行仲裁裁决时，其可请求人民法院进行强制执行的效力。

3. 仲裁协议效力的确认机构

当事人对仲裁协议的效力有异议的，可以请求仲裁委员会作出决定或者请求人民法院作出裁定。一方请求仲裁委员会作出决定，另一方请求人民法院作出裁定的，由人民法院裁定。

当事人对仲裁协议的效力有异议，应当在仲裁庭首次开庭前提出。

任务3 仲裁程序分析

任务案例一：

张某与李某因履行买卖合同发生了纠纷，李某按照合同中约定的仲裁条款向某市仲裁委员会提交了仲裁申请。在第一次庭审结束后，李某得知该案的独任庭仲裁员赵某是张某的债权人，同时也是该仲裁委员会的副主任，于是其向该仲裁委员会提交了回避申请。仲裁委员会主任审查后同意该申请，决定赵某应回避，后双方委托仲裁委员会指定钱某为仲裁员。李某要求仲裁程序重新开始，但钱某不同意，而是接着前面已开展的仲裁程序继续进行。

请问：该案中李某申请赵某回避有没有理由？为什么？该仲裁委员会对仲裁员回避的决定程序有没有问题？钱某的行为是否合法？为什么？

任务案例二：

赵某与李某因合同纠纷到南京市仲裁委员会申请仲裁，该仲裁委员会受理了案件并组建了仲裁庭。仲裁庭通过对案件书面材料的审查，认为只需通过书面审理即可，不需要开庭审理，于是通知双方当事人要求各方提供证据材料，以备进行书面审理，但赵某表示反对。仲裁庭最终还是决定书面审理，并作出了裁决。赵某不服，向人民法院请求撤销该仲裁裁决。

请问：该仲裁裁决有没有问题？为什么？

任务案例三：

张三与李四的合同纠纷到无锡市仲裁委员会申请仲裁，该仲裁委员会受理案件并组建了仲裁合议庭，由甲、乙、丙三方担任仲裁员，其中甲是张三选任的，乙是李四选任的，丙是双方共同选任。经过审理在作裁决时，合议庭的三位成员意见不一致，一人一种意见，最终由于甲是资深仲裁员，于是仲裁庭以其意见作出裁决。收到裁决书后，李四不服，认为裁决有问题。

请问：该案在仲裁审理过程中有没有问题？为什么？

知识链接

仲裁程序

（一）仲裁的申请与受理

1. 仲裁申请

当事人请求仲裁应当符合的条件：①有仲裁协议；②有具体的仲裁请求和事实、理由；③属于仲裁委员会的受理范围。

当事人申请仲裁，应当向仲裁委员会递交仲裁协议、仲裁申请书及副本。仲裁申请书应当载明以下事项：①当事人的姓名、性别、年龄、职业、身份证号、工作单位和住所，法人或者其他组织的名称、住所和法定代表人或者主要负责人的姓名、职务；②仲裁请求和所根据的事实、理由；③证据和证据来源、证人姓名和住所。

2. 仲裁受理

仲裁委员会收到当事人提交的仲裁申请书之日起5日内，认为符合受理条件的，应当受理，并通知当事人；认为不符合受理条件的，应当书面通知当事人不予受理，并说明理由。

仲裁委员会受理仲裁申请后，应当在仲裁规则规定的期限内将仲裁规则和仲裁员名册送达申请人，并将仲裁申请书副本和仲裁规则、仲裁员名册送达被申请人。

【资料卡】

仲裁申请书的具体格式如下：

仲裁申请书

申请人：

所在地址：　　　　　　　　邮政编码：

法定代表人：　　　　　　　职务：

电话：　　　　　　　　　　电传：

传真：　　　　　　　　　　电报号码：

被申请人：

所在地址：　　　　　　　　邮政编码：

法定代表人：　　　　　　　职务：

电话：　　　　　　　　　　电传：

传真：　　　　　　　　　　电报号码：

案由：（写明争议案件的性质）

____

____

请求事项：（要求仲裁解决的具体问题）

____

____

____

事实与理由：

（要求写明：1. 当事人之间争议的由来、发生、发展的经过；2. 当事人之间权益争议的具体内容和焦点；3. 实事求是地说明被诉人应承担的责任）

____

____

证据和证据来源，证人姓名和住址：

____

此致

__________仲裁委员会

申请人：

年　月　日

附：1. 本申请书副本__________份

2. 证据__________份

3. 其他材料__________份

注：如果申请人与被申请人为个人，则申请人与被申请人栏应填写：姓名、性别、出生年月、民族、文化程度、工作单位、职业、住址。

被申请人收到仲裁申请书副本后，应当在仲裁规则规定的期限内向仲裁委员会提交答辩书。仲裁委员会收到答辩书后，应当在仲裁规则规定的期限内将答辩书副本送达申请人。被申请人未提交答辩书的，不影响仲裁程序的进行。

3. 组成仲裁庭

当事人应当在仲裁规则规定的期限内约定仲裁庭形式，没有约定的，则由仲裁委员会指定。仲裁庭的形式主要有：

（1）独任庭。即由一名仲裁员组成仲裁庭。当事人约定由一名仲裁员成立仲裁庭的，应当由当事人在仲裁规则规定的期限内共同选定或者共同委托仲裁委员会主任指定仲裁员。

（2）合议庭。即由三名仲裁员组成仲裁庭。当事人约定由三名仲裁员组成仲裁庭的，应当在仲裁规则规定的时间内各自选定或者各自委托仲裁委员会主任指定一名仲裁员，第三名仲裁员由当事人共同选定或者共同委托仲裁委员会主任指定。第三名仲裁员是首席仲裁员。

仲裁庭组成后，仲裁委员会应当将仲裁庭的组成情况书面通知当事人。

4. 仲裁员的回避

仲裁员的回避主要有两种：一是仲裁员自行回避，二是当事人申请仲裁员回避。

（1）仲裁员须回避的情形。根据《仲裁法》，仲裁员有下列情形之一的，必须自行回避，当事人也有权提出回避申请：①本案当事人或者当事人、代理人的近亲属；②与本案有利害关系；③与本案当事人、代理人有其他关系，可能影响公正仲裁的；④私自会见当事人、代理人，或者接受当事人、代理人的请客送礼的。

（2）当事人申请仲裁员回避的期限。当事人提出回避申请应当说明理由，在首次开庭前提出。回避事由在首次开庭后知道的，可以在最后一次开庭终结前提出。

（3）仲裁员回避的决定。仲裁员是否回避，由仲裁委员会主任决定；仲裁委员会主任担任仲裁员时，由仲裁委员会集体决定。

（4）仲裁员回避的法律后果。其主要有：①仲裁员因回避或者其他原因不能履行职责的，应当依照《仲裁法》的规定重新选定或者指定仲裁员。②因回避而重新选定或者指定仲裁员后，当事人可以请求已进行的仲裁程序重新进行，是否准许，由仲裁庭决定；仲裁庭也可以自行决定已进行的仲裁程序是否重新进行。

（二）开庭和裁决

1. 财产保全

仲裁过程中的财产保全是一方当事人因另一方当事人的行为或者其他原因，可能使裁决不能执行或者难以执行的，可以申请财产保全。

（1）申请财产保全的时间。当事人可在申请仲裁时同时提出申请财产保全，也可在仲裁裁决作出前任何时间提出申请。

（2）财产保全的决定与执行。当事人申请财产保全，应当向仲裁委员会递交申请，再由其将申请提交被申请人住所地或财产所在地的基层人民法院，由该人民法院作出是否采取财产保全措施的决定并予以执行。

【想一想】

如果争议采用仲裁方式解决的，当事人能否直接向法院申请财产保全？为什么？如果其向仲裁委员会提出，仲裁委员会能否自行采取保全措施？为什么？

2. 开庭前的准备工作

（1）仲裁庭审理方式。开庭是在当事人及其他参与人的参加下，由仲裁庭主持对案件进行仲裁的活动。仲裁庭对案件的审理有两种方式：①开庭审理。以开庭不公开审理为原则，即仲裁庭对争议案件应择日开庭审理，但通常情况下采取不公开审理方式，案外人不得旁听；以开庭公开审理为例外，即当事人协议公开开庭的，仲裁庭认为有必要时，可以公开开庭。但案件涉及国家秘密的，仲裁不能公开进行。对于不公开审理的仲裁案件，仲裁员、仲裁委员会的工作人员和其他仲裁参与人均不得向外界透露案件实体和程序进行的情况。②不开庭审理。即当事人协议不开庭的，仲裁庭可以根据仲裁申请书、答辩书以及其他材料作出裁决。

（2）开庭通知。仲裁委员会应当在仲裁规则规定的期限内将开庭日期通知双方当事人。当事人有正当理由的，可以在仲裁规则规定的期限内请求延期开庭。是否延期，由仲裁庭决定。申请人经书面通知，无正当理由不到庭或者未经仲裁庭许可中途退庭的，可以视为撤回仲裁申请。被申请人经书面通知，无正当理由不到庭或者未经仲裁庭许可中途退庭的，可以缺席裁决。

3. 开庭

仲裁庭开庭程序比较灵活，一般包括调查、辩论、当事人最后陈述、调解、评议和裁决几个阶段。仲裁员可以根据需要及当事人意愿选择适用。

（1）证据规则。仲裁庭开庭过程中当事人提供的证据应当在开庭时出示，当事人可以质证。在证据可能灭失或者以后难以取得的情况下，当事人可以申请证据保全。当事人申请证据保全的，仲裁委员会应当将当事人的申请提交证据所在地的基层人民法院。《仲裁法》规定的证据规则主要有：①仲裁庭开庭时，当事人应当对自己的主张提供证据；②仲裁庭认为有必要收集的证据，可以自行收集；③仲裁庭对专门性问题认为需要鉴定的，可以交由当事人约定的鉴定部门鉴定，也可以由仲裁庭指定的鉴定部门鉴定；④根据当事人的请求或者仲裁庭的要求，鉴定部门应当派鉴定人参加开庭。当事人经仲裁庭许可，可以向鉴定人提问。

（2）和解。当事人申请仲裁后，可以自行和解。达成和解协议的，当事人可以请求仲裁庭根据和解协议作出裁决书，也可以撤回仲裁申请。当事人达成和解协议，撤回仲裁申请后反悔的，可以根据仲裁协议再次申请仲裁。

（3）调解。仲裁庭在作出裁决前，可以先行调解。当事人自愿调解的，仲裁庭应当调解。调解不成的，应当及时作出裁决。调解达成协议的，仲裁庭应当制作调解书或者根据协议的结果制作裁决书。调解书经双方当事人签收后，即发生法律效力。在调解书签收前当事人反悔的，仲裁庭应当及时作出裁决。调解书与裁决书具有同等法律效力。

> 【想一想】
> 仲裁过程中的和解与调解有什么不同？

4. 仲裁裁决

仲裁裁决应当按照多数仲裁员的意见作出，少数仲裁员的不同意见可以记入笔录。仲裁庭不能形成多数意见时，裁决应当按照首席仲裁员的意见作出。仲裁裁决书由仲裁员签名，加盖仲裁委员会印章。对裁决持不同意见的仲裁员，可以签名，也可以不签名。仲裁庭仲裁纠纷时，其中一部分事实已经清楚，可以就该部分先行裁决。裁决书自作出之日起发生法律效力。

> 【想一想】
> 人民法院判决书的生效与仲裁裁决书的生效有什么区别？

任务4 仲裁裁决的撤销与不予执行分析

任务案例一：

家住无锡市滨湖区、今年刚满15周岁的小明与大李因财产纠纷到无锡市仲裁委员会申请仲裁，仲裁庭审理后于2017年3月5日作出仲裁裁决并当场递送给了双方当事人。后小明父母对仲裁裁决不满意，于是他们于2017年9月6日到无锡市滨湖区人民法院提出撤销仲裁裁决的申请。该法院根据法律规定受理了该案。

请问：本案处理过程中存在哪些问题？

任务案例二：

个体户小刘与个体户小汪因买卖纠纷将案件提交给无锡仲裁委员会仲裁，双方的争议主要有A、B、C、D四点，其中D点争议是环保部门对小刘的卫生罚款处理决定，但小刘认为这是小汪售货给自己在卸货时不慎造成，因此该罚款应由小汪承担。双方约定的仲裁协议将这四点争议都列为仲裁事项。同时在仲裁过程中小汪为了获胜，请三名仲裁员中的两名吃饭并送了礼。最后仲裁裁决的结果却是小汪输了，小汪对此不服，向法院提出撤销仲裁裁决。

请问：法院应如何处理该案？

任务案例三：

甲与乙因合同纠纷到A市仲裁委员会申请仲裁，仲裁庭经审理作出了甲败诉的裁决。但甲不服气，因此不愿执行该裁决。乙遂向自己住所地的A市B区人民法院申请强制执行该裁决，而甲则向人民法院提出了不予执行的请求，并声称仲裁庭共开庭三次，而自己只被通知参加了两次，其中第二次开庭未被通知参加。

请问：如果甲的声明属实，A市B区法院能否作出不予执行的裁决？为什么？

知识链接

一、仲裁裁决的撤销

（一）申请撤销仲裁裁决的条件

根据《仲裁法》，申请撤销仲裁裁决必须符合下列条件：

（1）提出申请的主体必须是当事人，包括仲裁申请人与被申请人。

（2）请求撤销仲裁裁决的申请必须向仲裁委员会所在地的中级人民法院提出。

（3）当事人申请撤销仲裁裁决，应当自收到仲裁裁决书之日起6个月内提出。

（4）当事人申请撤销仲裁裁决必须有证据证明裁决有法律规定的应予撤销的情形。

（二）申请撤销仲裁裁决的法定事由

（1）没有仲裁协议的。

（2）裁决的事项不属于仲裁协议的范围或者仲裁委员会无权仲裁的。

（3）仲裁庭的组成或者仲裁的程序违反法定程序的。

（4）裁决所根据的证据是伪造的。

（5）对方当事人隐瞒了足以影响公正裁决的证据的。

（6）仲裁员在仲裁该案时有索贿受贿，徇私舞弊，枉法裁决行为的。

（7）仲裁裁决违背社会公共利益的。

（三）法院对撤销仲裁裁决申请的处理

人民法院应当在受理申请后的2个月内作出裁定，其裁决主要分两种情况：

（1）裁定驳回申请。人民法院经过审查发现仲裁裁决不具备法定撤销事由的，应作出驳回申请的裁定。

（2）裁定撤销仲裁裁决。人民法院经过审查发现仲裁裁决存在法律规定的撤销事由的，应裁定撤销仲裁裁决。但人民法院如果在受理申请发现存在法定撤销事由后，认为可以由仲裁庭重新仲裁的，通知仲裁庭在一定期限内重新仲裁，并裁定中止撤销程序。但如果仲裁庭拒绝重新仲裁的，人民法院应当裁定恢复撤销程序，并及时作出撤销仲裁裁决的裁定。

> 【想一想】
>
> 人民法院要求仲裁庭进行重新仲裁，仲裁庭是否一定要进行重新仲裁？为什么？

二、仲裁裁决的不予执行

（一）仲裁裁决的执行

人民法院执行仲裁裁决，必须具备下列条件：

（1）由当事人向人民法院提出申请。即人民法院不能依职权主动执行仲裁裁决。

（2）当事人须向被执行人住所地或被执行人财产所在地人民法院提出申请。

（3）申请执行的仲裁裁决不存在法律规定仲裁裁决不予执行的法定事由。

当事人申请执行仲裁裁决应向法院提交申请书、仲裁裁决书或调解书，法院受理申请后进行审查，符合执行条件的，即按照民事诉讼法规定的执行程序进行执行。

（二）仲裁裁决的不予执行

人民法院对当事人提出的请求执行仲裁裁决的申请进行审查时，被申请人提供证据证明仲裁裁决有下列情形的，人民法院应组成合议庭进行审查核实，裁定不予执行：

（1）当事人在合同中未订有仲裁条款或者事后没有达成书面仲裁协议的。

（2）裁决的事项不属于仲裁协议的范围或者仲裁机构无权仲裁的。

（3）仲裁庭的组成或者仲裁的程序违反法定程序的。

（4）认定事实的主要证据不足的。

（5）适用法律确有错误的。

（6）仲裁员在仲裁该案时有贪污受贿，徇私舞弊，枉法裁决行为的。

（7）执行该裁决违背社会公共利益的。

> 【资料卡】
>
> 一方当事人申请执行仲裁裁决，另一方当事人申请撤销仲裁裁决，受理执行申请的人民法院应当中止执行程序，而由受理撤销申请的人民法院对撤销申请进行审查。如果审查结果是裁决撤销，则终止执行程序；反之则恢复执行程序。

不予执行裁定书应当送达双方当事人和仲裁机构。仲裁裁决被人民法院裁定不予执行的，当事人可以根据双方达成的书面仲裁协议重新申请仲裁，也可以向人民法院起诉。

> 【想一想】
>
> 裁定撤销仲裁裁决与裁定不予执行仲裁裁决这两种法律程序有什么不同？

项目2 运用仲裁解决国际商贸纠纷的分析训练

任务 国际商事仲裁分析

任务案例一：

美国商人约翰与中国甲公司订立了一份国际货物买卖合同，合同约定因合同订立履行所发生的一切争议均提交仲裁机关解决，并约定仲裁机构由双方当事人在发生争议后协商确定。后在合同履行中发生了纠纷，于是双方选定相关人员组成了一个临时仲裁庭，并约定了仲裁程序与仲裁规则，然后该仲裁庭根据双方提交的相关材料并根据双方选择的日本法律解决了这一案件。

请问：这一仲裁案件处理过程中有没有什么问题？为什么？

任务案例二：

A国的甲公司与B国的乙公司签订了一份买卖合同，合同对争议解决选择了仲裁方式，并要求适用联合国国际贸易法委员会仲裁规则，同时合同确定了解决争议的法律为C国法律。后在合同履行过程中发生了争议，甲乙公司组建了临时仲裁庭解决争议。临时仲裁庭在审理时发现根据仲裁规则，仲裁地点确定为仲裁员的住所地，但根据C国法律，其要求对涉外合同这一争议的仲裁解决一定要在被诉人的住所地进行。

请问：该案中争议仲裁地应为什么地方？为什么？

知识链接（一）

一、国际商事仲裁的概念与特点

（一）国际商事仲裁的概念

国际商事仲裁是指争议双方当事人根据事前或事后达成的协议，自愿将其国际商事争议交付第三者，由第三者按照一定程序居中评判是非并作出对双方当事人均具有约束力的裁决的方式。在国际商事仲裁中，争议双方具有不同国籍，或其营业地分处不同国家或地区，或争议标的、法律关系具有涉外因素，并且争议是因商事交往而产生的。

（二）国际商事仲裁的特点

1. 广泛的国际性

这主要表现在：几乎所有的常设仲裁机构都聘用了许多不同国家的专业人员作仲裁员，许多国家国际商事仲裁案件由不同国籍的仲裁员组成仲裁庭进行审理。

2. 高度的自治性

在国际商事仲裁中，高度的自治性主要体现在以下几个方面：

（1）双方当事人可以选择仲裁机构或仲裁的组织形式。

（2）双方当事人可以选择仲裁地点。

（3）双方当事人可以选择审理案件的仲裁员。

（4）双方当事人可以选择进行仲裁的程序。

（5）双方当事人可以选择仲裁所适用的法律，除了可选择解决争议应予适用的实体法外，在确定所适用的仲裁程序方面，也体现了对当事人的意思自治的尊重，双方当事人可以选择仲裁适用的程序法。

【资料卡】

《中华人民共和国民法典》第四百六十七条：在中华人民共和国境内履行的中外合资经营企业合同、中外合作经营企业合同、中外合作勘探开发自然资源合同，适用中华人民共和国法律。

3. 一定的强制性

即如果一方当事人不按照事先的约定自觉履行仲裁裁决，另一方当事人可依照有关国际公约、协议的规定向执行地国家的法院申请强制执行仲裁裁决。

4. 相当的灵活性

国际商事仲裁比国内民商事仲裁的灵活性更大，特别是在临时仲裁中。只要不违反“自然公正”，仲裁员怎么裁决都可以。

5. 很强的权威性

由于仲裁员是由各行各业的专家或具有丰富实践经验的人组成，所以，许多仲裁案件都是由有关问题的专家来审理，因此仲裁庭作出的裁决也有很强的权威性。

二、国际商事仲裁机构及其仲裁规则

（一）国际商事仲裁的类别

1. 临时仲裁

这是不通过常设仲裁机构的协助，直接由双方当事人指定的仲裁员自行组成仲裁庭进行的仲裁。临时仲裁庭处理完争议案件即自动解散。

在临时仲裁中，仲裁程序的每一环节都由双方当事人控制。其中由双方当事人决定的主要事项有：

（1）仲裁员的指定方法及仲裁庭的管辖范围或权力。

（2）仲裁地点。其既可以明确约定某一具体的地点，也可以以仲裁员的住所地或经常居住地作为仲裁地点。

（3）仲裁程序。其既可以选择某一国家的仲裁规定或某一仲裁机构的仲裁规则，也可以由双方当事人自行确定。在仲裁实践中，当事人往往在仲裁协议中约定适用某一权威国际组织拟订的仲裁规则（如 1976 年通过的《联合国国际贸易法委员会仲裁规则》），并可以对其中的某些条款作些必要的改动或补充。

2. 机构仲裁

这是由常设仲裁机构进行的仲裁。常设仲裁机构是指固定性的、专门从事以仲裁方式解决争议的组织，它制定有自己的组织章程和仲裁规则，设立有自己的办事机构和行政管理制度。常设仲裁的行政管理和组织工作，为双方当事人和仲裁庭提供便利条件，如依照有关规定代为指定仲裁员、递送文件和证据材料、为仲裁庭开庭安排记录员和配备翻译、收取仲裁费用等。通过机构仲裁方式处理国际商事争议是比较普遍的做法。

【想一想】

临时仲裁与机构仲裁各有什么优点和缺点？

（二）国际商事仲裁机构及其仲裁规则

比较重要的常设国际仲裁机构有：国际商会仲裁院、英国伦敦国际仲裁院、美国仲裁协会、瑞典斯德哥尔摩商会仲裁院和中国国际经济贸易仲裁委员会。

1. 联合国国际贸易法委员会仲裁规则

联合国国际贸易法委员会仲裁规则于1976年4月28日由联合国第31次大会正式通过。但该规则对联合国成员国并不具有普遍的约束力，仅供合同双方当事人自愿以书面方式选择适用。

当事人约定采用其仲裁规则时，可作如下规定："由本合同发生的或与本合同有关的任何争议、争端或请求，或有关本合同的违约、终止或无效应按照目前有效的联合国国际贸易法委员会仲裁规则予以解决。"

该仲裁规则分为4章，共41条，主要内容如下：

（1）规则的适用范围、仲裁的通知和代理。该规则总则规定，在合同双方当事人书面同意凡与该合同有关的争议应按联合国国际贸易法委员会仲裁规则交付仲裁时，该争议应根据该规则予以解决，但双方当事人如果书面约定对此有所修改时，则从其约定；仲裁应受该规则的支配，但该规则的任何规定如与双方当事人必须遵守的适用于仲裁的法律相抵触时，应服从法律的规定。

所有为实施规则的通知，包括通知书、通告或建议，如被认为已送达收件人或已送达其经常居所、营业所或通信处，则被认为已送交。如经调查而未能找到上述处所，则可送交最后所知的收件人的居所或营业所。

申诉人应将仲裁通知书送交被诉人。自被诉人收到仲裁通知书之日起，仲裁程序即已开始。仲裁通知书的内容应包括：将争议提交仲裁的要求；当事人双方的名称和地址；所根据的仲裁条款或单独仲裁协议；与争议发生的有关的合同的说明；请求的一般性质，如涉及金额时，指明其数额；所要求的救济或补偿；对仲裁员的人数提出建议，也可提议任命1名仲裁员和提议任命仲裁员的机构。

双方当事人可以自行选定代理人或辅助人，并通知对方其是代理性质还是辅助性质。

（2）仲裁庭的组成。该规则规定，仲裁员人数为1人或3人。当事人事先如无约定，事后不同意由1人进行仲裁的，则应任命3名仲裁员。如果双方当事人对其人选不能达成协议，可由双方指定一个"有任命权"的机构，代为指定仲裁员。如果当事人双方对此还不能达成协议，则任何一方当事人可请求海牙常设仲裁法院秘书长指定一个有任命权的机构。如由3名仲裁员组成仲裁庭的，当一方当事人指定1名仲裁员，而另一方当事人不按时指定第二名仲裁员时，第一方当事人可以请求有任命权的机构指定第二名仲裁员。如果这两名仲裁员对选定首席仲裁员达不成协议时，由有任命权的机构指定。首席仲裁员的国籍应与双方当事人的国籍不同。双方当事人可在对任何仲裁员的公正性或独立性有理由怀疑时提出异议。

【想一想】

如何理解联合国国际贸易法委员会仲裁规则中的"有任命权"的机构？

（3）仲裁程序。根据规则规定，仲裁庭有权按照它认为适当的方式进行仲裁，但必须对各方当事人给以公平待遇，并使他们有充分机会陈述其案情。此外，对仲裁地点、文字、申诉书、答辩书、对仲裁庭管辖权的抗辩、证据、听证、临时性的保全措施、专家、迟误等方面的程序都作了规定。

（4）裁决。关于仲裁裁决的规定，主要有裁决的决定、方式、效果、适用的法律和裁决的解释、更正和补充等。

在有 3 名仲裁员裁决的情况下，裁决应由多数作出。裁决应以书面作成，应为终局的且对双方当事人都具有约束力，他们应立即履行裁决的义务。该裁决除双方当事人同意无须说明理由外，仲裁庭应说明裁决所根据的理由，并由仲裁员签署，载明仲裁的时间和地点。裁决一般不予公开，仲裁庭只将裁决副本送达双方当事人。

仲裁庭应适用双方当事人事先指定的实体法进行裁决。当事人如未指定时，仲裁庭应适用冲突法规则所决定的法律。任何一方当事人在收到裁决后 30 天内，经通知他方，可要求仲裁庭对仲裁裁决进行解释。仲裁庭在收到要求 45 天内作出书面解释，并构成裁决的一部分。任何一方当事人在上述期限内，还可申请仲裁庭就其在仲裁程序中已经提出而在裁决中遗漏的事项作出补充裁决。仲裁庭如认为上述请求是合理的，则应在收到该请求后 60 天内完成其裁决。

仲裁庭应在裁决内确定仲裁费用。包括仲裁庭的仲裁费、仲裁员因仲裁的旅费和其他费用、专家咨询费、证人的旅费和其他费用、胜诉一方支付的法律代理人和辅助人的费用、任命机构的酬金和支付的费用。

2. 国际商会仲裁院及其仲裁规则

国际商会仲裁院成立于 1923 年，总部设在巴黎。该院设主席 1 人，副主席 8 人，秘书长 1 人——主持由十几个国家人员组成的秘书处的工作。该院成员由国际商会各国家委员会提名，国际商会大会决定任命，每国 1 名，委任后独立于本国。

仲裁院主要职责为：保证其所订规则的适用，指定或确定仲裁员，审定对仲裁员的异议，批准仲裁裁决的形式。但仲裁院本身并不直接审理案件。

国际商会仲裁院目前适用 1998 年 1 月 1 日生效的《调解与仲裁规则》，但调解与仲裁程序相互独立，除当事人同意外，某案件的调解员不得再作为该案件的仲裁员，当事人在调解中所表达的意见、建议，也不得作为仲裁的证据。仲裁规则要求由当事人选定的 1 名独任仲裁员及 3 名仲裁员中双方各自选定的 1 名仲裁员，均须通过申诉书或答辩书报仲裁院批准，未指定的独任仲裁员以及双方指定以外的第 3 名仲裁员可由仲裁院任命，但仲裁协议中也可约定由各自指定的仲裁员商定第 3 名仲裁庭主席人选，报仲裁院批准。独任仲裁员或仲裁庭主席原则上应从非当事人国籍的人士中选任。除合同约定或仲裁规则规定外，有关仲裁程序适用仲裁地法。仲裁裁决须经仲裁院批准，方能签署，并产生终局性效力。

3. 英国伦敦国际仲裁院及其仲裁规则

英国伦敦国际仲裁院成立于 1892 年，历史悠久，在国际上享有很高声望。它可受理各类国际争议，尤其对国际海事案件的审理具有丰富的经验。仲裁院备有选自 30 多个国家的仲裁员名单，供当事人从中指定。当事人未能指定时由仲裁院指定。在涉及不同国籍的当事人的商事争议中，独任仲裁员或仲裁庭主席也须由中立国籍的人士充任。除该院仲裁规则外，当事人可选择适用联合国的仲裁规则。

按英国 1979 年的仲裁法，该院的仲裁活动受法院的制约比较大，如法院有权撤销仲裁协议、撤销仲裁员等。

4. 美国仲裁协会及其仲裁规则

美国仲裁协会成立于 1926 年，总部设在纽约，并在美国 24 个主要城市设有分支机构，受理美国各地和其他国家当事人提交的各种法律争议。该会由选自美国各行业各社团的理事会领导，由仲裁和法律专家组成的常设机构管理，还备有6万多人的仲裁员名单。当事人提请该会仲裁时，可以选择适用其制定的60多种专项仲裁规则，也可适用当事人议定的联合国仲裁规则或其他规则和程序，甚至选择该会仲裁员名单以外的其他国籍人士担任仲裁员，表现出极大的灵活性。

据1991年3月1日生效的美国仲裁协会仲裁规则，如当事人对仲裁员人数未约定，则由该会提名征询当事人意见后指定1名独任仲裁员，争议标的巨大或案情复杂时，指定3名仲裁员组成仲裁庭。如当事人就仲裁地点不能达成协议时，该会可初步选定，但仲裁庭有权在组庭后60天内最后确定仲裁地点，如当事人未约定法律适用，仲裁庭应适用其认为适当的1个或几个法律。涉及合同的仲裁，应依合同条款进行，并考虑适用与此相关的贸易惯例。

5. 瑞典斯德哥尔摩商会仲裁院及其仲裁规则

瑞典斯德哥尔摩商会仲裁院成立于1917年，主要受理工商和航运方面的争议。瑞典为中立国，该院的仲裁独立性很强，近年已发展成为东西方国际商事仲裁的中心。该院没有固定的仲裁员名册，也不对当事人选择仲裁员作国籍方面的限制。如双方当事人同意由独任仲裁员审理案件时，应由仲裁院指定独任仲裁员。在其他情况下，应由3名仲裁员组成仲裁庭，双方当事人各指定1名，另1名仲裁庭主席由仲裁院指定。据1988年1月1日起生效的仲裁规则，如当事人同意，可由仲裁院指定全部仲裁员。如一方当事人未在规定的时间内指定，则由仲裁院代为指定仲裁员。瑞典仲裁规则和仲裁法均未规定法律适用问题，在当事人未约定时，原则上选择与合同联系最密切的国家的法律。

任务案例三：

香港居民洪某与其他两家股东在香港成立了YL公司。1984年3月，YL公司与深圳宝安某公司签订了合资经营DG磁电有限公司的协议书和章程，合资生产加工录像带和录音带等，同年获政府批准。1985年，洪某要求退出YL公司。1986年12月，洪某在深圳聘请的律师，根据合资协议书中的仲裁条款以合资企业的另一方宝安某公司为被诉人，向中国国际经济贸易仲裁委员会深圳分会提出仲裁申请，要求被诉人偿付同意其退股而收购其股权的应付款项。

请问：深圳分会是否应受理该案？为什么？

任务案例四：

中国A公司与法国B公司因商事合同纠纷依双方约定诉请中国国际经济贸易仲裁委员会审理，由于该案社会影响比较大，因此许多媒体闻讯后都想在开庭时旁听，但与仲裁委员会沟通后未得到同意。媒体认为自己对公众事件的新闻采访权是中国宪法赋予的，委员会这样的做法是违反宪法规定的。

请问：仲裁委员会能不能拒绝新闻媒体的旁听要求？为什么？

任务案例五：

中国国际经济贸易仲裁委员会于2005年4月收到申诉人美国A公司诉美国B公司的仲裁申请书，申请书写明，申请仲裁的依据是申诉人与被诉人订立的X号合同中的仲裁条款。该条款规定：一切因执行本合同或与本合同有关的争议应该由双方通过友好协商解决，如经协商不能得到解决时，应提交北京对外贸易仲裁委员会按照该会的仲裁规则仲裁，仲裁裁决为终局裁决，对双方均有约束力。被诉人收到仲裁委员会的仲裁通知后，致函仲裁委员会提出，被诉人已经向美国纽约州法院申请停止仲裁程序，仲裁程序不应继续进行。理由如下：①申诉人和被诉人都是美国公司，在纽约解决争议最为方便。根据国际私法的冲突规范，争议与北京无实际联系。②在仲裁之前，申诉人与被诉人应该友好协商，但申诉人没有与被诉人协商。③申诉人与被诉人之间的仲裁协议没有规定仲裁地点，仲裁协议中的仲裁机构不是中国国际经济贸易仲裁委员会，被诉人从未同意到中国国际经济贸易仲裁委员会仲裁。

请问：

（1）被诉人的理由是否有法律依据？为什么？

（2）中国国际经济贸易仲裁委员会是否有权受理该案？为什么？

知识链接（二）

6. 中国国际经济贸易仲裁委员会及其仲裁规则

中国国际经济贸易仲裁委员会总部设在北京。1984 年 4 月在深圳经济特区设立办事处，1988 年 9 月改为该委员会深圳分会，1990 年 3 月又增设上海分会。

（1）中国国际经济贸易仲裁委员会的受案范围。中国国际经济贸易仲裁委员会受理当事人协议提交其仲裁的“契约性或非契约性经济贸易等争议”，主要包括：①国际的或涉外的争议；②涉及香港特别行政区、澳门特别行政区或台湾地区的争议；③外商投资企业相互之间以及外商投资企业与其他法人、自然人及（或）经济组织之间的争议；④涉及中国法人、自然人及（或）其他经济组织利用外国的、国际组织的或香港特别行政区、澳门特别行政区、台湾地区的资金、技术或服务进行项目融资、招标投标、工程建筑等活动的争议；⑤中华人民共和国法律、行政法规特别规定或特别授权由仲裁委员会受理的争议。

（2）中国国际经济贸易仲裁委员会的仲裁规则。具体规定如下：

第一，申请、答辩和反诉。

根据《仲裁规则》的规定，仲裁委员会根据当事人在争议发生之前或在争议发生之后达成的仲裁协议和一方当事人的书面申请，受理案件。凡当事人同意将其争议提交该委员会仲裁的，均视为同意按照该会的《仲裁规则》进行仲裁。

仲裁程序自被诉人收到仲裁委员会的仲裁通知之日起开始。申诉人在向仲裁委员会提交仲裁申请书时，应在仲裁委员会的仲裁员名册中指定 1 名仲裁员，或委托仲裁委员会主席代为指定。同时，申请人还应按仲裁费用表的规定，预缴仲裁费。

被诉人应当在收到仲裁通知书之日起 20 天内在仲裁员名册中指定 1 名仲裁员，或者委托仲裁委员会主席代为指定。同时，应在收到仲裁申请书之日起 45 天内向仲裁委员会提交答辩书及有关证明文件。

被诉人对仲裁委员会已经受理的案件，如要提出反诉，最迟应在收到仲裁通知书之日起 60 日天内提出，在反诉书中应写明反诉的要求及所依据的事实和证据，并提交有关的证明文件。但被诉人不提交答辩，或申诉人对反诉未提交答辩，均不影响仲裁程序的进行。

双方当事人都可以委托代理人向仲裁委员会办理有关仲裁事项。代理人可以由中国公民或外国公民担任。

【资料卡】

目前我国国际经济贸易仲裁委员会的仲裁员名册中共有 280 多名仲裁员，其中港澳同胞以及外籍人士占 30% 左右。

第二，仲裁庭的组成。

仲裁庭通常由 3 人组成，双方当事人各自在仲裁委员会仲裁员名册中指定 1 名仲裁员，然后由仲裁委员会主席在仲裁员名册中指定第三名仲裁员为首席仲裁员，组成仲裁庭，共同审理案件。当事人也可以委托仲裁委员会主席代为指定仲裁员。

如果双方当事人同意，也可以仅由 1 名独任仲裁员审理案件。

但双方当事人必须在仲裁委员会的仲裁员名册中指定他们认为合适的仲裁员。列入仲裁员名册的仲裁员是由中国国际贸易促进委员会（中国国际商会）从国际经济、科学技术和法律等方面具有专门知识和实际经验的中外人士中聘任的。

第三，仲裁员回避和披露制度。

被指定的仲裁员如果与案件有利害关系，应当自行向仲裁委员会披露并请求回避，当事人如有正当理由怀疑被指定的仲裁员的公正性和独立性时，也有权向仲裁委员会提出书面申请，要求该仲裁员回避。但对仲裁员回避的请求，应当在案件第一次开庭审理前 15 天提出。如果要求回避原因的发生或者得知是在第一次开庭审理之后，可以在其后到最后一次开庭审理终结以前提出。至于仲裁员是否应当回避的决定，应由仲裁委员会主席作出。

第四，仲裁审理。

按照《仲裁规则》规定，仲裁庭应当开庭不公开审理案件。但是，如果双方当事人同意或提出申请，仲裁庭也可以不开庭审理，只依据书面文件进行审理，并作出裁决。

仲裁庭第一次开庭审理的日期，由仲裁委员会秘书局决定，并于开庭前 30 天通知双方当事人。

仲裁一般应在仲裁委员会所在地——北京审理。但经仲裁委员会主席批准，也可以在其他地点审理。由深圳分会或上海分会受理的案件，应当在分会所在地审理，但经分会主席批准，也可以在其他地方审理。

仲裁庭在开庭审理案件时，不公开进行，如果双方当事人要求公开审理，则由仲裁庭作出决定。

在仲裁开庭时，如果一方当事人不出席，仲裁庭可以进行缺席审理和作出缺席裁决。

第五，仲裁裁决。

按照《仲裁规则》规定，仲裁庭应当在组成仲裁庭后 9 个月内作出仲裁裁决书。但如果在仲裁庭的要求下，仲裁委员会秘书长认为确有必要和确有正当理由的，可以延长该期限。凡是由 3 名仲裁员组成仲裁庭审理的案件，裁决应依多数仲裁员的意见决定，少数仲裁员的意见可以作成记录附卷。但当仲裁庭不能形成多数意见时，应依首席仲裁员的意见作出裁决。

仲裁庭对其作出的仲裁裁决，应当说明裁决所依据的理由，并由仲裁庭全体或多数仲裁员署名。

仲裁裁决是终局的，任何一方当事人都不得向法院起诉，也不得向其他机构提出变更仲裁裁决的请求。

第六，简易程序。

鉴于仲裁委员会受理的案件数量不断增多，工作压力较大，而其中有些案件争议的金额较小，案情较简单，因而新的仲裁规则规定参照国际上一些仲裁机构关于“简易仲裁”或“快速仲裁”的做法规定，除非当事人另有约定，凡争议金额不超过人民币 50 万元，或虽超过人民币 50 万元，但经一方当事人书面申请并征得另一方当事人的同意的，均可采用简易程序处理。

简易程序的特点有：一是由一名独任仲裁员组成仲裁庭；二是提交答辩的时间缩短为收到仲裁通知之日起 30 天；三是仲裁庭可以仅依据当事人提交的书面材料及证据进行书面审理，不一定都要开庭审理，如需开庭审理，亦只需提前 10 天通知双方当事人；四是作出裁决的时间亦大大缩短，凡需要开庭审理的案件，应于开庭之日起 30 天内作出裁决。如属于书面审理的案件，则应于仲裁庭组成之日起 90 天内作出裁决。

三、国际商事仲裁协议

国际商事仲裁协议的形式、效力及内容与国内民商事仲裁协议大体相同，但国际商事仲裁协议中对下列内容则更为关注：

1. 仲裁地点

在国际贸易中，交易双方一般都力争在本国进行仲裁，因其与仲裁所适用的程序法以及按照哪一国的冲突法规则来确定合同的实体法都有密切的关系。按照各国的法律，凡属程序方面的问题，原则上适用审判地法；而确定双方当事人权利、义务的实体法，除双方当事人在合同中已作出明确规定外，仲裁员一般也要按照仲裁地国家的法律冲突规则来确定合同所应适用的准据法。因此，在商订仲裁条款时，仲裁地点往往成为双方当事人争论的焦点。为了避免争议，个别国际性的仲裁机构在制定标准仲裁条款格式时，并不具体规定仲裁的地点，而把这个问题留待争议发生之后由仲裁员根据具体情况予以确定。

2. 仲裁规则

在国际商事仲裁中，由于仲裁规则可由当事人选择，因此仲裁规则也是仲裁协议一项重要内容。仲裁规则与仲裁机构是有密切联系的。通常说，仲裁条款规定在哪个仲裁机构仲裁，就按哪个机构制订的仲裁规则办理。但有些国家也允许双方当事人任意选择他们认为合适的仲裁规则，不过一般以不违反仲裁地国家仲裁法中的强制性规定为限。

3. 仲裁裁决的效力

仲裁裁决的效力主要是指裁决是否具有终局性，对双方当事人有无拘束力，能否再向法院提起上诉的问题。各国法律对仲裁裁决的上诉程序都有一定的限制，有些国家原则上不允许对仲裁裁决提起上诉，有些国家虽然允许当事人上诉，但法院一般只审查程序，不审查实体，即只审查仲裁裁决在法律手续上是否完备，而不审查仲裁裁决在认定事实或适用法律方面是否正确。为了明确仲裁裁决的效力，避免引起复杂的上诉程序，双方当事人在订立仲裁条款时，一般都明确规定：仲裁裁决是终局的裁决，对双方当事人都有拘束力，任何一方都不得向法院或其他机构提起上诉要求予以更改。

> 【资料卡】
>
> 为了便于有关当事人订好仲裁协议，中国国际经济贸易仲裁委员会向中外经贸界人士推荐采用下述示范仲裁条款：“因本合同引起的或与本合同有关的任何争议，均应提交中国国际经济贸易仲裁委员会，按照该会现行的仲裁规则，由申诉一方选定在该会总会（北京）或深圳分会或上海分会进行仲裁。仲裁裁决是终局的，对双方均有约束力。”

任务案例六：

中国上海徐汇区的 A 公司与美国纽约的 B 公司将买卖合同纠纷依双方约定提交给中国国际经济贸易仲裁委员会审理，作出判决后 A 公司未依仲裁裁决履行义务，美国 B 公司即向上海市徐汇区人民法院申请承认和执行。

请问：上海市徐汇区人民法院会支持B公司的主张吗？为什么？

任务案例七：

中国甲公司与B国乙公司因一项合同纠纷诉请某国际仲裁机构进行商事仲裁，该仲裁机构在审理过程中，根据双方的要求对双方是否存在债权债务关系作了一个认定，确定甲欠乙货款，但具体数额未定，并将其作成书面文件交付给了双方当事人。乙公司获得文件后，以该文件与合同一起请求中国甲公司所在地的中级人民法院予以承认和执行。

请问：中国法院会支持乙公司的要求吗？为什么？

任务案例八：

1988年3月3日，河北省G进出口公司与意大利A公司签订了总额为13亿意大利里拉的买卖功夫鞋的合同。在合同履行过程中，虽经数次修改，但意方3.7亿里拉的剩余货款一直未曾偿付。意方签订偿还货款协议后，在偿还到期日后仍然拒绝履约。河北省G进出口公司在多次催讨无效的情况下，根据合同仲裁条款的规定向中国国际经济贸易仲裁委员会提起仲裁，仲裁庭经过审理作出裁决，要求意大利A公司向河北省G进出口公司赔偿货款3.7亿里拉及其到实际支付日止的相应利息和有关办案支出、律师费、仲裁费等共计人民币7万元。但裁决作出后，意大利A公司并未在规定时间内执行上述裁决（意大利为《纽约公约》成员）。

请问：河北省G进出口公司在上述情况下应该如何处理？为什么？

知识链接（三）

四、国际商事仲裁裁决的承认与执行

（一）本国涉外仲裁机构作出的仲裁裁决在本国的承认与执行

1. 本国涉外仲裁机构作出的仲裁裁决在本国的承认与执行

各国法律均规定，本国法院应承认和执行本国涉外仲裁机构作出的涉外仲裁裁决。以我国为例，根据《民事诉讼法》第二百七十三条的规定，一方当事人不履行仲裁裁决时，对方当事人可向被申请人住所地或财产所在地的中级人民法院申请执行。

我国法院在接受承认和执行的申请时，只对我国涉外仲裁机构作出的仲裁裁决进行形式审查，并且要求被申请人举证。

另外，如果我国涉外仲裁机构作出的发生法律效力的仲裁裁决，当事人请求执行，而被执行人或者其财产不在我国领域内，当事人应直接向国外有管辖权的法院申请承认和执行。

2. 本国涉外仲裁机构作出的仲裁裁决在本国的不予执行

对我国涉外仲裁机构作出的裁决，被申请人提出证据证明仲裁裁决有下列情形之一的，经人民法院组成合议庭审查核实，裁定不予执行：

（1）当事人在合同中没有仲裁条款或者事后没有达成书面仲裁协议的。

（2）被申请人没有得到指定仲裁员或者进行仲裁程序的通知，或者由于其他不属于被申请人负责的原因未能陈述意见的。

（3）仲裁庭的组成或者仲裁的程序与仲裁规则不符的。

（4）裁决的事项不属于仲裁协议的范围或者仲裁机构无权仲裁的。

（5）裁决违背社会公共利益的。

仲裁裁决被人民法院裁定不予执行的，当事人可以根据双方达成的书面仲裁协议重新申请仲裁，也可以向人民法院起诉。

（二）国外仲裁机构作出的仲裁裁决的承认与执行

我国承认与执行国外仲裁机构作出的仲裁裁决的条件是：

（1）存在有效的仲裁协议。

（2）裁决由有管辖权的仲裁庭在管辖范围内作出。

（3）作出裁决所依据的仲裁程序符合仲裁协议的约定或当事人事后的约定，但不违反仲裁裁决作出地国家法律的强制性规定。

（4）仲裁的进行为被执行人提供了适当的辩护机会。如果被执行的一方当事人没有接到关于指定仲裁员的通知或由于其他“合适的理由”而未能在仲裁过程中提出申请，有关法院则可拒绝承认与执行该仲裁裁决。

（5）请求承认和执行的应是一项确定的裁决。

（6）有关国家之间存在互惠或受同一条约的约束。

（7）外国仲裁裁决的承认与执行不与国内的公共政策相抵触。

根据我国《民事诉讼法》二百八十三条，对国外仲裁机构的仲裁裁决，当事人可直接向被执行人财产所在地或其住所地的中级人民法院申请，人民法院应当依照我国缔约或者参加的国际条约或根据互惠原则办理。

（三）《承认和执行外国仲裁裁决公约》

《承认和执行外国仲裁裁决公约》简称《纽约公约》，于1958年缔结，1959年6月7日生效。公约的目的在于统一和简化各国执行外国仲裁裁决的法律程序，以利于国际经济交往的正常发展。其主要内容是：

（1）要求缔约国承认当事人之间订立的书面仲裁协议在法律上的效力，并根据公约的规定和被申请执行地的程序，相互承认和执行对方国家作出的仲裁裁决。

（2）公约明确规定外国仲裁裁决是指：①在被申请执行地所在国以外的国家领土内作成的裁决；②在被申请执行地所在国领土内作成的裁决，但因适用外国仲裁法而被认为不是本国裁决的裁决。

（3）公约详细规定了拒绝承认和执行的条件。凡有下列情形之一的，须拒绝承认与执行：缺乏有效的仲裁协议；被诉人未得到选择仲裁或指定仲裁员以及参与仲裁程序的适当通知；裁决事项不属于仲裁协议的范围；仲裁庭的组成或仲裁程序违反仲裁协议，或违反仲裁地国家的法律；裁决尚未生效，或已被仲裁地国有关当局撤销。

（4）公约规定承认外国仲裁裁决具有拘束力，并依被申请执行地国的程序规则予以执行。并且所附加的条件不得比执行本国裁决时更为苛刻或收取过多的费用。

我国于 1986 年 12 月 2 日正式参加《纽约公约》。我国仲裁机构作出的裁决，可依公约在任何缔约国得到执行。同样，在缔约国境内作出的仲裁裁决，也可依公约在我国得到承认与执行。

根据公约的规则，我国在加入公约时作了两项保留：一是互惠保留，即中国只在互惠基础上对另一缔约国领域内作出的裁决的承认与执行适用《纽约公约》；二是商事保留，即中国只对根据中国法律认为属于契约性和非契约性商事法律关系所引起的争议适用公约。

项目3 运用诉讼解决国内商贸纠纷的分析训练

任务1 审判组织与诉讼管辖分析

任务案例一：

A市招商引资引进的一家大型港资企业甲企业与另一家B市的中小型民营企业乙企业发生了经济纠纷，于是双方到A市的中级人民法院进行诉讼。A市负责招商的李副市长得知后，打电话给法院院长，要求他们在审判过程中对甲企业予以适当照顾。法院院长答应了，后法院审理完结，乙企业虽然胜诉了，但原本要求甲企业支付的380万元变成了80万元。

请问：该案审理过程中违背了民事诉讼法的哪些原则？为什么？

任务案例二：

家住南京玄武区的甲与家住无锡崇安区的乙因合同履行中的问题发生纠纷，于是乙向南京玄武区法院提起诉讼，法院受理了诉讼，但甲认为法院不应受理该诉讼。后经查，甲的住所地为苏州市沧浪区，由于其经常到南京做生意，因此在南京也置有房产，但其一年中大部分时间住在苏州。

请问：南京玄武区法院可不可以受理此案？为什么？

任务案例三：

上海闵行区的张先生将自己所有的一幢位于无锡市惠山区的别墅卖给了无锡梁溪区的李先生，双方在合同中选择该合同签订地的法院——无锡市梁溪区法院为管辖法院，后双方因合同履行而发生纠纷，因而张先生向无锡梁溪区法院起诉。

另外，在卖房予李先生的同时，张先生还将自己所有的位于无锡市新吴区的一套纺织设备卖给了李先生，双方也订立了合同，但没有确定管辖法院。后在合同履行中也发生了纠纷，于是李先生同时于5月9日向上海闵行区法院和无锡市新吴区法院提起诉讼，两法院的立案时间分别为5月11日和5月10日。

请问：无锡梁溪区法院能否受理该房屋买卖纠纷案？为什么？纺织合同买卖纠纷案件应由哪个法院审理？为什么？

任务案例四：

上海徐汇区人民法院与无锡滨湖区人民法院对A案件都有管辖权，并且是同时立案的，双方对于案件管辖无法达成协议。

请问：依照法律规定，应该由谁来指定管辖？

任务案例五：

甲公司接受外贸乙公司的委托，为其完成一批服装的加工承揽工作，订立了相应合同，完工并交付服装后，外贸公司未能如约付款。经过甲公司多次催讨，乙公司一直未能向其支付应付货款。于是甲公司就向自己所在地A市D区人民法院提起诉讼。乙公司收到法院的诉讼文书后即向法院提出管辖异议。

请问：A 市 D 区法院能否受理该案？为什么？

知识链接

一、民事诉讼的概念、特征与民事诉讼法现状

（一）民事诉讼的概念与特征

民事诉讼是指受理案件的人民法院在双方当事人和其他诉讼参与人的参加下，审理和解决民事、经济纠纷案件和法律规定应由人民法院审理的特殊案件的活动，以及由于这些活动所产生的彼此之间的诉讼法律关系的总和。

民事诉讼一般具有以下特征：

（1）依法性和有效性。即诉讼当事人及人民法院在诉讼过程中必须依法行事，才能产生相应的法律效果，才是有效的。

（2）主动性和决定性。即当事人的诉讼行为对诉讼的发生、发展与终结具有主动性，但人民法院在审判活动中起着主导与指挥的作用，对诉讼具有决定性的意义。

（3）阶段性和整体性。即诉讼活动划分为不同的阶段，是分阶段进行的，但这些阶段又是紧密联系不可分割的一个整体。

【资料卡】

我国没有专门针对经济、贸易纠纷而制定相应的诉讼法律制度，因此在国际、国内商事活动中，如果出现了经济、贸易纠纷需要在我国法院进行诉讼的，则应按我国《民事诉讼法》进行诉讼。

（二）民事诉讼法现状

民事诉讼法是由国家权力机关制定的，用以调整人民法院和一切诉讼参与人进行民事诉讼活动，以及在这些活动中所产生的诉讼权利、义务关系的法律规范的总称。

目前调整民事诉讼的法律及规范性文件主要有以下两种：

（1）《中华人民共和国民事诉讼法》（以下简称《民事诉讼法》）。该法在 1991 年 4 月 9 日通过并于同日颁布施行的民事诉讼法的基础上，于 2007 年 10 月 28 日通过修改，2008 年 4 月 1 日起施行。2012 年 8 月 31 日第十一届全国人民代表大会常务委员会第二十八次会议又对其进行了第二次修正，于 2013 年 1 月 1 日起施行。2017 年 6 月 27 日第十二届全国人民代表大会常务委员会第二十八次会议对其进行了第三次修正，于 2017 年 7 月 1 日起施行。2021 年 12 月 24 日第十三届全国人民代表大会常务委员会第三十二次会议对其进行第四次修正，于 2022 年 1 月 1 日起施行。2023 年 9 月 1 日第十四届全国人民代表大会常务委员会第五次会议对其进行了第五次修正，于 2024 年 1 月 1 日起施行。

（2）《最高人民法院关于适用〈中华人民共和国民事诉讼法〉的解释》。这是最高人民法院于 2014 年 12 月 18 日根据民事诉讼法的规定与自己的审判实践经验，为使地方各级法院能正确适用民事诉讼法而作出的一个司法解释，但该法规于 2020 年 12 月 23 日根据最高人民法院审判委员会第 1823 次会议进行了第一次修正；于 2022 年 3 月 22 日根据最高人民法院审判委员会第 1866 次会议进行了第二次修正，该修正自 2022 年 4 月 10 日起施行。

【想一想】

如果最高人民法院的司法解释与民事诉讼法不同，法院在适用时应遵循哪一个法律规定？为什么？

除此之外，还有其他一些法律法规规范民事诉讼行为，如《最高人民法院关于印发〈民事案件案由规定〉的决定》《最高人民法院关于在经济审判工作中严格执行〈中华人民共和国民

事诉讼法〉的若干规定》《第一审经济纠纷案件适用普通程序开庭审理的若干规定》等。

（三）民事诉讼法的基本原则

（1）民事案件的审判权由人民法院行使。人民法院依照法律规定对民事案件独立进行审判，不受行政机关、社会团体和个人的干涉。

（2）以事实为根据，以法律为准绳。即实事求是，按照客观事物的本来面目去认识和反映事实真相；处理民事案件，要严格依法办事，以法律为评判是非的标准。

（3）当事人诉讼权利平等。即民事诉讼当事人有平等的诉讼权利。人民法院审理民事案件，应当保障和便利当事人行使诉讼权利，对当事人在适用法律上一律平等。

（4）调解原则。即人民法院审理民事案件，应当根据自愿和合法的原则进行调解；调解不成的，应当及时判决。

（5）辩论原则。人民法院审理民事案件时，当事人有权进行辩论，辩论包括口头辩论与书面辩论。

（6）诚实信用原则。民事诉讼应当遵循诚实信用原则。

（7）处分原则。即当事人有权在法律规定的范围内处分自己的民事权利和诉讼权利。

我国民事诉讼法除了规定上述原则外，还有使用本民族的文字语言进行诉讼的原则、检察院对审判活动进行法律监督的原则、支持起诉原则等。

二、民事审判组织与诉讼管辖

（一）民事审判组织

我国法院体系与大陆法系国家的法院体系相仿，由普通法院和专门法院组成，普通法院通常分为最高人民法院、高级人民法院、中级人民法院和基层人民法院四级；专门法院主要有铁路运输法院、森林法院、海事法院、军事法院。专门法院相当普通法院中的中级人民法院。

我国法院实行四级二审制，即一件民商事案件经过二级法院的审理，即为终局。在普通和专门法院中为了审理民事和经济案件，都设有民事审判庭和经济审判庭。各级法院中进行民事、经济案件审理的审判组织形式主要有两种：

1. 独任制

（1）独任制的概念与适用。独任制是由审判员一人独任审理民事案件的审判组织形式。

根据《民事诉讼法》的规定，可以适用独任审理的民事案件具体有：一是基层人民法院和它的派出法庭，审理事实清楚、权利义务关系明确、争议不大的第一审简单民事案件，由审判员一人适用简易程序进行独任审理。二是基层人民法院审理的基本事实清楚、权利义务关系明确的其他第一审民事案件，也可以由审判员一人适用普通程序独任审理。三是中级人民法院对第一审适用简易程序审结或者不服裁定提起上诉的第二审民事案件，事实清楚、权利义务关系明确的，经双方当事人同意，可以由审判员一人独任审理。

（2）不适用独任审理的情形。人民法院审理下列民事案件，不得由审判员一人独任审理：一是涉及国家利益、社会公共利益的案件。二是涉及群体性纠纷，可能影响社会稳定的案件。三是人民群众广泛关注或者其他社会影响较大的案件。四是属于新类型或者疑难复杂的案件。五是法律规定应当组成合议庭审理的案件。六是其他不宜由审判员一人独任审理的案件。

（3）独任审理转合议庭审理的情形。具体有：一是人民法院在审理过程中，发现案件不宜由审判员一人独任审理的，应当裁定转由合议庭审理。二是当事人认为案件由审判员一人独任审理违反法律规定的，可以向人民法院提出异议。人民法院对当事人提出的异议应当审查，异议成立的，裁定转由合议庭审理；异议不成立的，裁定驳回。

2. 合议制

（1）合议制的概念与特点。合议制是由三名以上的审判员或由三名以上的审判员与人民陪审员组成合议庭来审判民事案件的集体审判组织。

合议庭有以下特点：一是必须由三人以上组成。二是组成人数必须是单数。三是担任合议庭审判长的人员必须具有审判员职务。

（2）适用合议庭组成和审理的具体规定。在民事案件第一审时合议庭可以全部由审判员组成，也可以由审判员与人民陪审员组成；在第二审时，只能由审判员组成。发回重审的案件，原审人民法院应当按照第一审程序另行组成合议庭。审理再审案件，原来是第一审的，按照第一审程序另行组成合议庭；原来是第二审的或者是上级人民法院提审的，按照第二审程序另行组成合议庭。

合议庭的审判长由院长或者庭长指定审判员一人担任；院长或者庭长参加审判的，由院长或者庭长担任。

合议庭评议案件，实行少数服从多数的原则。评议应当制作笔录，由合议庭成员签名。评议中的不同意见，必须如实记入笔录。

【资料卡】

当人民法院院长或庭长参加案件审理，成为合议庭组成人员时，应由院长或庭长担任合议庭的审判长。

（二）诉讼管辖

诉讼管辖是指各级人民法院之间以及同级人民法院之间受理第一审民事案件的权限和分工。

1. 法定管辖

这是由法律明确划分各级人民法院之间或同级法院之间受理第一审民事案件的权限和分工。

（1）级别管辖。根据《民事诉讼法》，其具体规定如下：

最高人民法院管辖在全国有重大影响的案件、最高人民法院认为应当由本院审理的案件。

高级人民法院管辖在本辖区有重大影响的第一审民事案件。

中级人民法院管辖下列第一审民事案件：①重大涉外案件（包括争议标的额大的案件、案情复杂的案件，或者一方当事人人数众多等具有重大影响的案件）；②在本辖区有重大影响的案件；③最高人民法院确定由中级人民法院管辖的案件，如专利纠纷案件。

基层人民法院管辖除《民事诉讼法》另有规定以外的所有第一审民事案件。

（2）地域管辖。我国《民事诉讼法》将地域管辖分为以下四种：

第一，一般地域管辖，即一般情况下，案件应由被告住所地法院管辖，但被告住所地与经常居住地不一致的，由经常居住地法院管辖。同一诉讼的几个被告住所地、经常居住地在两个以上人民法院辖区的，各人民法院都有管辖权。

第二，特殊地域管辖。根据《民事诉讼法》，其具体规定如下：a. 因合同纠纷提起的诉讼，由被告住所地或者合同履行地人民法院管辖。b. 因保险合同纠纷提起的诉讼，由被告住所地或者保险标的物所在地人民法院管辖。c. 因票据纠纷提起的诉讼，由票据支付地或者被告住所地人民法院管辖。d. 因公司设立、确认股东资格、分配利润、解散等纠纷提起的诉讼，由公司住所地人民法院管辖。e. 因铁路、公路、水上、航空运输和联合运输合同纠纷提起的诉讼，由运输始发地、目的地或者被告住所地人民法院管辖。f. 因侵权行为提起的诉讼，由侵权行为地或者被告住所地人民法院管辖。g. 因铁路、公路、水上和航空事故请求损害赔偿提起的诉讼，由事故发生地或者车辆、船舶最先到达地、航空器最先降落地或者被告住所地人民法院管辖。h. 因船舶碰撞或者其他海事损害事故请求损害赔偿提起的诉讼，由碰撞发生地、碰撞船舶最先到达地、加害船舶被扣留地或者被告住所地人民法院管辖。i. 因海难救助费用提起的诉讼，由救助地或者被救助船舶最先到达地人民法院管辖。j. 因共同海损提起的诉讼，由船舶最先到达地、共同海损理算地或者航程终止地的人民法院管辖。

【资料卡】

根据《民事诉讼法》，下列民事诉讼由原告住所地人民法院管辖；原告住所地与经常居住地不一致的，由原告经常居住地人民法院管辖：

（1）对不在中华人民共和国领域内居住的人提起的有关身份关系的诉讼；

（2）对下落不明或者宣告失踪的人提起的有关身份关系的诉讼；

（3）对被采取强制性教育措施的人提起的诉讼；

（4）对被监禁的人提起的诉讼。

第三，专属管辖，即法律规定某些案件专门由规定的法院管辖，其他法院均无管辖权。其具体有：一是因不动产纠纷提起的诉讼，由不动产所在地人民法院管辖；二是因港口作业中发生纠纷提起的诉讼，由港口所在地人民法院管辖；三是因继承遗产纠纷提起的诉讼，由被继承人死亡时住所地或者主要遗产所在地人民法院管辖。

第四，协议管辖。即合同或者其他财产权益纠纷的当事人可以书面协议选择被告住所地、合同履行地、合同签订地、原告住所地、标的物所在地等与争议有实际联系的地点的人民法院管辖，但不得违反本法对级别管辖和专属管辖的规定。

在上述四种地域管辖中有可能出现两个以上人民法院都有管辖权的诉讼，则原告可以向其中一个人民法院起诉；原告向两个以上有管辖权的人民法院起诉的，由最先立案的人民法院管辖。

2. 裁定管辖

这是由人民法院依据其审判职权来确定管辖法院的方法。主要分为三种情况：

（1）移送管辖。即法院对已受理的民事案件，发现自己无管辖权时，依法定程序将其移交给有管辖权的法院审理。若受移送的人民法院认为受移送的案件依照规定不属于本院管辖，应当报请上级人民法院指定管辖，不得再自行移送。

（2）指定管辖。即上级法院通过裁定方式确定下级法院对案件的管辖。采用指定管辖的情况主要有两种：一是由于特殊原因，有管辖权的法院不能行使管辖权；二是法院之间对管辖权发生了争议，又无法协商解决，则由其共同的上级法院指定管辖。

【想一想】

移送管辖和管辖权的转移有什么区别？

（3）管辖权的转移。主要分为三种情况：一是上级人民法院有权审理下级人民法院管辖的第一审民事案件；二是上级法院认为确有必要将本院管辖的第一审民事案件交下级人民法院审理的，应当报请其上级人民法院批准；三是下级人民法院对它所管辖的第一审民事案件，认为需要由上级人民法院审理的，可以报请上级人民法院审理。

三、回避

（一）审判人员的回避

审判人员有下列情形之一的，应当自行回避，当事人有权用口头或者书面方式申请他们回避：

（1）是本案当事人或者当事人、诉讼代理人近亲属的。

（2）与本案有利害关系的。

（3）与本案当事人、诉讼代理人有其他关系，可能影响对案件公正审理的。

审判人员接受当事人、诉讼代理人请客送礼，或者违反规定会见当事人、诉讼代理人的，当事人有权要求他们回避。审判人员有这些行为的，应当依法追究法律责任。

上文关于审判人员回避及应追究法律责任的规定，也适用于法官助理、书记员、司法技术人员、翻译人员、鉴定人、勘验人。

（二）当事人申请回避的规定

当事人提出回避申请，应当说明理由，在案件开始审理时提出；回避事由在案件开始审理后知道的，也可以在法庭辩论终结前提出。

被申请回避的人员在人民法院作出是否回避的决定前，应当暂停参与本案的工作，但案件需要采取紧急措施的除外。

人民法院对当事人提出的回避申请，应当在申请提出的3日内，以口头或者书面形式作出决定。申请人对决定不服的，可以在接到决定时申请复议一次。复议期间，被申请回避的人员，不停止参与本案的工作。人民法院对复议申请，应当在3日内作出复议决定，并通知复议申请人。

（三）关于回避决定的规定

院长担任审判长或者独任审判员时的回避，由审判委员会决定；审判人员的回避，由院长决定；其他人员的回避，由审判长或者独任审判员决定。

任务2 诉讼参加人与诉讼证据分析

任务案例一：

甲企业与乙企业因债务纠纷在法院打官司，在诉讼进行过程中甲企业的法定代表人张某因经济犯罪被逮捕，甲企业新的法定代表人梁某对张某所进行的诉讼行为一概不承认，要求法院重新审理。

请问：梁某的主张有没有道理？为什么？

任务案例二：

某河上游有一家化工厂，下游有张三承包的果园和李四承包的鱼塘。化工厂新上马了一个项目，该项目的防污处理设备尚未完工，但工厂为了抢占市场先机，遂决定提前生产该化工产品，所产生的污水直接排入河流。由于张三用河水浇灌果园，李四则经常用河水置换鱼塘的水，从而导致张三果园内的果树与李四鱼塘内的鱼大量死亡。张三、李四遂向当地法院提起诉讼。

请问：该诉讼属于哪一种共同诉讼？为什么？如果法院决定合并审理张三、李四的案件，张三不同意行不行？为什么？

任务案例三：

某市甲商场承诺其销售的大阳牌燃油机车能够获准上助力车牌照，且在销售初期的第一批和第二批大阳燃油机车均成功办理了助力车牌照，后该市车管所发现该车型的发动机为50CC

的燃油发动机而非35CC，遂决定对所有购买该车的顾客都不予上助力车牌照。此后购买这一机车的许多顾客因无法上助力车牌照，遂向法院起诉，要求甲商场退货赔偿，法院对此案进行审理后于该年6月19日作出了相应判决。两年后，有位顾客持一张两年前1月14日购买该机车的发票要求商场退货，遭商场拒绝后，该顾客要求法院执行两年前的判决。

请问：该顾客的这一要求能否得到法院的支持？为什么？

任务案例四：

李大贵生有三子一女，其妻早故，李于年初亦突然去世，遗有房屋四间。李之长子李刚、次子李德，以其三弟李洪在外地工作不需住房、小妹李芬早已出嫁为由，将上述四间房屋各分两间居住，李洪、李芬得知后，均主张自己有继承权，要求分得应继承份额，其兄不允。于是李洪、李芬对李刚提起诉讼，并通知李德参加诉讼。在诉讼进行中，李家兄弟之舅父石昆以起诉方式要求参加诉讼，其根据和理由是大家争议之房屋已由李大贵在世时卖给自己，并有证据为凭。

请问：本案诉讼过程中，李刚、李德、李洪、李芬、石昆分别是哪一类诉讼参加人？

知识链接（一）

一、诉讼参加人

（一）当事人概述

1. 当事人的概念及其范围

当事人是指因与他人发生民商事纠纷而以自己的名义进行诉讼，并受人民法院裁判拘束的利害关系人。广义的当事人包括：原告、被告、共同诉讼人、诉讼代表人、第三人；狭义的当事人专指原告和被告。

2. 当事人的诉讼权利能力和诉讼行为能力

（1）当事人的诉讼权利能力和诉讼行为能力。当事人的诉讼权利能力是指当事人能够以自己名义进行诉讼的法律资格；当事人的诉讼行为能力则是指当事人能够以自己的行为实现诉讼权利和履行诉讼义务的能力。

在民事诉讼中，只有具备完全民事行为能力人或视作完全民事行为能力人才具有诉讼权利能力和诉讼行为能力。因此只有18周岁以上智力正常的成年人或16周岁以上不满18周岁以自己的劳动收入为主要生活来源的自然人、依法设立的法人和其他组织，才具有诉讼权利能力和行为能力。

法人由其法定代表人进行诉讼。其他组织由其主要负责人进行诉讼。

（2）当事人诉讼权利的行使。具体规定有：

一是当事人有权委托代理人，提出回避申请，收集、提供证据，进行辩论，请求调解，提起上诉，申请执行。

二是当事人可以查阅本案有关材料，并可以复制本案有关材料和法律文书。查阅、复制本案有关材料的范围和办法由最高人民法院规定。

三是当事人必须依法行使诉讼权利，遵守诉讼秩序，履行发生法律效力的判决书、裁定书和调解书。

四是双方当事人可以自行和解。

五是原告可以放弃或者变更诉讼请求。被告可以承认或者反驳诉讼请求，有权提起反诉。

3. 当事人诉讼权利义务的承担

这是在诉讼过程中，由于发生了某种情况，原一方当事人的诉讼权利义务转移给另一个案外人，使其成为新的当事人接替原当事人继续进行诉讼。如合同纠纷诉讼中，作为当事人的某公司并入另一公司而由该公司代替某公司继续进行诉讼的行为。

（二）原告与被告

原告是以自己的名义，为了保护自己的民事权益，向人民法院提起诉讼，而引起民事诉讼程序发生的人；被告是因原告向人控告他侵害了原告的合法权益或对某项民事权益发生了争议，而被人民法院传唤应诉的人。

但在公益诉讼的场合，对污染环境、侵害众多消费者合法权益等损害社会公共利益的行为，法律规定的机关和有关组织可以原告的身份、以侵害人为被告向人民法院提起诉讼。

人民检察院在履行职责中发现破坏生态环境和资源保护、食品药品安全领域侵害众多消费者合法权益等损害社会公共利益的行为，在没有上述规定的机关和组织或者上述规定的机关和组织不提起诉讼的情况下，可以向人民法院提起诉讼。上述规定的机关或者组织提起诉讼的，人民检察院可以支持起诉。

（三）共同诉讼人

共同诉讼是指当事人一方或双方为两人以上的诉讼。共同诉讼中原告为两人以上的为共同原告，被告为两人以上的为共同被告。

共同诉讼为诉讼主体的合并，即不同诉讼主体就同一事件或同类事件共同进行的诉讼。根据共同诉讼成立的条件不同，可以分为：

（1）必要的共同诉讼。即当事人一方或双方为两人以上，且诉讼标的是共同的，人民法院必须合并审理的诉讼，也称为不可分之诉。

（2）普通的共同诉讼。即当事人一方或双方为两人以上，其诉讼标的是同一类的，人民法院认为可以合并审理并经当事人同意的共同诉讼，也称为可分之诉。

【想一想】

人民法院能否将必要的共同诉讼拆开来审理？

共同诉讼的一方当事人对诉讼标的有共同权利义务的，其中一人的诉讼行为经其他共同诉讼人承认，对其他共同诉讼人发生效力；对诉讼标的没有共同权利义务的，其中一人的诉讼行为对其他共同诉讼人不发生效力。

（四）诉讼代表人

诉讼代表人是指在当事人一方人数众多的共同诉讼中，由当事人推选的代表全体当事人为诉讼行为进行诉讼活动的人。这种当事人一方人数众多（一般指十人以上）的共同诉讼，称为代表人诉讼或群体诉讼，其与共同诉讼一样有两种情况：一是诉讼标的是共同的，为必要的共同诉讼中的群体诉讼；二是诉讼标的是同一类的，为普通的共同诉讼中的群体诉讼。

【想一想】

代表人诉讼与共同诉讼有什么区别？

诉讼代表人的产生因诉讼当事人之间的关系及情形不同而有所区别，主要可分为两种：

（1）当事人一方人数众多且在起诉时人数确定的，可由当事人推选代表人进行诉讼。推选不出代表人的当事人，在必要的共同诉讼场合可以自己参加诉讼，在普通的共同诉讼的场合可以另行起诉。

（2）诉讼标的是同一种类、当事人一方人数众多在起诉时人数尚未确定的，人民法院可以发出公告，说明案件情况和诉讼请求，通知权利人在一定期间向人民法院登记。向人民法院登记的权利人可以推选代表人进行诉讼；推选不出代表人的，人民法院可以与参加登记的权利人商定代表人。

诉讼代表人的诉讼行为对其所代表的当事人发生效力，但代表人变更、放弃诉讼请求或者承认对方当事人的诉讼请求，进行和解，必须经被代表的当事人同意。

人民法院作出的判决、裁定，对参加登记的全体权利人发生效力。人数不确定的共同诉讼中未参加登记的权利人在诉讼时效期间提起诉讼的，适用该判决、裁定。

（五）第三人

第三人是指对他人之间的诉讼标的有独立的请求权，或虽无独立请求权，但案件的处理结果与其有法律上的利害关系，因而参加到他人之间已经开始的诉讼中去，以维护自己合法权益的人。

根据第三人参加诉讼的根据、目的、方式及其在诉讼中的地位不同，可以将第三人分为以下两类：

（1）有独立请求权的第三人。即对原告、被告间所争议的诉讼标的主张自己有全部或部分的实体权利，而参加到原告与被告正在进行的诉讼程序之中，提出独立的诉讼请求的人。有独立请求权的第三人，在终审结案前的任何阶段都可以以起诉的方式，参加到原、被告正在进行的诉讼中，其诉讼地位同原告，享有原告的诉讼权利，承担原告的诉讼义务。

【想一想】

有独立请求权的第三人与共同诉讼人有什么区别？

有独立请求权的第三人提起的诉讼是一种参加诉讼，对法院的管辖权不能提出异议。

（2）无独立请求权的第三人。即对当事人之间所争议的诉讼标的，不主张独立的实体权利，只是因为案件的处理结果与其有法律上的利害关系，为保护自己的合法利益，而参加到当事人之间正在进行的诉讼中去的第三方面人。如果该第三方面人与原、被告之间的诉讼结果仅有事实上、道德上、情感上或名誉上的利害关系，而不直接影响其在法律关系中的权利或义务，则其不能作为参加诉讼的证据。

【想一想】

无独立请求权的第三人与证人有什么区别？

无独立请求权的第三人在诉讼中无独立的地位，只能依附于一方当事人，通过支持一方当事人的主张或请求，来达到维护自己合法利益的目的。但如果法院判决无独立请求权的第三人承担民事责任，则其可以享有当事人的诉讼权利，承担相应的诉讼义务，有权提起上诉。

如果前述第二类第三人，因不能归责于本人的事由未参加诉讼，但有证据证明发生法律效力的判决、裁定、调解书的部分或者全部内容错误，损害其民事权益的，可以自知道或者应当知道其民事权益受到损害之日起六个月内，向作出该判决、裁定、调解书的人民法院提起诉讼。人民法院经审理，诉讼请求成立的，应当改变或者撤销原判决、裁定、调解书；诉讼请求不成立的，驳回诉讼请求。

（六）诉讼代理人

诉讼代理人是以被代理人的名义，在法律规定或当事人授予的权限范围内，为保护被代理人的利益，代为实施诉讼行为的人。其主要分为法定代理人和委托代理人两种。

无诉讼行为能力人由他的监护人作为法定代理人代为诉讼。法定代理人之间互相推诿代理责任的，由人民法院指定其中一人代为诉讼。

当事人、法定代理人可以委托一至两人作为诉讼代理人。下列人员可以被委托为诉讼代理人：一是律师、基层法律服务工作者；二是当事人的近亲属或者工作人员；三是当事人所在社区、单位以及有关社会团体推荐的公民。

委托他人代为诉讼，必须向人民法院提交由委托人签名或者盖章的授权委托书。授权委托书必须记明委托事项和权限。诉讼代理人代为承认、放弃、变更诉讼请求，进行和解，提起反诉或者上诉，必须有委托人的特别授权。诉讼代理人的权限如果变更或者解除，当事人应当书面告知人民法院，并由人民法院通知对方当事人。离婚案件有诉讼代理人的，本人除不能表达意思的以外，仍应出庭；确因特殊情况无法出庭的，必须向人民法院提交书面意见。

代理诉讼的律师和其他诉讼代理人有权调查收集证据，可以查阅本案有关材料。

任务案例五：

在某一经济纠纷案件中，存在两件证据：能够证明合同内容的一份传真件，与能够证明被告收到过原告某一信件的、留存于该信件上的被告指纹。

请问：上例中的两件证据分别属于什么证据类别？

任务案例六：

A企业常年向当地的一条河流排放污水，这条河是当地许多农村村民的饮用水水源，许多村民饮用河水多年后患上一种怪病，于是许多人向法院提起诉讼，要求A企业承担责任。在法庭审理中，A企业辩称原告并不能证明其生病是由于A企业排放的污染物所致，并且排放污染物的指标符合法律规定，因此不应由其承担责任。法院最终以证据不足判决村民败诉。

请问：法院的判决有没有问题？为什么？

任务案例七：

某市某区法院在审理张三与李四的经济纠纷案件时，将与案件有关的A、B、C、D四份证据进行了质证，后在二次开庭后判决作出前，张三又向法庭提供了第五份E证据，由于这份证据只是辅助证据D的事实部分，因此法庭就没有再进行开庭质证，而是直接进行了判决。事后，李四对判决不服提起上诉，其认为E证据是张三伪造的。

请问：法院的判决有没有问题？为什么？

知识链接（二）

二、诉讼证据

（一）诉讼证据的概念、特点与种类

诉讼证据是人民法院审理民事案件时，依法提取的能够证明案件真实情况的客观事实。其应具备以下特征：一是客观性，即证据所证明的事实应是客观存在的事实；二是关联性，即证据证明的事实必须是与案件事实有关联的事实；三是合法性，即证据必须是法律允许的，通过法定程序提取的事实。证据必须查证属实，才能作为认定事实的根据。

根据民事诉讼法的规定，民事诉讼证据主要可分为：

（1）书证，即以文字、符号表达一定思想内容，并能证明案件中某些事实的文书或物体。

（2）物证，即以其存在、外形、质量、特征来证明对案件有意义的一定事实的物体。

（3）视听资料，即以录音、录像磁带或其他方法反映的形象和音响，以及计算机中储存的资料等来证明案件事实的一种证据。

（4）证人证言，即证人在法庭上所陈述的事实。

（5）当事人陈述，即当事人在诉讼中，向法院所说的关于全部案情的陈述。

（6）电子数据，即以数字的形式保存在计算机存储器或外部存储介质中、能够证明案件真实情况的数据或信息。例如在电子商务中的电子合同、电子提单、电子保险单、电子发票等，还包括电子文章、电子邮件、光盘、网页、域名等。

（7）鉴定意见，即法院通过它所指定的在科学技术和工艺等方面具有专门知识的人，对案件内的某些专门问题（事物）进行分析研究而取得的对解决案件有意思的事实材料。

（8）勘验笔录，即审判人员对物证或现场进行勘察检验的记录。

（二）诉讼证据的取得

诉讼证据的取得主要有两种方式：

（1）当事人通过承担举证责任向法院提供。举证责任是当事人在诉讼中对自己提出的主张，负有提供证据，以证明其真实的责任。一般情况下，法院采取谁主张、谁举证的原则，即当事人只要提出了某一特定事实，就要承担证明该主张成立的责任。但在特定场合，也可能出现当事人对自己提出事实应负的举证责任，由对方承担的情形，这称为举证责任的倒置。

（2）人民法院调查、收集证据。当事人及其诉讼代理人因客观原因不能自行收集的证据，或者人民法院认为审理案件需要的证据，人民法院应当调查收集。人民法院应当按照法定程序，全面地、客观地审查核实证据。

人民法院有权向有关单位和个人调查取证，有关单位和个人不得拒绝。人民法院对有关单位和个人提出的证明文书，应当辨别真伪，审查确定其效力。

（三）诉讼证据的审查与判断

1. 诉讼证据的审查

诉讼证据的审查是人民法院在诉讼参与人的参加下，对所取得的证据进行查证、鉴别，以确定其真伪的诉讼活动。

证据应当在法庭上出示，并由当事人互相质证。对涉及国家秘密、商业秘密和个人隐私的证据应当保密，需要在法庭出示的，不得在公开开庭时出示。

经过法定程序公证证明的法律事实和文书，人民法院应当作为认定事实的根据，但有相反证据足以推翻公证证明的除外。

2. 诉讼证据的判断

诉讼证据的判断是人民法院在判明证据的真实性、合法性的基础上，确认证据证明力的诉讼活动。其直接关系到法院对事实的认定，并影响到裁判的正确性，决定当事人的胜诉与败诉。

（四）诉讼证据的保全

在证据可能灭失或者以后难以取得的情况下，当事人可以在诉讼过程中向人民法院申请保全证据，人民法院也可以主动采取保全措施。

因情况紧急，在证据可能灭失或者以后难以取得的情况下，利害关系人可以在提起诉讼或者申请仲裁前向证据所在地、被申请人住所地或者对案件有管辖权的人民法院申请保全证据。

任务3 诉讼程序与执行程序分析

任务案例一：

A 市某大型外资企业与 B 市某大型民营企业发生了普通的合同纠纷，在 A 市中级人民法院审理。《南方周末》报社派记者李某前往采访，但在开庭时法院不允许李某进入，告知李某这起案件不公开审理。李某则认为这是一起普通的纺织品买卖合同纠纷，既不涉及国家机密，也不涉及商业秘密，仅争议标的额较大，法院不让其旁听不符合民事诉讼法的规定，遂向法院领导反映这一情况。

请问：法院不准李某旁听符不符合民事诉讼法的规定？为什么？

任务案例二：

张三与李四存在债权债务纠纷，李四一直未能按约偿还欠张三的债务。张三遂向李四住所地的 B 市 C 区法院提起诉讼，法院指派甲担任该案的审判员，甲通知双方于 7 月 15 日到法院第 3 法庭开庭。7 月 15 日，张三、李四到庭，甲自审自记后当庭作出判决，要求李四向张三还钱。两当事人事后都未提出上诉，判决生效后，李四向张三还了钱。

请问：该案审理过程中有没有什么问题？为什么？

知识链接（一）

一、民事审判程序

（一）第一审程序

1. 普通程序

（1）起诉与受理。当事人向人民法院起诉必须符合下列条件：一是原告是与本案有直接利害关系的公民、法人和非法人组织；二是有明确的被告；三是有具体的诉讼请求和事实、理由；四是属于人民法院受理民事诉讼的范围和受诉人民法院管辖。

当事人起诉应当向人民法院递交起诉状，并按照被告人数提出副本。书写起诉状确有困难的，可以口头起诉，由人民法院记入笔录，并告知对方当事人。

当事人起诉到人民法院的民事纠纷，适宜调解的，先行调解，但当事人拒绝调解的除外。

人民法院收到起诉状或者口头起诉，经审查，认为符合起诉条件的，应当在 7 日内立案，并通知当事人；认为不符合起诉条件的，应当在 7 日内裁定不予受理；原告对裁定不服的，可以提起上诉。

当事人起诉到人民法院的民事纠纷，适宜调解的，先行调解，但当事人拒绝调解的除外。

（2）审理前的准备。其主要工作有：

一是人民法院应当在立案之日起 5 日内将起诉状副本发送被告，被告在收到之日起 15 日内提出答辩状。被告提出答辩状的，人民法院应当在收到之日起 5 日内将答辩状副本发送原告。被告不提出答辩状的，不影响人民法院审理。

二是人民法院对决定受理的案件，应当在受理案件通知书和应诉通知书中向当事人告知有关的诉讼权利义务，或者口头告知。

三是人民法院受理案件后，当事人对管辖权有异议的，应当在提交答辩状期间提出。人民法院对当事人提出的异议，应当审查。异议成立的，裁定将案件移送有管辖权的人民法院；异议不成立的，裁定驳回。当事人未提出管辖异议，并应诉答辩或者提出反诉的，视为受诉人民法院有管辖权，但违反级别管辖和专属管辖规定的除外。

四是审判人员确定后，应当在 3 日内告知当事人。

五是审判人员必须认真审核诉讼材料，调查收集必要的证据。

六是必须共同进行诉讼的当事人没有参加诉讼的，人民法院应当通知其参加诉讼。

人民法院对受理的案件，分别情形，予以处理：一是当事人没有争议，符合督促程序规定条件的，可以转入督促程序；二是开庭前可以调解的，采取调解方式及时解决纠纷；三是根据案件情况，确定适用简易程序或者普通程序；四是需要开庭审理的，通过要求当事人交换证据等方式，明确争议焦点。

（3）开庭审理。人民法院审理民事案件，除涉及国家秘密、个人隐私或者法律另有规定的以外，应当公开进行。离婚案件，涉及商业秘密的案件，当事人申请不公开审理的，可以不公开审理。

【想一想】

诉讼与仲裁在开庭审理制度方面有什么区别？

人民法院审理民事案件，应当在开庭 3 日前通知当事人和其他诉讼参与人。公开审理的，应当公告当事人姓名、案由和开庭的时间、地点。

开庭审理的具体工作如下：

一是开庭。具体有：①开庭审理前，书记员应当查明当事人和其他诉讼参与人是否到庭，宣布法庭纪律；②开庭审理时，由审判长或者独任审判员核对当事人，宣布案由，宣布审判人员、法官助理、书记员等的名单，告知当事人有关的诉讼权利义务，询问当事人是否提出回避申请。

二是法庭调查。一般按照下列顺序进行：①当事人陈述；②告知证人的权利义务，证人作证，宣读未到庭的证人证言；③出示书证、物证和视听资料；④宣读鉴定意见；⑤宣读勘验笔录。在这一阶段，当事人可以在法庭上提出新的证据，经法庭许可，可以向证人、鉴定人、勘验人发问，也可以要求法庭重新调查、鉴定或勘验，但是否准许，由人民法院决定。

三是法庭辩论。其任务是通过当事人之间的辩驳，对有争议的问题，进一步审查核实，以查明案件真实情况。其顺序如下：①原告及其代理人发言；②被告及其代理人发言；③第三人及其代理人发言；④相互辩论。法庭辩论终结，由审判长或者独任审判员按照原告、被告、第三人的先后顺序征询各方最后意见。判决前能够调解的，还可以进行调解，调解不成的，应当及时判决。

四是评议和宣判。法庭辩论终结后，不进行调解或调解不成的，由合议庭或独任审判员进行评议，以确定案件事实的认定以及法律的适用。合议庭或独任审判员评议后，可当庭宣判，也可择日宣判。人民法院对公开审理或者不公开审理的案件，一律公开宣告判决。当庭宣判的，应当在 10 日内发送判决书；定期宣判的，宣判后立即发给判决书。宣告判决时，必须告知当事人上诉权利、上诉期限和上诉的法院。宣告离婚判决，必须告知当事人在判决发生法律效力前不得另行结婚。

人民法院适用普通程序审理的案件，应当在立案之日起 6 个月内审结。有特殊情况需要延长的，由本院院长批准，可以延长 6 个月；还需要延长的，报请上级人民法院批准。

（3）开庭审理过程中的特殊情形。具体有：

一是撤诉与缺席判决。具体情形包括：①原告经传票传唤，无正当理由拒不到庭的，或者未经法庭许可中途退庭的，可以按撤诉处理；被告反诉的，可以缺席判决。②被告经传票传唤，无正当理由拒不到庭的，或者未经法庭许可中途退庭的，可以缺席判决。③宣判前，原告申请撤诉的，是否准许，由人民法院裁定。④人民法院裁定不准许撤诉的，原告经传票传唤，无正当理由拒不到庭的，可以缺席判决。

二是延期开庭审理。有下列情形之一的，可以延期开庭审理：①必须到庭的当事人和其他诉讼参与人有正当理由没有到庭的；②当事人临时提出回避申请的；③需要通知新的证人到庭，调取新的证据，重新鉴定、勘验，或者需要补充调查的；④其他应当延期的情形。

2. 简易程序

（1）适用简易程序解决的民事案件。基层人民法院和它派出的法庭审理事实清楚、权利义务关系明确、争议不大的简单的民事案件适用简易程序。在前述案件外的民事案件当事人双方约定适用简易程序的，也可适用简易程序。

（2）适用简易程序解决的民事案件的具体规定。主要有：

一是对简单的民事案件，原告可以口头起诉。

二是当事人双方可以同时到基层人民法院或者它派出的法庭，请求解决纠纷。基层人民法院或者它派出的法庭可以当即审理，也可以另定日期审理。

三是基层人民法院和它派出的法庭审理简单的民事案件，可以用简便方式随时传唤当事人、证人、送达诉讼文书、审理案件，但应当保障当事人陈述意见的权利。

四是简单的民事案件由审判员一人独任审理，其开庭通知、开庭审理程序不必遵循普通程序对此的规定。

五是人民法院适用简易程序审理案件，应当在立案之日起 3 个月内审结。有特殊情况需要延长的，经本院院长批准，可以延长 1 个月。

六是人民法院在审理过程中，发现案件不宜适用简易程序的，裁定转为普通程序。

（3）小额诉讼程序。作为简易程序中的一种特殊诉讼程序，其具体规定有：

一是适用小额诉讼程序解决的民事案件。具体有：①基层人民法院和它派出的法庭审理事实清楚、权利义务关系明确、争议不大的简单金钱给付民事案件，标的额为各省、自治区、直辖市上年度就业人员年平均工资 50% 以下的，适用小额诉讼的程序审理，实行一审终审。②基层人民法院和它派出的法庭审理前款规定的民事案件，标的额超过各省、自治区、直辖市上年度就业人员年平均工资 50% 但在 2 倍以下的，当事人双方也可以约定适用小额诉讼的程序。

二是不适用小额诉讼程序解决的民事案件。人民法院审理下列民事案件，不适用小额诉讼的程序：①人身关系、财产确权案件；②涉外案件；③需要评估、鉴定或者对诉前评估、鉴定结果有异议的案件；④一方当事人下落不明的案件；⑤当事人提出反诉的案件；⑥其他不宜适用小额诉讼的程序审理的案件。

三是小额诉讼程序的特殊规定。具体有：①人民法院适用小额诉讼的程序审理案件，可以一次开庭审结并且当庭宣判。②人民法院适用小额诉讼的程序审理案件，应当在立案之日起

2个月内审结。有特殊情况需要延长的，经本院院长批准，可以延长1个月。③人民法院在审理过程中，发现案件不宜适用小额诉讼的程序的，应当适用简易程序的其他规定审理或者裁定转为普通程序。④当事人认为案件适用小额诉讼的程序审理违反法律规定的，可以向人民法院提出异议。人民法院对当事人提出的异议应当审查，异议成立的，应当适用简易程序的其他规定审理或者裁定转为普通程序；异议不成立的，裁定驳回。

任务案例三：

甲公司与乙公司因经济纠纷在当地第一审基层法院诉讼，经审理后法院作出了甲公司败诉的判决。甲公司不服，于是向当地中级人民法院提起上诉。中级人民法院受理后经过调查阅卷，认为没有必要开庭，即径行作出维持原判的判决。遂甲公司认为法院偏袒乙公司，便向上级法院反映了这一情况。

请问：该级法院的做法是否正确？为什么？

任务案例四：

A公司与B公司因合同纠纷在某基层人民法院诉讼，最终法院判决A公司败诉。A公司不服，向中级人民法院提起上诉，中级人民法院经过审理后作出了撤销原判、发回重审的判决，该基层人民法院对案件进行重审后仍然作出A公司败诉的判决，不过A公司应支付的赔偿数额减少了30%。A公司仍不服，继续向中级人民法院上诉。

请问：在这种情况下，A公司能否再上诉？为什么？

知识链接（二）

（二）第二审程序

1. 第二审程序的含义和提起上诉的条件

第二审程序是当事人不服一审法院的判决、裁定，而向上一级法院提起上诉，上一级法院对案件进行审理时所适用的程序。当事人提起上诉应具备以下四个条件：

（1）提起上诉的主体应当是第一审程序的当事人，即原告、被告、共同诉讼人、诉讼代表人、第三人。

（2）提起上诉的客体必须是第一审作出的尚未生效的判决与裁定。

（3）必须在上诉期间内提起上诉。当事人不服地方人民法院第一审判决、裁定的，有权在判决书送达之日起15日内、裁定书送达之日起10日内向上一级人民法院提起上诉。上诉状应当通过原审人民法院提出，并按照对方当事人或者代表人的人数提出副本。当事人直接向第二审人民法院上诉的，第二审人民法院应当在5日内将上诉状移交原审人民法院。

（4）应当提交上诉状。原审人民法院收到上诉状，应当在5日内将上诉状副本送达对方当事人，对方当事人在收到之日起15日内提出答辩状。人民法院应当在收到答辩状之日起5日内将副本送达上诉人。对方当事人不提出答辩状的，不影响人民法院审理。原审人民法院收到上诉状、答辩状，应当在5日内连同全部案卷和证据，报送第二审人民法院。

2. 第二审程序的法律规定

（1）第二审人民法院对上诉案件，一般应当组成合议庭，但第二审人民法院对第一审适用简易程序审结或者不服裁定提起上诉的第二审民事案件，事实清楚、权利义务关系明确的，经双方当事人同意，也可以由审判员一人独任审理。

（2）第二审人民法院应当对上诉请求的有关事实和适用法律进行审查。

（3）第二审人民法院对上诉案件应当开庭审理。经过阅卷、调查和询问当事人，对没有提出新的事实、证据或者理由，人民法院认为不需要开庭审理的，可以不开庭审理。

（4）第二审人民法院审理上诉案件，可以在本院进行，也可以到案件发生地或者原审人民法院所在地进行。

（5）第二审人民法院对不服第一审人民法院裁定的上诉案件的处理，一律使用裁定。

（6）第二审人民法院审理上诉案件，可以进行调解。调解达成协议，应当制作调解书，由审判人员、书记员署名，加盖人民法院印章。调解书送达后，原审人民法院的判决即视为撤销。

（7）第二审人民法院判决宣告前，上诉人申请撤回上诉的，是否准许，由第二审人民法院裁定。

（8）第二审人民法院审理上诉案件，除依照《民事诉讼法》关于第二审程序的规定外，适用第一审普通程序。

（9）第二审人民法院的判决、裁定，是终审的判决、裁定。

（10）人民法院审理对判决的上诉案件，应当在第二审立案之日起 3 个月内审结，但如有特殊情况需要延长的，由本院院长批准。对裁定的上诉案件则应在第二审立案之日起 30 日内作出终审裁定。

3. 第二程序的判决与裁定

第二审人民法院对上诉案件，应当组成合议庭开庭审理，应当对上诉请求的有关事实和适用法律进行审查。经过阅卷和调查，询问当事人，在事实核对清楚后，合议庭认为不需要开庭审理的，也可以径行判决、裁定。第二审人民法院审理上诉案件，可以在本院进行，也可以到事件发生地或者原审人民法院所在地进行。

第二审人民法院对上诉案件，经过审理，按照下列情形分别处理：

（1）原判决、裁定认定事实清楚，适用法律正确的，以判决、裁定方式驳回上诉，维持原判决、裁定。

（2）原判决、裁定认定事实错误或者适用法律错误的，以判决、裁定方式依法改判，或撤销、变更原判决、裁定。

（3）原判决认定基本事实不清的，裁定撤销原判决，发回原审人民法院重审，或者查清事实后改判。

（4）原判决遗漏当事人或者违法缺席判决等严重违反法定程序的，裁定撤销原判决，发回原审人民法院重审。

当事人对发回重审案件的判决、裁定，可以上诉。原审人民法院对发回重审的案件作出判决后，当事人提起上诉的，第二审人民法院不得再次发回重审。

第二审人民法院对不服第一审人民法院裁定的上诉案件的处理，一律使用裁定。

第二审人民法院审理上诉案件，可以进行调解。调解达成协议，应当制作调解书，由审判人员、书记员署名，加盖人民法院印章。调解书送达后，原审人民法院的判决即视为撤销。

人民法院审理对判决的上诉案件，应当在第二审立案之日起 3 个月内审结，但如有特殊情况需要延长的，由本院院长批准；对裁定的上诉案件则应在第二审立案之日起 30 日内作出终审裁定。

任务案例五：

张三与李四因财产纠纷在某市某区法院诉讼，审判结果是张三败诉。判决生效后，张三履行了判决，但两年后他发现原判决认定事实的主要证据是伪造的，于是其向某市中级人民法院申请再审。

请问：该市中级人民法院是否会裁定再审？为什么？

任务案例六：

甲与乙因债权债务纠纷在 A 市 B 区法院诉讼，结果在法官的主持下双方达成了调解协议。事后，甲觉得调解协议对自己不利，于是在达成调解协议之日起的一个月后向法院提起审判监督程序，要求再审。

请问：法院能否受理甲的再审要求？为什么？

知识链接（三）

（三）审判监督程序

1. 提起审判监督程序的法定原因

审判监督程序是对已经发生法律效力的判决、裁定，发现确有错误而依法再次审理的程序。该程序的提起主要可基于以下原因：

（1）因当事人行使申诉权而提起

一是当事人可以申请再审的人民法院。当事人对已经发生法律效力的判决、裁定，认为有错误的，可以向上一级人民法院申请再审；当事人一方人数众多或者当事人双方为公民的案件，也可以向原审人民法院申请再审。当事人申请再审的，不停止判决、裁定的执行。

二是当事人可申请再审的具体情形。当事人的申请符合下列情形之一的，人民法院应当再审：

第一，有新的证据，足以推翻原判决、裁定的；

第二，原判决、裁定认定的基本事实缺乏证据证明的；

第三，原判决、裁定认定事实的主要证据是伪造的；

第四，原判决、裁定认定事实的主要证据未经质证的；

第五，对审理案件需要的主要证据，当事人因客观原因不能自行收集，书面申请人民法院调查收集，人民法院未调查收集的；

第六，原判决、裁定适用法律确有错误的；

第七，审判组织的组成不合法或者依法应当回避的审判人员没有回避的；

第八，无诉讼行为能力人未经法定代理人代为诉讼或者应当参加诉讼的当事人，因不能归责于本人或者其诉讼代理人的事由，未参加诉讼的；

第九，违反法律规定，剥夺当事人辩论权利的；

第十，未经传票传唤，缺席判决的；

第十一，原判决、裁定遗漏或者超出诉讼请求的；

第十二，据以作出原判决、裁定的法律文书被撤销或者变更的；

第十三，审判人员审理该案件时有贪污受贿，徇私舞弊，枉法裁判行为的。

当事人对已经发生法律效力的调解书，提出证据证明调解违反自愿原则或者调解协议的内容违反法律的，可以申请再审。经人民法院审查属实的，应当再审。但当事人对已经发生法律效力的解除婚姻关系的判决，不得申请再审。

三是当事人可申请再审的期限。当事人申请再审，应当在判决、裁定发生法律效力后6个月内提出；有上文当事人可以申请再审的“第一、第三、第十二、第十三”项所规定情形的，自知道或者应当知道之日起6个月内提出。

四是人民法院对当事人申请再审的处理。人民法院应当自收到再审申请书之日起3个月内审查，符合本法规定的，裁定再审；不符合本法规定的，裁定驳回申请。有特殊情况需要延长的，由本院院长批准。

因当事人申请裁定再审的案件由中级人民法院以上的人民法院审理，但当事人依照《民事诉讼法》的规定选择向基层人民法院申请再审的除外。最高人民法院、高级人民法院裁定再审的案件，由本院再审或者交其他人民法院再审，也可以交原审人民法院再审。

（2）因法院行使审判监督权而提起

各级人民法院院长对本院已经发生法律效力的判决、裁定、调解书，发现确有错误，认为需要再审的，应当提交审判委员会讨论决定。

最高人民法院对地方各级人民法院已经发生法律效力的判决、裁定、调解书，上级人民法院对下级人民法院已经发生法律效力的判决、裁定、调解书，发现确有错误的，有权提审或者指令下级人民法院再审。

（3）因检察院行使抗诉权提起的

一是检察院依职权行使抗诉权而提起的再审。最高检察院对各级法院作出的已生效判决、裁定，上级检察院对与下级检察院同级的法院作出的已生效判决、裁定，发现有法定抗诉情形（与当事人申请再审的理由相同）的，或者发现调解书损害国家利益、社会公共利益的，可向人民法院提出抗诉。

地方各级人民检察院对同级人民法院已经发生法律效力的判决、裁定，发现有上文中“当事人申请再审理由”规定情形之一的，或者发现调解书损害国家利益、社会公共利益的，可以向同级人民法院提出检察建议，并报上级人民检察院备案；也可以提请上级人民检察院向同级人民法院提出抗诉。

人民检察院提出抗诉的案件，接受抗诉的人民法院应当自收到抗诉书之日起30日内作出再审的裁定；有上文中“当事人申请再审理由之第一至第五项”规定情形之一的，可以交下一级人民法院再审，但经该下一级人民法院再审的除外。

二是当事人向人民检察院申请检察建议和抗诉的情形。有下列情形之一的，当事人可以向人民检察院申请检察建议或者抗诉：①人民法院驳回再审申请的；②人民法院逾期未对再审申请作出裁定的；③再审判决、裁定有明显错误的。

人民检察院对当事人的申请应当在3个月内进行审查，作出提出或者不予提出检察建议或者抗诉的决定。对于人民检察院作出不予提出检察建议或抗诉决定的案件，当事人不得再次向人民检察院申请检察建议或者抗诉。

三是对检察院提出检察建议或抗诉的法律规定。《民事诉讼法》对此的规定具体有：①人民检察院因履行法律监督职责提出检察建议或者抗诉的需要，可以向当事人或者案外人调查核实有关情况；②人民检察院决定对人民法院的判决、裁定、调解书提出抗诉的，应当制作抗诉书；③人民检察院提出抗诉的案件，人民法院再审时，应当通知人民检察院派员出席法庭。

2. 人民法院适用审判监督程序的法律规定

因法院行使审判监督权和因检察院行使抗诉权而提起再审的民事案件，按照审判监督程序决定再审的案件，裁定中止原判决、裁定、调解书的执行，但追索赡养费、扶养费、抚养费、抚恤金、医疗费用、劳动报酬等案件，可以不中止执行。

人民法院按照审判监督程序再审的案件，发生法律效力的判决、裁定是由第一审法院作出的，按照第一审程序审理，所作的判决、裁定，当事人可以上诉；发生法律效力的判决、裁定是由第二审法院作出的，按照第二审程序审理，所作的判决、裁定，是发生法律效力的判决、裁定；上级人民法院按照审判监督程序提审的，按照第二审程序审理，所作的判决、裁定是发生法律效力的判决、裁定。

人民法院审理再审案件，应当另行组成合议庭。

任务案例七：

甲公司与乙公司因合同问题起了争议，双方无法协商解决，于是甲公司准备起诉乙公司，但在起诉前发觉乙公司正在偷偷地转移、隐匿财产，于是甲公司向法院申请财产保全，并提供了财产担保。法院采取了财产保全措施。一个月后，甲公司起诉，但此时乙公司已将财产全部转移。

请问：乙公司为什么会在法院采取财产保全措施后还能将财产全部转移？

任务案例八：

甲持有的一张应由中国银行承兑的出票后定期付款的汇票遗失，遂向法院申请公示催告程序。法院公示催告期间无人申报权利，六十日后甲凭法院判决从中国银行获得了相应款项。但在该汇票到期前三日，乙持汇票要求中国银行承兑，当得知前述情况时，乙表示前些日子其一直在国外，因此根本不知公示催告的情况。

请问：现在乙应该怎么办？

知识链接（四）

（四）财产保全

1. 诉前财产保全

利害关系人因情况紧急，不立即申请财产保全将会使其合法权益受到难以弥补的损害的，可以在起诉前向被保全财产所在地、被申请人住所地或者对案件有管辖权的人民法院申请采取财产保全措施。申请人应当提供担保，不提供担保的，驳回申请。

人民法院接受申请后，必须在 48 小时内作出裁定；裁定采取财产保全措施的，应当立即开始执行。

申请人在人民法院采取保全措施后 30 日内不依法提起诉讼或者申请仲裁的，人民法院应当解除财产保全。

2. 诉中财产保全

人民法院对于可能因当事人一方的行为或者其他原因，使判决不能执行或者难以执行的案件，根据对方当事人的申请，可以裁定对其财产进行保全、责令其作出一定行为或者禁止其作出一定行为；当事人没有提出申请的，人民法院在必要时也可以裁定采取财产保全措施。

人民法院采取财产保全措施，可以责令申请人提供担保；申请人不提供担保的，驳回申请。

人民法院接受申请后，对情况紧急的，必须在48小时内作出裁定；裁定采取财产保全措施的，应当立即开始执行。

3. 财产保全的法律规定

（1）保全限于请求的范围，或者与本案有关的财物。

（2）财产保全采取查封、扣押、冻结或者法律规定的其他方法。人民法院保全财产后，应当立即通知被保全财产的人。财产已被查封、冻结的，不得重复查封、冻结。

（3）财产纠纷案件，被申请人提供担保的，人民法院应当裁定解除保全。

（4）申请有错误的，申请人应当赔偿被申请人因保全所遭受的损失。

（五）其他程序

1. 督促程序

债权人请求债务人给付金钱、有价证券，并且债权人与债务人没有其他债务纠纷的、支付令能够送达债务人的；债权人可以向有管辖权的基层人民法院申请支付令。

债权人提出的申请书应当写明请求给付金钱或者有价证券的数量和所根据的事实、证据。债权人提出申请后，人民法院应当在5日内通知债权人是否受理。

人民法院受理申请后，审查债权人提供的事实、证据，对债权债务关系明确、合法的，应当在受理之日起15日内向债务人发出支付令；申请不成立的，裁定予以驳回。债务人应当自收到支付令之日起15日内清偿债务，或者向人民法院提出书面异议。

债务人在规定的期间不提出异议又不履行支付令的，债权人可以向人民法院申请执行。

人民法院收到债务人提出的书面异议后，经审查，异议成立的，应当裁定终结督促程序，支付令自行失效。支付令失效的，转入诉讼程序，但申请支付令的一方当事人不同意提起诉讼的除外。

2. 公示催告程序

按照规定可以背书转让的票据持有人，因票据被盗、遗失或者灭失，可以向票据支付地的基层人民法院申请公示催告。

申请人应当向人民法院递交申请书，写明票面金额、发票人、持票人、背书人等票据主要内容和申请的理由、事实。

人民法院决定受理申请，应当同时通知支付人停止支付，并在3日内发出公告，催促利害关系人申报权利。公示催告的期间，由人民法院根据情况决定，但不得少于60日。支付人收到人民法院停止支付的通知，应当停止支付，至公示催告程序终结。

公示催告期间，转让票据权利的行为无效。

利害关系人应当在公示催告期间向人民法院申报。人民法院收到利害关系人的申报后，应当裁定终结公示催告程序，并通知申请人和支付人。申请人或者申报人可以向人民法院起诉。没有人申报的，人民法院应当根据申请人的申请，作出判决，宣告票据无效。判决应当公告，并通知支付人。自判决公告之日起，申请人有权向支付人请求支付。

利害关系人因正当理由不能在判决前向人民法院申报的，自知道或者应当知道判决公告之日起 1 年内，可以向作出判决的人民法院起诉。

任务案例九：

甲欠乙 10 万元，法院作出的 2018 年 5 月 11 日生效的判决书要求甲在判决书生效时还 5 万元给乙，8 月 11 日再还 3 万元，12 月 11 日再还 2 万元。但甲根本没有按判决书规定的时间还钱。于是，乙于 2020 年 6 月 15 日向法院申请执行。

请问：法院能受理乙的执行申请吗？为什么？

任务案例十：

甲与乙有债权债务纠纷，经法院审理判决债务人甲偿还乙 15 万元债务，但甲目前并无其他财产，只有在 A 市 B 区的一个仓库里有一批货物，价值 25 万元。于是乙在判决生效，向甲要债无果后，即向作出判决的 A 市 B 区法院要求强制执行。

请问：A 市 B 区法院会受理乙的执行申请吗？为什么？

知识链接（五）

二、执行程序

（一）执行的一般规定

根据民事诉讼法的规定，发生法律效力的民事判决、裁定，以及刑事判决、裁定中的财产部分，由第一审人民法院或者与第一审人民法院同级的被执行的财产所在地人民法院执行。法律规定由人民法院执行的其他法律文书，由被执行人住所地或者被执行的财产所在地人民法院执行。

（二）执行申请与移送

当一方当事人拒绝履行生效法律文书所确定的义务时，另一方当事人可以申请法院予以强制执行。其主要有：已发生法律效力的判决、裁定及调解书和其他应当由人民法院执行的法律文书；依法设立的仲裁机构作出的仲裁裁决书；公证机关赋予强制执行力的债权文书。

对已生效的法院判决、裁定，当事人拒绝履行义务时，也可由审判员移送执行员执行。

申请执行的期间为 2 年。从法律文书规定履行期间的最后一日起计算；法律文书规定分期履行的，从规定的每次履行期间的最后一日起计算；法律文书未规定履行期间的，从法律文书生效之日起计算。申请执行时效的中止、中断，适用法律有关诉讼时效中止、中断的规定。

执行员接到申请执行书或者移交执行书，应当向被执行人发出执行通知，并可以立即采取强制执行措施。

（三）执行措施与执行保障措施

1. 执行措施

（1）对被执行人的动产可以采取的执行措施有查封、扣押、冻结、扣留、提取、划拨、拍卖、变卖等。

（2）对被执行人的不动产可以采取的执行措施有强制迁出房屋、强制退出土地、拍卖、变卖及必要的产权转移手续。

2. 执行保障措施

（1）搜查。被执行人不履行法律文书确定的义务并隐匿财产的，人民法院有权发出搜查令（由院长签发搜查令），对被执行人及其住所或者财产隐匿地进行搜查。

（2）责令承担费用。对判决、裁定和其他法律文书指定的行为，被执行人未按执行通知履行的，人民法院可以强制执行或者委托有关单位或者其他人完成，费用由被执行人承担。

（3）责令支付延期利息、迟延履行金。被执行人未按判决、裁定和其他法律文书指定的期间履行给付金钱义务的，应当加倍支付迟延履行期间的债务利息。被执行人未按判决、裁定和其他法律文书指定的期间履行其他义务的，应当支付迟延履行金。

人民法院采取执行措施与保障措施之后，被执行人仍不能偿还债务的，应当继续履行义务。债权人发现被执行人有其他财产的，可以随时请求人民法院执行。

被执行人不履行法律文书确定的义务的，人民法院可以对其采取或者通知有关单位协助采取限制出境，在征信系统记录、通过媒体公布不履行义务信息以及法律规定的其他措施。

项目4　运用诉讼解决国际商贸纠纷的分析训练

任务　涉外商事纠纷的诉讼分析

任务案例一：

美国A公司与中国的甲公司为了在中国合作投资设立中外合资公司B公司，双方签订了中外合资经营企业合同，在合同中双方约定当合同发生争议时采用诉讼方式解决，并选择由美国纽约地区法院审理。后双方发生了争议，于是A公司向美国纽约地区法院起诉，而中国甲公司则向自己所在地的中级人民法院起诉。

请问：中国甲公司所在地的中级人民法院是否有权受理这一案件？为什么？

任务案例二：

德国甲公司欲与中国的乙公司在苏州合资开办一家中外合资企业，于是双方在马来西亚吉隆坡签订了一份中外合资经营企业合同，合同中约定如果因合同所产生的一切争议均由合同签订地法院受理。随后双方开始了中外合资企业的筹备工作。

请问：双方签订的中外合资经营企业合同有没有问题？为什么？

任务案例三：

美国A公司与中国B公司因国际货物买卖合同发生了纠纷，双方按合同约定在上海市中级人民法院提起诉讼。A公司在美国聘请了一名精通中国法律的美国律师约翰来中国参加诉讼，但在开庭的当天，上海市中级人民法院根本没让约翰坐上代理席。

请问：上海市中级人民法院的做法是否正确？为什么？

任务案例四：

美国人Mike与中国人张三因买卖房产而对一幢位于上海市徐汇区的别墅的所有权归属发生了争议。双方在合同中约定该房产所有权争议由北京市朝阳区法院受理。因此张三向北京市朝阳区法院提起诉讼，要求法院支持其对房产所有权的主张。

请问：北京朝阳区法院能否受理该案？为什么？

知识链接

一、涉外民事诉讼概述

涉外民事诉讼程序是我国法院审理涉外民事案件所适用的程序，涉外民事案件则是涉外民事法律关系的主体、客体和内容中有一个或一个以上涉及外国的民事案件。

我国民事诉讼法对涉外民事诉讼的一般规定如下：

（1）我国法院处理涉外民事诉讼适用《民事诉讼法》的相关规定，但我国缔结或参加的国际条约有不同规定的，适用其规定，但我国声明保留的条款除外。

（2）对享有外交特权与豁免的外国主体提起的民事诉讼，依照我国法律及我国缔结或参加的国际条约的规定处理。

（3）涉外民事诉讼的当事人要求提供翻译，可以提供，但费用由其自理。

（4）外国主体在我国进行民事诉讼需要委托律师的，必须委托我国律师。

（5）外国主体委托我国律师或其他人代理诉讼时需出具的授权委托书，应经所在国公证机关证明，并经我国驻该国使领馆认证，或履行我国与其所在国订立的有关条约中规定的证明手续后，才具有效力。

二、涉外民事诉讼的管辖

（一）特殊地域管辖

因涉外民事纠纷，对在我国领域内没有住所的被告提起除身份关系以外的诉讼，如果合同签订地、合同履行地、诉讼标的物所在地、可供扣押财产所在地、侵权行为地、代表机构住所地位于中华人民共和国领域内的，可以由合同签订地、合同履行地、诉讼标的物所在地、可供扣押财产所在地、侵权行为地、代表机构住所地人民法院管辖。

此外，涉外民事纠纷与我国存在其他适当联系的，可以由人民法院管辖。

（二）协议管辖

涉外民事纠纷的当事人书面协议选择人民法院管辖的，可以由人民法院管辖。

（三）专属管辖

下列民事案件，由人民法院专属管辖：

（1）因在我国领域内设立的法人或者其他组织的设立、解散、清算，以及该法人或者其他组织作出的决议的效力等纠纷提起的诉讼。

（2）因与在我国领域内审查授予的知识产权的有效性有关的纠纷提起的诉讼。

（3）因在我国领域内履行中外合资经营企业合同、中外合作经营企业合同、中外合作勘探开发自然资源合同发生纠纷提起的诉讼。

（四）涉外民事诉讼的其他管辖规定

我国《民事诉讼法》对涉外民事诉讼的其他管辖规定，具体有：

（1）涉外民事诉讼的一方当事人向我国法院提起诉讼，对方当事人未提出管辖异议，并应诉答辩或者提出反诉的，视为人民法院有管辖权。

（2）当事人之间的同一纠纷，一方当事人向外国法院起诉，另一方当事人向人民法院起诉，或者一方当事人既向外国法院起诉，又向人民法院起诉，人民法院依照《民事诉讼法》的规定有管辖权的，可以受理。当事人订立排他性管辖协议选择外国法院管辖且不违反本法对专属管辖的规定，不涉及中华人民共和国主权、安全或者社会公共利益的，人民法院可以裁定不予受理；已经受理的，裁定驳回起诉。

（3）人民法院依据上述（2）项规定受理案件后，当事人以外国法院已经先于人民法院受理为由，书面申请人民法院中止诉讼的，人民法院可以裁定中止诉讼，但是存在下列情形之一的除外：一是当事人协议选择人民法院管辖，或者纠纷属于人民法院专属管辖；二是由人民法院审理明显更为方便。

外国法院未采取必要措施审理案件，或者未在合理期限内审结的，依当事人的书面申请，人民法院应当恢复诉讼。

外国法院作出的发生法律效力的判决、裁定，已经被人民法院全部或者部分承认，当事人对已经获得承认的部分又向人民法院起诉的，裁定不予受理；已经受理的，裁定驳回起诉。

（五）涉外民事诉讼管辖异议的处理

人民法院受理的涉外民事案件，被告提出管辖异议，且同时有下列情形的，可以裁定驳回起诉，告知原告向更为方便的外国法院提起诉讼：

（1）案件争议的基本事实不是发生在中华人民共和国领域内，人民法院审理案件和当事人参加诉讼均明显不方便。

（2）当事人之间不存在选择人民法院管辖的协议。

（3）案件不属于人民法院专属管辖。

（4）案件不涉及中华人民共和国主权、安全或者社会公共利益。

（5）外国法院审理案件更为方便。

裁定驳回起诉后，外国法院对纠纷拒绝行使管辖权，或者未采取必要措施审理案件，或者未在合理期限内审结，当事人又向人民法院起诉的，人民法院应当受理。

三、涉外民事诉讼中的送达、期间

（一）涉外民事诉讼对送达的规定

人民法院对在我国领域内没有住所的当事人送达诉讼文书，可以采用下列方式：

（1）依照受送达人所在国与中华人民共和国缔结或者共同参加的国际条约中规定的方式送达。

（2）通过外交途径送达。

（3）对具有中华人民共和国国籍的受送达人，可以委托中华人民共和国驻受送达人所在国的使领馆代为送达。

（4）向受送达人委托的有权代其接受送达的诉讼代理人送达。

（5）向受送达人在中华人民共和国领域内设立的代表机构或者有权接受送达的分支机构、业务代办人送达。

（6）受送达人为外国人、无国籍人，其在我国领域内设立的法人或者其他组织担任法定代表人或者主要负责人，且与该法人或者其他组织为共同被告的，向该法人或者其他组织送达。

（7）受送达人为外国法人或者其他组织，其法定代表人或者主要负责人在中华人民共和国领域内的，向其法定代表人或者主要负责人送达。

（8）受送达人所在国的法律允许邮寄送达的，可以邮寄送达，自邮寄之日起满 3 个月，送达回证没有退回，但根据各种情况足以认定已经送达的，期间届满之日视为送达。

（9）采用能够确认受送达人收悉的电子方式送达，但是受送达人所在国法律禁止的除外。

（10）以受送达人同意的其他方式送达，但是受送达人所在国法律禁止的除外。

不能用上述方式送达的，公告送达，自发出公告之日起，经过 60 日，即视为送达。

（二）涉外民事诉讼对期间的规定

（1）答辩期间。被告在我国领域内没有住所的，人民法院应当将起诉状副本送达被告，并通知被告在收到起诉状副本后 30 日内提出答辩状。被告申请延期的，是否准许，由人民法院决定。

（2）上诉期间。在我国领域内没有住所的当事人，不服第一审人民法院判决、裁定的，有权在判决书、裁定书送达之日起 30 日内提起上诉。被上诉人在收到上诉状副本后，应当在 30 日内提出答辩状。当事人不能在法定期间提起上诉或者提出答辩状，申请延期的，是否准许，由人民法院决定。

（3）审理期间。人民法院审理涉外民事案件的期间，不受第一审程序案件必须 6 个月内审结，第二审程序中判决案件必须 3 个月内审结、裁定案件必须 30 日内审结的限制。

参考文献

[1] 冯大同 . 国际商法［M］. 北京：对外经济贸易大学出版社，2002.
[2] 吴建斌 . 国际商法新论［M］. 南京：南京大学出版社，2001.
[3] 王玉梅 . 合同法教学案例［M］. 北京：中国政法大学出版社，1999.
[4] 佟柔 . 中国民法［M］. 北京：法律出版社，2000.
[5] 靳生 . 国际结算［M］. 北京：中国金融出版社，2007.
[6] 刘大纶 . 国际商法［M］. 南京：东南大学出版社，2004.
[7] 冯大同 . 国际贸易法［M］. 北京：北京大学出版社，1995.
[8] 王学龙 . 国际结算［M］. 北京：清华大学出版社，2007.
[9] 汤树梅 . 国际经济法案例分析［M］. 北京：中国人民大学出版社，2001.
[10] 苏号朋 . 美国商法［M］. 北京：中国法制出版社，2000.
[11] 王立波 . 国际经济法［M］. 北京：清华大学出版社，2005.
[12] 韩德培 . 国际私法新论［M］. 武汉：武汉大学出版社，2000.
[13] 高永富，张玉清 . 国际反倾销法［M］. 上海：复旦大学出版社，2001.
[14] 陈国斌，李兴国 . 国际贸易与金融实务［M］. 北京：清华大学出版社，2007.
[15] 顾功耘 . 经济法［M］. 北京：高等教育出版社，2004.
[16] 姚新超 . 国际贸易实务［M］. 北京：对外经济贸易大学出版社，2007.
[17] 石静遐 . 买卖合同［M］. 北京：中国法制出版社，2000.
[18] 董灵 . 合同的履行、变更、转让与终止［M］. 北京：中国法制出版社，2000.
[19] 魏振瀛 . 民法［M］. 北京：高等教育出版社，2002.
[20] 万鄂湘 . 国际知识产权法［M］. 武汉：湖北人民出版社，2001.
[21] 苏号朋 . 合同的订立与效力［M］. 北京：中国法制出版社，2000.
[22] 最高人民法院《人民法庭实用手册》编选组 . 人民法庭实用手册［M］. 北京：人民法院出版社，2002.
[23] 姚新华 . 知识产权法教学案例［M］. 北京：中国政法大学出版社，1999.
[24] 江平 . 新编公司法教程［M］. 北京：法律出版社，1995.
[25] 刘心稳，管晓峰 . 商法教学案例［M］. 北京：中国政法大学出版社，1999.
[26] 王传丽 . 国际贸易法［M］. 北京：中国政法大学出版社，1999.
[27] 杜景林，卢谌 . 德国民法典［M］. 北京：中国政法大学出版社，1999.
[28] 杜景林，卢谌 . 德国商法典［M］. 北京：中国政法大学出版社，2000.
[29] 杜月秋，孙政 . 民法典条文对照与重点解读［M］. 北京：法律出版社，2020.
[30] 邹碧华 . 要件审判九步法［M］. 北京：法律出版社，2010.